장애영유아 교수방법론

백상수 · 한민경 · 이주영 · 김희은 · 권찬송 · 김소현
김국경 · 조혜진 · 정현석 · 박정우 · 곽혜민 · 김대군

KNOWLEDGE COMMUNITY 공동체

책을 시작하며

영유아들의 가능성을 향한 첫걸음, 장애영유아 교수방법론

영유아들의 눈으로 세상을 바라본 적 있으신가요? 그들의 작은 귀로 듣는 세상은 때로는 엉뚱하지만, 어른들이 미처 발견하지 못하는 아름다움으로 가득합니다. 영유아들은 미완성의 존재이기에 무한한 가능성을 품고 있습니다. 그 가능성을 꽃피우기 위해서는 영유아들의 작은 목소리에 귀 기울이고, 그들의 시선으로 세상을 바라보는 따뜻한 마음이 필요합니다. 하지만 진정으로 영유아들의 잠재력을 현실로 만들고, 닫힌 문을 열어젖힐 수 있는 열쇠는 바로 '장애영유아 교수방법'에 대한 깊이 있는 이해와 준비된 전문성이라는 것을 기억하십시오.

우리는 영유아들의 행동을 쉽게 '잘못'이라고 단정 짓지 않아야 합니다. 그보다는 "왜 그렇게 생각했을까?"라는 질문을 던지며 영유아의 마음을 헤아려야 합니다. 영유아들은 실수를 통해 배우고 성장합니다. 우리는 영유아들에게 충분한 기회를 제공하고, 그들의 성장을 지지해야 합니다. 그러나 장애영유아에게는 더욱 섬세하고 맞춤화된 전문적인 접근이 요구됩니다. 개별 아동의 고유한 특성을 예민하게 포착하고, 그들의 발달적 필요에 최적화된 교육적 지원을 제공해야만 진정한 변화와 성장을 이끌어 낼 수 있습니다.

영유아들은 씨앗과 같습니다. 싹을 틔우기 위해 온 힘을 다하는 씨앗처럼, 영유아들은 순수한 열정과 성장 의지로 가득합니다. 우리 어른들은 그 씨앗에 물을 주고, 비옥한 토양을 제공하며, 끊임없이 관심을 가져야 합니다. 영유아가 반드시 싹을 틔우고 아름다운 꽃을 피울 것이라는 믿음, 따뜻한 마음으로 지지하는 것, 이것이 진정한 교육의 출발점입니다.

하지만 장애영유아의 씨앗은 더욱 특별하고 세심한 보살핌을 필요로 합니다. '장애영유아 교수방법'이라는 전문적인 지식과 기술은 그 씨앗이 세상의 어려움을 이겨내고 굳건히 싹을 틔워, 마침내 아름다운 꽃을 피워낼 수 있도록 돕는 따스한 햇볕과 같습니다.

장애영유아에게는 작은 성공 경험 하나하나가 더욱 소중합니다. 그들의 노력을 진심으로 인정하고 아낌없이 격려하며, 끊임없이 새로운 도전을 시도하고 자신의 가능성을 탐색할 수 있도록 굳건히 지지해야 합니다. 영유아의 작은 소리에 귀 기울이는 것은 그들의 성장 속도에 맞춰주는 최적의 환경을 조성하는 첫걸음입니다. 반대로 획일적이고 강압적인 분위기에서는 영유아들이 쉽게 위축되고 본래의 잠재력마저 억눌릴 수 있습니다. 안정적이고 따뜻한 소통은 영유아들의 건강한 성장과 발달을 위한 필수 조건입니다. 특히 장애영유아에게는 더욱 세심한 관심과 깊이 있는 이해가 필요합니다. 그들의 언어, 행동, 그리고 미묘한 감정 표현 하나하나를 주의 깊게 관찰하고, 축적된 전문적인 지식을 바탕으로 상황에 맞는 적절한 반응을 보여야 합니다.

작은 성공 경험은 영유아에게 무한한 자신감을 불어넣어 줍니다. 자신의 의견이 존중받고 지지받는다는 믿음은 영유아의 다른 발달 영역에도 긍정적인 영향을 미칩니다. 이러한 긍정적인 경험들이 차곡차곡 쌓여 영유아는 실패를 두려워하지 않고 과감하게 도전을 즐기는, 강한 '회복탄력성'을 지닌 사람으로 성장할 것입니다.

그러므로 장애영유아에게는 단순한 정서적 지원을 넘어, 그들의 개별적인 발달 특성에 최적화된 전문적인 교수 전략이 반드시 필요합니다. '장애영유아 교수방법'은 영유아들의 무한한 잠재력을 최대한으로 발휘할 수 있도록 돕는, 가장 강력하고 핵심적인 도구입니다. '장애영유아 교수방법'에 대한 깊이 있는 전문성은 영유아의 숨겨진 잠재력을 섬세하게 이끌어 내고 실현하는 지원 전략이 됩니다. 적절한 시기에 문제를 정확히 발견하고, 과학적인 근거에 기반을 둔 교육과 중재를 제공하면 발달 격차를 효과적으로 줄이고 영구적인 장애 발생을 예방할 수 있습니다. 영유아의 삶은 무한히 빛날 수 있으며, 세상을 향해 더 높이 날아오를 수 있습니다.

영유아들의 밝게 빛나는 눈빛과 행복한 마음을 지키기 위해 어떠한 지원이 필요하며, 무엇을 알고 실천해야 하는지를 더욱 정확하고 전문적으로 알려드리고 싶었습니다. 장애 위험에 놓인 영유아를 위한 조기 발견과 조기 중재는 한 영유아의 현재를 돕는 것을 넘어, 우리 사회 전체의 밝은 미래를 만들어 가는 매우 가치 있는 일입니다.

그리고 장애영유아 조기 발견 및 조기 중재를 성공적으로 이끌어갈 가장 핵심적인 첫 단계는 바로 '장애영유아 교수방법'에 대한 확고한 전문성을 갖추는 것입니다. 이 책의 집필에 참여한 전문가들은 영유아 조기 발견, 조기 중재, 유아특수교육, 유아교육 및 보육 분야에서 오랜 기간 동안 헌신적으로 교육해 왔습니다. 우리 저자들은 다학문적인 접근법을 통해 유아특수교육, 유아교육, 영유아 보육, 사회복지, 재활치료 등 다양한 분야를 융합하고 장애영유아 교수방법에 대한 통합적인 시각을 갖고자 끊임없이 노력했습니다. 이러한 노력의 일환으로 본 저서의 수익금은 장애영유아의 조기 중재를 위한 기금으로 전액 기부됩니다.

이 책이 더 많은 영유아들의 빛나는 미래를 위한 소중한 지침서가 되기를 진심으로 기대합니다. 그리고 이 책을 통해 '장애영유아 교수방법'에 대한 전문성을 함양하고, 모든 영유아들이 자신의 잠재력을 마음껏 펼치며 행복하게 살아갈 수 있도록 돕는, 존경받는 교육자가 되기를 진심으로 응원합니다.

여러분의 손길이 닿는 곳마다, 영유아들의 미래가 더욱 빛나길 바랍니다.

2025년 12월

저자 일동

차례

차 례

제1부

장애영유아 교수방법론의 이해

제 1 장 장애영유아 교육의 이해

학습목표

1. 장애영유아의 특성 이해 : 장애영유아의 다양한 발달 특성과 장애 유형을 심층적으로 이해하여, 각 영유아의 독특한 요구를 파악할 수 있습니다. 이를 통해 교사는 영유아의 잠재력을 최대한 발휘할 수 있는 맞춤형 교육 전략을 설계할 수 있습니다.
2. 조기 개입의 중요성 인식 : 조기 개입이 장애영유아의 발달에 미치는 긍정적 영향을 이해하고, 이를 현장에서 실천할 수 있는 방법을 습득합니다. 이를 통해 영유아의 발달지연을 예방하고, 장기적인 성장을 촉진할 수 있습니다.
3. 개별화된 교육계획(IEP) 수립 : 각 영유아의 발달 상태와 요구에 맞춘 개별화된 교육계획을 수립하고 실행하는 능력을 키웁니다. 이를 통해 영유아는 자신의 능력에 맞는 교육을 받을 수 있으며, 발달을 최적화할 수 있습니다.
4. 다학제적 접근의 이해 : 특수교육 전문가, 심리학자, 언어치료사 등 다양한 전문가들과 협력하여 장애영유아를 종합적으로 지원하는 방법을 학습합니다. 이를 통해 영유아의 다양한 발달 영역을 포괄적으로 지원할 수 있습니다.
5. 부모와의 협력 강화 : 부모와의 긴밀한 협력을 통해 가정과 교육기관에서 일관된 지원을 제공하는 방법을 익힙니다. 이를 통해 영유아는 가정과 교육기관에서 일관된 지원을 제공받아 안정적인 환경에서 성장할 수 있습니다.

1. 장애영유아 교육의 본질

장애영유아 교육은 단순히 차이를 인정하는 것을 넘어, 그들이 가진 가능성에 주목하는 교육입니다. 영유아기는 인생의 기초를 다지는 매우 중요한 시기이며, 이 시기에 제공되는 올바른 지원과 적극적인 개입은 영유아의 신체적·정서적·인지적 발달을 균형 있게 이끌고, 장기적으로 더 나은 삶의 기반을 마련하는 데 결정적인 영향을 미칩니다. 마치 좋은 흙에 영양분을 듬뿍 주어 튼튼하게 자라난 나무처럼, 충분한 지원을 받은 영유아는 탄탄한 정신적 기반과 자신감을 얻고, 안정된 사회 구성원으로 성장할 수 있는 기회를 얻게 됩니다.

1) 차이가 아닌 가능성에 주목하는 교육

장애영유아 교육의 본질은 그들의 차이를 강조하는 것이 아니라 그들이 가진 가능성에 초점을 맞추는 것입니다. 모든 영유아는 독특한 잠재력을 가지고 있으며, 이 잠재력을 발휘할 수 있도록 돕는 것이 교육의 핵심입니다. 특히 장애영유아는 사회적 상호작용, 의사소통, 학습 등에서 어려움을 겪을 수 있지만, 적절한 지원과 교육을 통해 그들은 자신의 능력을 최대한 발휘할 수 있습니다(이소현, 2019).

- **균형 있는 발달 지원** : 영유아의 신체적·정서적·인지적 발달을 균형 있게 지원하는 것은 장기적으로 더 나은 삶의 기반을 마련하는 데 중요합니다. 이를 통해 영유아는 자신감을 얻고, 사회적 관계를 형성하며, 학습에 적극적으로 참여할 수 있습니다.
- **자기효능감 형성** : 충분한 지원을 받은 영유아는 자신의 능력을 믿고, 새로운 도전에 적극적으로 나설 수 있는 자기효능감을 형성합니다. 이는 영유아가 사회적·정서적·학업적 성공을 이루는 데 중요한 역할을 합니다.

2) 조기 발견과 적극적인 개입 : 미래를 바꾸는 골든타임

장애영유아의 조기 발견과 적극적인 개입은 그들의 미래를 바꾸는 골든타임입니다. 영유아기에 적절한 지원을 받지 못하면, 발달 과정에서 겪는 어려움이 더욱 다양해지고 해결하기 어려워질 수 있습니다. 작은 균열이 시간이 지나면서 거대한 균열로 번지는 것처럼, 초기 문제에 대한 방치는 더 큰 문제로 이어질 수 있습니다. "호미로 막을 것을 가래로 막는다"라는 옛말처럼, 초기에 작은 노력으로 해결할 수 있는 문제를 방치하면 나중에는 더 큰 노력으로도 해결하기 어려운 상황에 직면할 수 있습니다.

- **조기 발견의 중요성** : 영유아의 발달지연이나 문제를 신속하게 파악하는 것은 매우 중요합니다. 부모와 교사는 영유아의 작은 변화에도 주의를 기울이고, 필요한 경우 전문가의 도움을 받아 정확한 진단을 내려야 합니다.
- **적극적인 개입** : 조기 발견에 그치지 않고, 부모와 교사의 협력을 바탕으로 적절한 개입을 시도하는 적극적인 자세가 필요합니다. 조기 개입은 더 심각한 발달지연을 예방하고, 장애로 발전할 가능성을 줄이며, 영유아의 전인적 발달을 촉진합니다.

3) 조기 개입의 중요성 : 미래를 바꾸는 열쇠

"조금만 더 기다리면 자연스럽게 좋아지지 않을까?"
"느린 것일 뿐, 시간이 지나면 좋아질 수도 있잖아."
"어느 아이들은 시간이 지나면서 좋아지기도 하던데..."

이러한 생각은 부모님들의 마음속에 자연스럽게 자리 잡기 쉽습니다. 하지만 영유아의 발달지연이나 문제행동을 무작정 기다리는 것은, 결국 영유아의 잠재력을 심각하게 훼손하는 선택이 될 수 있음을 명심해야 합니다.

영유아의 발달지연은 결코 자연스럽거나 일시적인 현상이 아닙니다. 만약 방치된다면, 문제는 시간이 지남에 따라 더욱 심각해지고, 또래 아이들과의 발달 격차는 더욱 벌어지게 됩니다. 이는 영유아의 자신감, 사회성, 학습 능력 등 전반적인 성장에 치명적인 영향을 미칠 수 있으며, 치료 또는 지원이 훨씬 어려운 상태로 발전할 위험이 높습니다.

시간을 낭비하는 것은 곧 영유아의 무한한 잠재력을 서서히 깎아내리는 행위와도 같습니다.

4) 개별 영유아의 강점과 잠재력 극대화

교사는 단순히 지식을 전달하는 사람이 아닌, 영유아의 성장과 발달을 돕는 조력자입니다. 특히 유아기 영유아들과 가장 많은 시간을 보내는 교사는 영유아의 발달지연이나 문제행동을 조기에 발견할 가능성이 높습니다. 전문적인 지식과 기술을 바탕으로 영유아를 면밀히 관찰하고, 개별적인 필요에 맞는 교육적 지원을 제공해야 합니다. 이를 통해 영유아는 자신의 강점을 발견하고 잠재력을 극대화할 수 있습니다.

(1) 교사의 역할 : 조력자로서의 책임

교사는 영유아의 성장과 발달을 돕는 조력자로서, 단순히 지식을 전달하는 것을 넘어 영유아의 전인적 성장을 지원해야 합니다. 특히 영유아기 교사는 영유아와 가장 많은 시간을 보내기 때문에 발달지연이나 문제행동을 조기에 발견할 수 있는 중요한 위치에 있습니다.

- **조기 발견과 개입** : 교사는 전문적인 지식과 기술을 바탕으로 영유아를 면밀히 관찰하고, 발달지연이나 문제행동을 조기에 발견해야 합니다. 적절한 개입을 통해 영유아의 발달을 촉진할 수 있습니다.

- **개별적 지원 제공** : 각 영유아의 개별적인 필요에 맞는 교육적 지원을 제공해야 합니다. 이를 통해 영유아는 자신의 강점을 발견하고 잠재력을 극대화할 수 있습니다.

(2) 영유아기 : 장애영유아 지원을 위한 핵심 관점

영유아기는 장애를 가진 아이들이 신체적·정서적·인지적 발달을 안정적으로 이룰 수 있도록 도와야 하는 매우 중요한 시기입니다. 이 시기에 제공하는 적절한 환경과 적극적인 개입은 장애영유아의 잠재력을 최대한 발휘하게 하고, 장기적으로 자립과 사회적 통합을 가능하게 만듭니다. 보육교사로서 이 시기의 역할은 장애영유아의 특성과 필요에 맞춘 맞춤 지원을 통해, 그들이 건강하게 성장할 수 있는 기초를 다지는 데 결정적인 영향을 미칩니다.

- **균형 잡힌 발달 지원의 실제 전략** : 장애영유아는 신체적·정서적·인지적 발달의 여러 영역에서 도전이 따르기 때문에, 이를 개별 능력과 상황에 맞게 균형 있게 지원하는 것이 핵심입니다. 이를 위해선, 아이의 강점과 약점을 파악하고, 그에 맞는 맞춤 활동과 지속적 관심, 안심할 수 있는 환경을 제공하는 것이 필요합니다. 이러한 지원은 아이가 자신감을 갖고 또래와 함께 활동하며, 학습에 적극적으로 참여하는 능력을 키우는 토대가 됩니다.
- **자기효능감 형성 지원 방법** : 장애영유아는 언제나 격려와 지지를 통해 자신감을 쌓아야 합니다. 교사로서 아이가 작은 성공 경험을 할 수 있도록 도와주고, 그 과정에서 아이의 능력을 인정하며 긍정적인 피드백을 제공해야 합니다. 이는 아이가 자신의 능력에 대한 신뢰를 갖고, 새로운 도전이나 어려움에 직면했을 때 포기하지 않는 힘을 길러줍니다. 자기효능감은 아이의 사회적 관계 형성뿐 아니라, 일상생활과 학습 목표를 성취하는 데 핵심적 역할을 합니다.

(3) 포괄적인 지원 시스템 : 맞춤형 설계

조기에 발견된 위험군 영유아는 다양한 분야에서 포괄적인 지원을 받을 수 있는 기회를 얻게 됩니다. 이는 마치 영유아의 미래를 디자인하는 맞춤형 설계와 같습니다. 의료, 복지, 심리, 사회, 교육, 치료 등 다양한 영역의 전문가들이 협력하여 영유아에게 필요한 최적의 지원을 제공합니다.

- **다각적인 지원 시스템** : 다각적인 지원 시스템은 영유아와 그 가족이 현재 상황을 보다 잘 이해하고 효과적으로 대처할 수 있도록 돕는 든든한 울타리 역할을 합니다. 영유아들은 전문적인 치료, 상담 서비스, 사회적 지원 프로그램을 통해 발달 요구를 충족하고 새로운 기술을 배우며, 자신감을 키워나갈 수 있습니다.
- **전인적 성장 지원** : 이러한 포괄적인 지원은 영유아들이 자신의 잠재력을 최대한 발휘할 수 있는 기반을 마련해 줍니다. 영유아들은 자신의 강점을 발견하고 약점을 보완하며, 스스로 문제를 해결하고 목표를 달성하는 능력을 키울 수 있습니다.

(4) 교사의 전문성과 부모와의 협력

교사는 자신의 지위와 역할에 따른 책임감을 가지고 영유아들이 안정적으로 성장할 수 있는 환경을 조성하기 위해 끊임없이 노력해야 합니다. 전문성 향상을 위한 꾸준한 학습, 효과적인 교육방법 개발, 개별적인 필요를 충족시키기 위한 역량 강화는 모두 교사의 몫입니다.

- **부모와의 긴밀한 소통** : 교사는 주 양육자인 부모와의 긴밀한 소통을 통해 영유아의 발달 상황을 공유하고 필요한 지원을 함께 모색해야 합니다. 가정 내에서도 일관된 지원을 제공하는 것은 영유아의 성장 발달에 매우 중요합니다.
- **정기적인 상담과 공동 프로그램** : 정기적인 상담, 가정방문, 공동 교육 프로그램 등을

통해 부모와 교사가 파트너십을 구축해야 합니다. 이를 통해 영유아는 가정과 교육기관에서 일관된 지원을 받을 수 있습니다.

(5) 전문가와의 협력 : 다각적인 지원 시스템

필요시에는 심리 상담사, 특수교육 전문가 등 다양한 전문가와 연계하여 영유아가 적절한 지원을 받을 수 있도록 해야 합니다. 다각적인 지원 시스템은 영유아의 전인적 성장과 발달을 지원하는 데 결정적인 역할을 합니다.

- **전문가와의 협력** : 교사는 전문가와의 협력을 통해 영유아에게 최적의 맞춤형 지원을 제공해야 합니다. 이를 통해 영유아는 다양한 영역에서 필요한 지원을 받을 수 있습니다.
- **전인적 성장 지원** : 전문가와의 협력을 통해 영유아의 신체적・정서적・인지적 발달을 균형 있게 지원할 수 있습니다. 이는 영유아가 전인적으로 성장할 수 있는 기반을 마련합니다.

다학문적 접근 실천을 통한 도전적 행동 지도방법 연수 :
정신보건임상심리사 특강

장애영유아 조기 중재 다학문적 전문가들의 협력 시스템 구축

2. 장애영유아 발달의 숨은 영웅 : 교사

장애영유아를 대상으로 한 교수 활동은 단순한 지식 전달을 넘어, 아이들의 전인적 성장과 잠재력 실현을 위한 핵심 과제입니다.

영유아 보육교사는 아이들이 건강하게 발달하고 자율성을 갖추도록 돕는 역할을 하며, 이를 위해서는 교사의 태도와 역량이 결정적인 영향을 미칩니다.

교사의 감정 조절, 의사소통 능력, 그리고 전문성은 장애영유아에게 안정감과 신뢰를 제공하며, 개별 맞춤형 지원을 가능하게 하는 중요한 기초 요소입니다(한민경 · 김성애 · 김진희, 2013).

그러므로 장애영유아 교수 현장에서의 보육교사는 '확실한 변화의 시작점'이자 '희망의 주춧돌'입니다. 끊임없는 자기 개발과 기관의 체계적 지원이 결합될 때, 장애영유아들은 '받아들여지고 사랑받는 환경'에서 건강하게 성장하며, 무한한 잠재력을 발휘할 수 있습니다.

그러나 현실적 어려움과 도전 앞에서, 때로는 자신감이 흔들리거나 어려움이 복합적으로 겹칠 수 있습니다. 이러한 상황에서도, 교수자는 자신의 역할과 책임을 재확인하며, 다음의 실천 전략을 일상에 적극 접목시켜야 합니다(한민경, 2013; 한민경 · 이미숙 · 김인서, 2011).

1) 정서적 안정과 긍정적 에너지 유지

교사가 안정적이고 긍정적인 태도를 유지할수록, 장애영유아는 더 큰 안정감과 신뢰를 느끼며, 건강한 정서 발달이 촉진됩니다. 이는 효과적인 교수 활동과 아이와의 유대 형성을 위한 기반이 됩니다.

이를 위해서는 정기적인 자기 돌봄과 스트레스 관리 방법(명상, 심호흡, 휴식) 실천, 동료 교사와의 소통과 협력을 통해 감정을 공유하고 지원받기, 하루 일과 중 마음챙김이나 짧은 명상시간을 갖는 등의 노력을 지속하는 것이 중요합니다.

이러한 작은 실천들이 쌓이면, 교사 자신뿐 아니라 장애영유아에게도 긍정적인 영향을 미치며, 더 건강하고 활기찬 교육 현장을 만들어갈 수 있습니다.

2) 세심한 의사소통 능력 강화하기

신뢰를 바탕으로 하는 상호작용은 장애영유아의 자기표현력과 자율성을 키우는 데 핵심입니다. 이는 아이와의 정서적 유대감 형성을 촉진하며, 발달을 자연스럽게 돕는 중요한 요소입니다.

구체적으로 아이의 말과 행동을 민감하게 관찰하고, 아이의 감정을 공감하는 태도를 갖는 것이 중요합니다. 아이의 작은 신호도 놓치지 않고, 의미를 이해하려는 깊은 관심과 지속적인 노력이 필요합니다.

적절한 질문, 칭찬, 격려를 활용하며, 아이가 자신의 감정을 표현할 수 있도록 환경을 만들어 주십시오.

3) 기관 차원에서 보육교사의 심리적 안정과 성장 지원하기

보육기관은 교사들의 스트레스와 감정적 어려움을 해소하고, 안정된 상태에서 아이들을 돌볼 수 있도록 지원하는 역할이 매우 중요합니다. 이를 위해 기관에서는 정기적인 상담 프로그램과 휴식을 마련하여, 교사들이 자신의 감정을 건강하게 관리하고 어려움을 풀어갈 수 있도록 도와야 합니다.

또한 교사들은 자신의 감정과 역량을 주기적으로 점검하는 시간을 갖는 것이 필요합니다. 이를 위해 기관에서는 정기적인 자기평가와 역량 강화 연수, 다양한 자기 개발 프로그램을 운영하여, 감정적 어려움이 심각해지기 전에 미리 예방하고 해결할 수 있는 체계를 갖추는 것이 핵심입니다.

이러한 지원이 지속될 때, 교사들은 더 건강한 정신 상태로 아이들과 만날 수 있으며, 전문성을 높여 더욱 효율적이고 의미 있는 돌봄과 교육이 가능해집니다. 기관의 체계적인 지원과 교사의 자기 관리가 결합될 때, 안정적이고 성장하는 환경이 만들어지는 것입니다.

장애영유아의 심리정서 발달에 대한 연수 참여

장애영유아를 위한 근거 기반 특수교육 중재 프로그램 연수 참여

3. 영유아 교육현장에서 교사의 역할 : 긍정적 변화를 이끄는 힘

보육현장에서 교사는 단순히 지식을 전달하는 역할을 넘어서, 아이들의 성장과 발달에 가장 큰 영향을 미치는 핵심입니다. 교사의 감정 상태, 의사소통 능력, 그리고 전문성은 아이들이 안전하고 행복한 학습 환경에서 건강하게 자라도록 하는 중요한 토대입니다.

교사들이 전하는 작은 말 한마디, 보여주는 따뜻한 미소, 그리고 진심 어린 관심 하나하나가 아이들의 마음에 깊이 남으며, 전인적 발달을 돕는 강력한 힘이 됩니다.

교사로서 자신이 어떤 태도와 능력으로 아이들을 대하고 있는지 돌아보고, 매 순간 최선을 다하는 것이 얼마나 중요한지 마음에 새겨야 합니다.

1) 교사의 감정 상태 : 긍정적 에너지로 아이들에게 전달하기

교사의 긍정적인 에너지는 아이들에게 그대로 옮겨가며, 아이들이 더 용기 있고 자신감을 갖고 새로운 도전을 할 수 있도록 돕습니다. 또한 교사가 안정된 감정을 유지하면, 아이들이 예측 가능하고 안전한 환경에서 마음의 안정과 집중력을 키우며 학습에 더욱 몰입할 수 있습니다.

- **실천 팁** : 매일 잠깐의 휴식과 자신을 돌보는 시간을 갖고, 긍정적인 마음가짐을 유지하려 노력하세요. 아이와 소통할 때는 웃는 얼굴과 따뜻한 말투로, 긍정의 에너지를 전파하세요. 힘든 순간일지라도, 깊게 숨을 쉬거나, 마음속으로 다짐하는 긍정 문구를 되뇌며 감정을 조절하세요.

2) 효과적인 의사소통 기술 : 관계 형성의 열쇠

교사의 지속적인 의사소통 능력 향상과 실천은 장애영유아의 개별적 요구를 충족시키고, 성장과 발달을 지원하는 핵심 열쇠입니다. 그러므로 교사는 아이의 말과 행동뿐 아니라 미묘한 신호와 감정을 세심하게 관찰하고, 경청과 공감, 적절한 질문, 칭찬 등 다양한 의사소통 기법을 활용하여 신뢰 관계를 쌓아야 합니다. 특히 장애영유아는 언어적 표현이 제한되거나 표현이 어려울 수 있으므로, 비언어적 신호와 행동을 잘 이해하는 것이 매우 중요합니다. 이러한 원활한 상호작용은 아이의 정서적 안정, 자기표현, 자율성, 사회성, 인지발달을 촉진하는 중요한 기반이 됩니다.

- **경청과 공감** : 교사는 영유아의 말과 행동을 경청하고 공감하며, 그들이 느끼는 감정을 이해하려는 노력을 기울여야 합니다. 이를 통해 영유아는 자신의 감정을 표현하고, 타인과의 관계를 형성하는 데 자신감을 갖게 됩니다.

- **질문과 칭찬** : 교사는 영유아에게 질문을 통해 호기심을 자극하고, 칭찬을 통해 긍정적인 행동을 강화할 수 있습니다. 이는 영유아의 학습 동기를 높이고, 자신감을 키우는 데 중요한 역할을 합니다.

3) 교사의 전문성과 역량 : 발달을 위한 지침

교사는 장애영유아의 특성과 개별적 필요를 깊이 있게 이해하고, 이를 바탕으로 효과적인 교육방법과 기술을 적용해야 합니다. 또한 문제행동이나 발달상의 어려움이 발생했을 때 적절히 대처하고, 아이의 잠재력을 최대한 끌어낼 수 있는 전문가적인 능력을 갖추는 것이 필수적입니다. 이러한 전문성은 장애영유아가 건강하게 성장하고, 자율성을 키우며, 사회와 통합하는 데 중요한 기반이 됩니다.

- **발달에 대한 이해** : 교사는 영유아의 신체적·정서적·인지적 발달에 대한 깊이 있는 이해를 바탕으로, 개별 영유아의 요구에 맞는 교육적 지원을 제공해야 합니다.
- **문제행동 대처 능력** : 교사는 영유아의 문제행동을 효과적으로 대처할 수 있는 기술과 전략을 갖추어야 합니다. 이를 통해 영유아는 긍정적인 행동을 학습하고, 사회적 관계를 형성하는 데 도움을 받을 수 있습니다.

4) 위험 요인의 식별과 지원

보육교사는 스스로의 감정을 지속적으로 관리하고, 의사소통 능력을 강화하며, 관련 전문성을 꾸준히 개발하는 것은 매우 중요합니다. 정기적인 자기점검과 연수 참여, 동료 교사와의 협력, 그리고 감정 조절 기술 습득은 모두 장애영유아의 건강한 성장과 안전한 돌봄 환경 조성에 큰 도움을 줄 수 있습니다.

- **위험 요인 식별** : 기관 차원에서는 교사의 감정 상태, 의사소통 기술, 전문성을 끊임없이 점검하고, 위험 요인을 조기에 식별해야 합니다. 이를 통해 영유아의 발달에 부정적인 영향을 미치는 요인을 사전에 차단할 수 있습니다.
- **필요한 지원 제공** : 효과적인 돌봄과 교육을 위해서는 지속적인 지원이 핵심입니다. 이를 위해 기관은 교사에게 필요한 전문 교육과 연수 프로그램을 정기적으로 제공하고, 장애영유아 특성에 맞는 최신 지식과 기술을 습득할 수 있도록 도와야 합니다. 또한 교사들이 심리적 어려움이나 스트레스를 겪을 때 즉각적으로 도움을 받을 수 있는 상담 프로그램을 운영하여, 정신적 안정과 개인 역량 강화를 지원하는 것도 매우 중요합니다. 이러한 적극적인 지원 체계는 교사가 자신의 역량을 끊임없이 강화하는 동시에, 장애영유아에게 더 안전하고 질 높은 돌봄 환경을 제공하는 기반이 됩니다.

보육현장에서의 실천

1. 영유아의 발달지연 조기 발견 : 보육현장에서 영유아의 발달지연을 조기에 발견하기 위해 어떤 관찰과 평가 방법을 활용할 수 있을까요? 이를 통해 영유아에게 적절한 조기 개입을 제공할 수 있는 전략을 탐색해 봅시다.
2. 개별화된 교육계획의 실행 : 장애영유아를 위해 개별화된 교육계획(IEP)을 수립하고 실행하는 과정에서 어떤 어려움을 겪을 수 있으며, 이를 어떻게 극복할 수 있을까요? 현장에서의 실질적인 실행 방안을 모색해 봅시다.
3. 사회적 기술 훈련의 효과성 : 장애영유아의 사회적 상호작용과 의사소통 기술을 훈련하기 위해 어떤 활동과 프로그램을 활용할 수 있을까요? 이를 통해 영유아가 사회적 관계를 형성하고 유지할 수 있는 방법을 탐색해 봅시다.
4. 부모와의 협력 강화 : 부모와의 협력을 강화하기 위해 어떤 의사소통 전략과 프로그램을 활용할 수 있을까요? 이를 통해 가정과 교육기관에서 일관된 지원을 제공할 수 있는 방법을 탐구해 봅시다.
5. 다학제적 접근의 현장 적용 : 보육현장에서 다학제적 접근을 실천하기 위해 어떤 전문가들과 협력하고, 어떤 절차를 통해 영유아를 종합적으로 지원할 수 있을까요? 이를 통해 영유아의 다양한 발달 영역을 포괄적으로 지원할 수 있는 전략을 탐색해 봅시다.

용어 정의

1. 조기 개입(Early Intervention) : 영유아의 발달지연이나 장애 위험을 조기에 발견하고, 이를 예방하거나 완화하기 위해 제공되는 교육적·치료적 지원을 의미합니다. 조기 개입은 영유아의 발달을 촉진하고, 장기적인 성장을 지원하는 데 중요한 역할을 합니다.
2. 개별화된 교육계획(IEP : Individualized Education Program) : 특수교육대상자의 발달 상태와 교육적 요구에 맞춘 맞춤형 교육계획을 의미합니다. IEP는 영유아의 강점과 약점을 고려하여 설계되며, 이를 통해 영유아는 자신의 능력에 맞는 교육을 받을 수 있습니다.
3. 사회적 기술 훈련(Social Skills Training) : 장애영유아가 사회적 상호작용과 의사소통 기술을 습득할 수 있도록 제공되는 훈련 프로그램을 의미합니다. 이를 통해 영유아는 사회적 관계를 형성하고 유지할 수 있는 능력을 키울 수 있습니다.
4. 다학제적 접근(Multidisciplinary Approach) : 특수교육 전문가, 심리학자, 언어치료사, 물리치료사 등 다양한 전문가들이 협력하여 영유아를 종합적으로 지원하는 방법을 의미합니다. 이를 통해 영유아의 다양한 발달 영역을 포괄적으로 지원할 수 있습니다.
5. 부모 협력(Parental Collaboration) : 교사와 부모가 긴밀히 협력하여 영유아의 발달을 지원하는 방법을 의미합니다. 이를 통해 가정과 교육기관에서 일관된 지원을 제공할 수 있으며, 영유아는 안정적인 환경에서 성장할 수 있습니다.

제 2 장

장애영유아를 위한 특수교육의 개념

학습목표

1. 잠재력 존중 : 장애영유아를 단순히 어려움을 겪는 존재로 보기보다, 섬세한 보살핌과 전문적 지원을 통해 무한한 성장을 이룰 수 있는 잠재력을 지닌 존재로 인식하는 관점을 확립합니다.
2. 위험군 영유아 이해 : '위험군 영유아' 개념을 명확히 이해하고, 이들이 장애로 이행될 가능성을 인지하여 조기 중재의 중요성을 인식합니다.
3. 경계성 영유아 지원 : 경계성 영유아가 겪는 어려움을 이해하고, 맞춤형 지원을 통해 긍정적인 자아정체감과 사회성을 형성할 수 있도록 돕는 방법을 모색합니다.
4. 발달지연 조기 중재 : 발달지연 영유아를 위한 조기 중재의 중요성을 인식하고, '장애' 진단보다는 잠재적 지원 대상자로 접근하여 맞춤형 지원을 제공하는 방안을 이해합니다.
5. 차이점 명확화 : 장애 진단을 받은 영유아와 위험군 영유아의 차이점을 명확히 이해하고, 각 영유아에게 적합한 교육적 접근법과 지원 전략을 수립하는 데 필요한 지식을 습득합니다.

1. 장애영유아의 개념

장애영유아 보육현장에서 마주하는 '장애영유아'는 단순한 어려움이나 뒤처짐이 아니라, 정성 어린 섬세한 보살핌과 전문적 지원을 통해 건강한 성장의 길로 나아갈 수 있는 잠재력의 씨앗과 같습니다. 이들은 아직 싹을 틔우지 않은 미지의 가능성을 품고 있으며, 올바른 관심과 조기 중재를 통해 무한한 성장의 문이 열릴 수 있습니다. 따라서 우리는 장애라는 용어로 영유아를 낙인찍기보다는, 잠재력을 키우는 과정에 필요한 지원을 받지 못한 모든 영유아를 포괄하는 더 넓은 개념으로 바라보아야 합니다. 이 같은 관점은 '위험군 영유아'라는 개념으로 구체화됩니다.

1) 위험군 영유아 : 지금 이 순간의 관심과 지원이 미래를 바꿉니다

현재 장애로 진단받지 않은 영유아라고 하더라도, 생물학적·심리적·환경적 요인의 복합작용으로 앞으로 장애나 발달 문제로 발전할 가능성이 높은 아이들이 있습니다(국립특수교육원, 2018). 이들은 겉보기에는 '정상 범위'에 머무는 경우가 많아, 돌보는 과정에서 쉽게 방치할 수 있습니다. 하지만 세심한 관찰과 조기 개입이 이루어진다면, 충분히 건강하게 성장할 잠재력을 갖추고 있습니다.

우리의 역할은 이 아이들의 가능성을 믿고, 신중하고 체계적인 지원과 조기 중재를 실천하는 것에 있습니다. 적절한 시기에 맞춘 지원이 이루어진다면, 위험군 영유아가 장애로 전환되는 걸 예방하고, 건강한 발달을 이끌어 낼 수 있습니다.

- **잠재성에 대한 신뢰와 관찰의 중요성** : 영유아의 작은 변화도 놓치지 않고 세심하게 살피며, 아이의 가능성을 믿고 지지하는 태도를 가지세요. 아이가 발달의 중요한 시기를 놓치지 않도록, 일상 속에서 꾸준한 관찰과 기록을 통해 발달 길목의 신호를 파악하는 것이 필수입니다. 이렇게 함으로써 장애 전 단계에서 적절한 지원을 시도할

수 있습니다.

- **조기 중재와 맞춤형 지원 :** 조기 중재는 아이의 발달을 촉진하고, 장애로의 전환을 막는 핵심 전략입니다. 필요한 경우 전문가와 협력하여 조기에 개입하고, 아이 특성에 맞는 맞춤형 지원을 제공하세요. 이를 통해 아이는 자존감과 자신감을 갖고 성장하며, 평생 동안의 발달 결과에 큰 차이를 만듭니다.

이러한 실천과 노력이 결합되면, 잠재력이 높은 위험군 영유아들이 건강하게 성장하고, 장애로 발전하는 위험을 낮출 수 있습니다.

2) 경계성 영유아

경계성 영유아는 아직 특수교육대상자로 공식 분류되지는 않지만, 현재의 교육적 접근만으로는 충분한 성장을 이끌어 내기 어려운 영유아들입니다. 이들은 언어, 인지, 사회성, 정서, 신체 등 전반적 또는 특정 영역에서 또래 수준에 미치지 못하며, 이러한 발달 차이는 다양한 문제행동으로 드러날 수 있습니다(육아정책연구소, 2023).

- **외현화 행동 :** 때리기, 밀기, 과다 활동성, 공격성, 파괴적 행동 등이 포함됩니다. 이러한 행동은 영유아가 자신의 감정을 표현하는 방식일 수 있으며, 이는 발달이 아직 충분히 이루어지지 않은 상태를 보여주는 신호입니다.
- **내재화 행동 :** 지나친 불안, 우울, 감정 억제, 자기 폐쇄 등 자신에게 집중된 문제행동이 나타납니다. 이러한 행동은 영유아가 내면에서 겪는 어려움을 반영하며, 이는 적절한 지원과 개입이 필요함을 나타냅니다.

경계성 영유아는 중요한 발달의 전환기에 있으며, 적절한 개입과 지원이 이루어진다면 성장의 궤도를 바꾸고, 긍정적인 자아정체감과 사회성을 형성할 수 있는 소중한 기회를 가질 수 있습니다. 따라서 교사와 부모는 영유아의 잠재력을 믿고, 개별 특성에 맞춘 맞춤형 지원으로 '경계성'이라는 경계선을 넘어 자신감 있게 성장할 수 있는 길을 열어줘야 합니다.

3) 발달지연 영유아 : 잠재력을 믿고 조기 지원이 필요합니다

발달지연 영유아는 또래에 비해 언어, 인지, 운동, 사회성 등 중요한 발달 영역에서 기대 수준에 미치지 못하는 상태를 말합니다. 보통 하나의 영역이 40% 이상 늦거나, 2개 이상의 영역에서 각각 25% 이상 늦어질 때 발달지연으로 판단합니다. 그러나 아직 영유아기이기 때문에, 이 단계에서는 '장애'보다는 '조기 중재가 필요한 잠재적 지원 대상자'로 접근하는 것이 훨씬 중요합니다.

(1) 발달지연의 특징과 접근법

- **발달 영역별 특징** : 언어가 늦거나, 인지력이 부족하고, 운동 능력이나 사회성에서 또래보다 뒤처지는 모습을 보일 수 있습니다. 이런 지연은 유아의 전반적인 성장과 발달 발판에 영향을 미칠 수 있으므로, 꾸준한 관찰과 적극적인 지원이 필요합니다.
- **진단 기준과 평가** : 하나의 영역이 40% 이상 뒤처지거나, 복수 영역에서 각각 25% 이상 뒤처진다면 발달지연으로 판단할 수 있으며, 이는 수치로만 판단하기보다 아이 전체 발달 상태를 종합적으로 평가하는 것이 중요합니다.

(2) 조기 중재, 왜 중요한가?

발달지연은 아직 성장하는 시기이기 때문에 '장애'라고 단정하지 말고, 적극적인 지원과 개입이 필요한 잠재적 지원 대상자로 접근하는 것이 핵심입니다. 조기 중재는 아이의 발달을 촉진하고, 학습 능력, 사회성, 행동 측면에서 겪는 어려움을 줄여주며, 앞으로의 더 큰 문제를 예방하는 중요한 역할을 합니다. 지속적인 관찰과 평가를 통해, 아이가 더 이상 뒤처지지 않도록 도와주는 것이 보육현장의 중요한 역할입니다. '이 아이는 지금 잠재력을 키우는 중요한 시기'임을 믿고, 끊임없이 관찰하며 적절한 지원을 제공한다면, 아이는 분명히 밝은 미래로 나아갈 수 있습니다.

영유아 조기 중재 전문가와의 컨퍼런스

(3) 발달지연 영유아를 위한 맞춤형 지원 : 잠재력을 키우는 기회

발달지연 영유아에게 '문제아'라는 딱지를 붙이기보다, 이들의 가능성을 인정하고 존중하는 태도가 매우 중요합니다. 적절한 맞춤형 지원을 통해 아이의 성장 가능성과 잠재력을 최대한 끌어내는 것이 핵심입니다. 이것은 단순한 문제해결이 아니라, 아이의 성장에 대한 '씨앗을 심는 것'과 같습니다.

- **개별화된 지원** : 각 영유아의 발달 상태와 요구에 맞춰 맞춤형 지원을 제공하세요. 예를 들어, 언어 발달이 지연된 아이에게는 언어치료, 운동 능력이 부족한 아이에게는 물리치료, 사회적 또는 정서적 어려움이 있다면 또래 놀이 또는 감정 조절 프로그램 등을 도입할 수 있습니다. 이렇게 아이의 특성과 필요를 꼼꼼히 파악하여, 실천 가능한 개별 맞춤 계획을 세우는 것이 중요합니다.

- **긍정적 접근** : 발달지연 아이를 '문제'로만 보기보다, 가능성을 믿고 긍정적인 시선으로 대하세요. 그들의 잠재력을 인정하며 격려하는 태도는 아이가 자신감을 갖고 새로운 도전과 성장에 적극적으로 나설 수 있게 합니다. 작은 성공 경험을 통해 아이는 '나는 해낼 수 있다'는 자기효능감을 키우고, 자신이 기대 이상으로 성장할 수 있다는 믿음을 갖게 됩니다. 교사의 따뜻한 시선과 '성장 가능성에 대한 믿음'이 아이의 미래를 바꾸는 힘임을 기억하며, 매일 작은 변화와 희망을 나누는 노력을 계속해야 합니다.

소아물리치료, 소아작업치료 기반 재활치료 전문가 특강 참여

(4) 현장 교사의 역할

현장 교사는 발달지연 영유아의 잠재력을 믿고, 이들이 성장할 수 있는 환경을 조성하는 데 중요한 역할을 합니다. 이를 위해 교사는 다음과 같은 역할을 수행해야 합니다.

- **관찰과 평가** : 영유아의 발달 상태를 지속적으로 관찰하고, 필요한 경우 전문가와 협력하여 정확한 평가를 받도록 돕습니다.

- **적절한 개입** : 발달지연이 의심되는 영유아에게 적절한 개입을 제공하고, 이를 통해 발달을 촉진할 수 있는 전략을 마련합니다.
- **부모와의 협력** : 부모와 긴밀히 소통하여 가정에서도 일관된 지원을 제공할 수 있도록 돕습니다. 이를 통해 영유아는 가정과 교육기관에서 일관된 지원을 받을 수 있습니다.

발달지연 영유아는 아직 성장할 수 있는 잠재력을 갖고 있으며, 이 시기는 발달이 계속 진행되고 있기 때문에 '장애'로 단정하기보다는 조기 중재를 통해 지원이 필요한 잠재적 지원 대상자로 접근하는 것이 매우 중요합니다. 단기적인 발달 차이는 시간이 지나면 개선될 수도 있으므로, 이를 단순히 일시적 편차로 치부하지 말고, 지속적인 관찰과 평가를 통해 적극적인 개입이 필요한 시기를 판단해야 합니다.

이 시기에 제공하는 맞춤형 지원과 지속적인 관심은 영유아의 학습 능력, 사회적 관계 형성, 행동 조절에 긍정적인 영향을 미칠 수 있으며, 무엇보다 그들의 엄청난 잠재력을 발견하고 키우는 기회가 됩니다. 현장 교사는 아이의 잠재력을 믿고, 개별 지원 계획을 세우며 성장의 씨앗을 심는 마음가짐으로 임해야 합니다. 그렇게 함으로써 발달지연 영유아는 자신의 잠재력을 최대한 발휘하며 건강하게 성장하고, 미래의 다양한 가능성을 열어갈 수 있습니다.

감각통합치료 연수 참여

<표 2-1> 보육교사 역할 자기 수행평가

연번	내 용	근 거	개선 방향
1	장애아 보육 담당에 대한 자부심을 느낀다.	교사의 직무 만족도는 보육의 질에 직접적인 영향을 미칩니다. 낮은 자부심은 소진으로 이어질 수 있습니다.	성공적인 통합보육 사례 공유, 긍정적 피드백 제공, 워크숍 및 멘토링을 통해 자긍심 고취
2	연간 개별화 교육 계획(IEP)에 대해 숙지하고 있다.	IEP 숙지는 효과적인 개별 맞춤 교육의 필수 조건입니다. 부족한 숙지는 형식적인 운영으로 이어질 수 있습니다.	IEP 관련 워크숍 및 교육 프로그램 제공, IEP 작성 및 실행 가이드라인 배포, 정기적인 IEP 검토 및 피드백
3	장애아 보육 관련 연수에 적극 참여하고 있다.	전문성 향상을 위한 지속적인 노력은 필수적입니다. 소극적인 참여는 최신 정보 습득 및 전문성 개발의 기회 상실로 이어질 수 있습니다.	연수 참여 독려 및 지원, 연수 정보 제공, 연수 참여 결과 공유 및 토론 활성화

4	통합보육 지원활동에 학급 내 모든 아동을 포함하고 있다.	진정한 통합은 모든 아동의 참여를 보장하는 것입니다. 특정 아동 배제는 차별 및 소외감으로 이어질 수 있습니다.	통합보육 활동 계획 시 모든 아동의 참여를 고려, 다양한 활동 모델 개발 및 공유, 긍정적인 또래 관계 형성을 위한 지원
5	IEP 작성의 목적과 필요성을 충분히 인식하고 아동의 요구에 맞게 IEP를 수립한다.	IEP는 아동 중심의 맞춤형 교육을 위한 핵심 도구입니다. 목적 및 필요성 인식 부족은 형식적인 IEP 작성으로 이어질 수 있습니다.	IEP 작성 목적 및 필요성에 대한 교육 강화, 아동 관찰 및 평가 방법 교육, 개별 아동의 요구를 반영한 IEP 작성 사례 공유
6	IEP 작성 시 일반 보육교사와 협의하고 내용을 반영한다.	협력적인 IEP 작성은 통합보육의 성공을 위한 중요한 요소입니다. 협의 부족은 일관성 없는 교육 및 비효율적인 자원 활용으로 이어질 수 있습니다.	IEP 작성 전 일반 보육교사와의 협의 의무화, 정기적인 협의 시간 마련, 협의 내용 기록 및 공유 시스템 구축
7	IEP 작성 시 부모와 협의하고 내용을 반영한다.	부모는 아동에 대해 가장 잘 아는 전문가입니다. 부모 참여는 IEP의 효과성을 높이는 데 필수적입니다.	IEP 작성 전 부모 면담 의무화, 부모 의견 수렴 및 반영 절차 마련, 부모 교육 및 상담 제공
8	IEP 작성 시 관련자(치료사 등)와 협의하고 내용을 반영한다.	다학제적 협력은 아동의 다양한 요구에 대한 통합적인 지원을 가능하게 합니다. 협의 부족은 단편적인 접근 및 서비스 중복으로 이어질 수 있습니다.	관련 전문가와의 협력 네트워크 구축, 정기적인 사례회의 개최, 정보 공유 시스템 구축
9	담당 장애아의 IEP 목표에 대해 숙지하고 있다.	IEP 목표 숙지는 효과적인 교육 실행의 필수 조건입니다. 숙지 부족은 목표와 동떨어진 교육 활동으로 이어질 수 있습니다.	IEP 목표 관련 교육 및 워크숍 제공, IEP 목표 요약 자료 제공, 정기적인 IEP 목표 확인 및 점검
10	IEP의 목표가 반복적인 일과 중에 지도되고 있다.	IEP 목표는 일상생활 속에서 자연스럽게 통합되어야 합니다. 분리된 지도는 효과성을 저해할 수 있습니다.	IEP 목표를 반영한 일과 계획 수립, 일상생활 속에서 목표 달성을 위한 다양한 활동 개발, 교사의 창의적인 지도 역량 강화
11	IEP의 목표가 진행되고 있는 보육과정 활동에서 지도되고 있다.	IEP 목표는 교육과정 활동과 연계되어야 효과적입니다. 연계 부족은 목표 달성을 위한 시너지 효과를 저해할 수 있습니다.	IEP 목표를 반영한 교육과정 재구성, 교육과정 활동과 IEP 목표 간 연계성 강화, 교사의 교육과정 개발 역량 강화

12	장애아 부모에게 교육계획안의 내용에 대해 잘 전달하여 정보를 공유하고 있다.	부모와의 정보 공유는 가정-기관 연계 교육의 핵심입니다. 정보 부족은 부모의 불안감을 증가시키고 교육 효과를 저해할 수 있습니다.	정기적인 교육계획안 공유, 부모 교육 및 상담 제공, 정보 공유 플랫폼 구축
13	IEP에 따라 가정 연계 활동을 잘 계획하고 수행할 수 있도록 부모에게 필요한 정보를 제공하고 있다.	가정 연계 활동은 IEP 목표 달성을 위한 중요한 지원 체계입니다. 정보 부족은 가정에서의 효과적인 지원을 어렵게 할 수 있습니다.	가정 연계 활동 가이드라인 제공, 가정에서 활용 가능한 활동 자료 제공, 부모 교육 및 상담 강화
14	IEP의 목표와 지도 방법을 일반 보육교사에게 충분히 설명하고 있다.	일반 보육교사의 이해는 통합보육의 성공에 필수적입니다. 설명 부족은 일반 보육교사의 소극적인 참여 및 오해를 유발할 수 있습니다.	IEP 목표 및 지도 방법 설명 의무화, 일반 보육교사 대상 교육 프로그램 제공, 정기적인 정보 공유 및 토론 시간 마련
15	보육일지를 빠짐없이 기록하고 있다.	보육일지는 아동 발달 및 교육과정을 기록하고 평가하는 중요한 자료입니다. 기록 누락은 객관적인 평가 및 개선 계획 수립을 어렵게 할 수 있습니다.	보육일지 작성 의무화, 보육일지 작성 양식 표준화, 정기적인 보육일지 검토 및 피드백
16	정기적으로 IEP 평가를 위해 회의를 진행하고 있다.	IEP 평가는 목표 달성 여부를 확인하고 개선 방향을 모색하는 중요한 과정입니다. 회의 부족은 적절한 시기에 피드백을 제공하지 못하고 교육 효과를 저해할 수 있습니다.	정기적인 IEP 평가회의 의무화, 회의 결과 기록 및 공유, 평가 결과 반영 절차 마련
17	장애아 보육 프로그램 운영 상황에 대해 기관장에게 정기적으로 보고하고 업무지도를 받고 있다.	기관장의 지원 및 지도는 효과적인 프로그램 운영에 필수적입니다. 보고 부족은 적절한 지원 및 피드백을 받지 못하게 할 수 있습니다.	정기적인 보고 체계 구축, 기관장의 적극적인 지원 및 피드백 제공, 기관 차원의 통합보육 지원 시스템 강화
18	장애아가 필요로 하는 관련 서비스 제공을 위해 지역 내 자원 개발 및 연계에 노력하고 있다.	지역사회 자원 연계는 아동에게 필요한 다양한 서비스를 제공하는 데 중요합니다. 노력 부족은 서비스 부족 및 중복으로 이어질 수 있습니다.	지역사회 자원 정보 제공, 자원 연계 네트워크 구축, 교사의 자원 개발 역량 강화

출처 : 한국보육진흥원(2010).

2. 장애영유아와 위험군 영유아 차이 이해

장애 진단을 받은 영유아와 위험군 영유아는 모두 특별한 관심과 지원이 필요한 영유아들이지만, 이 둘 사이에는 중요한 차이점이 존재합니다. 이 차이점을 명확히 이해하는 것은 우리에게 가장 적합한 교육적 접근법과 지원 전략을 마련하는 데 필수적입니다. 더불어 이 차이 속에 숨겨진 무한한 가능성을 발견하는 것도 매우 중요합니다.

1) 자격 기준 : '장애'라는 이름의 무게

장애 진단을 받은 영유아와 위험군 영유아의 가장 큰 차이점은 '장애'라는 공식적 진단의 유무입니다. 이 차이는 각 영유아가 받는 지원의 형태와 범위에 큰 영향을 미칩니다.

- **장애영유아** : 장애 진단을 받은 영유아는 '장애영유아'로 분류되어, 법적 자격을 갖추고 특수교육과 관련 서비스를 지원받게 됩니다. 이들은 이미 발달상의 어려움을 명확히 인지하고 있으며, 이를 해결하기 위한 특수한 지원체계에 포함됩니다. 예를 들어, 언어치료, 작업치료, 특수교육 등의 서비스를 받을 수 있습니다.
- **위험군 영유아** : 위험군 영유아는 아직 장애로 공식 진단받지 않았지만, 발달지연이나 특정 문제행동을 보여 앞으로 장애로 발전할 가능성이 높다고 판단되는 영유아입니다. 이들은 '장애'라는 낙인 없이 더욱 포괄적이고 유연한 지원을 받을 수 있으며, 이 지원을 통해 잠재적 문제의 조기 예방이 가능해집니다. 위험군 영유아는 조기 중재 프로그램, 발달지원 서비스 등을 통해 발달지연을 완화하고 장애로의 진행을 막을 수 있는 기회를 얻습니다(교육부, 2014; 국립특수교육원, 2016).

2) 발달지연 및 위험 요소

위험군 영유아는 신체, 언어, 인지, 사회·정서, 적응 행동 등 다양한 영역에서 또래보다 성장 속도가 느릴 수 있습니다. 이러한 발달지연은 단순한 임시 현상이 아니라 장애로 발전할 수 있는 '씨앗'과도 같습니다.

- **발달지연의 특성** : 위험군 영유아는 언어발달이 늦거나, 인지적 이해력이 부족하거나, 사회적 상호작용에서 어려움을 겪을 수 있습니다. 이러한 발달지연은 영유아의 전반적인 성장과 발달에 영향을 미칠 수 있으며, 이는 장애로 이어질 가능성을 내포하고 있습니다.
- **조기 개입의 중요성** : 발달지연이 의심되거나 발견되었을 때, 즉시 전문 평가와 맞춤형 지원을 시작하는 것이 매우 중요합니다. 예를 들어, 언어 또는 운동 발달이 느린 아동에게는 즉시 언어 치료사 또는 치료 전문가와 협력하여 구체적인 목표를 세우고, 가정에서도 실천할 수 있는 활동을 안내하는 것이 필요합니다. 또한 정기적으로 아이의 발달 상태를 꼼꼼히 관찰하고, 변화가 있을 때마다 적절한 조치를 취하는 시스템을 갖추는 것이 중요합니다. 이러한 신속하고 지속적인 개입은 발달지연의 정도를 크게 줄이거나 해소하는 데 핵심이며, 아이가 건강하게 성장하여 자신감을 갖고 미래에 적응할 수 있는 기반을 마련하는 가장 효과적인 전략입니다. 따라서 매일 아이의 발달을 세심하게 살피고, 전문가와 협력하며, 부모와도 긴밀히 소통하는 노력이 매우 중요합니다.

3) 조기 개입과 맞춤형 지원 : 아이의 성장에 실질적인 변화를 만들어내는 길

가장 긴요하고 시급한 역할은 위험군 영유아에게 지속적이며 맞춤형 교육 지원을 제공하는 것입니다. 조기 개입은 아이의 잠재된 발달지연이나 장애를 예방하거나 최소화하는 핵심 전략으로, 아이가 앞으로 건강하게 성장하는 근본 토대를 마련하는 데 꼭 필요합니다. 이 지원은 모두 같은 프로그램이 아닌, 아이마다 발달 상태와 요구에 맞게 개별적으로 설계되어야 합니다(백상수 외, 2025).

- **개별화 지원을 위해 매일 관찰하세요** : 예를 들어, 언어가 느린 아이에게는 말 걸기, 그림책 읽기, 말하는 환경 제공, 그리고 필요시 언어치료 전문가와 연계하세요. 운동 능력이 부족한 아이에게는 특수운동 활동, 보조 기구 활용, 손과 발을 사용하는 놀이를 통해 신체 기능 향상을 도우세요. 사회성이나 감정 조절이 어려운 아이는 또래와 함께하는 놀이, 감정 표현 활동, 차분히 듣고 공감하는 시간을 정기적으로 가지세요.
- **즉각적 개별 목표를 세우고 점검하세요** : 매주 또는 매월 아이의 발달상태를 평가하고, 필요시 계획을 조정하며, 목표를 구체적으로 세워 지속적으로 지원하는 것이 중요합니다. 예를 들어, 이번 달에는 '단어 10개 말하기', '혼자서 3초 이상 균형 잡기' 등 현실적이고 측정 가능한 목표를 세우세요.
- **가족과 협력하고 전문가와 연계하세요** : 가정에서도 연계하여 실천할 수 있는 방법을 안내하고, 필요시 전문가 상담을 요청하여 전문적 지원을 병행하세요.
- **아이의 자신감과 잠재력을 키우는 것에 집중하세요** : 작은 성취를 칭찬하고 격려함으로써 아이가 자신감을 갖도록 도와주세요. 아이가 '내가 할 수 있다'는 믿음을 갖는 것이 근본적인 성장 동력입니다.

3. 장애영유아를 위한 특수교육

장애영유아를 위한 특수교육은 단순히 장애를 극복하는 것을 넘어, 그들이 행복하고 의미 있는 삶을 살 수 있도록 돕는 데 그 목적이 있습니다. 이를 통해 장애영유아는 자신의 잠재력을 최대한 발휘하며, 사회에 긍정적으로 기여할 수 있는 능력을 키울 수 있습니다. 특수교육은 단순히 장애를 가진 유아의 한계를 보완하는 것을 넘어, 그들이 성장과 발달 과정에서 긍정적인 영향을 받으며 보다 나은 삶을 살 수 있도록 지원합니다(이소현, 2011).

1) 특수교육의 목표 : 장애영유아가 행복하고 의미 있는 삶을 살 수 있도록

장애영유아들이 행복하고 의미 있는 삶을 영위할 수 있도록 돕는 것이 특수교육의 가장 중요한 목표입니다. 이를 위해 교사로서 다음과 같은 목표를 염두에 두고 실천해야 합니다.

- **잠재력 최대 발휘 지원 :** 아이가 자신감 있게 자신의 능력을 믿고, 작은 성공 경험을 쌓으며 새로운 도전과 학습에 적극적으로 참여할 수 있도록 도와주세요. 예를 들어, 놀이와 활동에서 아이의 강점을 발견하고 격려하며, 개별화된 목표를 세우고 지속적으로 지원하는 것이 중요합니다.
- **사회적 관계 형성 및 사회적 역할 수행 지원 :** 또래 및 교사와의 교류를 통해 아이가 자연스럽게 사회적 관계를 맺고, 자신이 속한 사회의 일원으로서 역할을 수행할 수 있도록 기회를 제공하세요. 그룹 활동, 협력놀이, 감정을 표현하는 시간 등을 계획하여, 아이가 다양한 역할을 경험하고 적응할 수 있도록 지도하는 것이 필수입니다.

이 목표들을 달성하기 위해선, 끊임없는 관찰과 개별 맞춤 지원 계획 수립, 그리고 부모와 협력하는 과정이 매우 중요합니다.

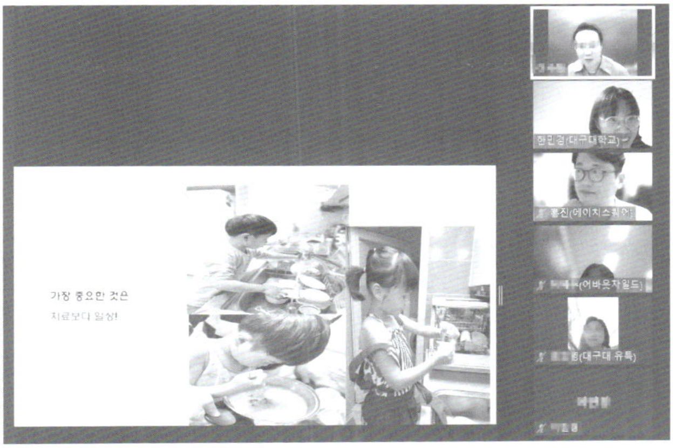

장애영유아 조기 중재 전문가의 특강 참여

2) 특수교육의 중요성 : 장애영유아의 발달 가능성 최대화를 위한 실천 전략

특수교육은 영유아기 동안 다양한 활동에 적극적으로 참여할 수 있는 기회를 제공함으로써, 장애가 성장과 발달에 미치는 부정적인 영향을 최소화하는 데 핵심적인 역할을 합니다. 이 시기는 발달이 아직 고정되지 않은 시기로, 적절한 환경과 맞춤형 지원을 제공하면, 아이의 최대 발달 잠재력을 이끌어 낼 수 있는 매우 중요한 시간입니다(이미숙 외, 2021).

- **개별 발달 목표 설정과 지원** : 아이마다 발달 수준과 필요가 다르기 때문에 정기적으로 관찰하여 개별화된 목표를 세우고, 구체적 활동과 지원을 계획하세요. 예를 들어, 말이 늦은 아이에게는 1:1 말하기 연습과 그림책 읽기, 운동이 부족한 아이에게는 신체활동과 균형 잡기 놀이를 제공하는 식입니다.
- **환경 조성 및 활동 선택** : 아이가 자연스럽게 다양한 활동에 참여할 수 있도록 안전하고 유연한 환경을 만들고, 아이의 흥미와 능력에 맞는 활동을 선택하세요. 소통 기회,

협력놀이, 감각 활동 등을 적극 활용해 신체적·인지적·정서적 발달을 동시에 지원하세요.

- **가족과 협력하여 일관성 있게 지원** : 가정과의 지속적인 연계를 통해 집에서도 아이의 발달 목표와 지원 방법을 공유하고, 일관된 지원이 이루어지도록 하세요. 부모와 정기적으로 의견을 나누고, 연계 프로그램이나 활동을 안내하는 것도 매우 중요합니다.
- **계속적인 관찰과 평가를 통한 개입 조정** : 아이의 발전 상황을 꾸준히 모니터링하고, 필요시 개별 지원 계획을 수정하세요. 유연하게 대응하며, 작은 성취도 칭찬하고 격려하는 태도를 유지하는 것이 아이의 자신감과 참여도를 높입니다.

3) 특수교육의 접근 방식 : 개별화된 교육계획으로 실질적 지원 제공하기

특수교육은 각 장애영유아의 개별적 필요와 능력에 꼭 맞춘 개별화된 교육계획(IEP)을 수립하고 실행하는 것이 핵심입니다. 이를 통해 아이가 장애로 인해 겪는 어려움을 최소화하고, 사회에 원활히 통합될 수 있는 기반을 마련할 수 있습니다.

- **개별화된 교육계획(IEP) 수립** : 아이의 발달 수준, 강점, 필요 영역 등을 꼼꼼히 관찰하고 기록하세요. 단기 목표와 구체적 지원 방법, 평가 기준을 정리하여, 담당 교사와 함께 협력적으로 계획을 세우세요. 예를 들어, 언어가 느린 아이에게는 말하기 연습 목표와 지원 활동, 운동이 부족한 아동에게는 균형 잡기와 근력 강화 활동을 포함하세요.
- **다양한 교육방법과 도구 활용** : 시각적 지원 도구(그림, 카드, 플래시카드 등)를 활용해 이해를 돕고, 감각적 자극(촉감, 소리, 냄새 등)을 통해 흥미와 집중력을 높이세요. 긍정적 강화(격려, 칭찬, 포상)를 통해 아이의 학습 동기와 자신감을 높이고, 학습 내용을 더욱 쉽게 습득할 수 있도록 지원하세요. 촉진영역별 활동을 계획하고, 아이마다 적합한 활동을 선택하여 차별화된 지원을 실천하세요.

- **지속적인 점검과 조정** : 정기적으로 아이의 반응과 성취도를 관찰하고 기록하며, 필요 시 개별 계획을 수정하세요. 부모와도 지속적으로 소통하며, 가정에서도 계획에 따른 실천을 돕도록 협력하세요.

이렇게 구체적이고 체계적인 개별 지원은 아이가 자신의 능력을 최대한 발휘하고, 자신감 있게 사회에 적응하는 데 큰 도움을 줍니다.

4) 특수교육의 효과 : 사회적 통합과 삶의 질 향상을 위한 실천 전략

장애영유아들이 사회에 자연스럽게 통합되고, 행복하고 의미 있는 삶을 살 수 있도록 돕는 것이 특수교육의 핵심 목표입니다. 이를 위해 오늘 바로 실천할 수 있는 구체적인 방법을 소개합니다.

- **사회적 통합을 위해** : 또래들과 함께하는 활동을 적극 계획하고, 아이가 자연스럽게 사회적 관계를 형성할 수 있도록 도와주세요. 그룹 활동이나 협력놀이, 감정 표현 시간 등을 통해 아이가 서로 교류하고, 역할을 수행할 기회를 늘리세요. 또래 친구들과의 친밀감을 높이기 위해 격려와 칭찬을 아끼지 말고, 모두가 참여하는 환경을 만들어 주세요.
- **삶의 질 향상을 위해** : 아이가 좋아하는 활동이나 흥미를 끄는 역할놀이, 감각 활동 등을 통해 즐거움과 성취감을 경험하게 하세요. 작은 성공 경험을 자주 제공하고, 칭찬과 격려를 통해 자신감을 키우도록 하세요. 일상생활에서의 자립 활동(예 옷 입기, 먹기, 감정 표현하기)을 지원하고, 이를 통해 아이가 자신만의 삶의 목표를 세우고 실천할 수 있게 돕습니다.
- **개별화된 지원을 통해 최대 잠재력 발휘** : 아이마다 강점과 필요가 다르기 때문에, 정기적으로 관찰하여 개별 맞춤 지원 계획을 세우고 실천하세요. 환경과 활동을 아이의

특성에 맞게 조절하며, 적극적으로 참여를 유도하세요. 부모와 긴밀히 협력하여 가정에서도 연계된 지원이 이루어지도록 하세요.

> **특수교육의 목적**
>
> 「교육기본법」 제18조에 따라 국가 및 지방자치단체가 장애인 및 특별한 교육적 요구가 있는 사람에게 통합된 교육 환경을 제공하고 생애주기에 따라 장애 유형·장애 정도의 특성을 고려한 교육을 실시하여 이들이 자아실현과 사회통합을 하는 데 기여함을 목적으로 한다(「장애인 등에 대한 특수교육법」 제1조).

4. 교사와 보육전문가의 역할 : 실천적 주체로서의 책임

교사와 보육전문가들은 단순히 정책의 실행자가 아닌, 영유아의 발달을 이끄는 적극적인 주체가 되어야 합니다. 작은 관찰과 즉각적인 개입, 개별화된 지원은 영유아의 미래를 바꿀 수 있는 강력한 도구입니다. 현장에서의 실천이 정책의 약속을 현실로 만드는 첫걸음이며, 이를 통해 우리는 모든 영유아가 건강하고 행복하게 성장할 수 있는 환경을 조성할 수 있습니다.

이와 같은 정책적 움직임은 단순히 정책을 전달하는 것에 그치지 않고, 현장이 그 실천의 최전선이 되어야 함을 의미합니다. 현장에서 적극적으로 실천하지 않는다면, 정책이 가진 힘은 반감될 수밖에 없습니다. 따라서 다음과 같은 실천 원칙들이 우리 곁에 필요합니다.

1) 영유아의 정원사로서의 역할

보육교사는 영유아의 가장 가까운 곳에서 이들의 어려움과 잠재력을 마주하는 존재입니다. 단순한 돌봄을 넘어, 작은 변화 하나도 놓치지 않고 세심하게 관찰하며, 영유아들이 자신감을 가질 수 있도록 격려하는 '정원사'와 같은 역할이 요구됩니다.

- 민감한 관찰과 반응 : 교사는 영유아의 작은 변화에도 민감하게 반응하고, 이를 통해 영유아의 발달 상태를 정확히 파악해야 합니다. 이를 통해 영유아는 자신의 감정과 행동을 표현할 수 있는 기회를 얻습니다.
- 긍정적 피드백 : 긍정적인 피드백은 영유아가 자기 자신을 믿고 성장하는 데 큰 힘이 됩니다. 교사는 영유아의 긍정적인 행동을 강화하고, 이를 통해 영유아의 자신감을 키울 수 있습니다.
- 부모와의 협력 : 부모와의 긴밀한 협력을 통해 가정과 어린이집이 하나의 유기적인 지원 시스템을 이루는 것도 매우 중요합니다. 이를 통해 영유아는 가정과 교육기관에서 일관된 지원을 받을 수 있습니다.

2) 조기 개입의 중요성 인식과 실천

조기 개입은 우리 모두의 긴요한 책임입니다. 교사뿐만 아니라 부모, 그리고 지역사회 구성원 모두가 협력하여 영유아에게 필요한 지지와 자원을 신속하게 제공해야 합니다.

- 신속한 지원 : 조기 개입은 영유아의 발달지연이나 문제를 조기에 발견하고, 이를 해결하기 위한 적절한 지원을 제공하는 것을 의미합니다. 이를 통해 영유아는 더 큰 문제로 이어지는 것을 방지할 수 있습니다.
- 협력적 접근 : 교사, 부모, 지역사회 구성원이 협력하여 영유아에게 필요한 지원을 제공해야 합니다. 이를 통해 영유아는 다양한 영역에서 필요한 자원을 얻을 수 있습니다.

- **미래를 위한 투자** : 조기 개입은 영유아의 미래를 밝게 만들고, 장기적으로는 이들이 책임감 있고 사회에 기여하는 성숙한 시민으로 자라날 수 있는 밑거름이 됩니다. 씨앗에 물과 햇빛을 공급하는 것처럼, 조기 개입은 영유아가 잠재력을 싹 틔우고 무럭무럭 자라게 하는 가장 강력한 원동력입니다.

3) 개별 특성에 맞는 맞춤형 지원

모든 영유아가 같은 방식으로 성장하지 않기에, 가장 중요한 것은 각 영유아의 개별적 필요를 정확히 파악하는 일입니다. 획일적인 프로그램이나 방법론으로는 영유아들의 잠재력을 충분히 이끌어 낼 수 없습니다.

- **개별화된 교육계획** : 영유아의 강점과 약점을 세심하게 관찰하고, 발달 특성에 따른 개별화된 교육계획을 수립하는 것이 필수입니다. 이를 통해 영유아는 자신의 요구에 맞는 교육을 받을 수 있습니다.
- **다학제적 연계 시스템** : 보건, 특수교육, 심리 전문가와 긴밀히 협력하는 다학제적 연계 시스템을 구축해야 합니다. 이를 통해 영유아는 다양한 영역에서 필요한 지원을 받을 수 있습니다.
- **지속성과 효과성** : 영유아의 개인적 특성을 고려한 맞춤형 지원은 지속성과 효과성을 높이는 핵심 열쇠입니다. 이를 통해 영유아는 자신의 잠재력을 최대한 발휘할 수 있습니다.

보육현장에서의 실천

1. 개별 맞춤 지원 : 모든 영유아는 개별적인 특성과 요구를 가지고 있음을 인지하고, 획일적인 프로그램이 아닌 개별 영유아의 발달 수준과 필요에 맞는 맞춤형 교육 및 지원계획을 수립하고 실행합니다.
2. 긍정적 상호작용 : 영유아와의 상호작용 시 긍정적 강화와 격려를 통해 자존감을 높이고, 새로운 시도에 대한 두려움을 줄여 긍정적인 자아개념을 형성할 수 있도록 지원합니다.
3. 조기 발견 및 의뢰 : 영유아의 발달 과정에서 지연이나 특이 행동을 보이는 경우, 이를 간과하지 않고 신속하게 전문가에게 의뢰하여 정확한 평가와 적절한 조치를 받을 수 있도록 합니다.
4. 협력적 관계 구축 : 영유아의 부모, 관련 전문가(치료사, 상담사 등)와 긴밀하게 협력하여 정보를 공유하고, 일관성 있는 지원을 제공함으로써 교육 효과를 극대화합니다.
5. 포용적 환경 조성 : 장애 유무와 관계없이 모든 영유아가 함께 어울리고 상호작용할 수 있는 포용적인 환경을 조성하여 사회성 발달을 돕고, 차이에 대한 편견 없이 다양성을 존중하는 문화를 만듭니다.

용어 정의

1. 장애영유아 : 특수교육대상자로 선정된 영유아로, 신체적·정신적 발달상의 어려움으로 인해 특별한 교육적 요구를 필요로 하는 영유아를 의미합니다.
2. 위험군 영유아 : 현재 장애로 진단받지는 않았지만, 발달지연이나 특정 요인으로 인해 향후 장애 발생 가능성이 높은 영유아를 의미합니다. 조기 개입을 통해 장애로의 진행을 예방하고 발달을 촉진하는 것이 중요합니다.
3. 경계성 영유아 : 특수교육대상자로 공식 분류되지는 않았지만, 현재의 교육적 접근만으로는 충분한 성장을 이끌어 내기 어려운 영유아를 의미합니다. 언어, 인지, 사회성, 정서, 신체 등 전반적 또는 특정 영역에서 또래 수준에 미치지 못하는 경우가 많습니다.
4. 발달지연 : 영유아가 특정 발달 영역(언어, 인지, 운동, 사회성 등)에서 기대되는 연령에 비해 현저하게 뒤처지는 현상을 의미합니다. 조기 진단과 개입을 통해 발달을 촉진하고 잠재력을 최대한 발휘할 수 있도록 지원해야 합니다.
5. 조기 중재 : 장애 또는 발달지연이 의심되는 영유아에게 가능한 한 빨리 제공되는 교육적·치료적·사회적 지원 서비스를 의미합니다. 영유아의 발달을 촉진하고, 문제행동을 예방하며, 가족을 지원하는 것을 목표로 합니다.

제 3 장

장애영유아를 위한 법규 및 정책

학습목표

1. 특수교육 관련 법규 이해 : 「장애인 등에 대한 특수교육법」, 「장애아동복지지원법」 등 장애영유아의 교육 및 복지와 관련된 주요 법규의 내용과 의미를 정확하게 파악하고, 이를 현장에서 적용할 수 있는 능력을 함양합니다.
2. 조기 중재 정책 숙지 : 국가 수준에서 추진되고 있는 장애영유아 조기 중재 강화 정책의 내용과 목표를 이해하고, 이러한 정책이 보육현장에 미치는 영향과 교사의 역할을 인식합니다.
3. 지원 서비스 정보 습득 : 지역사회 내 장애영유아와 그 가족을 위한 다양한 지원 서비스(지역장애아동지원센터, 발달장애 정보 플랫폼 등)에 대한 정보를 습득하고, 필요시 적절하게 연계할 수 있는 능력을 키웁니다.
4. 권리 옹호 의식 함양 : 장애영유아의 권리 보호를 위한 법적·정책적 기반을 이해하고, 보육현장에서 장애영유아의 권리가 침해되지 않도록 적극적으로 옹호하는 실천적 태도를 기릅니다.
5. 정책 변화 민감성 : 장애영유아 관련 법규 및 정책의 변화에 지속적으로 관심을 가지고, 새로운 정보를 습득하며, 변화된 내용을 보육현장에 적용할 수 있는 유연성을 갖춥니다.

1. 장애영유아 특수교육에 대한 정책

장애영유아 특수교육에 대한 정책적 기반은 2008년에 시행된 「장애인 등에 대한 특수교육법」에서 시작되었습니다. 이 법은 특수교육대상자에 대한 유치원 과정의 의무교육과 장애영아에 대한 무상교육 지원을 규정하여, 유치원 과정을 의무교육으로 하고, 만 3세 미만의 장애영아교육을 무상으로 제공할 수 있는 법적 근거를 마련하였습니다. 이는 특수교육대상자들이 교육의 기회를 균등하게 누릴 수 있도록 하는 데 중점을 두고 있으며, 특히 장애영유아의 조기교육을 통해 그들의 잠재력을 최대한 발휘할 수 있도록 지원하고 있습니다.

1) 장애영아의 교육지원 : 조기교육의 중요성

특히 장애영아의 교육지원(제18조)과 관련하여, 만 3세 미만의 장애영아의 보호자는 조기교육이 필요한 경우 교육장에게 교육을 요구할 수 있으며, 교육장은 특수교육지원센터의 진단・평가 결과를 기초로 만 3세 미만의 장애영아를 특수학교의 유치원 과정, 영아학급 또는 특수교육지원센터에 배치할 수 있도록 하였습니다. 또한 장애영아가 의료기관, 복지시설 또는 가정 등에 있을 경우에는 특수교육교원 및 특수교육 관련 서비스 담당인력 등으로 하여금 순회 교육을 제공하도록 할 수 있다는 내용 등을 포함하고 있습니다. 이를 통해 장애영아들이 다양한 환경에서도 교육의 혜택을 받을 수 있도록 지원하고 있습니다.

- **조기교육의 필요성** : 조기교육은 장애영아의 발달을 촉진하고, 장애로 인한 어려움을 최소화하는 데 중요한 역할을 합니다. 이를 통해 영유아는 자신의 잠재력을 최대한 발휘할 수 있는 기회를 얻을 수 있습니다.

- **순회 교육의 확대** : 장애영아가 의료기관, 복지시설 또는 가정 등에 있을 경우에도 순회 교육을 제공함으로써, 모든 장애영아가 교육의 혜택을 누릴 수 있도록 지원합니다.

2) 장애아동복지지원법 : 권리와 복지 강화

2015년 11월 19일에 시행된 「장애아동복지지원법」은 장애아동을 위한 모든 활동에 있어서 장애아동의 이익을 최우선적으로 고려해야 한다는 것과 장애아동에게 영향을 미치는 모든 활동에 대하여 장애아동이 자신의 견해를 자유롭게 표현할 권리를 최대한 보장받아야 한다는 것을 기본이념으로 합니다. 이 법은 장애아동의 복지와 권리 보호를 강화하는 데 목적을 두고 있으며, 특히 장애영유아를 위한 어린이집은 체계적인 보육지원과 원활한 취학을 위한 보육계획을 수립・실시하여야 하고, 대통령령으로 정하는 자격을 가진 특수교사와 장애영유아를 위한 보육교사 등을 배치하여야 한다고 규정하고 있습니다. 이를 통해 장애영유아들이 적절한 교육과 보육을 받을 수 있도록 지원하고 있습니다.

- **권리 보장** : 장애아동이 자신의 견해를 자유롭게 표현할 권리를 최대한 보장받아야 한다는 것을 강조합니다. 이를 통해 장애아동은 자신의 의사를 표현하고, 자신의 삶에 대해 결정할 수 있는 기회를 얻을 수 있습니다.
- **보육지원 강화** : 장애영유아를 위한 어린이집은 체계적인 보육지원과 원활한 취학을 위한 보육계획을 수립・실시하여야 합니다. 이를 통해 장애영유아는 적절한 교육과 보육을 받을 수 있습니다.

3) 가족지원 강화 : 지역장애아동지원센터

가족지원을 강화하기 위해 특별자치도・시・군・구에 지역장애아동지원센터를 설치하여 장애의 조기 발견을 위한 홍보, 장애아동의 복지지원 사업에 관한 정보 및 자료 제공, 장애아동과 그 가족에 대한 복지지원 제공기관의 연계, 장애아동의 사례관리, 장애아동과 그 가족을 지원하기 위한 가족상담 및 교육을 실시하는 등의 업무를 수행하도록 규정하고 있습니다. 이를 통해 장애아동과 그 가족들이 필요한 지원을 종합적으로 받을 수 있도록 하고 있습니다.

- **조기 발견과 홍보** : 지역장애아동지원센터는 장애의 조기 발견을 위한 홍보를 실시하여 장애아동이 조기에 적절한 지원을 받을 수 있도록 돕습니다.
- **가족상담 및 교육** : 장애아동과 그 가족을 지원하기 위한 가족상담 및 교육을 실시함으로써, 가족들이 장애아동을 돌보는 데 필요한 지식과 기술을 습득할 수 있도록 지원합니다.

「장애인 등에 대한 특수교육법」의 장애영유아 관련 조항

■ 의무교육

▸「장애인 등에 대한 특수교육법」 제3조(의무교육 등)

① 특수교육대상자에 대하여는 「교육기본법」 제8조에도 불구하고 유치원·초등학교·중학교 및 고등학교 과정의 교육은 의무교육으로 하고, 제24조에 따른 전공과와 만 3세 미만의 장애영아교육은 무상으로 합니다.

② 만 3세부터 만 17세까지의 특수교육대상자는 제1항에 따른 의무교육을 받을 권리를 가진다. 다만, 출석일수의 부족 등으로 인하여 진급 또는 졸업을 하지 못하거나, 제19조제3항에 따라 취학의무를 유예하거나 면제받은 자가 다시 취학할 때의 그 학년이 취학의무를 면제 또는 유예받지 아니하고 계속 취학하였을 때의 학년과 차이가 있는 경우에는 그 해당 연수(年數)를 더한 연령까지 의무교육을 받을 권리를 가진다.

③ 제1항에 따른 의무교육 및 무상교육에 드는 비용은 대통령령으로 정하는 바에 따라 국가 또는 지방자치단체가 부담한다.

▸「장애인 등에 대한 특수교육법」 시행령 제2조(의무교육의 실시)

「장애인 등에 대한 특수교육법」(이하 "법"이라 한다) 제3조 및 법률 제8483호 부칙 제1조 단서에 따라 특수교육대상자에 대한 의무교육은 다음 각 호에 따라 차례로 각각 실시한다.

1. 2010학년도 : 5세 이상 유치원 과정 및 고등학교 과정
2. 2011학년도 : 4세 이상 유치원 과정
3. 2012학년도 : 3세 이상 유치원 과정

▸「장애인 등에 대한 특수교육법」 시행령 제3조(의무교육의 비용 등)

① 법 제3조제3항에 따라 국가 또는 지방자치단체가 부담하여야 하는 비용은 입학금, 수업료, 교과용 도서대금 및 학교급식비로 한다.
② 국가 및 지방자치단체는 제1항의 비용 외에 학교운영 지원비, 통학비, 현장·체험학습비 등을 예산의 범위에서 부담하거나 보조할 수 있다.

■ 장애의 조기발견

▸「장애인 등에 대한 특수교육법」 제14조(장애의 조기발견 등)

① 교육장 또는 교육감은 영유아의 장애 및 장애 가능성을 조기에 발견하기 위하여 지역주민과 관련 기관을 대상으로 홍보를 실시하고, 해당 지역 내 보건소와 병원 또는 의원(醫院)에서 선별검사를 무상으로 실시하여야 한다.
② 교육장 또는 교육감은 제1항에 따른 선별검사를 효율적으로 실시하기 위하여 지방자치단체 및 보건소와 병·의원 간에 긴밀한 협조체제를 구축하여야 한다.
③ 보호자 또는 각급 학교의 장은 제15조제1항 각 호에 따른 장애를 가지고 있거나 장애를 가지고 있다고 의심되는 영유아 및 학생을 발견한 때에는 교육장 또는 교육감에게 진단·평가를 의뢰하여야 한다. 다만, 각급 학교의 장이 진단·평가를 의뢰하는 경우에는 보호자의 사전 동의를 받아야 한다.
④ 교육장 또는 교육감은 제3항에 따라 진단·평가를 의뢰받은 경우 즉시 특수교육지원센터에 회부하여 진단·평가를 실시하고, 그 진단·평가의 결과를 해당 영유아 및 학생의 보호자에게 통보하여야 한다.
⑤ 제1항의 선별검사의 절차와 내용, 그 밖에 검사에 필요한 사항과 제3항의 사전 동의 절차 및 제4항에 따른 통보 절차에 필요한 사항은 대통령령으로 정한다.

▸「장애인 등에 대한 특수교육법」 시행령 제9조(장애의 조기발견 등)

① 교육장 또는 교육감은 매년 1회 이상 법 제14조제1항에 따른 홍보를 하여야 한다.
② 교육장 또는 교육감은 장애의 조기발견을 위하여 관할 구역의 어린이집·유치원 및 학교의 영유아 또는 학생(이하 "영유아 등"이라 한다. 이하 이 조에서 같다)을 대상으로 수시로 선별검사를

하여야 한다. 이 경우 「국민건강보험법」 제52조제1항 또는 「의료급여법」 제14조제1항에 따른 건강검진의 결과를 활용할 수 있다.

③ 교육장 또는 교육감은 선별검사를 한 결과 장애가 의심되는 영유아 등을 발견한 경우에는 병원 또는 의원에서 영유아 등에 대한 장애 진단을 받도록 보호자에게 안내하고 상담을 하여야 한다.

④ 교육장 또는 교육감은 선별검사를 받은 영유아 등의 보호자가 법 제15조에 따른 특수교육대상자로 선정받기를 요청할 경우 영유아 등의 보호자에게 영유아 등의 건강검진 결과통보서 또는 진단서를 제출하도록 하여 영유아 등이 특수교육대상자에 해당하는지 여부를 판단하기 위한 진단·평가를 하여야 한다.

⑤ 교육장 또는 교육감은 제3항에 따라 진단·평가한 결과 영유아 등에게 특수교육이 필요하다고 판단되면 보호자에게 그 내용과 특수교육대상자 선정에 필요한 절차를 문서로 알려야 한다.

⑥ 제2항부터 제5항까지의 규정에 따른 선별검사 및 진단·평가에 필요한 사항은 교육부령으로 정한다. 이 경우 제2항에 따른 선별검사에 관한 사항은 보건복지부장관과 협의하여야 한다.

■ 장애영아의 교육지원

▸ 「장애인 등에 대한 특수교육법」 제18조(장애영아의 교육지원)

① 만 3세 미만의 장애영아의 보호자는 조기교육이 필요한 경우 교육장에게 교육을 요구할 수 있다.

② 제1항에 따른 요구를 받은 교육장은 특수교육지원센터의 진단·평가결과를 기초로 만 3세 미만의 장애영아를 특수학교의 유치원과정, 영아학급 또는 특수교육지원센터에 배치할 수 있다.

③ 제2항에 따라 배치된 장애영아가 의료기관, 복지시설 또는 가정 등에 있을 경우에는 특수교육교원 및 특수교육 관련 서비스 담당인력 등으로 하여금 순회 교육을 제공하도록 할 수 있다.

④ 국가 및 지방자치단체는 장애영아를 위한 교육여건을 개선하고 설비를 정비하기 위하여 노력하여야 한다.

⑤ 그 밖에 장애영아의 교육지원에 필요한 사항은 대통령령으로 정한다.

▸ 「장애인 등에 대한 특수교육법」 시행령 제13조(장애영아의 교육지원)

① 3세 미만의 장애영아(이하 이 조에서 "장애영아"라 한다) 교육의 수업일수는 매 학년도 150일을 기준으로 하되, 장애영아의 건강 상태 및 교육과정의 운영상 필요한 경우에는 교육부장관, 교육감 또는 교육장의 승인을 받아 30일의 범위에서 줄일 수 있다.

② 법 제18조제2항에 따라 특수교육을 받는 영아학급 등의 교원 배치에 관한 사항은 교육부장관, 교육감 또는 교육장이 정한다.

③ 교육감이나 교육장은 법 제18조제2항에 따라 장애영아를 특수교육지원센터에 배치하여 교육을 하는 경우 「특수학교시설・설비기준령」 별표에 따른 보통교실을 그 특수교육지원센터에 갖추어야 한다.
④ 장애영아 담당 교원은 「초・중등교육법」 제21조제2항에 따른 특수학교 유치원교사 자격증을 소지한 사람으로 한다.

■ 방과후 과정을 운영하는 유치원 과정의 교육기관

▸「장애인 등에 대한 특수교육법」 제26조(방과후 과정을 운영하는 유치원 과정의 교육기관)

① 「유아교육법」 제2조제6호에 따른 방과후 과정을 운영하는 유치원 과정의 교육기관에 특수교육대상자가 배치되는 경우 해당 각급학교의 장은 특수교육대상자에 대한 방과후 과정 운영을 담당할 인력을 학급당 1인 이상 추가로 배치할 수 있다.
② 제1항에 따른 방과후 과정 담당인력의 자격기준, 운영방법 등에 관하여 필요한 사항은 대통령령으로 정한다.

■ 특수학교의 학급 및 각급학교의 특수학급 설치 기준

▸「장애인 등에 대한 특수교육법」 제27조(특수학교의 학급 및 각급학교의 특수학급 설치 기준)

① 특수학교와 각급학교의 장은 다음 각 호의 기준에 따라 학급 및 특수학급을 설치하여야 한다.
  1. 유치원 과정의 경우 : 특수교육대상자가 1인 이상 4인 이하인 경우 1학급을 설치하고, 4인을 초과하는 경우 2개 이상의 학급을 설치한다.
  2. 초등학교・중학교 과정의 경우 : 특수교육대상자가 1인 이상 6인 이하인 경우 1학급을 설치하고, 6인을 초과하는 경우 2개 이상의 학급을 설치한다.
  3. 고등학교 과정의 경우 : 특수교육대상자가 1인 이상 7인 이하인 경우 1학급을 설치하고, 7인을 초과하는 경우 2개 이상의 학급을 설치한다.
② 교육감은 제1항에도 불구하고 순회 교육의 경우 장애의 정도와 유형에 따라 학급 설치 기준을 하향 조정할 수 있다.
③ 특수학교와 특수학급에 두는 특수교육교원의 배치기준은 대통령령으로 정한다.

2. 장애영유아 조기 중재 강화 정책

제3차 유아교육발전 기본계획(2023~2027)과 제4차 중장기보육 기본계획(2023~2027)은 단순히 보육 서비스의 양적 확대를 넘어, 영유아의 심리·정서 발달을 조기 발견하고 적극적으로 지원하는 정책적 틀을 명확히 제시함으로써, 우리 영유아들의 성장 과정을 더욱 촘촘히 지키겠다는 강력한 의지를 보여줍니다. 특히 이들 계획은 장애영유아의 발달을 조기에 지원하고, 그들이 보다 나은 삶을 살 수 있도록 돕는 데 초점을 맞추고 있습니다. 이는 어린이집 차원의 조기 개입 방안을 구체화하고, 보육현장에 장애영유아를 위한 정책적 책임과 기회를 이관하는 의미 있는 전환을 의미합니다.

1) 국가적 조기 개입 지원제도의 강화

2024년 기준, 발달장애 아동을 위한 국가적 조기 개입 지원제도가 운영되고 있습니다. 이는 영유아 발달 지원 서비스와 특수교육대상자 치료지원 사업으로 구분됩니다.

- **영유아 발달 지원 서비스** : 발달 문제가 우려되는 영유아를 대상으로 중재 서비스를 제공하여 정상적인 발달을 촉진하는 것을 목표로 합니다. 대상은 만 0세부터 6세까지이며, 기준 중위소득의 140% 이하인 가구에게 월 16만 원에서 18만 원을 지원합니다.
- **특수교육대상자 치료지원 사업** : 교육부가 관리하는 프로그램으로, 만 3세부터 18세 미만의 특수교육대상자에게 학교 환경에서 특수교육과 치료 서비스를 제공합니다. 이 사업에서는 바우처 카드를 통해 월 12만 원에서 17만 원을 지급합니다(2024년 기준).

이러한 지원제도는 장애영유아가 조기에 적절한 치료와 교육을 받을 수 있도록 하는 데 중요한 역할을 합니다.

2) 장애 조기 발견과 개입을 위한 서비스 체계 구축

정부는 "장애 조기 발견과 개입을 위한 서비스 체계 구축 및 어린이 재활 의료 인프라 확대"를 국정과제로 선포하여, 장애 위험 영유아의 조기 발견과 개입이 영유아들의 발달에 미치는 중요성을 인식하고 있습니다. 이를 통해 발달장애 아동들이 최적의 지원을 받을 수 있도록 국가적 차원에서 적극적으로 노력하고 있습니다.

- 조기 발견과 개입의 중요성 : 조기 발견과 개입은 영유아의 발달지연을 예방하고, 적절한 치료를 통해 장기적인 발달 문제를 완화하는 데 핵심적인 역할을 합니다.
- 국가적 차원의 노력 : 정부는 장애 조기 발견과 개입을 위한 서비스 체계를 구축하고, 어린이 재활 의료 인프라를 확대하여 장애영유아가 적절한 지원을 받을 수 있도록 합니다.

3) 영유아 발달지연 조기 발견 및 치료지원 강화

보건복지부는 영유아의 발달지연을 조기에 발견하고 적시에 상담과 치료를 받을 수 있도록 영유아 발달 과정에 대한 정보 제공 및 홍보 강화 정책을 추진하고 있습니다.

- 발달 선별검사 : 영유아 건강검진에서 발달 선별검사를 실시하고, 심화 평가 권고를 받은 대상에 대한 정밀검사 기관 명단과 검사비 지원 사업을 안내할 예정입니다.
- 부모 지원 : 이는 부모들이 자녀의 발달 상태를 조기에 파악하고, 필요한 지원을 신속하게 받을 수 있도록 돕는 데 목적이 있습니다.

4) 발달장애 정보 플랫폼 구축 및 연계 강화

발달장애 정보 플랫폼을 구축하여 진단부터 치료까지의 체계적인 연계를 도모하고, 교육기관과의 협력을 강화해 정확하고 신속한 정보 제공을 목표로 하고 있습니다.

- **거점병원과 행동발달증진센터 확대 :** 발달장애인 거점병원과 행동발달증진센터의 확대는 문제행동에 대한 체계적인 훈련 프로그램을 지원하고, 치료의 질과 안정성을 보장하며 접근성 문제를 해결하는 데 중요한 역할을 할 것으로 기대됩니다.
- **정보 제공과 접근성 강화 :** 이는 장애영유아와 그 가족들이 필요한 서비스에 쉽게 접근할 수 있도록 하는 데 기여합니다.

보육현장에서의 실천

1. 개별화 교육계획(IEP) 적극 참여 : 장애영유아의 개별화 교육계획 수립 및 실행 과정에 적극적으로 참여하여 영유아의 특성과 필요에 맞는 교육 목표 및 방법을 설정하고, 정기적인 평가를 통해 계획을 수정·보완합니다.
2. 차별 없는 보육 환경 조성 : 장애 유무와 관계없이 모든 영유아가 동등한 기회를 누릴 수 있도록 물리적 환경(시설, 교재 등) 및 사회적 환경(또래 관계, 교사와의 상호작용 등)을 조성하고, 차별적인 언어 사용이나 행동을 지양합니다.
3. 법적 권리 정보 제공 : 장애영유아 부모에게 영유아가 받을 수 있는 교육, 치료, 복지 서비스에 대한 정보를 제공하고, 필요한 경우 관련 기관에 연계하여 부모가 자녀의 권리를 충분히 행사할 수 있도록 지원합니다.
4. 조기 발견 시스템 구축 : 영유아의 발달지연이나 장애 의심 징후를 조기에 발견하기 위해 관찰 기록을 체계적으로 관리하고, 의심 사례 발생 시 관련 전문가와 협력하여 적절한 조치를 취합니다.
5. 정책 참여 및 개선 노력 : 장애영유아 관련 정책 변화에 적극적으로 관심을 가지고, 현장의 의견을 제시하거나 정책 개선을 위한 활동에 참여하여 실질적인 변화를 이끌어 냅니다.

용어 정의

1. 「장애인 등에 대한 특수교육법」 : 특수교육대상자의 교육 기회 확대 및 교육의 질 향상을 목표로 하는 법률로, 의무교육, 무상교육, 개별화 교육계획, 특수교육 관련 서비스 등을 규정합니다.
2. 「장애아동복지지원법」 : 장애아동의 복지 증진 및 권리 보호를 목표로 하는 법률로, 장애아동의 정의, 복지 서비스, 권리 보호, 학대 예방 등에 관한 사항을 규정합니다.
3. 개별화 교육계획(IEP) : 특수교육대상자 개개인의 특성과 필요에 맞춰 수립하는 맞춤형 교육계획으로, 교육 목표, 교육 방법, 평가 계획, 특수교육 관련 서비스 등을 포함합니다.
4. 조기 중재 : 장애 또는 발달지연이 의심되는 영유아에게 조기에 제공하는 교육적·치료적·사회적 지원 서비스로, 발달 촉진, 문제행동 예방, 가족 지원 등을 목표로 합니다.
5. 지역장애아동지원센터 : 지역사회 내 장애아동과 그 가족에게 종합적인 지원을 제공하는 기관으로, 정보 제공, 상담, 사례관리, 복지 서비스 연계 등의 역할을 수행합니다.

제 4 장 장애영유아 진단 및 평가

학습목표

1. 법률 기반 이해 : 「장애인 등에 대한 특수교육법」과 「장애인복지법」의 차이점을 명확히 이해하고, 각 법률이 장애 진단 및 평가에 미치는 영향과 적용 기준을 숙지합니다.
2. 선별 및 진단·평가 과정 : 장애영유아의 선별, 진단, 평가, 측정 과정의 목적과 방법을 이해하고, 각 단계별 평가 도구의 특징과 활용 방안을 습득합니다.
3. 평가 영역별 지식 : 지적 기능, 적응 행동, 신체적 기능, 언어 및 의사소통 능력, 정서·행동적 특성 등 특수교육대상자 선별을 위한 주요 평가 영역에 대한 지식을 함양하고, 각 영역별 평가 방법을 이해합니다.
4. 다양한 평가 방법 적용 : 표준화된 검사 도구, 관찰 및 면담, 포트폴리오 평가, 다학제적 평가 등 다양한 평가 방법을 이해하고, 영유아의 특성에 맞게 적절한 평가 방법을 선택·적용할 수 있는 능력을 기릅니다.
5. 검사 도구 활용 : K-DDST, BSID, K-WPPSI 등 장애영유아 선별 및 진단에 활용되는 주요 검사 도구의 특징, 대상 연령, 평가 영역 등을 숙지하고, 검사 도구를 올바르게 실시하고 해석할 수 있는 능력을 함양합니다.

1. 장애영유아 진단 및 평가

우리나라에서는 장애 진단과 관련하여 두 가지 주요 법률, 즉 「장애인 등에 대한 특수교육법」과 「장애인복지법」이 적용되고 있습니다. 두 법률은 각각 장애인의 교육적 지원과 복지적 지원을 목적으로 하며, 장애의 진단과 평가에 있어서도 서로 다른 기준과 접근 방식을 제시하고 있습니다. 또한 두 법률은 장애 유형을 다르게 정의하고 있으며, 이는 각 법률이 추구하는 목적에 따라 차이가 있습니다.

1) 「장애인 등에 대한 특수교육법」 : 교육적 지원 중심

「장애인 등에 대한 특수교육법」은 주로 교육적 지원이 필요한 장애 유형을 중심으로 선정 기준을 마련하고 있습니다. 이 법은 특수교육대상자에 대한 교육적 지원을 목적으로 하며, 특히 장애영유아의 조기교육과 특수교육을 통해 그들의 잠재력을 최대한 발휘할 수 있도록 돕는 데 초점을 맞추고 있습니다.

- **장애 유형** : 이 법은 학습장애, 정서·행동장애, 지적장애, 자폐성장애 등 교육적 지원이 필요한 장애를 중심으로 다룹니다. 이러한 장애 유형은 주로 학교 환경에서의 학습과 사회적 적응에 어려움을 겪는 영유아들을 대상으로 합니다.
- **진단 및 평가** : 특수교육법에 따른 진단 및 평가는 주로 교육적 필요성을 중심으로 이루어집니다. 특수교육지원센터에서 진단·평가를 실시하며, 이를 통해 특수교육대상자로 선정된 영유아는 특수학교, 특수학급, 순회 교육 등의 형태로 교육적 지원을 받을 수 있습니다.

「장애인 등에 대한 특수교육법」

제14조(장애의 조기발견 등) ① 교육장 또는 교육감은 영유아의 장애 및 장애 가능성을 조기에 발견하기 위하여 지역주민과 관련 기관을 대상으로 홍보를 실시하고, 해당 지역 내 보건소와 병원 또는 의원(醫院)에서 선별검사를 무상으로 실시하여야 한다.

② 교육장 또는 교육감은 제1항에 따른 선별검사를 효율적으로 실시하기 위하여 지방자치단체 및 보건소와 병·의원 간에 긴밀한 협조체제를 구축하여야 한다.

③ 보호자 또는 각급학교의 장은 제15조제1항 각 호에 따른 장애를 가지고 있거나 장애를 가지고 있다고 의심되는 영유아 및 학생을 발견한 때에는 교육장 또는 교육감에게 진단·평가를 의뢰하여야 한다. 다만, 각급학교의 장이 진단·평가를 의뢰하는 경우에는 보호자의 사전 동의를 받아야 한다.

④ 교육장 또는 교육감은 제3항에 따라 진단·평가를 의뢰받은 경우 즉시 특수교육지원센터에 회부하여 진단·평가를 실시하고, 그 진단·평가의 결과를 해당 영유아 및 학생의 보호자에게 통보하여야 한다.

⑤ 제1항의 선별검사의 절차와 내용, 그 밖에 검사에 필요한 사항과 제3항의 사전 동의 절차 및 제4항에 따른 통보 절차에 필요한 사항은 대통령령으로 정한다.

「장애인 등에 대한 특수교육법」 시행령

제9조(장애의 조기발견 등) ① 교육장 또는 교육감은 매년 1회 이상 법 제14조제1항에 따른 홍보를 하여야 한다.

② 교육장 또는 교육감은 장애의 조기발견을 위하여 관할 구역의 어린이집·유치원 및 학교의 영유아 또는 학생(이하 "영유아 등"이라 한다. 이하 이 조에서 같다)을 대상으로 수시로 선별검사를 하여야 한다. 이 경우 「국민건강보험법」 제52조제1항 또는 「의료급여법」 제14조제1항에 따른 건강검진의 결과를 활용할 수 있다.

③ 교육장 또는 교육감은 선별검사를 한 결과 장애가 의심되는 영유아 등을 발견한 경우에는 병원 또는 의원에서 영유아 등에 대한 장애 진단을 받도록 보호자에게 안내하고 상담을 하여야 한다.

④ 교육장 또는 교육감은 선별검사를 받은 영유아 등의 보호자가 법 제15조에 따른 특수교육대상자로 선정받기를 요청할 경우 영유아 등의 보호자에게 영유아 등의 건강검진 결과통보서 또는 진단서를 제출하도록 하여 영유아 등이 특수교육더상자에 해당하는지 여부를 판단하기 위한 진단·평가를 하여야 한다.

⑤ 교육장 또는 교육감은 제3항에 따라 진단·평가한 결과 영유아 등에게 특수교육이 필요하다고 판단되면 보호자에게 그 내용과 특수교육대상자 선정에 필요한 절차를 문서로 알려야 한다.

> ⑥ 제2항부터 제5항까지의 규정에 따른 선별검사 및 진단·평가에 필요한 사항은 교육부령으로 정한다. 이 경우 제2항에 따른 선별검사에 관한 사항은 보건복지부장관과 협의하여야 한다.
>
> 「장애인 등에 대한 특수교육법」 시행규칙
>
> **제2조(장애의 조기발견 등)** ① 교육장 또는 교육감은 「장애인 등에 대한 특수교육법」(이하 "법"이라 한다) 제14조제1항 또는 제3항에 따른 선별검사나 진단·평가를 실시하는 경우에는 별표에 따른 검사를 각각 실시하여야 한다.
>
> ② 보호자 또는 각급학교의 장은 법 제15조제1항 각 호에 해당하는 장애를 가지고 있거나 장애를 가지고 있다고 의심되는 영유아 및 학생을 발견하여 진단·평가를 의뢰하고자 하는 경우에는 별지 제1호서식에 따른 진단·평가의뢰서를 작성하여 교육장 또는 교육감에게 제출하여야 한다.
>
> ③ 교육감 또는 교육장은 「장애인 등에 대한 특수교육법」 시행령(이하 "영"이라 한다) 제9조제5항에 따라 진단·평가의 결과를 영유아 및 학생의 보호자에게 알릴 때에는 별지 제2호서식에 따른다.

2) 「장애인복지법」: 복지적 지원 중심

「장애인복지법」은 더 넓은 범위의 장애 유형을 포함하여 복지적 지원을 제공합니다. 이 법은 장애인의 삶의 질을 향상시키고, 사회적 통합을 지원하는 데 목적을 두고 있습니다. 특히 장애영유아의 복지적 지원을 통해 그들이 건강하고 안정된 삶을 살 수 있도록 돕는 데 초점을 맞추고 있습니다.

- **장애 유형** : 이 법은 신체적 장애, 정신적 장애, 발달장애, 감각장애 등 다양한 장애 유형을 포괄합니다. 이는 교육적 지원뿐만 아니라 일상생활, 의료, 복지 등 전반적인 지원이 필요한 장애인들을 대상으로 합니다.
- **진단 및 평가** : 장애인복지법에 따른 진단 및 평가는 복지적 필요성을 중심으로 이루어집니다. 장애등급 판정을 통해 장애인은 각종 복지 서비스, 의료 지원, 경제적 지원 등을 받을 수 있습니다.

「장애인복지법」의 장애인의 종류 및 기준

1. 지체장애인(肢體障碍人)
   ① 한 팔, 한 다리 또는 몸통의 기능에 영속적인 장애가 있는 사람
   ② 한 손의 엄지손가락을 지골(指骨 : 손가락 뼈) 관절 이상의 부위에서 잃은 사람 또는 한 손의 둘째 손가락을 포함한 두 개 이상의 손가락을 모두 제1지골 관절 이상의 부위에서 잃은 사람
   ③ 한 다리를 리스프랑(Lisfranc : 발등뼈와 발목을 이어주는) 관절 이상의 부위에서 잃은 사람
   ④ 두 발의 발가락을 모두 잃은 사람
   ⑤ 한 손의 엄지손가락 기능을 잃은 사람 또는 한 손의 둘째 손가락을 포함한 손가락 두 개 이상의 기능을 잃은 사람
   ⑥ 왜소증으로 키가 심하게 작거나 척추에 현저한 변형 또는 기형이 있는 사람
   ⑦ 지체(肢體)에 위 각 목의 어느 하나에 해당하는 장애 정도 이상의 장애가 있다고 인정되는 사람
2. 뇌병변장애인(腦病變障碍人)
   뇌성마비, 외상성 뇌손상, 뇌졸중(腦卒中) 등 뇌의 기질적 병변으로 인하여 발생한 신체적 장애로 보행이나 일상생활의 동작 등에 상당한 제약을 받는 사람
3. 시각장애인(視覺障碍人)
   ① 나쁜 눈의 시력(만국식시력표에 따라 측정된 교정시력을 말한다. 이하 같다)이 0.02 이하인 사람
   ② 좋은 눈의 시력이 0.2 이하인 사람
   ③ 두 눈의 시야가 각각 주시점에서 10도 이하로 남은 사람
   ④ 두 눈의 시야 2분의 1 이상을 잃은 사람
4. 청각장애인(聽覺障碍人)
   ① 두 귀의 청력 손실이 각각 60데시벨(dB) 이상인 사람
   ② 한 귀의 청력 손실이 80데시벨 이상, 다른 귀의 청력 손실이 40데시벨 이상인 사람
   ③ 두 귀에 들리는 보통 말소리의 명료도가 50퍼센트 이하인 사람
   ④ 평형 기능에 상당한 장애가 있는 사람
5. 언어장애인(言語障碍人)
   음성 기능이나 언어 기능에 영속적으로 상당한 장애가 있는 사람
6. 지적장애인(知的障碍人)
   정신 발육이 항구적으로 지체되어 지적 능력의 발달이 불충분하거나 불완전하고 자신의 일을 처리하는 것과 사회생활에 적응하는 것이 상당히 곤란한 사람

7. 자폐성장애인(自閉性障碍人)
   소아기 자폐증, 비전형적 자폐증에 따른 언어・신체표현・자기조절・사회적응 기능 및 능력의 장애로 인하여 일상생활이나 사회생활에 상당한 제약을 받아 다른 사람의 도움이 필요한 사람
8. 정신장애인(精神障碍人)
   지속적인 정신분열병, 분열형 정동장애(情動障碍 : 여러 현실 상황에서 부적절한 정서 반응을 보이는 장애), 양극성 정동장애 및 반복성 우울장애에 따른 감정조절・행동・사고 기능 및 능력의 장애로 인하여 일상생활이나 사회생활에 상당한 제약을 받아 다른 사람의 도움이 필요한 사람
9. 신장장애인(腎臟障碍人)
   신장의 기능부전(機能不全)으로 인하여 혈액투석이나 복막투석을 지속적으로 받아야 하거나 신장기능의 영속적인 장애로 인하여 일상생활에 상당한 제약을 받는 사람
10. 심장장애인(心臟障碍人)
    심장의 기능부전으로 인한 호흡곤란 등의 장애로 일상생활에 상당한 제약을 받는 사람
11. 호흡기장애인(呼吸器障碍人)
    폐나 기관지 등 호흡기관의 만성적 기능부전으로 인한 호흡기능의 장애로 일상생활에 상당한 제약을 받는 사람
12. 간장애인(肝障碍人)
    간의 만성적 기능부전과 그에 따른 합병증 등으로 인한 간기능의 장애로 일상생활에 상당한 제약을 받는 사람
13. 안면장애인(顔面障碍人)
    안면 부위의 변형이나 기형으로 사회생활에 상당한 제약을 받는 사람
14. 장루・요루장애인(腸瘻・尿瘻障碍人)
    배변기능이나 배뇨기능의 장애로 인하여 장루(腸瘻) 또는 요루(尿瘻)를 시술하여 일상생활에 상당한 제약을 받는 사람
15. 뇌전증장애인(腦電症障碍人)
    뇌전증에 의한 뇌신경세포의 장애로 인하여 일상생활이나 사회생활에 상당한 제약을 받아 다른 사람의 도움이 필요한 사람

3) 두 법률의 차이와 보완적 관계

두 법률은 각각 교육과 복지라는 서로 다른 목적을 가지고 있기 때문에, 장애 유형과 진단 기준에서 차이가 있습니다. 그러나 이 두 법률은 서로 보완적으로 작용함으로써 장애영유아에 대한 종합적인 지원 체계를 구축할 수 있다는 점에서 중요한 의미를 가집니다.

- **차이점** : 특수교육법은 주로 교육적 지원이 필요한 장애 유형을 중심으로 다루는 반면, 장애인복지법은 더 넓은 범위의 장애 유형을 포괄합니다. 이는 두 법률이 각각 교육과 복지라는 서로 다른 목적을 가지고 있기 때문입니다.
- **보완적 관계** : 두 법률이 서로 보완적으로 작용함으로써, 장애영유아는 교육적 지원과 복지적 지원을 모두 받을 수 있습니다. 예를 들어, 특수교육법을 통해 교육적 지원을 받은 장애영유아가 장애인복지법을 통해 복지적 지원을 받을 수 있다면, 이는 장애영유아의 삶의 질을 전반적으로 향상시키는 데 기여할 수 있습니다.

2. 장애영유아 선별검사 및 진단・평가 영역

유아의 발달과 교육을 지원하기 위해 선별, 진단, 평가, 측정이라는 네 가지 주요 과정이 활용됩니다. 이 과정들은 각각 다른 목적과 방법을 가지고 있지만, 서로 상호보완적으로 작용하여 유아의 발달과 교육적 요구를 종합적으로 지원합니다. 선별, 진단, 평가, 측정은 유아의 발달과 교육을 지원하는 데 있어서 필수적인 요소이며, 각 과정의 정확한 이해와 적절한 활용은 유아의 잠재력을 최대한 발휘할 수 있는 환경을 조성하는 데 중요한 역할을 합니다.

1) 선별(Screening) : 문제 예상 유아의 초기 식별

선별은 전체 유아 중에서 발달상 지체나 장애가 있거나, 앞으로 어려움이 예상되는 유아를 구별하는 과정입니다. 이 과정은 특수한 교육과 서비스를 필요로 하는 유아를 확인하기 위한 초기 단계로, 심층적 진단 여부를 결정하는 데 중요한 역할을 합니다.

- **목적** : 발달지체나 장애가 예상되는 유아를 조기에 식별하여 추가적인 진단과 지원이 필요한지 여부를 판단
- **중요성** : 선별은 문제가 있는 유아를 조기에 발견함으로써 적시에 개입할 수 있는 기회를 제공하며, 이를 통해 발달 문제를 예방하거나 완화할 수 있음
- **예시** : 발달 선별검사는 유아의 언어, 운동, 사회성 등의 발달 상태를 간단히 평가하여 추가적인 진단이 필요한지 여부를 결정

2) 진단(Diagnosis) : 심층적이고 개별적인 평가

진단은 선별에 비해 더 구체적이고 심층적이며 개별적으로 실시됩니다. 진단의 목적은 특수교육 서비스를 제공하기 위해 유아의 발달 상태를 포괄적으로 평가하는 것입니다. 이를 통해 장애 정도에 따른 중재 방안과 교육 배치를 결정합니다.

- **목적** : 유아의 현재 발달 수준, 능력과 특성, 강점과 약점을 정확히 파악하여 맞춤형 교육 프로그램을 설계
- **중요성** : 진단은 교수·학습이 시작되기 전 유아의 정확한 상태를 파악함으로써 효과적인 교육적 중재를 가능하게 함
- **평가 요소** : 기초학업 기능, 지각, 기억, 개념발달, 운동기능, 언어발달 등
- **도구** : 전문가가 표준화된 검사 도구를 사용하여 객관적이고 신뢰할 수 있는 결과를 도출

3) 평가(Evaluation) : 교육 효과 및 프로그램의 성과 측정

평가는 특수영유아가 교육을 받은 후에 교육 효과를 측정하거나 교육 프로그램의 성과를 평가하는 과정입니다. 평가는 교육 목표가 실제로 얼마나 달성되었는지를 판단하고, 향후 교육 프로그램에 대한 의사결정을 내리기 위한 정보를 수집합니다.

- 목적 : 교육 목표의 달성 정도를 평가하고 교육 프로그램의 효과성을 판단
- 중요성 : 평가는 교육 프로그램의 성과를 객관적으로 분석함으로써 프로그램의 개선과 발전을 도모
- 예시 : 특수교육 프로그램이 유아의 언어발달에 얼마나 기여했는지를 평가하여 프로그램의 효과성을 분석

4) 측정(Measurement) : 성질의 수량화

측정은 사물의 성질을 구체화하기 위해 수량화하는 절차입니다. 키나 몸무게와 같이 직접 측정이 가능한 경우도 있지만, 지능, 성격과 같이 직접 측정이 불가능한 경우에는 검사 도구를 사용하여 간접적으로 측정합니다.

- 목적 : 사물의 성질을 객관적이고 정량적으로 표현
- 중요성 : 측정은 데이터를 수량화함으로써 객관적이고 과학적인 분석을 가능하게 함
- 예시 : 지능검사를 통해 유아의 지능지수(IQ)를 측정하거나, 성격검사를 통해 유아의 성격특성을 수량화

3. 특수교육대상자 선별검사 및 진단・평가 영역

「장애인 등에 대한 특수교육법」은 특수교육대상자를 판별하기 위해 체계적인 선별검사 및 진단・평가 영역을 제시하고 있습니다. 이 법률은 특수교육대상자를 정확히 식별하고, 그들의 교육적 요구를 충족시키기 위해 다양한 평가 방법을 활용합니다.

1) 법률에서 제시된 주요 평가 영역

「장애인 등에 대한 특수교육법」은 특수교육대상자를 판별하기 위해 다음과 같은 주요 영역을 제시하고 있습니다. 이 영역들은 특수교육대상자의 발달 상태를 종합적으로 평가하고, 그들의 교육적 요구를 충족시키기 위한 맞춤형 교육 프로그램을 설계하는 데 기초가 됩니다.

- 지적 기능 : 영유아의 인지능력, 문제해결 능력, 학습 능력 등을 평가합니다. 이는 특수교육대상자의 학업적 성취 가능성을 파악하는 데 중요한 요소입니다.
- 적응 행동 : 일상생활에서의 독립성, 사회적 기술, 의사소통 능력 등을 평가합니다. 이는 영유아가 사회에 통합될 수 있는 능력을 측정하는 데 필수적입니다.
- 신체적 기능 : 운동능력, 감각 기능, 신체적 건강 상태 등을 평가합니다. 이는 영유아의 신체적 발달 상태를 파악하고, 필요한 물리치료나 작업치료를 결정하는 데 도움을 줍니다.
- 언어 및 의사소통 능력 : 언어발달, 의사소통 기술, 사회적 상호작용 능력 등을 평가합니다. 이는 영유아가 자신의 생각과 감정을 표현하고, 타인과 소통할 수 있는 능력을 측정하는 데 중요합니다.

- **정서·행동적 특성** : 정서적 안정성, 행동 문제, 사회적 적응 능력 등을 평가합니다. 이는 영유아의 정서적 발달 상태를 파악하고, 필요한 심리적 지원을 결정하는 데 기초가 됩니다.

<표 4-1> 「장애인 등에 대한 특수교육법」에 제시된 주요 평가 영역

평가 영역	주요 내용	중요성
인지기능	- 지능검사 - 개념 이해 및 문제해결 능력 평가	- 유아의 인지발달 수준을 파악하여 교육적 요구를 결정
언어 및 의사소통	- 언어 이해 및 표현 능력 - 의사소통 기술 평가	- 언어발달지연 여부를 확인하고, 언어치료의 필요성 판단
사회성 및 정서 발달	- 사회적 상호작용 능력 - 정서 조절 및 행동 문제 평가	- 사회성 및 정서 발달 상태를 파악하여 사회적 지원 필요성 결정
운동기능	- 대근육 및 소근육 운동능력 평가	- 운동 발달지연 여부를 확인하고 물리치료의 필요성 판단
일상생활 기술	- 자기관리 능력 - 일상생활 적응 능력 평가	- 일상생활에서의 독립성과 적응 능력을 평가

<표 4-2> 조기 중재를 위한 재활치료 전문가의 평가 소견서

<table>
<tr><td>일련번호</td><td>0118이룸01</td><td colspan="2">소 견 서</td></tr>
<tr><td colspan="4">1. 이용자 정보</td></tr>
<tr><td>아 동 명</td><td>배 ○ 하 (남)</td><td>생년월일</td><td>2023년 8월 22일</td></tr>
<tr><td>제 출 처</td><td>○○유치원</td><td>치료영역</td><td>감각통합치료</td></tr>
<tr><td>담당치료사</td><td>조 ○ 진</td><td>연 락 처</td><td></td></tr>
<tr><td>주 소</td><td colspan="3">서울특별시 서초구 ○○동</td></tr>
<tr><td colspan="4">2. 검사 소견</td></tr>
<tr><td colspan="4">◎ 배경 정보
– 아동은 현재 ○○어린이집에 재원 중임
– 언어 및 소근육 발달의 지연 의심과 또래 관계에 적극적이지 못하여 모에 의해 본 기관에 의뢰됨
◎ 현재 상태
– 자동차장난감, 숫자, 전신을 이용한 대근육 신체놀이를 좋아하고 즐거워함
– 불빛이나 숫자와 같은 시각적 자극을 추구하고 몰입하는 놀이에 흥미를 보임
– 불안수준이 높아 낯선 장소와 상황에 두려움을 느낌
– 아동이 납득하지 못한 강한 제한과 지시를 강요당했을 때 극심한 스트레스를 느끼고 강한 저항이 일어남
– 적응이 느리게 일어남. 낯선 성인 어른이나 또래와 상호작용에 어려움을 보이며 긴장함
– 지연 반향어가 보임. 다른 사람의 행동을 요구하는 지시적 기능이 나타남
– 타인과의 신체적 의사소통(눈 마주침과 같은 사회성이 요구되는 것, 흥미와 관심)의 어려움으로 언어적인 의사소통에 어려움이 있음</td></tr>
<tr><td colspan="4">본 아동에 대하여 위 같이 사실을 확인합니다.
2025년 10월 18일

○○아동발달센터장</td></tr>
</table>

2) 다양한 평가 방법의 활용

특정 장애 유형의 특수교육대상자를 선별하고 진단·평가하는 데 있어서, 법률에서 제시된 선별검사 및 진단·평가 영역 이외에도 보다 다양한 방법으로 평가가 이루어질 수 있습니다. 이러한 다양한 평가 방법은 유아의 발달 상태를 더욱 정확히 파악하고, 맞춤형 교육 프로그램을 설계하는 데 기여합니다.

- **표준화된 검사 도구** : 지능검사, 언어발달 검사, 적응 행동 검사 등 표준화된 검사 도구를 활용하여 객관적이고 신뢰할 수 있는 데이터를 수집합니다. 이를 통해 영유아의 발달 상태를 정량적으로 평가할 수 있습니다.
- **관찰 및 면담** : 교사, 부모, 치료사 등 다양한 이해관계자와의 면담 및 관찰을 통해 영유아의 일상생활에서의 행동과 반응을 평가합니다. 이는 영유아의 실제 생활에서의 적응 능력을 파악하는 데 중요한 정보를 제공합니다.
- **포트폴리오 평가** : 영유아의 작품, 활동 기록, 학습 과정 등을 포트폴리오로 구성하여 평가합니다. 이는 영유아의 학습 과정과 성장을 종합적으로 평가하는 데 유용합니다.
- **다학제적 평가** : 특수교육 전문가, 심리학자, 언어치료사, 작업치료사 등 다양한 전문가들이 협력하여 영유아의 발달 상태를 종합적으로 평가합니다. 이를 통해 영유아의 다양한 발달 영역을 포괄적으로 파악할 수 있습니다.

<표 4-3> 다양한 평가 방법

추가 평가 방법	주요 내용	중요성
행동 관찰	- 유아의 일상생활에서의 행동을 관찰하여 사회성, 정서, 언어, 운동능력 등을 평가	- 실제 상황에서의 유아의 행동을 통해 보다 현실적인 평가 가능
부모 및 교사 면담	- 부모와 교사와의 면담을 통해 유아의 발달 상태와 행동 특성에 대한 정보 수집	- 유아의 발달 상태에 대한 다각적인 정보를 수집하여 종합적인 평가 가능

포트폴리오 평가	– 유아의 작품, 활동 기록, 사진 등을 수집하여 발달 과정을 평가	– 유아의 발달 과정을 장기적으로 추적하여 발달 변화를 평가
다문화 평가	– 다문화 배경을 가진 유아의 언어, 문화적 특성을 고려한 평가	– 문화적 차이를 고려하여 공정하고 정확한 평가 가능
기능적 평가	– 유아의 실제 생활에서의 기능적 능력을 평가	– 유아의 일상생활에서의 독립성과 적응 능력을 평가

<표 4-4> 영유아 행동 관찰 기록 분석 및 개별 지원 계획 수립

영 역	관찰 항목 및 내용	관찰 결과 (○, △, ×, —)	관찰 내용	분석 및 개별 지원 계획
입실 시 특성	1. 행동 특성 : 낯선 사람에 대한 반응(교사 인사 시 반응), 입실 시 유아의 태도, 부모와의 분리 정도		예시 : 교사에게 눈을 마주치지 않고 고개를 숙임, 부모와 떨어지지 않으려고 울음, 교실에 들어가지 않으려고 함	• **분석** : 낯선 환경에 대한 불안, 분리 불안 등 정서적 어려움 파악 • **개별 지원 계획** : 교사와 친밀감 형성, 점진적인 분리 연습, 안정감을 주는 환경 조성
	2. 신발 및 옷 정리 : 혼자서 할 수 있는가? 부모에게 어떤 도움을 받는가?		예시 : 혼자서 신발을 벗지만 정리는 어려워함, 옷은 부모가 벗겨 줌	• **분석** : 자조 능력 발달 수준 파악, 소근육 운동능력 및 실행 기능 평가 • **개별 지원 계획** : 신발 정리 방법 지도, 옷 입고 벗기 연습, 칭찬과 격려를 통한 자신감 향상
	3. 이동 : 혼자서 걸을 수 있는가? 어떤 도움을 받아 이동하는가?		예시 : 혼자서 걸을 수 있지만 넘어지는 경우가 많음, 휠체어 타고 이동	• **분석** : 대근육 운동능력 및 균형 감각 평가, 이동 시 안전 문제 확인 • **개별 지원 계획** : 안전한 보행 연습, 휠체어 사용 기술 교육, 이동 공간 확보

A. 놀이 기술	1. 교사나 부모가 제시하는 놀잇감이나 활동에 관심을 가지고 집중하여 보는가?		예시 : 새로운 놀잇감에 금방 흥미를 잃음, 좋아하는 놀잇감에만 집중함	• **분석** : 주의집중력 및 흥미 유발 요인 파악, 감각처리 문제 여부 확인 • **개별 지원 계획** : 다양한 놀잇감 제공, 흥미를 유발하는 놀이 방법 제시, 감각통합치료 연계
	2. 놀잇감을 기능에 맞게 가지고 놀 수 있는가?		예시 : 블록을 쌓기보다는 던지는 행동을 함, 자동차를 굴리기보다는 입으로 가져감	• **분석** : 인지발달 수준 및 놀이 기술 부족 여부 확인, 감각 탐색 행동 관찰 • **개별 지원 계획** : 놀잇감 사용 방법 지도, 모델링, 긍정적인 강화 제공
	3. 부모나 교사의 놀이 행동을 모방하는가?		예시 : 교사의 손 유희를 따라 하지 못함, 간단한 동작만 모방함	• **분석** : 모방 능력 및 사회성 발달 수준 평가, 운동능력 및 시지각 능력 평가 • **개별 지원 계획** : 쉬운 동작부터 시작하여 점진적으로 난이도 높이기, 칭찬과 격려를 통한 동기 부여
	4. 시작한 놀이나 활동을 마칠 때까지 앉아서 수행할 수 있는가?		예시 : 5분 이상 앉아 있지 못함, 활동 중간에 일어나 돌아다님	• **분석** : 주의집중력 및 충동성 조절 능력 평가, 감각 처리 문제 여부 확인 • **개별 지원 계획** : 활동 시간 조절, 휴식 시간 제공, 움직임을 허용하는 활동 제시, 감각통합치료 연계
B. 사회성 및 의사소통 기술	1. 요구(요청)가 있을 때 자신이 하고 있던 활동을 멈출 수 있는가?		예시 : 좋아하는 활동은 멈추기 어려워함, 싫어하는 활동은 쉽게 멈춤	• **분석** : 규칙 준수 능력 및 유연성 평가, 보상 체계 활용 효과 확인 • **개별 지원 계획** : 활동 전환 연습, 시각적 지원 제공, 긍정적인 강화 제공

	2. 요구(요청)가 있을 때 지시 내용을 이해하고 수행할 수 있는가?		예시 : 간단한 지시만 이해함, 복잡한 지시는 어려워함	• **분석** : 수용 언어 능력 평가, 인지발달 수준 고려 • **개별 지원 계획** : 쉬운 단어와 짧은 문장 사용, 시각 자료 활용, 반복적인 설명 제공
	3. 부모나 교사가 제시한 규칙대로 활동에 참여할 수 있는가? (나누기, 정리하기, 기다리기 등)		예시 : 물건을 나누는 것을 어려워함, 정리하는 것을 싫어함, 차례를 기다리지 못함	• **분석** : 사회성 발달 수준 및 규칙 준수 능력 평가, 실행 기능 평가 • **개별 지원 계획** : 규칙 설명 및 시범, 함께 연습, 칭찬과 격려 제공, 사회성 기술 훈련 참여
	4. 어떤 형태의 의사소통을 사용하고 있는가? (제스처/ 발성/ 모방발화/ 1단어/ 문장)		예시 : 주로 제스처를 사용함, 1단어만 사용함	• **분석** : 표현 언어 능력 평가, 의사소통 욕구 파악 • **개별 지원 계획** : 다양한 의사소통 방법 모델링, 언어치료 연계, 의사소통 성공 경험 제공
C. 작업 능력	1. 간단한 형태의 선을 따라 오릴 수 있는가?		예시 : 선 밖으로 많이 벗어남, 가위 사용을 어려워함	• **분석** : 소근육 운동능력 및 눈과 손의 협응 능력 평가 • **개별 지원 계획** : 가위 사용법 지도, 안전한 가위 제공, 다양한 소근육 운동 활동 제공
	2. 풀을 정해진 위치에 칠할 수 있는가?		예시 : 풀을 너무 많이 사용함, 풀칠 위치를 벗어남	• **분석** : 소근육 운동능력 및 시지각 능력 평가 • **개별 지원 계획** : 풀 사용량 조절 연습, 풀칠 위치 시각적으로 표시, 칭찬과 격려 제공

	3. 기본 도형을 이용한 간단한 그림을 그릴 수 있는가?		예시 : 동그라미만 그림, 사람 그림을 그리지 못함	• **분석** : 그림 그리기 능력 및 인지발달 수준 평가 • **개별 지원 계획** : 도형 그리기 연습, 그림 그리기 순서 지도, 다양한 그림 도구 제공
	4. 주어진 공간을 교사의 지시 없이 색칠할 수 있는가?		예시 : 색칠을 싫어함, 공간 밖으로 색칠함	• **분석** : 색칠에 대한 흥미도 및 소근육 운동능력 평가, 집중력 평가 • **개별 지원 계획** : 다양한 색칠 도구 제공, 좋아하는 그림 제공, 짧은 시간부터 시작, 칭찬과 격려 제공
D. 부모와의 상호작용	1. 부모는 유아가 관심 있어 하는 놀이나 활동을 민감하게 이해하고 참여하는가?		예시 : 유아가 좋아하는 놀이에 무관심함, 스마트폰만 보고 있음	• **분석** : 부모의 양육 태도 및 아동에 대한 이해도 평가, 부모-자녀 관계 평가 • **개별 지원 계획** : 부모 교육, 부모-자녀 상호작용 증진 프로그램 참여 권유
	2. 부모는 유아의 행동에 대해 적절하고 일관성 있게 반응하는가?		예시 : 유아의 떼쓰기에 무조건 들어줌, 유아의 행동에 대해 무관심함	• **분석** : 부모의 양육 방식 평가, 긍정적인 강화 사용 여부 확인 • **개별 지원 계획** : 부모 교육, 긍정적 행동 지원 방법 교육, 일관성 있는 양육 태도 지도
	3. 부모는 유아가 반응할 때까지 기다리는가?		예시 : 유아가 반응하기 전에 먼저 말함, 유아의 반응을 기다리지 못하고 재촉함	• **분석** : 부모의 인내심 및 기다림 기술 평가 • **개별 지원 계획** : 부모 교육, 기다림의 중요성 강조, 반응 시간을 충분히 주기

	4. 부모는 유아의 반응에 대해 언어적·비언어적 강화(칭찬)를 해주는가?		예시 : 칭찬을 거의 하지 않음, 비난적인 표현을 자주 사용함	• **분석** : 부모의 긍정적인 강화 사용 빈도 평가 • **개별 지원 계획** : 부모 교육, 칭찬의 효과 강조, 긍정적인 강화 사용 연습
E. 문제 행동 특성	1. 공격행동(물기, 때리기, 박기, 밀기, 꼬집거나 할퀴기 등)이 있는가?		예시 : 친구를 때리는 행동을 보임, 물건을 던지는 행동을 함	• **분석** : 공격행동의 원인 파악(좌절감, 분노, 관심 끌기 등), 공격 행동 발생 상황 분석 • **개별 지원 계획** : 긍정적인 행동 대체 기술 교육, 분노 조절 훈련, 사회성 기술 훈련, 행동 수정 전문가 연계
	2. 자해행동(머리 박기, 손 물기, 긁기 등)이 있는가?		예시 : 화가 나면 머리를 바닥에 박음, 손을 계속 긁음	• **분석** : 자해행동의 원인 파악(스트레스, 불안, 감각 추구 등), 자해행동 발생 상황 분석 • **개별 지원 계획** : 스트레스 해소 방법 교육, 감각통합치료, 행동 수정 전문가 연계
	3. 방해행동(울기, 떼쓰기, 소리 지르기, 고집 부리기, 자기자극 등)이 있는가?		예시 : 원하는 것을 얻기 위해 떼를 씀, 지루하면 손을 흔들거나 몸을 흔드는 행동을 함	• **분석** : 방해행동의 원인 파악(관심 끌기, 요구 표현, 감각 추구 등), 방해행동 발생 상황 분석 • **개별 지원 계획** : 긍정적인 행동 대체 기술 교육, 감각통합치료, 일관성 있는 훈육, 무시 전략

	4. 활동에 방해되는 행동을 부모나 교사가 중재할 때 조절할 수 있는가?		예시 : 부모가 제지하면 더 심하게 떼를 씀, 교사의 지시에 따르지 않음	• **분석** : 중재 효과 평가, 효과적인 중재 방법 파악 • **개별 지원 계획** : 일관성 있는 중재 방법 사용, 긍정적인 강화 사용, 타임아웃 전략, 행동 수정 전문가 연계
	5. 부모나 교사가 유아의 문제행동을 중재할 수 있는 방법은 무엇인가?		예시 : 좋아하는 장난감 주기, 안아주기	• **분석** : 효과적인 중재 방법 파악, 문제행동 감소를 위한 전략 개발 • **개별 지원 계획** : 긍정적인 강화 사용, 문제행동 발생 시 대처 방법 매뉴얼 작성, 부모 및 교사 교육
F. 신변처리기술	1. 대·소변 보기와 관련된 의사표현을 하는가?		예시 : 화장실에 가고 싶을 때 울음, 바지에 실례를 함	• **분석** : 배변 훈련 상태 평가, 의사소통 능력 평가 • **개별 지원 계획** : 배변 훈련 프로그램 참여, 시각적 지원 제공, 성공 시 칭찬과 보상
	2. 정해진 일과 중에 대·소변을 보는 과정에 참여하는가?		예시 : 정해진 시간에 화장실에 가지 않으려고 함, 화장실 가는 것을 싫어함	• **분석** : 배변 훈련에 대한 거부감 원인 파악, 감각적인 문제 여부 확인 • **개별 지원 계획** : 긍정적인 분위기 조성, 화장실 환경 개선, 감각통합치료 연계
	3. 손 씻기 일과에 참여하여 손을 씻는가?		예시 : 손 씻는 것을 싫어함, 혼자서 손을 씻지 못함	• **분석** : 감각적인 문제 여부 확인, 자조 능력 평가 • **개별 지원 계획** : 손 씻기 과정 시각적으로 제시, 좋아하는 비누 사용, 칭찬과 격려

	4. 음식을 먹기 위해 도구(포크, 숟가락)를 사용하는가?		예시 : 손으로만 음식을 먹음, 숟가락 사용을 어려워함	• **분석** : 소근육 운동능력 평가, 도구 사용 기술 부족 여부 확인 • **개별 지원 계획** : 도구 사용법 지도, 쉬운 도구 제공, 칭찬과 격려
	5. 자리에 앉아 음식을 먹는가?		예시 : 자리에 앉아 있지 못하고 돌아다님, 식사 시간이 오래 걸림	• **분석** : 집중력 및 충동성 조절 능력 평가, 식사 환경 평가 • **개별 지원 계획** : 식사 시간 규칙 정하기, 식사 환경 조성, 칭찬과 격려

출처 : 한국보육진흥원(2010).

<표 4-5> 장애영유아 발달 수준 평가를 위한 관찰 내용

발달 영역	환경 구성	관찰 내용
기본생활 습관 및 신변처리	• 입구 : 신발장, 옷걸이, 착석을 위한 의자 또는 방석 • 화장실 : 유아용 욕실화, 비누, 수건 • 간식 영역 : 숟가락, 포크, 컵, 도구를 이용하여 먹을 수 있는 간식	– 신발을 혼자 벗고, 정리하는 곳을 아는가? – 신발정리를 혼자 하는가? 부모의 지시가 있어야 하는가? – 옷을 스스로 벗는가? – 옷을 스스로 옷걸이에 걸 수 있는가? – 활동시간 동안 의자 및 책상에 앉아서 작업을 마칠 때까지 작업을 수행할 수 있는가? – 화장실 사용 시 신발을 착용하는가? – 비누를 활용하여 손을 씻고, 손을 수건에 닦을 줄 아는가? – 음식을 먹을 때 손을 이용하는가? 도구를 이용하는가? – 포크, 숟가락, 컵 사용 등이 가능한가?
대근육	원목 바(bar), 공, 매트리스 등	– 일정 거리에 따라 놓인 유니바를 건너갈 수 있는가? (건너뛰기 가능 여부) – 한 발 뛰기가 가능한가? 공굴리기, 공 잡기가 가능한가? 앞구르기가 가능한가?

소근육	• 미술 영역 : 가위, 풀, 색칠하기, 오리기를 위한 활동지, 색종이, 크레파스, 색연필, 사인펜 등 • 조작 영역 : 퍼즐(1조각 또는 2조각 퍼즐), 지퍼가 있는 잠바/ 단추가 있는 셔츠 등	– 직선 따라 그리기 – 곡선 따라 그리기 – 색칠하기 – 가위 사용하기 – 모형 맞추기 – 지퍼 사용하기 – 단추 풀기
사회성	다양한 역할놀이 교구(경찰관, 소방관, 소꿉놀이 도구 등)	등원 및 입실 시 행동 특성 – 낯선 사람에 대한 반응(교사 인사 시 반응) – 낯선 환경에 대한 반응(교실에 들어오는 것을 망설이는가?) – 교사에 대한 유아의 태도(불안, 거부 등) – 놀이교구 등에 관심을 가지고 노는가? – 지시가 있을 때 자신이 하고 있던 활동을 멈출 수 있는가?(순응성) – 부모 및 교사와 함께하는 역할놀이가 가능한가?
인지・언어	글자판, 사물그림책, 글자카드, 사물카드 등, 블록교구	– 사물카드/ 사물그림책을 보고 사물의 이름을 명명하는가? – 놀이에 필요한 언어를 사용하는가? – 놀이 지시내용을 이해하고 수행할 수 있는가? – 블록을 사용하여 형체를 만들 수 있는가?

출처 : 이미숙・한민경・서보순・고혜정(2021).

<표 4-6> 장애영유아 선별검사 및 진단·평가 영역

<table>
<tr><th colspan="2">구 분</th><th>영 역</th></tr>
<tr><td colspan="2">장애 조기 발견을 위한 선별검사</td><td>1. 사회성숙도검사 2. 적응행동검사
3. 영유아발달검사</td></tr>
<tr><td rowspan="5">진단·평가 영역</td><td>시각장애·청각장애 및 지체장애</td><td>1. 기초학습기능검사 2. 시력검사
3. 시기능검사 및 촉기능검사(시각장애의 경우에 한함)
4. 청력검사(청각장애의 경우에 한함)</td></tr>
<tr><td>지적장애</td><td>1. 지능검사 2. 사회성숙도검사
3. 적응행동검사 4. 기초학습검사
5. 운동능력검사</td></tr>
<tr><td>정서·행동장애 및 자폐성장애</td><td>1. 적응행동검사 2. 성격진단검사
3. 행동발달평가 4. 학습준비도검사</td></tr>
<tr><td>의사소통장애</td><td>1. 구문검사 2. 음운검사
3. 언어발달검사</td></tr>
<tr><td>학습장애</td><td>1. 지능검사 2. 기초학습기능검사
3. 학습준비도검사 4. 시지각발달검사
5. 지각운동발달검사 6. 시각운동통합발달검사</td></tr>
</table>

<표 4-7> 영유아 발달 평가 도구 분석 및 활용 방안

검사 종류	연 령	특 징	분석 및 활용 방안
사회성숙도 검사	0~30세	• 개인의 성장 또는 변화를 측정하고, 개인차를 측정하는 도구로 사용될 수 있음 • 부적응자 발달 변량이나 특별한 처치, 즉 치료 및 훈련 후의 향상을 측정하는 도구로 사용할 수 있음 • 정신지체, 약화, 성장 및 퇴보 또는 단계에 관한 임상적 연구에서 발달사를 고찰하는 데 활용할 수 있음	• 사회성숙도검사는 사회적 적응 능력 및 발달 수준을 전반적으로 평가하는 데 유용 • **활용 방안** : 사회적 기술 부족으로 어려움을 겪는 영유아를 조기에 발견하고, 사회성 증진을 위한 개입 계획을 수립하며, 치료 및 훈련 전후의 효과를 측정하는 데 활용

한국-웩슬러 유아지능검사(K-WPPSI)	3~7세 3개월	• 교육, 치료, 연구 등을 위해 지능을 측정할 때와 특별한 교육이 필요한 아동(영재/ 지적장애)을 발견하는 데 사용 • 동작성 소검사와 언어성 소검사로 구성	• K-WPPSI는 유아의 지능 수준을 객관적으로 평가하고, 인지적 강점과 약점을 파악하는 데 유용 • **활용 방안** : 영재 또는 지적장애 아동을 선별하고, 개별 아동의 인지적 특성에 맞는 교육계획을 수립하며, 언어성 및 동작성 지능의 불균형을 파악하여 필요한 교육적 지원을 제공
카우프만 아동용 지능검사(K-ABC)	2세 6개월~12세 6개월	• 교육, 치료, 연구 등을 위해 지능을 측정할 때와 특별한 교육이 필요한 아동(영재/ 지적장애)을 발견하는 데 사용 • 유동성지능에 해당되는 인지처리과정 지능(순차처리지능, 동시처리지능)과 결정성 지능에 해당되는 습득도 지능을 측정	• K-ABC는 인지처리과정과 습득도 지능을 모두 평가하여 아동의 종합적인 지능 수준을 파악하는 데 유용 • **활용 방안** : K-WPPSI와 마찬가지로 영재 또는 지적장애 아동을 선별하고, 개별 아동의 인지적 특성에 맞는 교육계획을 수립하며, 순차처리, 동시처리, 습득도 지능의 강점과 약점을 파악하여 맞춤형 교육 전략을 개발
교육진단 검사(PEP)	1~12세	• 학습에 문제를 갖고 있는 아동들의 행동과 능력을 평가 • 발달진단으로 쓰일 때 : 모방, 지각, 작은 근육운동, 큰 근육운동, 눈·손 협응, 언어 이해 능력 및 언어 표현 능력 등의 발달 수준을 측정 • 진단에 쓰일 때 : 대인 감정, 사람 사귀기, 물건 다르기, 감각, 언어 등 각 영역에 걸쳐 병리행동이나 정신장애의 정도를 평가	• PEP는 학습 부진 아동의 발달 수준 및 행동 특성을 종합적으로 평가하여 문제의 원인을 파악하는 데 유용 • **활용 방안** : 학습에 어려움을 겪는 아동의 발달 수준을 평가하고, 개별 아동의 특성에 맞는 교육적 개입 계획을 수립하며, 정서 및 행동 문제의 정도를 파악하고, 심리 치료 또는 상담 연계를 고려

취학 전 아동의 수용 언어 및 표현 언어 발달척도 (PRES)	2~6세	• 장애를 연구하는 전문인들이 연구 도구로 활용할 수 있으며, 언어발달지체 및 언어장애를 진단하고 중재 계획을 세우는 지침으로 활용될 수 있음	• PRES는 수용 언어 및 표현 언어 능력을 평가하여 언어발달지체 또는 장애를 진단하는 데 유용 • **활용 방안** : 언어발달이 늦은 아동을 조기에 선별하고, 개별 아동의 언어능력에 맞는 중재 계획을 수립하며, 언어치료 전문가와 협력하여 전문적인 언어치료 서비스를 제공
영유아 언어 발달 검사 (SELSI)	4~35개월	• 언어발달지체를 조기 선별하기 위한 목적으로 사용되며, 부모 보고로 평가가 이루어짐	• 부모 보고를 통해 영유아의 언어발달 수준을 간편하게 평가할 수 있는 도구임 • **활용 방안** : 언어발달지체 가능성이 있는 영유아를 조기에 선별하고, 추가적인 정밀 검사를 의뢰하며, 부모 교육을 통해 가정에서의 언어발달 촉진 환경을 조성
구문의미 이해력 검사	4~9세	• 언어발달장애를 판별하기 위한 목적으로 구문의미 이해 능력 진단 • 문법에 초점을 맞춘 38개 문항으로 구성 • 연령에 따른 백분위 점수 제공	• 구문의미 이해력 검사는 문장 구조 및 의미를 이해하는 능력을 평가하여 언어발달장애를 진단하는 데 유용 • **활용 방안** : 문법적인 이해 부족으로 어려움을 겪는 아동을 선별하고, 언어치료 또는 개별화 교육계획 수립에 활용
언어문제 해결력 검사	5~12세	• 문제해결력 진단 • 원인 이유, 해결 추론, 단서 추측의 세 가지 범주로 구성 • 총점과 세 가지 범부의 백분위 점수 제공	• 언어문제 해결력 검사는 언어적인 정보를 활용하여 문제를 해결하는 능력을 평가 • **활용 방안** : 문제해결 능력 부족으로 어려움을 겪는 아동을 선별하고, 인지 훈련 또는 문제해결 전략 교육을 제공하며, 언어적 추론 능력 향상을 위한 교육 프로그램을 개발

그림 어휘력 검사	2~8세	• 아동들의 수용 어휘 능력을 측정하기 위하여 고안 • 정상 아동은 물론 지적장애, 청각장애, 뇌손상 자폐증, 행동결함, 뇌성마비 등으로 인해 언어에 문제가 있는 아동들의 수용 어휘 능력을 평가하는 데 활용	• 그림을 통해 아동의 수용 어휘 능력을 간편하게 평가할 수 있는 도구임 • **활용 방안** : 다양한 원인으로 인해 언어에 어려움을 겪는 아동의 어휘 수준을 평가하고, 어휘력 향상을 위한 개별화 교육계획을 수립하며, 언어치료 시 어휘력 향상을 위한 기초 자료로 활용

출처 : 한국보육진흥원(2010).

「장애인 등에 대한 특수교육법」의 특수교육대상자 선정 기준

1. 시각장애를 지닌 특수교육대상자
   시각계의 손상이 심하여 시각기능을 전혀 이용하지 못하거나 보조공학기기의 지원을 받아야 시각적 과제를 수행할 수 있는 사람으로서 시각에 의한 학습이 곤란하여 특정의 광학기구·학습매체 등을 통하여 학습하거나 촉각 또는 청각을 학습의 주요 수단으로 사용하는 사람
2. 청각장애를 지닌 특수교육대상자
   청력 손실이 심하여 보청기를 착용해도 청각을 통한 의사소통이 불가능 또는 곤란한 상태이거나, 청력이 남아있어도 보청기를 착용하여 청각을 통한 의사소통이 가능하며, 청각에 의한 교육적 성취가 어려운 사람
3. 지적장애를 지닌 특수교육대상자
   지적 기능과 적응행동상의 어려움이 함께 존재하여 교육적 성취에 어려움이 있는 사람
4. 지체장애를 지닌 특수교육대상자
   기능·형태상 장애를 가지고 있거나 몸통을 지탱하거나 팔다리의 움직임 등에 어려움을 겪는 신체적 조건이나 상태로 인해 교육적 성취에 어려움이 있는 사람
5. 정서·행동장애를 지닌 특수교육대상자
   장기간에 걸쳐 다음 각 목의 어느 하나에 해당하여, 특별한 교육적 조치가 필요한 사람
   ① 지적·감각적·건강상의 이유로 설명할 수 없는 학습상의 어려움을 지닌 사람
   ② 또래나 교사와의 대인관계에 어려움이 있어 학습에 어려움을 겪는 사람
   ③ 일반적인 상황에서 부적절한 행동이나 감정을 나타내어 학습에 어려움이 있는 사람
   ④ 전반적인 불행감이나 우울증을 나타내어 학습에 어려움이 있는 사람
   ⑤ 학교나 개인 문제에 관련된 신체적인 통증이나 공포를 나타내어 학습에 어려움이 있는 사람

6. 자폐성장애를 지닌 특수교육대상자
   사회적 상호작용과 의사소통에 결함이 있고, 제한적이고 반복적인 관심과 활동을 보임으로써 교육적 성취 및 일상생활 적응에 도움이 필요한 사람
7. 의사소통장애를 지닌 특수교육대상자
   다음 각 목의 어느 하나에 해당하여 특별한 교육적 조치가 필요한 사람
   ① 언어의 수용 및 표현 능력이 인지능력에 비하여 현저하게 부족한 사람
   ② 조음능력이 현저히 부족하여 의사소통이 어려운 사람
   ③ 말 유창성이 현저히 부족하여 의사소통이 어려운 사람
   ④ 기능적 음성장애가 있어 의사소통이 어려운 사람
8. 학습장애를 지닌 특수교육대상자
   개인의 내적 요인으로 인하여 듣기, 말하기, 주의집중, 지각(知覺), 기억, 문제해결 등의 학습기능이나 읽기, 쓰기, 수학 등 학업 성취 영역에서 현저하게 어려움이 있는 사람
9. 건강장애를 지닌 특수교육대상자
   만성질환으로 인하여 3개월 이상의 장기입원 또는 통원치료 등 계속적인 의료적 지원이 필요하여 학교생활 및 학업 수행에 어려움이 있는 사람
10. 발달지체를 보이는 특수교육대상자
    신체, 인지, 의사소통, 사회·정서, 적응행동 중 하나 이상의 발달이 또래에 비하여 현저하게 지체되어 특별한 교육적 조치가 필요한 영아 및 9세 미만의 아동

3) 맞춤형 교육 프로그램 설계

선별검사 및 진단·평가를 통해 수집된 데이터는 영유아의 개별적인 교육적 요구를 파악하고, 이에 맞춘 맞춤형 교육 프로그램을 설계하는 데 활용됩니다. 이 프로그램은 영유아의 강점과 약점을 고려하여 설계되며, 이를 통해 영유아는 자신의 잠재력을 최대한 발휘할 수 있습니다.

- 개별화된 교육계획(IEP) : 특수교육대상자의 발달 상태와 교육적 요구를 고려하여 개별화된 교육계획을 수립합니다. 이는 영유아의 학업적·사회적·정서적 발달을 지원하는 데 중요한 역할을 합니다.

- **다양한 교육 전략** : 시각적 지원, 감각적 자극, 긍정적 강화 등 다양한 교육 전략을 활용하여 영유아의 학습 동기를 높이고, 학습 내용을 보다 쉽게 이해할 수 있도록 돕습니다.
- **지속적 평가 및 수정** : 교육 프로그램의 효과성을 지속적으로 평가하고, 필요에 따라 프로그램을 수정합니다. 이를 통해 영유아의 발달 상태에 맞춘 최적의 교육적 지원을 제공할 수 있습니다.

4. 장애영유아 선별 및 진단 도구

특수영유아의 발달 상태를 정확히 파악하고, 그들에게 적합한 교육적 지원을 제공하기 위해 선별과 진단・평가는 필수적인 과정입니다. 이 과정에서는 인지, 신체, 언어, 사회성 등 다양한 영역에서 평가가 이루어지며, 표준화된 검사 도구가 활용됩니다. 이러한 검사 도구는 정해진 절차에 따라 숙련된 검사자에 의해 실시되며, 유아와의 원만한 라포 형성, 정확한 기록과 채점이 중요합니다(이미숙・한민경・서보순・고혜정, 2021).

1) 발달 선별 도구

(1) 한국 덴버 발달 선별검사(K-DDST : Korea Denver Development Screening Test)

항 목	내 용
목적	유아의 발달 상태 확인, 발달지체 유아 선별
대상	생후 1개월~6세 유아
구성	네 가지 영역(개인성–사회성/ 미세운동–적응기능/ 언어/ 전체운동)

K-DDST는 유아의 전반적인 발달 상태를 빠르게 확인할 수 있는 도구로, 특히 발달 지체가 의심되는 유아를 조기에 식별하는 데 유용합니다. 네 가지 영역을 통해 유아의 다양한 발달 측면을 종합적으로 평가할 수 있습니다.

DDST-2(Denver Developmental Screening Test-2, 1992) 평가결과

평가는 아동과의 놀이시간에 자연스럽게 이루어졌다. 가정과 치료실과 같은 친숙한 환경에서 긴장감 없이 진행되었다. 아동은 때때로 치료사의 질문과 지시에 회피 및 거부를 하거나 활동 도중 산만해지기도 하였다. 이런 반응태도는 어렵거나 도전적인 과제들, 실패를 했던 과제 안에서 나타났다. 아동이 성공적으로 수행할 수 있었던 평가 과제에서는 가볍게 지시를 이행하고 대답하는 모습을 보여주었다.

영 역	결과 해석	비 고	
개인사회 (persona social)	정상	pass	손 씻고 말리기, 친구 이름 말하기, 도움받아 양치질하기, T셔츠 입기
		fail	도움 없이 옷 입기, 보드 게임하기, 도움 없이 양치하기, 시리얼 준비하기
소근육 적응 (fine motor adaptive)	조심 (1항목 경계급)	pass	적목 6개 쌓기, 수직선 따라 그리기, 엄지 흔들기
		fail	적목 8개 쌓기, O 보고 그리기, + 보고 그리기
언어 (language)	정상	pass	동작 이해하기, 색깔이름 말하기, 적목 세기
		fail	형용사 알기, 2개의 전치사 이해하기
대근육 (gross motor)	정상	pass	한발서기, 모둠발 보드 점프,
		fail	수초간 한발서기, 한발점프, Heel to Toe Walk

소근육 적응 영역에서는 적목 8개 쌓기의 3번의 기회 중 최고 7개 쌓기를 성공하여 과제를 실패하였다.

진보(Advanced)	정상(Normal)	조심(Caution)	지연(Delay)	경험없음 (N.O.)
☐	☐	☑	☐	☐
결과 해석		정상(Normal) : Delay가 없거나 최대 1개의 Caution		

소근육 과제에서 생활 연령 안에서 수행해야 할 과업의 실패로 인하여 조심(Caution)으로 항목 채점을 받았다. 최종 결과 해석으로는 정상으로 나타났다.

(2) 베일리 영아 발달 검사(BSID : Bayley Scale of Infant Development)

항 목	내 용
목적	발달적으로 지체된 영아 선별
대상	출생 1~42개월까지 발달적으로 지체된 영아
구성	정신척도 178문항, 운동척도 111문항, 행동평정척도 30문항

BSID는 영아의 정신 및 운동 발달을 세밀하게 평가하는 도구로, 특히 발달지체가 의심되는 영아를 선별하는 데 효과적입니다. 정신척도와 운동척도를 통해 유아의 발달 상태를 다각적으로 파악할 수 있습니다.

2) 인지적 영역 검사

(1) 한국유아용 웩슬러 지능검사(K-WPPSI : Korean-Wechsler Preschool and Primary Scale of Intelligence)

항 목	내 용
목적	교육, 치료, 연구를 위한 지능 측정, 특별한 교육이 필요한 유아 발견
대상	만 3세~7세 3개월
구성	언어성 검사 영역(상식, 이해, 산수, 어휘, 공통성)과 동작성 검사 영역(모양 맞추기, 도형, 토막 짜기, 미로, 빠진 곳 찾기)

K-WPPSI는 유아의 지능을 종합적으로 측정하는 도구로, 언어성과 동작성 검사를 통해 유아의 인지능력을 다각적으로 평가합니다. 이를 통해 특수교육이 필요한 유아를 식별할 수 있습니다.

(2) 웩슬러 아동용 지능검사(KEDI-WISC : Wechsler Intelligence Scale for Children, Revised)

항 목	내 용
목적	교육, 치료, 연구를 위한 지능 측정, 특별한 교육이 필요한 아동 발견
대상	5~15세
구성	언어성 검사 영역(상식, 공통성, 산수, 어휘, 이해, 숫자)과 동작성 검사 영역(빠진 곳 찾기, 기호 쓰기, 차례 맞추기, 토막 짜기, 모양 맞추기, 동형 찾기)

KEDI-WISC는 아동의 지능을 종합적으로 측정하는 도구로, 언어성과 동작성 검사를 통해 아동의 인지능력을 평가합니다. 이를 통해 특수교육이 필요한 아동을 식별할 수 있습니다.

(3) 카우프만 지능검사(K-ABC : Kaufman Assessment Battery for Children)

항 목	내 용
목적	인지능력과 성취도 파악, 특수아의 심리적·임상적·교육적 진단
대상	2.5~12.5세
구성	좌뇌 IQ, 우뇌 IQ, 인지과정처리 IQ, 습득도 IQ 측정

K-ABC는 인지능력과 성취도를 종합적으로 평가하는 도구로, 좌뇌와 우뇌의 기능을 구분하여 측정합니다. 이를 통해 특수아의 심리적·임상적·교육적 진단에 활용할 수 있습니다.

(4) 그림지능검사(PTI : Pictorial Test of Intelligence)

항 목	내 용
목적	지적 능력과 강점, 약점 파악
대상	만 4세~7세
구성	그림으로 된 사지선다형 지능검사로 어휘능력, 형태변별, 상식 및 이해, 유사성 찾기, 크기와 수개념, 회상능력 등의 6개의 소검사로 구성

PTI는 그림을 활용한 지능검사로, 유아의 지적 능력과 강점, 약점을 파악하는 데 유용합니다. 특히 그림을 통해 유아의 인지능력을 쉽게 평가할 수 있습니다.

(5) 인물화 간편 지능검사(DAP : Draw-A-Person)

항 목	내 용
목적	자기자각과 신체개념에 대한 발달지표를 말해줌으로써 지적 성숙을 측정, 정신지체 선별, 성격진단
대상	유아, 초등학교 아동 및 정신지체아, 특수학교 아동
구성	남자상(60항목), 여자상(60항목)

DAP는 유아의 인물화를 통해 지적 성숙도를 측정하는 도구로, 정신지체아를 선별하는 데 유용합니다. 또한 성격진단에도 활용할 수 있습니다.

(6) 기초학습기능검사(KEDI-Individual Basic Learning skills test)

항 목	내 용
목적	선수학습능력과 학습의 결손 파악
대상	유치원~초등학교 6학년, 능력이 부족한 장애아동
구성	정보처리, 셈하기, 문자와 낱말의 재인, 독해력, 쓰기 능력으로 구성

이 검사는 아동의 기초학습능력을 평가하는 도구로, 학습 결손을 파악하는 데 유용합니다. 특히 장애아동의 학습 능력을 평가하는 데 활용할 수 있습니다.

(7) 교육진단검사(PEP : Psycho-educational Profile)

항 목	내 용
목적	발달지체나 장애를 가질 위험군에 처한 영아의 조기 선별
대상	생활연령 1~12세이면서 정신연령이 1~5세인 아동
구성	95문항의 발달척도(모방, 지각, 작은 근육운동, 큰 근육운동, 눈-손 협응, 언어이해 능력, 언어표현 능력)와 44문항의 병리척도(대인감정, 사람 사귀기, 물건 다루기, 언어)로 구성

PEP는 발달지체나 장애가 의심되는 영아를 조기에 선별하는 도구로, 발달척도와 병리척도를 통해 유아의 발달 상태를 종합적으로 평가할 수 있습니다.

3) 지각 및 운동능력 검사

(1) 시지각 발달 검사(Developmental test of Visual Perception)

항 목	내 용
목적	시지각 및 시각-운동장애 수준을 파악
대상	3~8세
구성	눈-손 협응, 공간위치, 따라 그리기, 도형-배경, 공간관계, 시각통합, 시각-운동속도, 형태 항상성 문항

이 검사는 유아의 시지각 및 시각-운동능력을 평가하는 도구로, 특히 시각-운동장애를 파악하는 데 유용합니다.

(2) 시각-운동 통합 발달 검사(Developmental test of Visual-Motor Integration)

항 목	내 용
목적	시지각과 소근육운동 협응능력 평가, 조기 선별 및 판별
대상	만 2~8세(short form), 2~5세(long from)
구성	24개의 도형

이 검사는 시지각과 소근육운동의 협응능력을 평가하는 도구로, 조기 선별 및 판별에 활용할 수 있습니다.

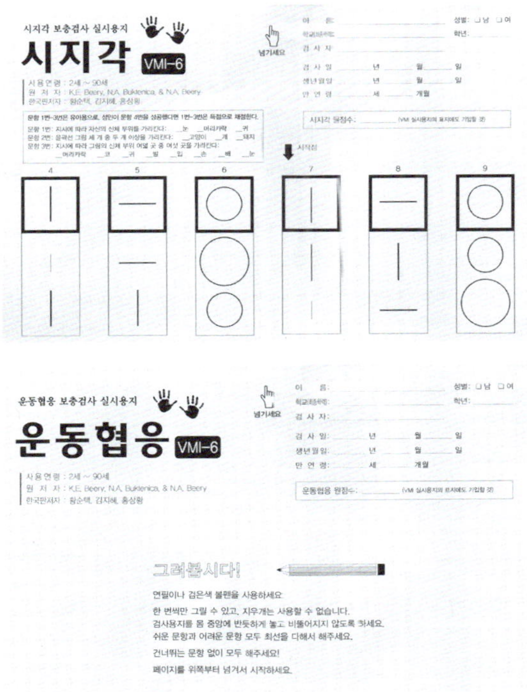

|그림 4-1| Beery 시각-운동 통합 검사 6판 : VMI6 검사지

출처 : 황순택 · 김지혜 · 홍상황(2014).

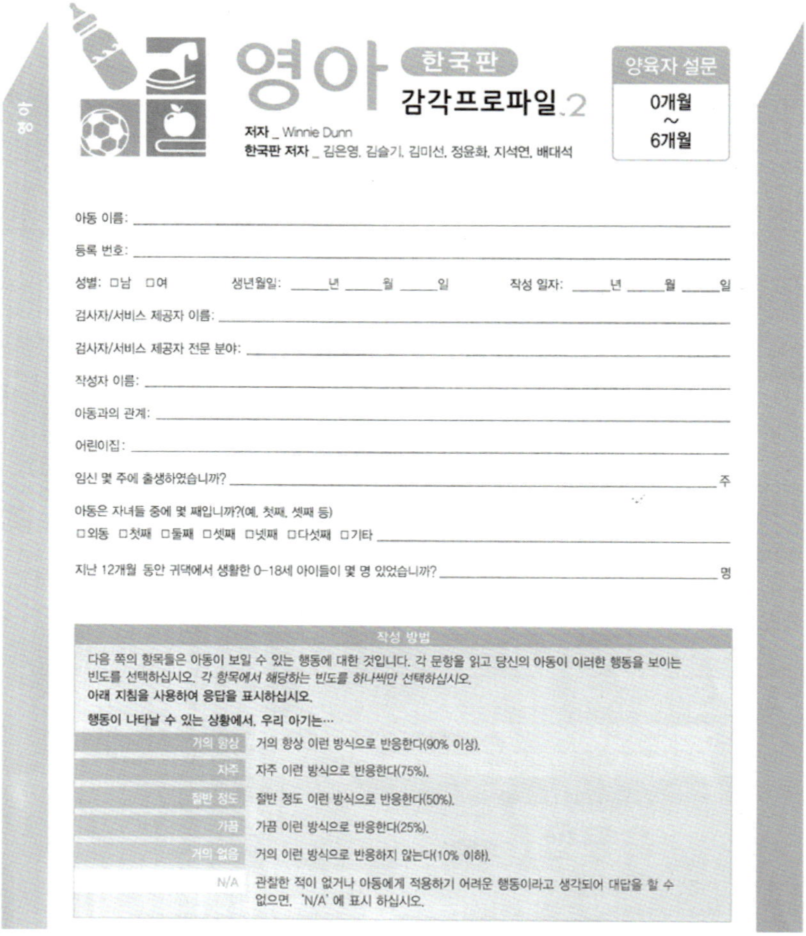

영아 한국판 감각프로파일 2

양육자 설문

0개월 ~ 6개월

저자 _ Winnie Dunn

한국판 저자 _ 김은영, 김슬기, 김미선, 정윤화, 지석연, 배대석

아동 이름: ______

등록 번호: ______

성별: □남 □여 생년월일: ____년 ____월 ____일 작성 일자: ____년 ____월 ____일

검사자/서비스 제공자 이름: ______

검사자/서비스 제공자 전문 분야: ______

작성자 이름: ______

아동과의 관계: ______

어린이집: ______

임신 몇 주에 출생하였습니까? ______주

아동은 자녀들 중에 몇 째입니까?(예, 첫째, 셋째 등)

□외동 □첫째 □둘째 □셋째 □넷째 □다섯째 □기타 ______

지난 12개월 동안 귀댁에서 생활한 0-18세 아이들이 몇 명 있었습니까? ______명

작성 방법

다음 쪽의 항목들은 아동이 보일 수 있는 행동에 대한 것입니다. 각 문항을 읽고 당신의 아동이 이러한 행동을 보이는 빈도를 선택하십시오. *각 항목에서 해당하는 빈도를 하나씩만 선택하십시오.*

아래 지침을 사용하여 응답을 표시하십시오.

행동이 나타날 수 있는 상황에서, 우리 아기는…

거의 항상	거의 항상 이런 방식으로 반응한다(90% 이상).
자주	자주 이런 방식으로 반응한다(75%).
절반 정도	절반 정도 이런 방식으로 반응한다(50%).
가끔	가끔 이런 방식으로 반응한다(25%).
거의 없음	거의 이런 방식으로 반응하지 않는다(10% 이하).
N/A	관찰한 적이 없거나 아동에게 적용하기 어려운 행동이라고 생각되어 대답을 할 수 없으면, 'N/A'에 표시 하십시오.

|그림 4-2| K-SP2 한국판 감각프로파일 영아용

출처 : 김은영 · 김슬기 · 김미선 · 정윤화 · 지석연 · 배대석(2017).

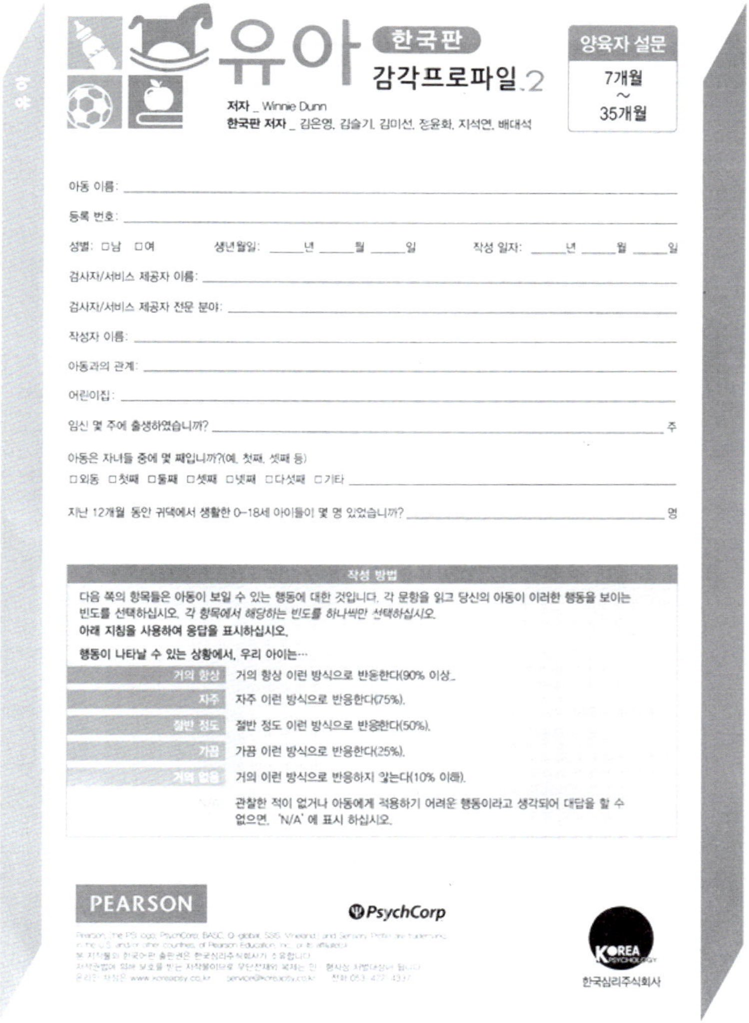

유아 한국판 감각프로파일 2

양육자 설문 7개월 ~ 35개월

저자 _ Winnie Dunn

한국판 저자 _ 김은영, 김슬기, 김미선, 정윤화, 지석연, 배대석

아동 이름:

등록 번호:

성별: □남 □여 생년월일: ___년 ___월 ___일 작성 일자: ___년 ___월 ___일

검사자/서비스 제공자 이름:

검사자/서비스 제공자 전문 분야:

작성자 이름:

아동과의 관계:

어린이집:

임신 몇 주에 출생하였습니까? ___주

아동은 자녀들 중에 몇 째입니까?(예, 첫째, 셋째 등)

□외동 □첫째 □둘째 □셋째 □넷째 □다섯째 □기타

지난 12개월 동안 귀댁에서 생활한 0–18세 아이들이 몇 명 있었습니까? ___명

작성 방법

다음 쪽의 항목들은 아동이 보일 수 있는 행동에 대한 것입니다. 각 문항을 읽고 당신의 아동이 이러한 행동을 보이는 빈도를 선택하십시오. *각 항목에서 해당하는 빈도를 하나씩만 선택하십시오.*

아래 지침을 사용하여 응답을 표시하십시오.

행동이 나타날 수 있는 상황에서, 우리 아이는…

거의 항상	거의 항상 이런 방식으로 반응한다(90% 이상).
자주	자주 이런 방식으로 반응한다(75%).
절반 정도	절반 정도 이런 방식으로 반응한다(50%).
가끔	가끔 이런 방식으로 반응한다(25%).
거의 없음	거의 이런 방식으로 반응하지 않는다(10% 이하).
N/A	관찰한 적이 없거나 아동에게 적용하기 어려운 행동이라고 생각되어 대답을 할 수 없으면, 'N/A'에 표시 하십시오.

PEARSON

PsychCorp

KOREA PSYCHOLOGY 한국심리주식회사

|그림 4-3| K-SP2 한국판 감각프로파일 유아용

출처 : 김은영 · 김슬기 · 김미선 · 정윤화 · 지석연 · 배대석(2017).

|그림 4-4| K-VINELAND-II 바인랜드 적응행동척도 2판

출처 : 황순택 · 김지혜 · 홍상황(2014).

4) 언어검사

(1) 언어이해 · 인지력 검사(Language Understanding Cognitive Tests)

항 목	내 용
목적	학령 전 아동들에 대한 언어 이해력 및 인지력을 측정
대상	3세~6세 미만
구성	대명사, 부정어, 크기개념, 위치개념, 색개념, 수양개념, 남녀개념, 비교개념, 분류개념, 소유격, 시제, 단수복수개념, 의문사, 사물의 기능 등으로 구성

이 검사는 학령 전 아동의 언어 이해력과 인지력을 측정하는 도구로, 다양한 언어 개념을 평가할 수 있습니다.

(2) 그림어휘력검사(PPVT-K : Picture Vocabulary Test for Children)

항 목	내 용
목적	아동들의 수용어휘능력을 측정
대상	2세~8세 11개월
구성	연령에 적절한 178개의 어휘로 구성

PPVT-K는 아동의 수용어휘능력을 측정하는 도구로, 특히 언어발달 지연을 파악하는 데 유용합니다.

(3) 문장이해력 검사(Sentence Comprehension Test)

항 목	내 용
목적	학령전 아동들의 문장이해능력 평가
대상	4세~6세 11개월
구성	총 27개 문항

이 검사는 학령전 아동의 문장이해능력을 평가하는 도구로, 언어발달 상태를 파악하는 데 유용합니다.

5) 사회성 검사

(1) 사회성숙도 검사(SMS : Social Maturity Scale)

항 목	내 용
목적	출생 시부터 성인기까지의 욕구와 개인적인 능력, 발달척도 검사
대상	0~만 30세
구성	117개의 문항(일반자조능력, 독립적 식사능력, 외모, 치장의 능력, 자발적 능력, 작업능력, 의사소통, 운동능력)

〈일상생활 수행 관찰평가〉

<table>
<tr><th>영역</th><th>강점</th><th>약점</th><th>우선순위</th></tr>
<tr><td rowspan="6">일상
생활</td><td colspan="2">식사하기</td><td rowspan="6">1. 스스로 식사하기
2. 착탈의
3. 개인위생</td></tr>
<tr><td>• 식사도구를 이용하여 스스로 밥을 먹을 수 있다.</td><td>• 스스로 떠서 먹고자 하는 동기 및 의지가 없다.
• 먹여 주는 대로 먹는다.
• 음식을 먹는 동안 산만하게 돌아다닌다.</td></tr>
<tr><td colspan="2">착탈의</td></tr>
<tr><td>• 상황을 알고 스스로 신발을 신고 벗는다.
• 언어적 촉구를 통해 T셔츠를 스스로 입을 수 있다.
• 옷을 도움 없이 벗을 수 있다.
• 언어적 촉구를 통해 바지를 입을 수 있다.</td><td>• 지시와 도움 없이 스스로 양말을 신지 않으려고 한다.
• 언어적 촉구 없이 옷을 스스로 입지 않는다.
• 스스로 옷을 단정하게 고쳐 입는 뒤처리가 어렵다.
• 지퍼의 끼움쇠와 단추 등의 조작이 미숙하다.</td></tr>
<tr><td colspan="2">개인위생</td></tr>
<tr><td>• 스스로 소변 보기를 할 수 있다.
• 도움받아 대변 처리를 할 수 있다.
• 어른의 지시와 감독하에 스스로 물로 손을 씻을 수 있다.
• 도움을 받아 양치를 할 수 있다.</td><td>• 소변 시 옷에 소변을 흘리지 않도록 주의한다.
• 소변을 본 후 바지를 바르게 입지 않는다.
• 도움과 감독 없이 깨끗하게 손을 씻고 말리지 않는다.
• 양치를 할 때 치약 거품을 삼킨다.
• 위생용품을 정리정돈하고 뒤처리를 스스로 한다.</td></tr>
</table>

씻고, 스스로 소변 처리를 하는 것 등을 수행할 수 있었다. 어려운 점으로는 먹여 주면 잘 먹으나 스스로 먹지 않는 식습관 태도, 스스로 옷을 입고 벗을 수 있지만 상황을 인식하고 그에 맞게 협조 및 참여하지 않는 아동의 행동상의 산만한 문제, 관심과 의욕 없음이 보고되었다. 스스로 T셔츠를 입고 벗을 수 있으나 옷에 머리를 집어 넣고 빼는 과정에서 아동이 과도하게 긴장하고 무서워하는 것이 매 활동 시마다 관찰되었다.

<표 4-8> 일과수행도표

12월 일과수행도표

수행도: + 스스로 수행 ± 도움 받아 수행 − 수행 안 됨 X 관찰되지 않음

결재	담 임	원 감	원 장

반 명	00반	이 름	김**

일과목표	일과 / 활동															평 가		
	등원	인사나누기	실내자유놀이	정리정돈	손씻기	간식	대·소집단활동	화장실	실외활동	전이활동	점심식사	양치질	특별활동	낮잠 및 휴식	하원	주(월/일)	수행도	교수전략 평가 및 계획
[적1-2] 또래와 만나면 성인의 언어적 촉진을 받아 "안녕"이라고 모방하여 인사한다.	v														v	1주(12/3)	−	자발화로 표현을 시도하도록 제안하나, 거부하는 모습을 보임.
																2주(12/10)	−	
																3주(12/17)	−	
																4주(12/24)	−	
																5주(12/31)	−	
[대1-1] 성인의 언어적 촉진을 통해 걸을 때, 자세를 수정하여 한 발을 들고 "하나, 둘, 셋"이라고 말한 후 뒤꿈치를 지면에 붙이며 양 발을 번갈아 걷는다.									v	v			v			1주(12/3)	−	교사가 언어적 촉진을 할 때 자세가 수정되는 편이나, 이내 곧 자세가 흐트러지는 모습을 보임.
																2주(12/10)	±	
																3주(12/17)	±	
																4주(12/24)	±	
																5주(12/31)	±	
[사1-2] 성인의 언어적, 신체적 촉진으로 친근한 또래와 함께 흥미 있는 영역에서 놀이하며 간단한 말을 꺼내 본다. (나도, 같이하자, 이렇게, 여기 등)			v				v			v			v			1주(12/3)	−	성인 혹은 또래의 촉진에도 불구하고 자발화로 표현하는 데 어려움을 보임. (간헐적으로 비언어적 의사표현은 시도하고 있음)
																2주(12/10)	−	
																3주(12/17)	−	
																4주(12/24)	−	
																5주(12/31)	−	
																1주(12/3)	+	

KPPS(Knox Preschool Play Scale)

본 놀이척도는 놀이행동의 발달적인 기술을 제공받기 위해 고안된 관찰적인 평가 도구이다. 공간 운용, 놀이감 관리, 모방, 참여의 4차원으로 기술되어 놀이연령수준을 확인한다. 평가 아동의 연령은 만 3세 5개월로, 41개월인 생활개월을 기준으로 본 평가를 실시하였다.

영역	추정개월	항목	놀이 현행수준	도전이 요구되는 수준
공간 관리	40개월	대근육	• 기어오르기 • 속력내기 • 멀리뛰기	• 튀겨진 공 잡기 • 한발로 연속 점프 • 뛰어오르기
	18개월	흥미	• 다양한 운동감각과 고유수용성 • 감각 시도하기 • 움직이는 물체 탐색하기	• 새로운 것에 관심 • 놀이감에 소근육 조작 • 어려운 과제에 도전하기
도구 관리	36개월	조작	• 작은 물건 집어넣기 • 비교하기 • 망치 두드리기	• 분류하기 • 자르기 • 소근육 조절 증가
	30개월	구성	• 구슬 끼우기 • 7조각 퍼즐	• 수직, 수평으로 만들기 • 3차원적 고안이 나타나기 • 놀잇감 결합하기, 분리하기
	36개월	목적	• 부분을 움직이는 장난감	• 과제를 완성하는 것에 흥미
		주의집중		• 10분간 하나의 물건을 가지고 놀기 • 30분 정도 주의집중
모방 상징	24개월	모방	• 단순 활동 • 현재의 사건, 성인을 모방 • 장난감을 움직이게 하는 방식을 인식(표상적 모방) • 성인과 반복 모방	• 현실세계의 보다 복잡한 모방 • 가정생활 놀이 • 동물, 상징, 과거 경험 강조
	18개월	극화	• 자신을 사용하여 가장하기 (숟가락으로 자신에게 먹이기)	• 상징놀이(~인 척 하는 놀이) 시작 • 일상생활의 짧은 에피소드로 상상이야기 시작 • 일화적인 순서로 발전시키기

참여		유형	• 단독놀이와 평행놀이의 결합 • 또래 사이에서 단순한 우발적인 반응 • 관찰	• 연합놀이 • 동일한 목표를 달성하기 위해 조직되지 않음 • 협동놀이 시작 • 친구를 더 즐김 • 집단놀이 참여
		협동		• 타인의 요구에 대한 이해
		유머	• 신체적 게임에 웃기와 계상하기 • 부자연스러운 사건을 즐거워함	• 부자연스러운 사건과 단어의 복잡한 결합을 즐거워함 • 리듬을 가진 운, 넌센스 단어를 즐거워함

SSP(Short Sensory Profile)

단축감각프로파일(SSP)은 감각통합 처리과정의 어려움으로 일상생활에서 겪는 불편함 정도를 부모의 보고에 의해 채점되는 설문형 평가이다.

영역	점수	결과	일반 범주	의심 범주	어려움
촉각 민감성			35~30	29~27	26~7
맛/냄새 민감성			20~15	14~12	11~4
움직임 민감성			15~13	12~11	10~2
과소반응/감각추구			35~27	26~24	23~7
청각여과하기			30~21	22~20	19~6
활력부족/허약함			35~26	25~24	23~6
시각/청각 민감성			25~19	18~16	15~5
총점			190~155	154~142	141~38

감각통합 임상관찰 목록

관찰항목			오른쪽	왼쪽	미확립 불가능	관찰기록
우세측	손	공던지기	☑	☐	☐	
		글씨 쓰기	☑	☐	☐	
	눈	만화경 보기	☐	☐	☑	우연히 1회 왼쪽 관찰함
	발	축구공 차기	☑	☐	☐	

오른손과 오른발을 우세측으로 사용하였다. 우세눈은 미확립되었고 한쪽으로 들여다 보는 과제에서 두 눈을 모아서 보려는 반응이 3번 기회 중 2번 나타났다.

관찰항목		매우 어려움	어려움	좋음	관찰기록
안구 운동	추시	☐	☑	☐	머리와 안구가 분리되나 유연하게 추시가 지속되지 않음
	정중선 교차	☐	☑	☐	
	가까이 보기	☐	☐	☑	
	재빨리 쳐다보기	☑	☐	☐	재빨리 물체를 찾아가지 못하고 안구의 움직임의 범위를 모두 가지지 못함. 떨림이 관찰됨
	자동적인 안구 움직임	☐	☑	☐	전정안구반사의 미성숙

안구운동 시 머리와 안구의 분리가 자연스럽게 나타나지 않았고 눈동자와 머리의 움직임이 동시에 진행되어 아동을 더 산만하게 했다. 움직이는 것을 쫓아보는 것과 재빨리 쳐다보는 것이 어렵다. 두 눈의 정렬이 맞게 움직이긴 하였으나 넓은 폭의 추시에서 두 눈 따라가기가 부드럽게 일어나지 않고 흐름이 끊겼다. 깊이를 보는 것에는 빠르게 반응하여 양쪽 눈이 모였다가 벌어지는 것을 성공적으로 관찰할 수 있었다.

관찰항목	매우 어려움	어려움	좋음	관찰기록
선 자세를 유지하기	☐	☑	☐	과동성으로 인해 지시에 의해 지속적인 선 자세를 유지하지 못함
직립반응	☐	☑	☐	볼에 몸이 달라붙는 반응을 보였고 머리나 몸통을 수직으로 유지하지 못함
평형반응	☐	☑	☐	몸통을 움직이는 바닥면에서 일으켜 세우지 않음
보호신전반응	☐	☐	☑	머리를 떨어트리고 손을 바닥에 닿게 함
손수레 걷기	☐	☐	☑	안정감 있게 팔꿈치를 펴지 못하고 등과 어깨의 이용도가 부족함
복와위 신전자세	☐	☑	☐	몸통에서 어깨, 머리를 들어 올리지만 고관절 및 무릎에서의 지지가 필요하고 자세 유지가 도지 않음
배와위 굴곡자세	☐	☑	☐	머리와 어깨가 바닥에 떨어져 있고 저항에 오랫동안 버티지 못함
전완교환반복운동	☐	☑	☐	• 움직임 분리 어려움 : 전완의 독립적인 움직임이 원활하지 않으며, 팔꿈치 굴곡을 이용한 보상 작용이 관찰됨 • 좌우 편차 : 좌우 움직임 수행 능력에 큰 차이가 있음 • 연합반응 : 반대쪽 손(또는 비수행 측 손)에서 연합반응(Associated Reaction)이 나타남
선 긋기	☐	☑	☐	바르게 연필을 잡을 수 없으며 낙서 수준으로 그림
몸통의 회전	☐	☑	☐	양손으로 방망이를 쥐고 몸통을 돌려 방망이를 휘둘렀으나 문스윙을 칠 수 없음. 목표한 움직임에 맞게 안정적으로 체축을 회전하지 못함
입체인지	☑	☐	☐	손가락에 숫자를 썼을 때 인식하지 못했음. 가방 안에서 물건을 만져서 맞히기를 하지 못함

TOP(Test of Playfulness) 검사 결과

아동은 2세 5개월의 남영유아다. 치료실은 몇 가지 장비가 갖춰져 있는 영역으로 미끄럼틀과 볼풀장, 여러 종류의 그네, 쿠션 등의 놀이기구가 있었다. 아동은 자유놀이시간에 미끄럼틀 쪽으로 기어올라가 창문 밖에 떨어져 있는 공을 가리키며 "공이 떨어져 있어요", "여기 공이 더러워졌네"라고 치료사에게 말을 걸었다. 낯선 아동과 선생님이 치료실에 접근을 하자 아동은 "저 친구 나가라고 할까요?"라고 말하며 치료사의 등 뒤로 몸을 감췄다.

놀이방으로 장소를 옮겨 친구들과 섞여 트램펄린과 시소 등을 타며 놀 때에 한 공간에서 신체놀이를 할 수 있었으나 친구와 함께 시소를 타거나 순서를 기다려 활동에 참여하는 모습은 관찰되지 않았다.

번호	항목	정도	강도	기술
1	놀이에 활동적으로 참여하는가	1	1	
2	자기지시가 나타나는가/ 무엇을 할지 어떻게 할지를 결정하는가	0		
3	편안함을 느끼면서 노는가	3		
4	놀이에 깊이 몰입하여 즐거움을 경험하며 활발하게 참여하는가	2		
5	활동을 계속하기 위해 어려움이나 장벽을 극복하려고 시도하는가		1	
6	예상치 못한 상황이나 새로운 요구에 대해 자신의 전략이나 계획을 적극적으로 수정하는가			0
7	명시적, 암시적인 규칙을 최소한으로 개입하면서 놀이에 참여하는가	1	2	0
8	기본적인 주제에 따라 행동과 활동을 반복하는가	0		
9	활동의 과정 측면에 참여하는가	2		
10	가장놀이를 하는가	1		1
11	사물과 사람들을 창의적으로, 상상력을 동원하여, 비관습적인 방법을 조합하여 참여시키는가	1		
12	운동적인, 사회적인, 인지적인 도전을 받아들이는가	1	1	
13	욕구를 만족시키기 위해 다른 사람과 타협하는가			1

14	다른 사람들과 놀이하는가	1		
15	놀이 중에 상호작용을 하는가	0		0
16	리더십의 역할을 맡는가	NA		0
17	이미 진행 중인 그룹의 활동에 참여하는가			0
18	다른 사람들과의 놀이에 착수할 수 있는가			0
19	언어적 또는 비언어적인 놀려대기나 농담이 가능한가	1	1	0
20	익살부리는가	2		
21	장난감이나 놀이장치를 나누는가	–		
22	상황에 적당한 표정, 언어, 몸짓의 단서를 줄 수 있는가	0		
23	다른 사람의 표정이나 몸짓 단서에 반응하는가	0		0
24	놀이 틀의 일관성을 지속할 수 있는가	NA		

<table>
<tr><th>수준
항목</th><th colspan="10"><– 내재적인 ––––––––––––––––––– 외재적인 –></th></tr>
<tr><td rowspan="2">동기의 원천</td><td></td><td></td><td></td><td></td><td></td><td></td><td></td><td>■</td><td></td><td></td></tr>
<tr><td colspan="10">몰두, 반복, 절차, 충만함, 고집</td></tr>
<tr><td rowspan="2">통제의 지각</td><td></td><td></td><td></td><td></td><td></td><td></td><td></td><td></td><td>■</td><td></td></tr>
<tr><td colspan="5">자기
결정, 수정, 도전</td><td colspan="5">공유
협상, 상호작용, 리더십</td></tr>
<tr><th>수준
항목</th><th colspan="10"><– 자유로움 –––––––––––––– 자유롭지 않음 –></th></tr>
<tr><td rowspan="2">현실에 대한 중지</td><td></td><td></td><td></td><td>■</td><td></td><td></td><td></td><td></td><td></td><td></td></tr>
<tr><td colspan="5">자신
장난, 가장, 놀기, 농담</td><td colspan="5">사물
비습관적인</td></tr>
</table>

주의력검사 결과

평가자 정신보건임상심리사 ㅁㅁㅁ

A는 영아기부터 지나치게 활발하였고, 한 번 울면 쉽게 그치지 않는 까다로운 기질을 보였다고 합니다. 운동발달은 빠른 편이었지만, 비위가 약하고 식욕도 없었다고 합니다. A는 1세경 공격적인 행동을 보이기 시작하여, 2세경 언어발달지연과 조음 문제로 언어치료를 받았다고 합니다. 이에 언어발달은 또래와 유사한 수준으로 이루어질 수 있었지만 3세가 되었을 때 또래와 놀다가 마음대로 되지 않으면 때리거나 물곤 했다고 합니다. 언어치료가 지속되면서 공격적인 행동은 줄었지만, 과격하고 충동적인 행동이 지속되어 평가가 의뢰되었습니다.

표준화된 지능평가 결과, A의 전체 지능은 평균 범위였으나, 지표 간 점수 차이가 큰 것으로 나타났습니다. A는 단순한 자극에 주의를 기울이고 효율적으로 처리하는 능력은 잘 발달하였으나 자극 간 관련성이나 의미를 추론하고 이해해야 하는 과제에서 비교적 저조한 수행을 보이고 있으며, 특히 언어적 정보를 처리하는 능력이 저조하여 일상생활이나 사회적 상황에서 연령에 기대되는 수준의 대처가 어려울 것으로 생각됩니다. 인지능력에 대한 평가에서 A는 또래와 유사한 수준으로 주의를 기울이거나 전환할 수 있었지만, 자신의 반응을 억제하는 데 어려움을 보였습니다.

표 1. A의 지능검사 결과

	언어이해	시공간	유동추론	작업기억	처리속도	전체
기술적 분류	매우 낮음	평균	평균 하	평균 상	평균 하	평균

표 2. A의 주의력검사 결과

주의력검사	단순선택주의 (시각)	단순선택주의 (청각)	억제지속주의
누락오류	정상	정상	저하
오경보오류	정상	경계	정상
정반응시간평균	정상	정상	정상
정반응시간표준편차	정상	정상	경계

행동 및 정서 측면에서 A는 언어발달지연이 현재 호전되었지만, 실제적인 적응행동 발달은 평가된 지적·인지적 발달에 미치지 못하는 것으로 나타났습니다. 특히 A는 다른 능력에 비해 언어표현이나 생각을 논리적이고 체계적으로 전달하거나 활용하는 데 어려움이 있으며, 특히 충동적인 행동으로 인해 또래와의 관계를 형성하거나 유지하는 데 부정적인 영향을 미치고 있었습니다.

사실 A는 지속적인 언어치료로 언어발달지연과 형동화가 호전되었지만, 가정에서 A에게 적절한 양육을 제공하는 데 어려움이 있었습니다. A의 보호자는 부모로서 자신의 역할과 능력이 부족하다고 느끼고 있으며, 자녀에 대한 양육으로 사회활동이나 대인관계 장면에 참여하기 어려웠습니다. 그뿐만 아니라 배우자와의 관계에서도 정서적으로 소원하거나 도움을 받지 못하여 심한 스트레스에 허덕이고 있었습니다. 이러한 환경은 부모님의 노력에도 불구하고 발달적 특징이 두드러진 A에게 발달을 촉진하고 안정감을 느낄 수 있는 자원을 제공하는 데 어려움을 줄 수 있습니다. 나아가 중재 효과가 일반화되어 A가 가정과 또래 관계에 적용할 기회를 제한할 수 있겠습니다.

인지기능검사 결과

평가자 정신보건임상심리사 ○○○

2세까지 문장으로 말하지 못하였던 ○○이는 호명반응이 불안정했다고 합니다. 시선맞춤도 원만하게 이루어지지 않았고, 어린이집에서 영유아들과 상호작용하며 어울리기보다 혼자서 노는 경우가 많았다고 합니다. 주변의 권유를 받자, 어머니는 ○○이에게 집중적인 중재를 결심했고, 약 3년간 언어치료와 감각통합치료를 받으면서 호전된 ○○이는 초등학교 입학을 앞두고 지적 발달 및 적응행동 발달의 수준을 평가하였습니다.

표준화된 지능평가에서, ○○이는 전반적으로 또래에게서 기대되는 수준의 발달을 보였습니다. 특히 언어이해에서 규준상 강점으로 나타나 또래보다 우수하게 수행하였습니다. 이는 언어발달 과거력을 고려하면 인상적인 결과로, ○○이는 집중적인 중재의 효과로 기본적인 어휘의 양이 폭발적으로 발달한 것으로 보입니다. 또한 언어적 개념화 능력이나 사회적 상황에 대한 이해 능력도 또래와 유사한 수준으로 발달한 것으로 평가되었습니다. 적응행동평가에서도 수용, 표현, 쓰기로 이루어진 의사소통 영역에서 ○○이는 또래와 유사한 수준의 독립적인 수행이 이루어진 것으로 확인되었습니다. 실제로 보호자는 ○○이가 현재 주변 사람들과 의사소통하거나 상호작용하는 데 두드러진 어려움은 없고, 보호자 모임을 통해 주기적으로 어울리는 영유아들이 있다고 하였습니다. 생후 12개월경 이루어진다고 기대되는 문장 구성의 시작이 4세경에 이루어졌던 것을 생각하면 괄목할 만한 성장이라 할 수 있겠습니다.

표 1. ○○의 지능검사 결과

	언어이해	시공간	유동추론	작업기억	처리속도	전체
기술적 분류	우수	평균	평균	평균	평균	평균

다만, 현 시점에서 향후 기관에서의 적응과 발달과업에서 고려할 만한 몇 가지 요소가 지적됩니다. 먼저, ○○이는 시각적 자극을 평균 수준에서 안정적으로 수행할 수 있었던 반면, 청각적 자극은 주의집중력, 환경적 지지의 수준에 따라 큰 편차를 보였습니다. 수검태도상 ○○이는 검사 후반부가 되어서 주의력이 흐트러지면서 검사자의 지지를 기대하는 반응을 보였고, 검사자의

촉진과 지지에 따라 과제 참여도가 달라지는 양상이 관찰되었습니다. 이에 ○○이는 시각적 자극으로 구성된 과제는 큰 편차 없이 수행하였지만, 청각적 과제는 어렵고 복잡한 과제보다 단순하고 기계적 암기가 요구되는 과제에서 유의미하게 저조한 수행을 보였습니다. 이는 ○○이가 집중적인 중재를 통해 독특한 인지적 프로파일이 발달하였고, 이러한 능력을 온전히 발휘하기 위해서는 몇 가지 조건(예 지지적인 환경, 흥미를 유도할 수 있는 촉진 등)이 요구된다는 점을 시사합니다. 이와 함께, 학습적 기회와 결정화된 지식을 반영하는 소검사에서 개인적 약점을 보인 것은, ○○이가 학습한 내용을 자발적으로 응용하고 적용시키는 데 어려움을 보일 수 있다는 점을 나타낼 수 있습니다. 따라서 학업적 성취 등 특정 목표를 달성하기 위해서는 ○○이가 학습한 지식을 확장시키고 유연하게 적용할 수 있도록 촉진하는 훈련이 도움이 될 수 있겠습니다.

한편, 사회성 측면에서도 몇 가지 고려사항이 지적됩니다. ○○이는 보호자 모임을 통해 만난 친구들과 어울릴 수 있지만, 또래와 독립적으로 관계를 형성하고 유지하는 사회성은 아직 미숙한 것으로 평가되었습니다. ○○이는 발화량이 많고, 표현이 다채로워 의사소통에 능숙한 것으로 비춰질 수 있지만, 실제 다른 사람과 상호작용을 통한 의사소통이나 의견의 교류는 미숙한 면이 지적됩니다. 예를 들어, ○○이는 다른 사람의 선호를 알고 배려하는 행동을 보이지만, 쌍방향 대화보다는 자신의 관심사 위주로 말하고, 또래 관계를 형성하고 유지하는 데 필요한 사회적 기술(예 먼저 인사하기, 공통된 관심사로 대화하기 등)은 도움을 받아 수행할 수 있었습니다.

표 2. ○○의 적응행동평가 결과

	의사소통	생활기술	사회성	운동기술	전체
기술적 분류	평균	평균 하	평균 하	평균	평균 하

요컨대, ○○이는 개입 초반 발달 촉진 및 진단 여부를 고려했던 것과 달리 현재는 특징적인 발달 패턴을 적응 수준을 향상시키기 위한 고민을 할 수 있게 되었습니다. 이는 조기에 개입을 결정한 보호자의 판단과 효과적인 중재를 제공하기 위해 노력한 전문가의 결과물일 것입니다. 따라서 현재 ○○이의 인지적 프로파일을 고려하여 향후 발달과업도 효율적으로 성취할 수 있도록 전략을 수립하는 것이 필요할 것입니다.

보육현장에서의 실천

1. 관찰기록 상세화 : 영유아의 발달 상태를 지속적으로 관찰하고, 행동특성, 강점, 약점 등을 상세하게 기록하여 평가 자료로 활용합니다.
2. 조기 발견 노력 : 영유아의 발달지연이나 장애 의심 징후를 조기에 발견하기 위해 발달 선별검사를 실시하고, 의심 사례 발생 시 관련 전문가에게 의뢰합니다.
3. 부모 협력 강화 : 부모와의 면담을 통해 영유아의 가정 환경, 성장 과정, 행동특성 등에 대한 정보를 공유하고, 평가 결과에 대한 이해를 돕습니다.
4. 객관적 평가 : 표준화된 검사 도구를 사용하여 객관적이고 신뢰할 수 있는 평가를 실시하고, 주관적인 판단을 배제합니다.
5. 평가 결과 활용 : 평가 결과를 바탕으로 개별화 교육계획(IEP)을 수립하고, 영유아의 특성과 필요에 맞는 교육 목표 및 방법을 설정합니다.

용어 정의

1. 선별(Screening) : 전체 유아 중에서 발달지연이나 장애가 있거나 앞으로 어려움이 예상되는 유아를 구별하는 과정입니다.
2. 진단(Diagnosis) : 선별 결과 추가적인 평가가 필요한 유아를 대상으로 실시하는 심층적이고 개별적인 평가로, 특수교육 서비스 제공을 위한 유아의 발달 상태를 포괄적으로 평가합니다.
3. 평가(Evaluation) : 특수영유아가 교육을 받은 후에 교육 효과를 측정하거나 교육 프로그램의 성과를 평가하는 과정입니다.
4. 측정(Measurement) : 사물의 성질을 구체화하기 위해 수량화하는 절차로, 지능, 성격과 같이 직접 측정이 불가능한 경우에는 검사 도구를 사용하여 간접적으로 측정합니다.
5. 개별화 교육계획(IEP) : 특수교육대상자 개개인의 특성과 필요에 맞춰 수립하는 맞춤형 교육계획으로, 교육 목표, 교육 방법, 평가 계획, 특수교육 관련 서비스 등을 포함합니다.

제2부

장애영유아 교수방법론의 운영

제 5 장 장애 유형별 영유아 이해

학습목표

1. 정의 및 특성 이해 : 「장애인 등에 대한 특수교육법」에 따른 장애영유아의 정의를 명확히 이해하고, 발달지체아동의 다양한 특성(인지, 언어, 운동, 사회·정서 등)을 파악합니다.
2. 개별적 지원 : 장애영유아의 특성이 고정적이지 않고 변화할 수 있음을 인지하고, 개별 아동의 특성과 발달 영역 간의 상호작용을 고려한 유동적인 지원 계획을 수립합니다.
3. 주요 지원 영역 : 기본생활습관 촉진, 운동발달 촉진, 인지발달 지원, 언어발달 지원 등 장애영유아에게 필요한 주요 교육적 지원 영역을 이해하고, 각 영역별 적절한 지원 방법을 습득합니다.
4. 교육적 지원 : 장애영유아 아동의 개별적인 요구에 맞는 맞춤형 교육 프로그램을 설계하고 실행하며, 다양한 교육 자료와 도구를 활용하여 교육 효과를 극대화합니다.
5. 정서적 지지 : 장애영유아 아동의 정서적 안정과 긍정적인 자아개념 형성을 위해 지지적이고 격려적인 분위기를 조성하고, 성공 경험을 제공하여 자신감을 높입니다.

1. 발달지체

「장애인 등에 대한 특수교육법」은 발달지체를 "신체, 인지, 의사소통, 사회・정서, 적응행동 중 하나 이상의 발달이 또래에 비하여 현저하게 지체되어 특별한 교육적 조치가 필요한 영아 및 9세 미만의 아동"으로 정의하고 있습니다. 이 정의는 발달지체가 단순히 하나의 발달 영역에서의 지체가 아니라 여러 영역에서의 종합적인 지체를 의미하며, 이러한 지체가 영유아의 전반적인 성장과 발달에 중대한 영향을 미칠 수 있음을 시사합니다.

1) 발달지체를 별도의 장애 범주로 포함시킨 이유

「장애인 등에 대한 특수교육법」이 발달지체를 별도의 장애 범주로 포함시킨 이유는 다음과 같습니다.

- 조기 평가의 어려움 : 영유아기에 이루어지는 평가는 오류가 발생할 확률이 높습니다. 따라서 일반적인 장애 범주를 적용하기보다는, 발달지체라는 포괄적인 범주를 통해 특수교육의 필요성을 판단하는 것이 더 적절합니다.
- 유연한 지원 체계 : 발달지체라는 범주는 영유아가 일반적인 장애 범주에 속하지 않더라도 특수교육을 받을 수 있도록 유연한 지원 체계를 제공합니다. 이는 영유아의 발달을 촉진하고, 잠재력을 최대한 발휘할 수 있는 환경을 조성하는 데 중요한 역할을 합니다.

발달지체아동은 또래에 비해 인지, 언어, 운동, 자조기술, 사회・정서 등 다양한 분야에서 발달이 뒤떨어질 수 있습니다. 이러한 발달지체는 아동마다 다른 양상으로 나타나며, 특정 발달 영역에서의 지체가 다른 영역에 영향을 미칠 수 있습니다. 예를 들어, 의사소통 발달이 지체된 아동은 사회적 상호작용에 어려움을 겪을 수 있으며, 이는 다시 사회·정서 발달에 영향을 미칠 수 있습니다.

2) 발달지체아동의 특성

발달지체아동은 고정적이지 않고 시간이 흐르면서 변화할 수 있습니다. 예를 들어, 초기에 언어발달이 지체된 아동은 적절한 중재를 통해 언어능력을 향상시킬 수 있으며, 이는 다시 사회적 상호작용과 정서발달에 긍정적인 영향을 미칠 수 있습니다. 따라서 발달지체아동의 특성은 개별 아동의 특성과 발달 영역 간의 상호작용에 따라 유동적으로 변화하는 것으로 인식해야 합니다.

발달지체아동은 다양한 측면에서 교육적 지원이 필요합니다. 이는 단순히 특정 발달 영역에서의 지체를 보완하는 것을 넘어, 아동의 전반적인 발달을 촉진하는 데 초점을 맞춰야 합니다. 주요 지원 영역은 다음과 같습니다.

(1) 기본생활습관 촉진하기

- 일상 루틴을 활용한 자연스러운 반복 학습
  - 삶이 곧 학습 : 식사, 옷 입기, 배변, 손 씻기 등은 별도의 수업이 아닌 매일의 일과 속에서 자연스럽게 이루어져야 합니다.
  - 일관된 반복 : 아이가 몸으로 익힐 때까지 충분한 시간을 두고, 매일 같은 순서와 방법으로 반복하여 지도해 주세요. 익숙함은 편안함을 주고, 편안함은 주도성을 이끌어 냅니다.

- 과제 분석과 시각적 지원(Visual Support)
  - 눈에 보이는 순서 : 복잡한 활동 과정을 아이가 이해하기 쉽도록 그림이나 사진(시각적 스케줄)으로 제시하여, "다음엔 무엇을 해야 할지" 스스로 예측하고 수행할 수

있게 도와주세요.

- 작게 나누어 가르치기 : 한 번에 완성하기 어려운 과제는 작은 단계로 나누어(과제 분석) 지도함으로써, 아이가 단계별로 성공을 경험하며 과정을 익히도록 해야 합니다.

- 단계적 지원과 작은 성취에 대한 격려(Small Steps)
  - 할 수 있는 것부터 시작 : 처음부터 완벽을 요구하기보다, 아이가 현재 스스로 할 수 있는 부분부터 시작하여 점차 도움을 줄여가는 방식(비계 설정)으로 자율성을 높여주세요.
  - 과정에 대한 칭찬 : 결과의 완벽함보다는 서툴더라도 혼자 시도하려는 노력을 포착하여 구체적으로 칭찬해 주세요. 작은 성취감이 모여 "나 혼자 할 수 있다"는 단단한 자신감이 됩니다.

(2) 운동발달 촉진하기

- 발달 수준에 맞는 매일의 신체 활동 루틴화
  - 단계별 활동 제공 : 아이의 현재 신체 능력에 맞춰 균형 잡기, 걷기와 같은 대근육 활동부터 잡기, 밀기, 끌기 등의 소근육 활동까지, 무리하지 않으면서도 성취 가능한 활동을 매일 꾸준히 반복할 수 있도록 일과를 구성하세요.
  - 일상 속 운동 : 별도의 체육 시간뿐만 아니라, 이동하거나 정리하는 시간 등 일과 중에 자연스럽게 몸을 움직일 수 있는 기회를 지속적으로 제공해야 합니다.

- 전문가 협력 및 가정 연계 시스템 구축
  - 전문적 자문 활용 : 구체적인 지원이 필요한 경우, 물리치료사 등 전문가와 협력하여 아이에게 최적화된 맞춤형 운동 프로그램을 설계하고 안전하게 지도하세요.

– 가정 내 일반화 : 기관에서의 훈련 효과가 지속될 수 있도록, 부모님께 구체적인 지도 방법을 안내하고 가정에서도 즐겁게 실천할 수 있도록 독려하는 협력적 파트너십이 필수적입니다.

- 놀이 기반의 동기 부여와 즐거움 제공(Play-Based Approach)
  – 놀이로 접근하기 : 신체 활동이 지루한 '훈련'이나 '재활'로 느껴지지 않도록, 아이가 좋아하는 놀이 요소를 접목하여 자발적인 움직임을 이끌어 내세요.
  – 적절한 도전 과제 : 아이가 흥미를 잃지 않도록 적절한 난이도의 도전 요소(Challenge)를 가미하여, 성취의 기쁨을 느끼고 더욱 적극적으로 몸을 움직이도록 동기를 부여해야 합니다.

(3) 인지발달 지원하기

- 맞춤형 놀이 설계 및 일상의 학습화
  – 수준별 활동 계획 : 아이의 발달 단계를 고려하여 문제해결, 기억력, 분류, 비교 등 흥미를 유발하는 맞춤형 인지 놀이를 계획하세요.
  – 생활 속 스며들기 : 별도의 학습 시간뿐만 아니라 식사, 정리정돈, 이동 시간 등 일상생활의 모든 순간을 인지적 탐색의 기회로 자연스럽게 연결하는 것이 중요합니다.

- 다감각적 매체 활용과 사고 확장적 발문
  – 구체적 경험 제공 : 그림 카드, 조작 도구, 실물 자료 등 시각과 촉각을 동시에 자극하는 매체를 적극 활용하여 추상적인 개념을 구체적으로 이해하도록 도와주세요.
  – 생각을 여는 상호작용 : 단순히 정답을 알려주는 것이 아니라, "왜 그럴까?", "어떻게 변했을까?"와 같은 질문과 설명으로 아이의 사고력과 이해력을 한 뼘 더 넓혀주세요.

- 세밀한 관찰과 성취감 강화(Small Steps)
  - 과정 중심의 관찰 : 아이가 문제를 해결해 나가는 과정을 세밀하게 관찰하고, 결과보다 노력하는 모습에 주목해 주세요.
  - 작은 성공의 축적 : 아주 사소한 성취라도 놓치지 않고 구체적으로 칭찬하고 격려함으로써, 아이가 "나도 할 수 있다"는 자신감(자아효능감)을 갖도록 지지해야 합니다.

(4) 언어발달 지원하기

- 일상 속 언어 자극 풍부하게 하기(Language Rich Environment)
  - 다양한 매체 활용 : 단순히 말을 거는 것을 넘어, 그림책 읽어주기, 단어 놀이, 노래 부르기, 율동하기 등 흥미로운 활동을 통해 자연스럽게 언어 사용 기회를 늘려 주세요.
  - 놀이 속 대화 : 아이의 행동을 말로 읽어주거나(Talk−casting), 아이가 관심 있어 하는 주제로 대화를 시도하여 언어적 상호작용의 총량을 늘려야 합니다.

- 전문가 및 가정과의 긴밀한 연계(Collaboration)
  - 개별화 지원계획 : 전문적인 도움이 필요한 경우, 언어치료사와 협력하여 아이에게 딱 맞는 개별 지원계획을 수립하세요.
  - 가정 연계 지도 : 기관에서의 지도가 가정에서도 이어질 수 있도록 부모님과 목표를 공유하고, 가정 내에서도 반복적인 대화 활동이 이루어지도록 독려해 주세요.

- 민감한 반응과 긍정적 강화(Positive Reinforcement)
  - 의도 파악 및 격려 : 아이가 서툴더라도 무엇을 표현하고자 하는지 민감하게 파악하고, 그 시도 자체를 격려해 주세요.

– 자신감 심어주기 : 구체적인 칭찬과 따뜻한 피드백을 즉각적으로 제공하여, 아이가 "내 말이 통했다"는 성취감을 느끼고 의사소통에 자신감을 갖도록 강화해야 합니다.

<표 5-1> 장애영유아 통합 보육을 위한 평가

구 분	내 용	및 개선 방향
영유아 정보 조사서	• 영유아와 가족의 특성을 자세하게 기록하도록 함	영유아와 가족의 특성을 파악하는 것은 개별화된 지원 계획수립의 기초 자료가 됩니다.
		개선 방향 : 조사 항목의 타당성 및 신뢰도를 검토하고, 개인정보 보호에 유의하며, 가족의 요구를 반영할 수 있는 항목을 추가합니다.
유아 현재 수준 평가	• K-CDI 평가서 작성	K-CDI는 영유아의 발달 수준을 객관적으로 평가할 수 있는 도구입니다.
	• 현행 수준 파악은 K-CDI 발달평가 외에 AEPS, 캐롤라이나 교육과정 등의 교육진단 시행	다양한 평가 도구를 활용하여 다각적인 정보를 수집하는 것은 정확한 현행 수준 파악에 도움이 됩니다.
		개선 방향 : 평가 도구의 장단점을 파악하고, 영유아의 특성에 맞는 적절한 도구를 선택하며, 평가 결과 해석 시 전문가의 자문을 구합니다.
K-CDI II	• 사회성(35문항) – 개별적 상호작용뿐 아니라 집단 참여 상황에서도 부모, 아동, 다른 성인들과 상호작용 발달	사회성은 또래 관계 형성 및 사회 적응에 중요한 영향을 미칩니다.
	• 자조행동(35문항) – 먹기, 옷 입기, 목욕하기, 화장실 가기, 독립심과 책임감 발달	자조행동은 독립적인 생활 능력 향상에 기여합니다.
	• 대근육 운동(29문항) – 걷기, 뛰기, 오르기, 점프하기, 타기, 균형 잡기, 협응 능력 발달	대근육 운동은 신체 발달 및 활동적인 생활에 필수적입니다.

	• 소근육 운동(30문항) – 눈과 손의 협응 능력을 포함하여 물건을 들어 올리는 것부터 낙서하고 그림 그리기까지 눈과 손의 협응 발달	소근육 운동은 학습 및 일상생활 수행에 필요한 정교한 움직임을 가능하게 합니다.
	• 표현 언어(50문항) – 간단한 몸짓, 발성, 언어 행동부터 복잡한 언어 표현까지 표현적 의사소통 발달	표현 언어는 자신의 생각과 감정을 표현하고 타인과 소통하는 데 필수적입니다.
	• 언어 이해(50문항) – 간단한 이해에서부터 개념의 이해까지 언어 이해 발달	언어 이해는 타인의 말과 글을 이해하고 정보를 습득하는 데 중요합니다.
	• 글자(23문항) – 쓰기와 읽기를 포함하는 문자와 단어에 대한 인지발달	글자 인지는 학습 능력 향상 및 정보 접근성을 높입니다.
	• 숫자(15문항) – 간단한 숫자세기부터 간단한 산수 문제 풀이까지 수의 양과 숫자에 대한 인지발달	숫자 인지는 논리적 사고 능력 및 문제해결 능력 향상에 기여합니다.
	• 전체 발달(70문항) – 발달의 총체적 지표를 제공해 주는 요약 척도	전체 발달 척도는 영유아의 전반적인 발달 수준을 파악하는 데 유용합니다. **개선 방향** : K-CDI Ⅱ의 각 영역별 평가 결과를 바탕으로 개별 영유아에게 필요한 지원 영역을 파악하고, 관련 전문가와 협력하여 맞춤형 교육 및 치료 계획을 수립합니다.
협력 의뢰서	• 현재 장애영유아가 다니고 있는 기관에 부모가 의뢰하여 제출	이전 기관과의 협력은 영유아의 적응을 돕고, 일관성 있는 지원을 제공하는 데 중요합니다. **개선 방향** : 의뢰서 양식을 표준화하고, 이전 기관과의 정보 공유 및 협력 체계를 구축합니다.
기초 조사	• 적응 기간 동안 관찰한 자료와 함께 4월부터 실시되는 IEP의 기초 자료로 활용	적응 기간 동안의 관찰은 영유아의 특성을 파악하고, IEP 수립에 필요한 기초 자료를 제공합니다. **개선 방향** : 관찰기록 양식을 표준화하여 일관성 있는 데이터를 확보, 관찰 결과 공유 및 논의를 위한 회의를 정기적으로 개최, 관찰 결과가 개별화 교육계획(IEP)에 효과적으로 반영될 수 있도록 지원합니다.

교육기관 관련 시행사항	• 교육기관의 정당한 편의 제공 내용(법 제14조, 시행령 제8조)	장애인 차별금지법에 따른 정당한 편의 제공은 장애영유아의 교육 참여를 보장하는 데 필수적입니다.
	• 통학 및 교육기관 내에서의 이동 및 접근에 불이익이 없도록 하기 위한 각종 이동용 보장구의 대여 및 수리	이동 편의 제공은 교육기관 접근성을 높이고, 안전한 교육 환경을 조성합니다.
	• 장애인 및 장애인 관련자가 필요로 하는 경우 보조 인력의 배치	보조 인력 배치는 개별 영유아에게 필요한 맞춤형 지원을 제공하고, 교사의 업무 부담을 경감합니다.
	• 장애로 인한 학습 참여의 불이익을 해소하기 위한 확대 독서기, 보청기기, 높낮이 조절용 책상 등 각종 보완	보완 도구 제공은 학습 효과를 높이고, 교육 참여 기회를 확대합니다.
	• 대체 의사소통 도구 등의 대여 및 보조견의 배치나 휠체어의 접근을 위한 여유공간 확보	의사소통 지원 및 접근성 확보는 원활한 교육 활동을 가능하게 합니다.
	• 시・청각장애인의 교육에 필요한 수화통역, 문자통역(속기), 점자자료, 자막, 큰 문자자료, 화면 낭독・확대프로그램, 보청기기, 무지점자단말기, 인쇄물 음성변환 출력기를 포함한 각종 장애인 보조기구 등 의사소통 수단	다양한 의사소통 수단 제공은 정보 접근성을 높이고, 교육 참여를 확대합니다.
	• 교육과정을 적용함에 있어서 학습 진단을 통한 적절한 교육 및 평가 방법의 제공	맞춤형 교육 및 평가 방법 제공은 학습 효과를 높이고, 공정한 평가를 가능하게 합니다.
	• 원활한 교수 또는 학습수행을 위한 지도 자료	지도 자료 제공은 교사의 전문성을 강화하고, 효과적인 교육 활동을 지원합니다.
	• 통학과 관련된 교통편의	교통편의 제공은 교육기관 접근성을 높이고, 교육 참여를 확대합니다.
	• 교육기관 내 교실 등 학습시설 및 화장실, 식당 등 교육활동에 필요한 모든 공간에서 이동하거나 그에 접근하는 데 필요한 시설・설비 및 이동수단	시설 및 설비 개선은 안전하고 편리한 교육 환경을 조성합니다.

	• 장애영유아의 원활한 어린이집 적응을 위해, 입소 전 같은 반 또래들의 활동 모습(원내 장소 및 영역 활동 등)이 담긴 자료를 촬영하여 가정에 저공함으로써, 환경 및 또래와의 친숙드를 높이도록 지원	사전 적응 지원은 영유아의 불안감을 해소하고, 긍정적인 통합 교육 환경을 조성합니다. **개선 방향** : 정당한 편의 제공에 대한 교사 및 학부모 교육을 강화하고, 편의 제공을 위한 예산 확보 및 지원 체계를 구축하며, 편의 제공 현황을 정기적으로 점검합니다.
어린이집 입소 시 구비 서류	• 제출 서류 : 어린이집 기본 입소 서류 + 장애아동 등록증 또는 의사 소견서	장애 관련 서류 제출은 필요한 지원을 파악하고, 적절한 서비스를 제공하는 데 필요합니다. **개선 방향** : 제출 서류 간소화 및 절차를 개선하고, 개인정보 보호에 유의하며, 장애 관련 서류 제출에 대한 부담감을 완화합니다.

3) 장애영유아를 위한 실천 전략 : 일상 속에서 체계적 지원하기

발달지체아동은 다양한 영역에서 지원이 필요하며, 단순히 한 분야만 개선하는 것이 아니라 전체 발달을 고르게 촉진하는 것이 중요합니다. 지금 바로 실천할 수 있는 구체적인 방법들을 소개합니다.

(1) 기본생활습관 촉진하기

식사, 옷 입기, 손 씻기, 배변 활동에 그림 또는 사진 카드(일상 활동 카드)를 활용하세요. 아이가 스스로 할 수 있는 작은 부분부터 지원하며, 성공할 때마다 칭찬과 격려를 해주세요. 정해진 시간표와 반복 활동을 활용해, 아이가 언제 무슨 활동을 할지 예측하고 따라 할 수 있는 환경을 만드세요. 가정과 협력하여, 집에서도 똑같이 실천할 수 있는 방법을 전달하고 연계하세요.

(2) 운동발달 촉진하기

매일 10~15분씩 균형 잡기, 걷기, 뛰기, 잡기 등 신체활동을 꾸준히 실천하세요. 신체 발달이 느린 아이는 전문가(물리치료사)와 협력하여 개별 맞춤 운동 프로그램을 수립하고,

놀이 속에서 자연스럽게 신체활동이 이루어지도록 하세요. 장애 정도에 맞는 보조기구(보조그립, 균형기 등)를 활용하여 안전하게 움직일 수 있도록 지원하며, 놀이를 통해 움직임이 즐거운 경험이 되게 하세요. 아이가 움직일 때마다 칭찬하고 격려하여 자신감과 흥미를 높이도록 하세요.

(3) 인지발달 지원하기

문제해결, 분류, 순서 맞추기, 기억력 활동이 포함된 놀이와 활동을 자주 계획하세요. 그림 카드, 조작도구, 색상, 모양 등 다양한 시각 및 촉각 자극이 포함된 교구를 활용하세요. 반복 활동과 놀이를 통해 아이가 성취감을 느끼게 하고, 성취하는 모습을 자주 칭찬하여 자신감을 키우세요. 활동 후 아이의 반응을 관찰하고 기록하여, 어떤 부분이 부족한지 파악하고 적절한 지원 방안을 전문가와 연계하세요.

(4) 언어발달 지원하기

매일 말하기, 그림책 읽기, 노래, 율동 등 다양한 언어활동을 충분히 실시하세요. 언어가 느린 아이는 그림 카드, 관심 주제, 손 유희 등을 활용하여 자연스럽게 대화의 기회를 늘리세요. 필요시 언어치료사와 상담을 연계하고, 가정에서도 반복할 수 있는 언어 활동 방법을 부모에게 안내하세요. 의사 표현 시 격려하고, 칭찬과 긍정적 피드백으로 언어에 대한 흥미와 자신감을 높이세요.

시지각 운동발달 촉진

감각통합활동

2. 지적장애 영유아

1) 정 의

「장애인 등에 대한 특수교육법」은 지적장애를 "지적 기능과 적응행동상의 어려움이 함께 존재하여 교육적 성취에 어려움이 있는 사람"으로 정의합니다. 이 정의는 지적장애가 단순히 지능지수(IQ)의 낮음만으로 정의되지 않으며, 적응행동에서의 어려움도 함께 고려되어야 함을 강조합니다.

- **지적 기능** : 지능지수 70 이하로 정의되지만, 단순히 IQ가 낮다고 해서 지적장애로 규정되지 않습니다. 지적장애는 평균 이하의 지적 능력과 함께 실제 생활에서의 적응 능력이 함께 저하되어야 합니다.
- **적응행동** : 의사소통, 자기관리, 사회성 기술, 지역사회 활동, 자기지시, 건강과 안전, 기능적 학업교과, 여가, 직업기술 등이 포함됩니다. 이는 지적장애 아동이 일상생활에서 독립적으로 생활할 수 있는 능력을 평가하는 중요한 기준입니다.

2) 발달과정의 어려움

지적장애영유아는 다양한 발달 영역에서 어려움을 겪을 수 있으며, 이는 다음과 같은 특성으로 나타납니다.

(1) 인지발달의 어려움

- **특성** : 지적장애영유아는 감각운동놀이나 기능놀이 수준에서 놀이를 즐길 수 있습니다. 이들은 복잡한 개념을 이해하거나 추상적 사고에 어려움을 겪을 수 있습니다.
- **교육적 지원** : 교사는 단순한 놀이에서 시작해 점차 복잡한 놀이로 확장하며, 유아의

인지발달을 촉진할 수 있습니다. 예를 들어, 블록 놀이를 통해 공간감각을 키우거나, 간단한 퍼즐을 통해 문제해결 능력을 향상시킬 수 있습니다.

(2) 의사소통 발달의 어려움

- **특성** : 언어적 상호작용보다 몸을 사용하는 놀이를 선호할 수 있습니다. 이들은 자신의 감정이나 생각을 언어로 표현하는 데 어려움을 겪을 수 있습니다.
- **교육적 지원** : 교사는 비언어적 소통(몸짓, 표정)을 활용한 놀이를 지원하며, 유아가 의사소통을 통해 자신을 표현할 수 있도록 돕습니다. 예를 들어, 그림 카드를 사용해 감정을 표현하거나, 간단한 수화를 통해 의사소통을 촉진할 수 있습니다.

(3) 사회 · 정서 발달의 어려움

- **특성** : 또래와의 상호작용이 어려워 혼자놀이를 즐기는 경우가 많습니다. 이들은 사회적 규칙을 이해하거나 타인의 감정을 공감하는 데 어려움을 겪을 수 있습니다.
- **교육적 지원** : 교사는 또래와의 상호작용을 촉진하는 놀이 환경을 조성하며, 유아가 사회적 관계를 형성할 수 있도록 지원합니다. 예를 들어, 협력놀이를 통해 다른 영유아들과 함께 작업하는 경험을 제공하거나, 역할극을 통해 사회적 상황을 이해하도록 돕습니다.

(4) 운동발달의 어려움

- **특성** : 소근육 또는 대근육 발달이 느려 놀잇감 조작이 어려울 수 있습니다. 이들은 신체적 활동에 참여하는 데 어려움을 겪을 수 있습니다.
- **교육적 지원** : 교사는 놀잇감 조작을 돕는 보조 도구를 제공하며, 유아가 놀이를 통해 신체적 발달을 이룰 수 있도록 돕습니다. 예를 들어, 큰 블록을 사용해 소근육 운동을 촉진하거나, 간단한 체조 활동을 통해 대근육 운동을 강화할 수 있습니다.

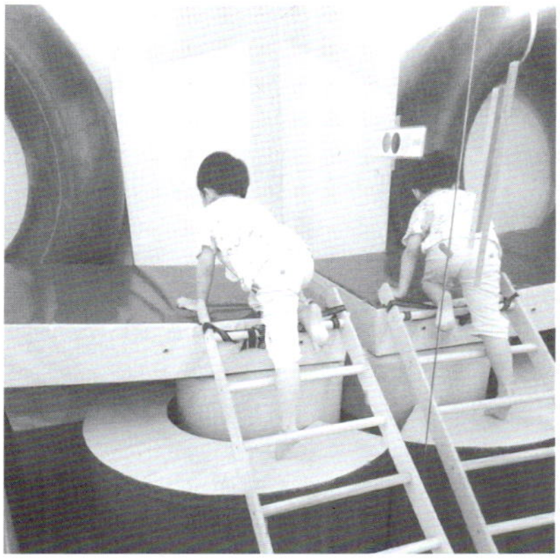

감각협응 증진 활동

3) 교육 전략

지적장애 영유아에게 교육을 제공할 때에는 아동의 수준에 맞게 과제의 내용을 수정하거나 과제 제시 방법을 수정하는 교수적 수정이 필요합니다. 또한 지적장애 아동의 자조기술(self-help skills)과 문제행동을 지도하고 관리하는 것도 중요합니다.

(1) 교수적 수정

- **과제 수정** : 지적장애 아동은 일반 아동에 비해 학습 속도가 느리고, 복잡한 과제를 이해하는 데 어려움을 겪을 수 있습니다. 따라서 교사는 과제의 난이도를 조정하거나, 과제를 작은 단위로 나누어 제시할 필요가 있습니다.
- **반복 학습** : 지적장애 아동은 지속적인 시연과 반복 학습을 통해 학습된 내용을 장기 기억으로 저장할 수 있습니다. 따라서 교사는 학습 내용을 반복적으로 제공하고, 다양한 방법으로 재확인하는 것이 중요합니다.

(2) 자조기술 교육

- **자조기술** : 식사하기, 옷 입기, 화장실 가기 등과 같이 독립적인 생활을 유지하는 데 필요한 기술입니다. 이는 지적장애 아동이 일상생활에서 독립적으로 생활할 수 있도록 하는 기본적인 기술입니다.
- **교육적 지원** : 교사는 단계별로 자조기술을 가르치고, 실제 상황에서 연습할 수 있는 기회를 제공해야 합니다. 예를 들어, 옷 입기 기술을 가르칠 때에는 단계별로 옷을 입는 과정을 설명하고, 유아가 직접 연습할 수 있도록 돕습니다.

(3) 문제행동 관리

- **문제행동** : 지적장애 아동은 원하는 것을 획득하거나, 하기 싫은 것을 하지 않거나, 자신의 의사를 표현하기 위해 문제행동을 보이기도 합니다.
- **교육적 지원** : 교사는 문제행동을 바람직한 행동으로 대체할 수 있도록 지도해야 합니다. 예를 들어, 영유아가 화를 내며 소리를 지르는 대신, 감정을 표현할 수 있는 대체 행동(예 그림 카드를 사용해 감정 표현)을 가르칠 수 있습니다.

3. 자폐범주성장애

1) 정 의

자폐범주성장애는 사회적 상호작용 및 의사소통의 어려움, 그리고 제한적이고 반복적인 행동 및 흥미를 주된 특징으로 합니다. 정신장애진단통계편람-5(DSM-5)에서는 자폐스펙트럼장애(ASD : Autism Spectrum Disorder)라는 용어를 공식 진단명으로 사용하며, 다음과 같은 특성을 제시합니다.

- **사회적 상호작용의 결함** : 타인의 감정을 이해하거나 공감하는 데 어려움을 겪으며, 비언어적 단서(예 표정, 제스처)를 해석하는 데 어려움을 보입니다.
- **의사소통의 결함** : 언어발달이 지체되거나, 반향어(echolalia)를 사용하며, 말의 강세, 높낮이, 억양 등에서 독특한 패턴을 보일 수 있습니다.
- **제한적이고 반복적인 행동** : 특정 물건이나 행동에 과도한 집착을 보이거나, 반복적인 상동행동(예 손뼉치기, 몸 흔들기)을 보입니다.

또한 자폐범주성장애 영유아는 감각 과민 또는 과소 반응을 보이는 경우가 많습니다. 이들은 특정 소리, 질감, 온도 등에 대해 과도하게 민감하거나, 반대로 거의 반응하지 않을 수 있습니다.

2) 발달과정의 어려움

자폐범주성장애 영유아는 다양한 영역에서 어려움을 겪을 수 있으며, 이에 대한 교육적 지원이 필요합니다. 주요 특성과 지원 방안은 다음과 같습니다.

(1) 사회적 상호작용의 어려움

- **특성** : 친구와의 놀이에 관심이 적고, 상징놀이(예 역할극)에 참여하기 어려울 수 있습니다. 타인의 감정을 이해하거나 공감하는 데 어려움을 겪습니다.
- **교육적 지원** : 교사는 또래와의 놀이를 점진적으로 촉진하며, 유아가 사회적 상호작용을 통해 배울 수 있도록 지원합니다. 예를 들어, 사회적 상황 이야기(Social Stories)를 활용해 사회적 규칙을 설명하거나, 역할놀이를 통해 다양한 사회적 상황을 경험할 수 있도록 돕습니다.

(2) 반복적 행동

- **특성 :** 특정 놀잇감에 집착하거나 한 가지 놀이만 반복적으로 즐길 수 있습니다. 이는 유아의 놀이 범위를 제한하고, 새로운 경험을 하는 데 어려움을 초래할 수 있습니다.
- **교육적 지원 :** 교사는 새로운 놀이 방법을 제안하며 놀이를 확장하고, 유아가 다양한 경험을 할 수 있도록 돕습니다. 예를 들어, 유아가 집착하는 놀잇감을 활용해 새로운 놀이 방법을 소개하거나, 점차적으로 다른 놀잇감을 추가해 놀이의 다양성을 확장할 수 있습니다.

(3) 감각 특이성

- **특성 :** 특정 소리, 질감, 온도 등에 대해 과민 또는 과소 반응을 보일 수 있습니다. 이는 유아의 일상생활과 놀이에 영향을 미칠 수 있습니다.
- **교육적 지원 :** 교사는 감각자극을 조절한 놀이 환경을 제공하며, 유아가 안정적으로 놀이에 참여할 수 있도록 돕습니다. 예를 들어, 소음이 적은 환경에서 놀이를 진행하거나, 유아가 선호하는 질감의 놀잇감을 제공해 감각적 불편을 줄일 수 있습니다.

3) 교육 전략

(1) 문제행동 관리

- **문제행동 :** 자폐범주성장애 영유아는 상동행동, 공격행동, 자해행동 등의 문제행동을 보일 수 있습니다.
- **교육적 지원 :** 교사는 문제행동을 감소시키고, 바람직한 대체 행동을 가르치는 데 초점을 둡니다. 예를 들어, 상동행동을 보이는 유아에게 대체 행동(예 손뼉치기 대신 손가락 놀이)을 가르치거나, 공격행동을 보이는 유아에게 감정을 표현할 수 있는 대체 방법(예 그림 카드 사용)을 가르칠 수 있습니다.

(2) 의사소통 능력 촉진

- **의사소통 어려움 :** 자폐범주성장애 영유아는 수용 언어와 표현 언어에서 어려움을 겪을 수 있으며, 기능적 언어를 습득하는 데에도 어려움을 보일 수 있습니다.
- **교육적 지원 :** 교사는 보완대체의사소통(AAC : Augmentative and Alternative Communication) 도구를 활용해 유아의 의사소통 능력을 촉진합니다. 예를 들어, 그림이나 글자를 활용한 의사소통판이나 음성출력장치를 사용해 유아가 자신의 의사를 표현할 수 있도록 돕습니다.

(3) 사회성 기술 향상

- **사회성 어려움 :** 자폐범주성장애 영유아는 타인과의 상호작용에서 어려움을 겪으며, 사회적 규칙을 이해하는 데에도 어려움을 보일 수 있습니다.
- **교육적 지원 :** 교사는 사회적 상황 이야기, 역할놀이, 모델링 등의 방법을 활용해 사회성 기술을 향상시킵니다. 예를 들어, 사회적 상황 이야기를 통해 특정 상황에서의 적절한 행동을 설명하거나, 역할놀이를 통해 다양한 사회적 상황을 경험할 수 있도록 돕습니다.

4. 정서・행동장애

1) 정 의

「장애인 등에 대한 특수교육법」은 정서・행동장애를 다음과 같은 다섯 가지 특성 중 하나 이상에 해당할 때로 정의합니다.

- **학습상의 어려움** : 지적·감각적·건강상의 이유로 설명할 수 없는 학습상의 어려움을 겪는 사람
- **대인관계의 어려움** : 또래나 교사와의 대인관계에 어려움이 있어 학습에 어려움을 겪는 사람
- **부적절한 행동이나 감정** : 일반적인 상황에서 부적절한 행동이나 감정을 나타내어 학습에 어려움이 있는 사람
- **불행감이나 우울증** : 전반적인 불행감이나 우울증을 나타내어 학습에 어려움이 있는 사람
- **신체적 통증이나 공포** : 학교나 개인 문제에 관련된 신체적인 통증이나 공포를 나타내어 학습에 어려움이 있는 사람

2) 발달과정의 어려움

정서·행동장애는 한 가지로 정의되지 않기 때문에, 그 유형과 특성이 다양하게 나타납니다. 주요 유형은 다음과 같습니다.

- **외현화된 행동** : 주의력결핍 과잉행동장애(ADHD), 품행장애, 반항성장애 등
- **내면화된 행동** : 불안장애, 기분장애, 정신분열증, 틱장애 등

(1) 외현화된 행동

- **주의력결핍 과잉행동장애(ADHD)** : 주의력이 부족하고, 과잉행동, 충동성을 보일 수 있습니다.
- **품행장애** : 공격적 행동, 규칙 위반, 타인의 권리를 침해하는 행동을 보일 수 있습니다.
- **반항성장애** : 권위에 대한 반항, 고의적인 규칙 위반, 타인과의 갈등을 보일 수 있습니다.

(2) 내면화된 행동

- 불안장애 : 과도한 걱정, 두려움, 불안을 보일 수 있습니다.
- 기분장애 : 우울증, 기분 변화, 무기력증을 보일 수 있습니다.
- 틱장애 : 반복적인 신체적 움직임(예 눈 깜빡임, 어깨 으쓱이기)이나 소리(예 킁킁거리기)를 보일 수 있습니다.

3) 문제행동 예방

정서・행동장애영유아를 지원하기 위해서는 문제행동을 다루고, 바람직한 행동을 증가시키는 데 초점을 맞춰야 합니다. 이를 위해 다음과 같은 전략을 활용할 수 있습니다.

(1) 문제행동 관리

- 문제행동 파악 : 아동이 왜 문제행동을 보이는지를 파악하는 것이 중요합니다. 예를 들어, 불안이나 스트레스가 문제행동의 원인일 수 있습니다.
- 바람직한 행동 강화 : 바람직한 행동을 증가시키기 위해 긍정적 강화(예 칭찬, 보상)를 활용합니다. 예를 들어, 아동이 규칙을 잘 지켰을 때 칭찬하거나, 작은 보상을 제공합니다.
- 대체 행동 가르치기 : 문제행동을 바람직한 대체 행동으로 대체합니다. 예를 들어, 화를 내는 대신 감정을 표현할 수 있는 방법(예 그림 카드 사용)을 가르칩니다.

(2) 학습 참여 촉진

- 학습 환경 조성 : 학습 참여를 방해하는 장애물을 감소시키거나 제거합니다. 예를 들어, 소음이 적은 환경에서 학습을 진행하거나, 아동의 주의력을 유지할 수 있는 학습 자료를 제공합니다.

- **학습 보조도구 제공** : 아동이 독자적으로 활동을 수행할 수 있도록 학습 보조도구나 자료를 제공합니다. 예를 들어, 시각적 자료를 활용해 학습 내용을 쉽게 이해할 수 있도록 돕습니다.

(3) 사회성 기술 향상

- **사회적 상황 이야기** : 사회적 상황 이야기를 통해 특정 상황에서의 적절한 행동을 설명합니다. 예를 들어, 친구와의 갈등 상황에서 어떻게 행동해야 하는지를 이야기로 설명합니다.
- **역할놀이** : 역할놀이를 통해 다양한 사회적 상황을 경험할 수 있도록 돕습니다. 예를 들어, 교사와 함께 역할극을 통해 사회적 상호작용을 연습합니다.
- **모델링** : 교사나 또래가 적절한 행동을 보여주는 모델링을 통해 아동이 바람직한 행동을 학습할 수 있도록 돕습니다.

5. 의사소통장애

1) 정 의

의사소통장애는 사람들 사이의 생각, 감정, 정보 등을 교환하는 데 장애가 있는 상태를 의미합니다. 「장애인 등에 대한 특수교육법」은 의사소통장애를 특별한 교육적 조치가 필요한 사람으로 규정하며, 다음과 같은 특성 중 하나 이상에 해당할 때로 정의합니다.

- **언어의 수용 및 표현 능력의 부족** : 인지능력에 비해 언어를 이해하거나 표현하는 능력이 현저히 부족한 경우
- **조음능력의 부족** : 발음이 부정확하여 의사소통이 어려운 경우

- 말 유창성의 부족 : 말을 더듬거나 말이 끊겨 유창하게 말하기 어려운 경우
- 기능적 음성장애 : 목소리의 질이나 음성 사용에 문제가 있어 의사소통이 어려운 경우

의사소통장애는 크게 말장애와 언어장애로 구분됩니다. 말장애는 구어(말)의 산출 과정(호흡, 발성, 공명, 조음)에 문제가 있는 경우로, 조음장애, 유창성장애, 음성장애가 이에 해당합니다. 언어장애는 언어의 형태, 내용, 사용에 어려움이 있는 경우로, 구어의 결여, 지연된 언어발달, 중단된 언어발달 등이 포함됩니다.

2) 발달과정의 어려움

의사소통장애 영유아는 언어적 측면뿐만 아니라 학업적, 사회・정서적 측면에서도 어려움을 겪을 수 있습니다. 주요 특성은 다음과 같습니다.

(1) 언어적 어려움

- 언어 이해 및 표현의 제한 : 의사소통장애 영유아는 다른 사람이 말하는 내용을 이해하거나 자신의 생각을 언어로 표현하는 데 어려움을 겪습니다. 이는 학업 성취도에 영향을 미칠 수 있습니다.
- 조음 및 유창성 문제 : 발음이 부정확하거나 말을 더듬는 경우, 의사소통이 원활하지 않을 수 있습니다.

(2) 학업적 어려움

- 학업 성취도의 저하 : 의사소통장애 영유아는 언어적 어려움으로 인해 학업 성취도가 낮을 수 있습니다. 특히 읽기, 쓰기, 말하기 등의 언어 관련 과목에서 어려움을 겪을 수 있습니다.

(3) 사회 · 정서적 어려움

- **또래 관계의 어려움** : 의사소통장애 영유아는 또래와의 의사소통에서 어려움을 겪으며, 이는 외면당하거나 놀림의 대상이 되는 등 부정적인 또래 상호작용으로 이어질 수 있습니다.
- **낮은 자존감과 위축행동** : 의사소통장애로 인해 자존감이 낮아지고, 상대방에 대해 적대감을 느끼거나 위축된 행동을 보일 수 있습니다.

3) 교육 전략

의사소통장애 영유아를 지원하기 위해서는 일상적인 생활환경에서 의사소통 기술을 향상시키는 데 초점을 맞춰야 합니다. 이를 위해 다음과 같은 전략을 활용할 수 있습니다.

(1) 환경중심 언어중재(Milieu Teaching)

- **환경 구조화** : 아동이 의사소통 기회를 가질 수 있도록 환경을 구조화합니다. 예를 들어, 놀이 시간에 의사소통을 유도하는 질문을 하거나, 아동이 말할 수 있는 기회를 제공합니다.
- **의도적인 반응** : 아동의 반응에 대해 교사가 의도적으로 반응하며, 아동이 자연스러운 상황에서 의사소통 기술을 학습할 수 있도록 돕습니다. 예를 들어, 아동이 단어를 말하면 이를 확장해 문장으로 만들어 주는 방식입니다.

(2) 언어치료 및 조음훈련

- **언어치료** : 언어치료사와의 협력을 통해 언어 이해 및 표현 능력을 향상시킬 수 있습니다. 특히 언어발달이 지연된 아동에게는 맞춤형 언어치료 프로그램이 효과적입니다.
- **조음훈련** : 발음이 부정확한 아동을 대상으로 조음훈련을 실시해 발음의 정확성을 높일 수 있습니다.

(3) 사회성 기술 훈련

- **또래 상호작용 촉진** : 의사소통장애 영유아가 또래와의 상호작용을 통해 사회성 기술을 향상시킬 수 있도록 돕습니다. 예를 들어, 협력놀이나 역할극을 통해 사회적 상황을 연습할 수 있습니다.
- **감정 표현 훈련** : 아동이 자신의 감정을 언어로 표현할 수 있도록 돕습니다. 예를 들어, 감정 카드를 사용해 아동이 자신의 감정을 표현하도록 유도합니다.

(4) 학업 지원

- **맞춤형 학습 자료 제공** : 의사소통장애 영유아가 학업 성취도를 높일 수 있도록 맞춤형 학습 자료를 제공합니다. 예를 들어, 시각적 자료를 활용해 학습 내용을 쉽게 이해할 수 있도록 돕습니다.
- **학습 보조도구 활용** : 아동이 독자적으로 학습할 수 있도록 학습 보조도구를 제공합니다. 예를 들어, 음성출력장치를 활용해 아동이 학습 내용을 들을 수 있도록 돕습니다.

6. 시각장애

1) 정 의

「장애인 등에 대한 특수교육법」은 시각장애를 “시각계의 손상이 심하여 시각기능을 전혀 이용하지 못하거나 보조공학기기의 지원을 받아야 시각적 과제를 수행할 수 있는 사람으로서 시각에 의한 학습이 곤란하여 특정의 광학기구·학습매체 등을 통하여 학습하거나 촉각 또는 청각을 학습의 주요 수단으로 사용하는 사람”으로 정의합니다. 이 정의는 맹과 저시력을 모두 포함하며, 시각장애 영유아의 교육적 지원을 위해 다양한 접근이 필요함을 강조합니다.

시각장애는 크게 맹과 저시력으로 구분됩니다. 맹은 시각을 전혀 사용할 수 없어 촉각이나 청각을 주요한 학습매체로 사용해야 하는 반면, 저시력은 잔존시력을 활용해 확대경 등의 보조공학기기를 사용할 수 있습니다. 이러한 차이는 시각장애 영유아의 교육적 접근 방식에 있어서도 중요한 영향을 미칩니다.

(1) 맹

- **특성** : 시각을 전혀 사용할 수 없으며, 촉각(점자)이나 청각을 주요한 학습매체로 사용합니다.
- **교육적 지원** : 점자교육, 청각적 학습 자료, 촉각적 교구 등을 활용해 학습을 지원합니다.

(2) 저시력

- **특성** : 잔존시력을 활용할 수 있으며, 확대경, 고대비 자료, 특수 조명 등을 통해 시각적 정보를 처리할 수 있습니다.
- **교육적 지원** : 확대경, 고대비 교재, 적절한 조명 환경 등을 활용해 학습을 지원합니다.

2) 발달상의 어려움

시각장애 영유아는 시각적 정보를 처리하는 데 어려움을 겪으며, 이는 학습, 신체·운동, 사회적 상호작용 등 다양한 영역에 영향을 미칠 수 있습니다.

(1) 학습적 어려움

- **정보 습득의 제한** : 시각장애 영유아는 시각적 정보를 통해 학습하는 데 어려움을 겪습니다. 이는 학습지체로 이어질 수 있습니다.

- **교수 자료의 필요성** : 시각적 정보에 의존하지 않는 교수 자료(예 점자, 음성 자료, 촉각적 교구)가 필요합니다.

(2) 신체·운동적 어려움

- **운동량 부족** : 시각장애로 인해 운동량이 부족하거나 운동 경험이 제한될 수 있습니다. 이는 신체·운동 발달에 지체를 초래할 수 있습니다.
- **보행 훈련의 필요성** : 시각장애 영유아는 자신의 위치를 파악하고 이동하는 데 어려움을 겪을 수 있으므로, 보행 훈련이 필요합니다.

(3) 사회적 상호작용의 어려움

- **모방 및 상황 파악의 어려움** : 시각장애 영유아는 타인의 행동을 모방하거나 사회적 상황을 파악하는 데 어려움을 겪을 수 있습니다.
- **또래 관계의 어려움** : 시각적 정보의 부재로 인해 또래와의 상호작용에 어려움을 겪을 수 있으며, 이는 사회적 고립으로 이어질 수 있습니다.

3) 교육 전략

시각장애 영유아를 지원하기 위해서는 교육 환경, 교수 방법, 보행 훈련 등 다양한 측면에서의 접근이 필요합니다.

(1) 교육 환경 조성

- **적절한 조명** : 시각장애 영유아가 학습할 수 있도록 눈부심을 최소화하고, 색 대비를 고려한 적절한 조명 환경을 조성합니다.
- **촉각 및 청각 자극 활용** : 시각적 정보 대신 촉각적 교구(예 점자 책, 촉각적 모형)와 청각적 자료(예 음성 설명, 오디오 책)를 활용해 학습을 지원합니다.

(2) 교수 방법 수정

- **점자교육** : 맹아동을 대상으로 점자교육을 제공하여, 촉각을 통해 정보를 습득할 수 있도록 돕습니다.
- **시각적 보조공학기기** : 저시력아동을 대상으로 확대경, 고대비 교재 등을 활용해 잔존 시력을 최대한 활용할 수 있도록 지원합니다.

(3) 보행 훈련

- **안내인 및 흰지팡이** : 시각장애 영유아가 자신의 위치를 파악하고 이동할 수 있도록 안내인, 흰지팡이, 안내견 등을 활용한 보행 훈련을 제공합니다.
- **전자보행기구** : 전자보행기구를 활용해 시각장애 영유아가 독립적으로 이동할 수 있도록 지원합니다.

(4) 사회적 상호작용 촉진

- **또래 놀이 지원** : 시각장애 영유아가 또래와의 놀이에 참여할 수 있도록 규칙을 수정하거나 놀잇감을 조정합니다. 예를 들어, 소리 나는 공을 사용해 공놀이를 할 수 있도록 합니다.
- **모델링 및 역할극** : 시각장애 영유아가 타인의 행동을 모방할 수 있도록 모델링이나 역할극을 활용해 사회적 상황을 학습할 수 있도록 돕습니다.

7. 청각장애

1) 정 의

「장애인 등에 대한 특수교육법」은 청각장애를 “청력 손실이 심하여 보청기를 착용해도 청각을 통한 의사소통이 불가능 또는 곤란한 상태이거나, 청력이 남아있어도 보청기를 착용해야 청각을 통한 의사소통이 가능하여 청각에 의한 교육적 성취가 어려운 사람"으로 정의합니다. 이 정의는 농(완전한 청력 손실)과 난청(부분적인 청력 손실)을 모두 포함하며, 청각장애 영유아의 교육적 지원을 위해 다양한 접근이 필요함을 강조합니다.

청각장애는 크게 농과 난청으로 구분됩니다. 농은 청각기관을 통해 구어를 이해할 수 없는 정도의 심각한 청력 손실을 의미하며, 난청은 부분적인 청력 손실로 보청기를 통해 의사소통이 가능한 상태를 말합니다. 이러한 차이는 청각장애 영유아의 교육적 접근 방식에 있어서도 중요한 영향을 미칩니다.

(1) 농

- **특성 :** 청각을 통해 구어를 이해할 수 없으며, 주로 수화나 지화를 통해 의사소통을 합니다.
- **교육적 지원 :** 수화교육, 지화교육, 시각적 학습 자료 등을 활용해 학습을 지원합니다.

(2) 난청

- **특성 :** 보청기를 통해 잔존청력을 활용할 수 있으며, 구어를 통해 의사소통이 가능합니다.
- **교육적 지원 :** 청능훈련, 구화교육, 보청기 활용 등을 통해 학습을 지원합니다.

2) 발달상의 어려움

청각장애 영유아는 소리 인식 및 의사소통에 어려움을 겪으며, 이는 학습, 사회적 상호작용 등 다양한 영역에 영향을 미칠 수 있습니다.

(1) 소리 인식의 어려움

- **청각적 활동의 제한** : 청각장애 영유아는 소리와 관련된 활동에 참여하기 어려울 수 있으며, 이는 학습 및 놀이 환경에서 소외될 수 있습니다.
- **시각적 단서의 필요성** : 청각적 정보 대신 시각적 단서(예 입 모양, 수어)를 활용해 정보를 습득할 수 있도록 지원이 필요합니다.

(2) 의사소통의 어려움

- **구어 이해의 어려움** : 청각장애 영유아는 구어를 이해하는 데 어려움을 겪을 수 있으며, 이는 의사소통 및 사회적 상호작용에 영향을 미칠 수 있습니다.
- **수어 및 비언어적 소통의 필요성** : 수어, 지화, 비언어적 소통(예 몸짓, 표정)을 활용해 의사소통을 지원할 필요가 있습니다.

(3) 인공와우 수술 후 관리

- **외부장치 관리** : 인공와우 수술을 받은 유아의 경우, 외부장치의 관리와 안전 교육이 필요합니다. 특히 물놀이 시 주의가 요구됩니다.
- **안전 교육** : 유아가 안전하게 놀이에 참여할 수 있도록 안전 교육을 제공해야 합니다.

3) 교육 전략

청각장애 영유아를 지원하기 위해서는 의사소통 기술, 학습 환경, 안전 교육 등 다양한 측면에서의 접근이 필요합니다.

(1) 의사소통 기술 지원

- **수화교육** : 청각장애 영유아가 수화를 통해 의사소통할 수 있도록 수화교육을 제공합니다. 이는 유아가 자신의 생각과 감정을 표현할 수 있도록 돕습니다.

- **구화교육** : 난청아동을 대상으로 구화교육을 제공해 구어를 이해하고 사용할 수 있도록 지원합니다. 독화(입술 읽기)를 통해 화자의 말을 이해할 수 있도록 훈련합니다.
- **종합적 의사소통 방법** : 말하기, 듣기, 수화, 독화, 지문자 등을 모두 활용해 다양한 형태의 의사소통 방법을 동시에 사용하도록 지원합니다.

(2) 학습 환경 조성

- **시각적 학습 자료** : 청각적 정보 대신 시각적 학습 자료(예 그림, 동영상, 수어)를 활용해 학습을 지원합니다.
- **보조공학기기 활용** : 보청기, 인공와우, 수화통역 원격지원 등 보조공학기기를 활용해 학습 환경을 개선합니다.

(3) 안전 교육

- **외부장치 관리** : 인공와우 수술을 받은 유아의 외부장치를 안전하게 관리할 수 있도록 교육을 제공합니다.
- **물놀이 주의** : 물놀이 시 외부장치를 보호할 수 있도록 안전 교육을 실시합니다.

(4) 사회적 상호작용 촉진

- **또래 놀이 지원** : 청각장애 영유아가 또래와의 놀이에 참여할 수 있도록 시각적 단서를 활용한 놀이 환경을 조성합니다.
- **역할놀이 및 모델링** : 역할놀이나 모델링을 통해 사회적 상황을 학습할 수 있도록 지원합니다.

8. 지체장애

1) 정 의

「장애인 등에 대한 특수교육법」은 지체장애를 "기능 · 형태상 장애를 가지고 있거나 몸통을 지탱하거나 팔다리의 움직임 등에 어려움을 겪는 신체적 조건이나 상태로 인해 교육적 성취에 어려움이 있는 사람"으로 정의합니다. 지체장애는 신체를 움직이거나 이동하는 데 어려움이 있는 장애로, 뇌성마비, 진행성 근위축증, 이분척추, 척수손상, 외상성 뇌손상, 골형성부전증 등 다양한 유형이 있습니다.

지체장애는 신체적 장애로, 상지, 하지, 체간의 기능 장애를 포함합니다. 이는 단순히 신체적 문제만을 가진 경우부터 지적장애와 같은 다른 장애를 동반한 중복장애까지 그 정도가 다양합니다. 주요 특성은 다음과 같습니다.

2) 발달상의 어려움

(1) 운동발달의 어려움

- 운동발달 지체 : 지체장애 영유아는 정상적인 수준에서의 운동발달이 어려울 수 있으며, 운동발달 속도가 느리거나 특정 발달 단계에 머물 수 있습니다.
- 기능적 움직임의 제한 : 팔다리, 체간의 움직임에 어려움을 겪어 일상생활에서의 활동이 제한될 수 있습니다.

(2) 인지능력과 학업 성취

- 인지능력 : 지체장애 아동의 인지능력은 일반 아동과 차이가 없을 수 있습니다. 그러나 중복장애를 가진 경우 인지능력에 영향을 미칠 수 있습니다.

- **학업 성취 :** 신체적 장애로 인해 학업 성취도가 낮을 수 있으며, 특히 신체활동이 필요한 과목에서 어려움을 겪을 수 있습니다.

(3) 심리 · 사회적 어려움

- **열등감과 학습된 무기력 :** 지체장애 아동은 자신의 신체상에 대한 부정적인 이미지와 타인에게 의존하는 특성으로 인해 열등감, 경험 부족, 학습된 무기력을 보일 수 있습니다.
- **사회적 상호작용의 어려움 :** 신체적 제한으로 인해 또래와의 상호작용에 어려움을 겪을 수 있으며, 이는 사회적 고립으로 이어질 수 있습니다.

3) 교육 전략

지체장애 영유아를 지원하기 위해서는 물리적 환경, 교수 방법, 심리 · 사회적 지원 등 다양한 측면에서의 접근이 필요합니다.

(1) 물리적 환경 조성

- **접근성 개선 :** 지체장애 영유아가 이동하는 데 어려움이 없도록 시설의 접근성을 개선합니다. 예를 들어, 경사로, 엘리베이터, 넓은 통로 등을 제공합니다.
- **교재 · 교구 수정 :** 지체장애 영유아가 사용할 수 있도록 교재 · 교구를 수정합니다. 예를 들어, 특수한 그립이 있는 필기구, 조작이 쉬운 놀잇감 등을 제공합니다.

(2) 보조공학기기 활용

- **보조기기 제공 :** 지체장애 영유아가 독립적으로 활동할 수 있도록 보조공학기기를 제공합니다. 예를 들어, 휠체어, 보행기, 특수 키보드 등을 활용합니다.
- **기기 사용 교육 :** 보조기기를 올바르게 사용할 수 있도록 교육을 제공합니다.

(3) 심리 · 사회적 지원

- **자존감 강화** : 지체장애 영유아의 자존감을 강화하기 위해 성공 경험을 제공하고, 긍정적인 피드백을 제공합니다.
- **사회적 상호작용 촉진** : 지체장애 영유아가 또래와의 상호작용을 통해 사회적 관계를 형성할 수 있도록 지원합니다. 예를 들어, 협력놀이, 역할극 등을 활용합니다.

(4) 개별화된 교육 프로그램

- **개별화된 지원** : 지체장애 영유아의 발달 상태와 요구를 정확히 파악하여, 개별화된 교육 프로그램을 설계하고 실행합니다.
- **다학제적 접근** : 지체장애 영유아의 발달을 촉진하기 위해 물리치료사, 작업치료사, 심리학자 등 다양한 전문가와 협력하여 다학제적 접근을 통해 종합적인 지원을 제공합니다.

보육현장에서의 실천

1. 발달지체 영유아를 위한 데이터 기반 맞춤형 지원 : 표준화된 발달 검사와 면밀한 관찰을 통해 영유아의 현재 수준과 강점·약점을 정확히 파악하고, 이를 토대로 부모와 협력하여 유연한 개별화 교육계획(IEP)을 수립해야 합니다. 일상 기술을 작은 단계로 나누는 과제 분석(Task Analysis)과 시각적 지원을 통해 영유아가 성취감을 느끼며 독립성을 키울 수 있도록 체계적으로 지도해야 합니다.
2. 지적장애 영유아를 위한 구조화된 반복 학습 설계 : 인지적 어려움을 고려하여 학습 과제를 세분화하고, 시각적 구체물과 실물을 활용해 이해를 돕는 직관적인 교수법을 적용해야 합니다. 짧은 호흡의 활동과 잦은 휴식을 배치하여 집중력을 유지시키고, 끊임없는 반복과 구조화된 지도를 통해 학습 내용이 장기 기억으로 이어지도록 지원해야 합니다.
3. 자폐범주성장애 영유아를 위한 예측 가능한 환경 디자인 : 변화에 민감한 특성을 고려하여 교실 환경과 일과를 구조화함으로써 심리적 안정감을 제공해야 합니다. 시각적 일과표와 사전 예고 전략을 활용해 불안을 낮추고, 물리적 공간을 명확히 구분하여 영유아가 환경을 예측하고 스스로 조절할 수 있는 기반을 마련해야 합니다.

4. 정서・행동장애 영유아를 위한 긍정적 행동 지원(PBS) 실행 : 문제행동을 단순히 통제하는 것이 아니라, 행동 이면의 기능과 원인을 파악하여 바람직한 대체 행동을 교수하는 전문성을 갖춰야 합니다. 명확하고 일관된 규칙 적용과 즉각적인 긍정적 강화를 통해 영유아가 정서적 안정을 찾고 사회적 기술을 습득하도록 돕는 지지자가 되어야 합니다.
5. 의사소통장애 영유아를 위한 반응적 언어 환경 조성 : 영유아가 자발적으로 의사를 표현할 수 있는 기회를 의도적으로 설계하고, 교사의 즉각적인 반응과 언어 확장 모델링을 통해 소통의 즐거움을 깨닫게 해야 합니다. 일상생활 속의 모든 순간을 언어 자극의 기회로 삼아, 영유아의 언어 이해 및 표현 능력을 자연스럽게 향상시키는 전략을 구사해야 합니다.
6. 시각장애 영유아를 위한 청각・촉각 중심의 다감각 교수법 적용 : 잔존 시력 정도에 따라 조명, 대비, 보조공학기기 등을 활용한 맞춤형 환경을 구성하고, 점자나 모형 등 촉각・청각 자료를 적극적으로 도입해야 합니다. 안전한 이동을 위해 장애물이 없는 환경을 유지하며, 모든 상황을 구체적인 언어로 묘사해 주는 세심한 배려가 필수적입니다.
7. 청각장애 영유아를 위한 시각적 정보 최적화 및 환경 관리 : 소리 정보의 손실을 보완하기 위해 그림, 영상, 수어 등 시각적 자료를 풍부하게 제공하고, 교사의 입 모양과 표정이 잘 전달되는 최적의 위치를 선정해야 합니다. 보장구의 철저한 관리와 더불어 불필요한 소음을 최소화하여 영유아가 의사소통에 온전히 집중할 수 있는 청취 환경을 만들어야 합니다.

용어 정의

1. 발달지체 : 신체, 인지, 의사소통, 사회・정서, 적응 행동 중 하나 이상의 발달이 또래에 비해 현저하게 지체되어 특별한 교육적 조치가 필요한 영아 및 9세 미만의 아동을 말한다.
2. 지적장애 : 지적 기능과 적응행동상의 어려움이 함께 존재하여 교육적 성취에 어려움이 있는 사람을 말한다.
3. 자폐범주성장애 : 사회적 상호작용, 의사소통에 결함이 있고, 제한적이고 반복적인 관심과 활동을 보이는 장애이다.
4. 정서・행동장애 : 장기간에 걸쳐 학습상의 어려움, 대인관계의 어려움, 부적절한 행동이나 감정, 불행감이나 우울증, 신체적 통증이나 공포 중 하나 이상을 나타내어 특별한 교육적 조치가 필요한 사람을 말한다.
5. 의사소통장애 : 언어의 수용 및 표현 능력의 부족, 조음능력의 부족, 말 유창성의 부족, 기능적 음성장애 중 하나 이상에 해당하여 특별한 교육적 조치가 필요한 사람을 말한다.

6. 시각장애 : 시각계의 손상이 심하여 시각기능을 전혀 이용하지 못하거나 보조공학기기의 지원을 받아야 시각적 과제를 수행할 수 있는 사람으로서, 시각에 의한 학습이 곤란하여 특정의 광학기구 · 학습매체 등을 통하여 학습하거나 촉각 또는 청각을 학습의 주요 수단으로 사용하는 사람을 말한다.
7. 청각장애 : 청력 손실이 심하여 보청기를 착용해도 청각을 통한 의사소통이 불가능 또는 곤란한 상태이거나, 청력이 남아있어도 보청기를 착용해야 청각을 통한 의사소통이 가능하여 청각에 의한 교육적 성취가 어려운 사람을 말한다.
8. 지체장애 : 기능 · 형태상 장애를 가지고 있거나 몸통을 지탱하거나 팔다리의 움직임 등에 어려움을 겪는 신체적 조건이나 상태로 인해 교육적 성취에 어려움이 있는 사람을 말한다.

제6장

장애영유아를 위한 보육과정

학습목표

1. 누리과정 이해 및 적용 : 누리과정이 모든 유아를 위한 교육과정임을 이해하고, 장애영유아에게 누리과정을 기반으로 개별화된 지원을 제공할 수 있는 능력을 함양합니다.
2. 놀이의 중요성 인식 : 놀이가 장애영유아의 전인적 발달에 미치는 긍정적인 영향을 인식하고, 놀이를 통해 인지, 사회성, 정서, 신체 발달을 촉진하는 방법을 습득합니다.
3. 개별화된 지원 전략 : 장애영유아의 개별적인 특성과 요구를 파악하고, 개별화 교육계획(IEP)을 기반으로 맞춤형 지원 전략을 수립하고 실행할 수 있는 능력을 기릅니다.
4. 놀이 환경 조성 : 장애영유아가 안전하고 편안하게 놀이에 참여할 수 있도록 물리적·사회적 환경을 조성하고, 다양한 놀이 자료와 도구를 활용할 수 있는 능력을 함양합니다.
5. 긍정적 상호작용 : 장애영유아의 놀이 활동을 긍정적으로 지지하고 격려하며, 성공 경험을 제공하여 자존감을 높이고 긍정적인 자아개념을 형성할 수 있도록 돕는 능력을 기릅니다.

1. 놀이를 통한 장애영유아의 전인적 발달

누리과정은 모든 유아를 위한 교육과정으로, 특수교육대상유아도 이 과정을 기반으로 교육을 받으며 개별 차이에 따른 지원을 제공받습니다. 특히 특수교육대상유아의 경우 교사의 세심한 관찰과 개별화된 지원이 필수적입니다. 교사는 유아의 놀이 참여를 촉진하기 위해 다양한 전략을 활용하며, 유아가 놀이를 통해 전인적 발달을 이룰 수 있도록 지원합니다. 이를 통해 모든 유아가 놀이를 통해 배우고 성장할 수 있는 환경을 조성할 수 있습니다.

놀이는 유아의 삶에서 가장 자연스럽고 필수적인 활동입니다. 특히 유아기에는 놀이가 단순한 즐거움을 넘어 전인적 발달의 핵심 도구로 작용합니다. 놀이는 유아의 자발적이고 주도적인 활동으로, 재미와 배움이 동시에 이루어지는 과정입니다. 유아가 놀이에 몰입할 때 인지, 사회성, 정서, 신체 발달 등 다양한 영역에서 성장할 수 있습니다.

1) 인지발달

- **탐구와 문제해결** : 놀이를 통해 유아는 스스로 탐구하고 문제를 해결하는 능력을 키울 수 있습니다. 예를 들어, 블록을 쌓으며 공간감각을 익히거나, 퍼즐을 맞추며 논리적 사고를 발달시킬 수 있습니다.
- **상상력과 창의력** : 역할놀이나 상상놀이를 통해 유아는 상상력을 키우고 창의적으로 사고할 수 있습니다.

2) 사회성 발달

- **또래 상호작용** : 놀이를 통해 유아는 또래와의 상호작용을 경험하며 사회적 규칙을 배우고, 협력과 공감 능력을 키울 수 있습니다.

- **의사소통 기술** : 놀이 중에 유아는 자신의 생각과 감정을 표현하며 의사소통 기술을 향상시킬 수 있습니다.

3) 정서발달

- **자기조절능력** : 놀이를 통해 유아는 자신의 감정을 조절하고, 스트레스를 해소할 수 있습니다.
- **자존감과 자신감** : 놀이에서 성공 경험을 통해 유아는 자존감과 자신감을 키울 수 있습니다.

4) 신체 발달

- **대근육 및 소근육 운동** : 놀이를 통해 유아는 신체적 활동을 하며 대근육과 소근육을 발달시킬 수 있습니다.
- **감각통합** : 다양한 감각자극을 통해 유아는 감각통합 능력을 키울 수 있습니다.

놀이 활동

2. 지원 전략

장애영유아도 일반 유아와 마찬가지로 놀이를 즐기며 배웁니다. 하지만 장애 또는 발달적 어려움으로 인해 개별화된 지원이 필요합니다. 교사는 유아의 개별적인 요구를 이해하고, 이를 바탕으로 지원 전략을 수립해야 합니다.

1) 개별화된 지원

- **관찰과 기록** : 교사는 유아의 놀이를 세심히 관찰하며, 개별 유아의 특성과 요구를 파악합니다. 이를 바탕으로 적절한 지원 전략을 수립합니다.
- **개별화 교육계획**(IEP) : 유아의 발달 상태와 요구에 맞춰 개별화 교육계획을 수립하고 실행합니다. 이를 통해 유아의 전인적 발달을 촉진합니다.

2) 또래 상호작용 촉진하기

(1) 협력놀이 실천 방법

아이들이 함께 참여하는 역할놀이(예 가게, 집짓기, 역할극 등)를 계획하고, 놀이 중에 역할 분담과 협력하는 방법을 지도합니다. 일정 시간 동안 팀 프로젝트 또는 공동 만들기 활동(예 큰 그림 그리기, 퍼즐 맞추기)을 통해 자연스럽게 협력과 의사소통 연습을 하도록 유도합니다. 실패하더라도 격려하고, 아이들이 서로 도우며 즐겁게 참여할 수 있도록 분위기를 조성하세요.

(2) 모델링 방법

교사 또는 또래 친구가 친구의 행동을 자연스럽게 따라 하는 모습을 보여주세요. 예를 들어, '먼저 인사하는 모습'이나 '이야기하는 방법' 등을 보여줌으로써 아이들이 규칙과 예절을 배울 수 있게 돕습니다. 아이가 기대하는 행동을 보여줄 때는 분명히 하기 위해 목소리와 제스처를 활용하고, 긍정적 언어로 격려합니다.

3) 놀이 확장하여 학습 기회 만들기

(1) 놀이 방법 제안

아이의 관심사와 발달 수준을 관찰한 뒤, 그 활동을 더 깊이 또는 다양하게 확장합니다. 예를 들어, 블록 놀이를 할 때는 더 크거나 복잡한 구조를 만들거나, 역할놀이에 새로운 역할(예 병원장, 가게 주인 등)을 추가하여 아이의 상상력과 인지 능력을 키웁니다. 놀이 후 아이의 반응을 관찰하고, 성취감과 흥미를 느끼도록 칭찬과 격려를 함께 해줍니다.

(2) 감각적 자극 활용

촉각, 청각, 시각 등 다양한 감각을 자극하는 교구를 활용합니다. 예를 들어, 촉감 퍼즐, 소리 나는 장난감, 냄새 나는 재료 등을 이용해 놀이를 즐기게 하여 감각통합을 도웁니다. 놀이를 진행하는 동안 아이가 적극 참여하도록 유도하며, 다양한 감각적 경험을 통해 집중력과 탐구심을 기를 수 있도록 합니다.

4) 감각운동놀이 지원

- **신체활동 촉진 :** 발달지체 유아를 대상으로 감각운동놀이를 통해 신체 발달을 지원합니다. 예를 들어, 공놀이나 균형 놀이를 통해 대근육 운동을 촉진합니다.
- **소근육 운동 지원 :** 조작이 필요한 놀잇감을 통해 소근육 운동을 지원합니다. 예를 들어, 퍼즐이나 블록 놀이를 통해 소근육을 발달시킵니다.

감각놀이

<표 6-1> 장애영유아를 위한 누리과정 운영 원리 및 전략

주 제	핵심 내용	세부 전략 및 방법	적용 예시
누리 과정의 기본 원리	- 누리과정은 모든 유아를 위한 교육과정으로, 다양한 발달 수준과 특성을 가진 유아들이 즐겁게 놀이하며 의미 있는 발달을 이루도록 지원 - 특수교육대상유아도 누리과정을 기반으로 교육을 받으며, 개별 차이에 따른 지원 제공	- **개별 유아 관찰 및 기록** : 유아의 놀이와 발달 특성을 관찰하고 기록하여 개별화된 지원 제공 - **놀이 참여 지원** : 유아가 놀이에 몰입하고 경험을 확장할 수 있도록 공간, 자료, 시간, 상호작용 등을 조정 - **또래 상호작용 지원** : 또래와의 상호작용을 촉진하기 위한 교육과정 수정 및 대·소집단 활동 지원 - **개별화 교육계획 실행** : 놀이 중 삽입교수를 통해 개별화 교육계획을 실행하며, 유아의 놀이 흐름에 따라 지원 계획 수정	- 교사가 유아의 놀이를 관찰하며, 필요한 경우 놀이 환경을 조정하여 유아가 더 쉽게 참여할 수 있도록 지원 - 교사가 또래와의 상호작용을 촉진하기 위해 유아가 함께 놀 수 있는 놀이 활동을 제안
놀이 참여 지원 체계	- 놀이 참여 지원은 모든 유아를 위한 양질의 교육과정 운영, 개별 유아를 위한 놀이 참여 진단 및 지원, 놀이 참여에 필요한 행동 및 기술 교수의 3단계로 구성	- **1단계 모든 유아를 위한 양질의 교육과정 운영** : 누리과정 운영 원칙에 따라 유아 중심·놀이 중심 교육을 실행 - **2단계 개별 유아를 위한 놀이 참여 진단 및 지원** : 유아의 놀이 참여 특성과 환경적 요소를 파악하여 적절한 지원 계획 수립	- 교사가 유아의 놀이 참여 특성을 관찰하며, 필요한 행동이나 기술을 교수하여 놀이 흐름을 유지 - 교사가 유아의 놀이 참여를 촉진하기 위해 개별화된 지원 전략 실행

		- **3단계 놀이 참여에 필요한 행동 및 기술 교수** : 유아의 놀이 기술이나 사회적 기술이 부족한 경우 이를 직접적으로 지원	
놀이 참여 진단 및 지원	- 개별 유아의 놀이 참여 특성과 환경적 요소를 파악하여 적절한 지원 계획 수립	- **놀이 참여 특성 파악** : 유아가 놀이에 참여한 시간, 놀이 대상, 놀이 유형 등을 관찰 - **환경적 요소 파악** : 놀이 공간, 자료, 시간, 학급 문화 등이 유아의 놀이 참여에 어떤 영향을 미치는지 파악 - **교육과정 수정** : 환경적 수정과 교수적 수정을 통해 유아의 놀이 참여를 지원	- 교사가 유아의 놀이 참여 특성을 관찰하며, 필요한 경우 놀이 환경을 조정하여 유아가 더 쉽게 참여할 수 있도록 지원
또래 상호 작용 지원	- 또래와의 상호작용은 특수교육 대상유아의 사회성 발달에 중요한 역할을 함	- **또래 상호작용 기회 조성** : 유아가 또래와 함께 놀 수 있는 놀이 활동을 제안 - **사회적 기술 교수** : 유아가 또래와의 상호작용에서 필요한 사회적 기술을 배울 수 있도록 지원	- 교사가 유아가 또래와 함께 놀 수 있는 놀이 활동을 제안하며, 필요한 경우 사회적 기술을 교수 - 교사가 유아와 또래 간의 상호작용을 촉진하기 위해 중재 역할을 수행
개별화 교육 계획 실행	- 놀이 중 삽입교수를 통해 개별화 교육계획을 실행하며, 유아의 놀이 흐름에 따라 지원 계획을 수정	- **삽입교수** : 놀이 속에서 발달 목표 달성 기회 제공. 놀이 활동 중 아이가 특정 발달 목표(언어, 인지, 운동, 사회성 등)를 자연스럽게 경험하고 실천할 수 있도록 교사가 적절한 교수 기회 만들어 주기 - **유연한 지원 계획 수정** : 아이의 놀이 진행 상황과 반응을 관찰하면서 필요할 때마다 지원 계획을 조정	- 블록 쌓기 놀이 중에는 균형 감각과 공간 인식을, 역할놀이에서는 의사소통과 사회적 역할 수행을 유도하는 질문과 활동을 포함하기 - 소통을 더 원활하게 하도록 말이나 제스처를 유도하거나, 균형 잡기 놀이를 할 때 손잡이를 잡거나 안전하게 연습할 수 있도록 도와주기

출처 : 교육부(2021).

3. 놀이 참여 지원

놀이는 유아의 전인적 발달을 촉진하는 가장 중요한 활동 중 하나입니다. 특히 장애영유아의 경우 놀이를 통해 배우고 성장할 수 있지만, 장애 또는 발달적 어려움으로 인해 특별한 지원이 필요합니다. 교사는 유아의 관심과 흥미를 세심히 관찰하며, 개별화된 지원을 통해 유아·놀이 중심 교육을 실행해야 합니다. 이러한 접근은 장애영유아의 발달을 촉진하고, 또래와의 상호작용을 통해 사회성을 키우는 데 중요한 역할을 합니다.

놀이는 단순한 즐거움을 넘어 유아의 인지, 사회성, 정서, 신체 발달 등 전인적 발달을 촉진하는 핵심 도구입니다. 장애영유아도 일반 유아와 마찬가지로 놀이를 통해 배우고 성장할 수 있지만, 장애로 인해 놀이에 참여하는 데 어려움을 겪을 수 있습니다. 따라서 교사의 세심한 관찰과 개별화된 지원이 필수적입니다.

1) 관찰과 기록

- **놀이 참여 관찰** : 교사는 유아가 놀이에 참여한 시간, 놀이 대상, 놀이 유형 등을 관찰하며, 놀이 공간, 자료, 시간, 학급 문화 등이 유아의 놀이 참여에 어떤 영향을 미치는지 파악합니다.
- **개별화된 지원 계획** : 관찰 결과를 바탕으로 유아의 개별적인 요구에 맞춰 지원 전략을 수립합니다. 예를 들어, 발달지체 유아가 블록 놀이에 참여하기 어려울 때, 블록의 크기를 조정하거나 보조도구를 제공합니다.

2) 환경적 수정

- **접근성 개선** : 지체장애 유아가 휠체어를 사용하며 놀이 공간에 접근하기 어려울 때, 교사는 공간을 조정하여 유아가 쉽게 이동할 수 있도록 돕습니다.

- 감각적 자극 조절 : 감각 과민을 가진 유아를 위해 소음이 적은 환경에서 놀이를 진행하거나, 특정 질감의 놀잇감을 제공합니다.

3) 교수적 지원 전략

(1) 놀이 확장하기

아이의 놀이 상황을 주의 깊게 관찰하며, 흥미와 능력에 맞게 활동을 확장합니다. 예를 들어, 블록 놀이가 익숙하면 더 복잡한 구조를 만들어보거나, 역할놀이에 새로운 역할(예 간호사, 가게 주인 등)을 도입하여 놀이의 다양성을 높여야 합니다. 놀이 내에서 도전 수준을 조절하며, 아이가 자연스럽게 발달 목표를 성취하는 데 도움을 주십시오.

(2) 사회적 상호작용 촉진

장애영유아가 또래와 함께 놀이하고 교류할 수 있도록 활동을 제안합니다. 필요하면 교사 또는 또래가 적극적으로 개입하여, 서로 돕고 협력하는 모습을 보여줌으로써 사회적 기술을 교수하고 유도합니다. 예를 들어, 협력 그림 그리기, 공동 구조물 만들기, 역할놀이에서 역할 분담 등을 통해 자연스럽게 상호작용을 이끌어 냅니다.

4) 또래 상호작용 지원

(1) 협력놀이 활성화

장애영유아가 또래와 함께 협력하는 놀이(예 역할놀이, 단체 퍼즐 맞추기, 팀 게임 등)에 참여할 수 있도록 지원합니다. 놀이 환경에서 협력의 중요성을 강조하고, 성공 경험을 늘려 아이들이 자발적으로 참여하게 지원합니다.

(2) 모델링 활동 활용

교사 또는 또래 친구가 적절한 행동(예 인사하기, 차례 기다리기, 도우며 이야기하기)을 하는 모습을 적극적으로 보여줍니다. 아이들이 그 행동을 따라 하도록 유도하며, 칭찬과 격려를 통해 행동 습득을 돕습니다. 자연스럽게 사회적 규칙과 예절을 배우게 하는 것이 목표입니다.

놀이는 장애영유아의 전인적 발달을 위한 가장 강력한 도구입니다. 교사의 세심한 관찰과 개별화된 지원은 장애영유아가 놀이를 통해 배우고 성장할 수 있는 환경을 조성하는 데 필수적입니다. 교사는 유아의 관심과 흥미를 존중하며, 놀이를 통해 유아가 스스로 탐구하고 배울 수 있는 기회를 제공해야 합니다. 이를 통해 장애영유아는 놀이를 통해 전인적 발달을 이루어 나갈 수 있으며, 사회에 잘 적응하고 자신의 잠재력을 최대한 발휘할 수 있는 기반을 마련할 수 있습니다. 이러한 노력은 장애영유아의 성공적인 발달과 행복한 삶을 위한 중요한 초석이 될 것입니다.

<표 6-2> 장애영유아를 위한 놀이 중심 보육

주 제	핵심 내용	세부 전략 및 방법	적용 예시
놀이의 일반적인 특성	- 놀이는 재미있고 자발적이며 유아 주도적 - 놀이에 몰입하는 유아는 배움을 얻고 전인적 발달을 이룸 - 놀이는 유아의 관심과 흥미에서 시작되며, 경험을 통해 배움으로 이어짐	- **놀이의 시작** : 유아의 관심과 흥미를 관찰하며 놀이를 시작 - **놀이의 과정** : 유아가 직접 경험하며 배울 수 있도록 지원 - **놀이의 결과** : 유아의 전인적 발달을 촉진	- 유아가 모래 놀이에 흥미를 보이면, 교사가 모래성 쌓기를 제안하며 놀이를 확장 - 유아가 블록 놀이를 하며 수학적 개념을 자연스럽게 배움

장애 영유아의 놀이 특성	- 장애영유아는 일반 유아와 마찬가지로 놀이를 즐기며 배움 - 장애영유아는 신체적·감각적·인지적 능력에 차이가 있어 놀이 활동에 대한 참여도와 수행 능력이 다양함 - 개별화된 지원을 통해 유아·놀이 중심 교육 실행	- **똑같이 놀아요** : 장애영유아도 일반 유아와 동일한 놀이 특성을 보임 - **이런 점이 달라요** : 혼자 또는 제한된 방식으로 놀이하는 경향, 감각적 자극에 대한 반응이 과도하거나 무관심하여 놀이 활동이 제한 - **개별화된 지원** : 감정 조절과 규칙 이해를 돕기 위한 사회성 훈련이 병행되어야 함. 아이의 흥미와 참여도를 높이기 위해 다양한 감각 자극과 활동 방법을 조절해야 함	- 자폐범주성장애를 가진 유아가 좋아하는 구슬 굴리기 놀이를 다른 친구들의 놀이와 연계 - 발달지체 유아가 역할놀이에 참여할 수 있도록 교사가 적절한 지원 제공
놀이 지원 전략	- 어떤 활동에 흥미를 보이며 참여하는지, 쉽게 흥미를 잃거나 어려움을 겪는지 파악 - 놀이 중 아이의 감정, 행동, 또래와의 상호작용을 꼼꼼히 기록하여, 개별 지원 필요성을 구체적으로 파악	- 협력놀이(예 공동 퍼즐 맞추기, 역할놀이, 똑같이 하기 활동)를 계획 - 또래 친구와의 놀이를 통해 교사는 사회적 규범과 협력 방법을 따라 하도록 지원 - 역할놀이를 할 때는 새로운 역할을 추가하거나, 이야기를 발전시키며 상상력을 확장	- 교사가 유아의 블록 놀이를 관찰하며, 필요한 경우 블록 쌓는 방법을 시범 보여줌 - 교사가 유아의 역할극 놀이를 관찰하며, 새로운 역할을 제안하여 놀이를 확장
발달지체 유아의 놀이 특성 및 지원 요구	- 발달지체 유아는 다양한 발달 영역에서 어려움을 겪을 수 있음 - 놀이 방법이나 놀잇감 사용법에 대한 이해가 부족할 수 있음 - 또래와의 상호작용이 어려울 수 있음	- **인지발달의 어려움** : 감각운동 놀이나 기능놀이 수준에서 놀이 지원 - **의사소통 발달의 어려움** : 몸을 사용하는 놀이를 통해 의사소통 지원 - **사회·정서 발달의 어려움** : 또래와의 상호작용을 촉진하며 사회성 발달 지원	- 발달지체 유아가 친구들과 함께 놀 수 있도록 교사가 중재하며 상호작용을 촉진 - 발달지체 유아가 놀잇감을 나누어 쓰는 방법을 배울 수 있도록 교사가 지원

<표 6-3> 특수교육대상유아를 위한 놀이 지원 전략

지원 전략	적용 예시	세부 설명
놀이 환경 조정	- 발달지체 유아가 블록 놀이에 참여하기 어려울 때, 교사는 블록 크기를 조정하거나 보조도구를 제공하여 유아가 쉽게 놀이에 참여할 수 있도록 돕습니다.	- 교사는 유아의 신체적 제약을 고려하여 더 큰 블록이나 쉽게 조작할 수 있는 보조도구를 제공함으로써 유아가 블록 놀이에 더 쉽게 참여할 수 있도록 지원합니다.
또래 상호작용 촉진	- 자폐범주성장애를 가진 유아가 친구들과 함께 놀기 어려울 때, 교사는 간단한 규칙의 협력놀이를 제안하며, 유아가 또래와의 상호작용을 통해 사회적 기술을 배울 수 있도록 지원합니다.	- 교사는 유아가 친구들과 함께할 수 있는 간단한 협력놀이(예 공놀이, 역할극)를 제안하며, 유아가 또래와의 상호작용을 통해 사회적 기술을 배울 수 있도록 돕습니다.
필요한 행동 및 기술 교수	- 청각장애 유아가 역할놀이에 참여하기 어려울 때, 교사는 수어를 활용하여 유아가 놀이에 참여할 수 있도록 돕습니다.	- 교사는 수어를 사용하여 유아가 역할놀이의 규칙과 흐름을 이해할 수 있도록 지원하며, 유아가 놀이에 적극적으로 참여할 수 있도록 돕습니다.
또래 상호작용 중재	- 지체장애 유아가 휠체어를 사용하며 또래와 함께 놀기 어려울 때, 교사는 놀이 공간을 조정하여 유아가 쉽게 이동할 수 있도록 돕습니다.	- 교사는 휠체어 사용 유아가 쉽게 이동할 수 있도록 놀이 공간을 조정하고, 또래와 함께 놀 수 있는 활동을 제안함으로써 유아가 또래와의 상호작용을 통해 사회성을 키울 수 있도록 지원합니다.
발달 목표 달성을 위한 교수 기회 제공	- 발달지체 유아가 소근육 발달 목표를 달성하기 위해 교사는 놀이 중에 블록 쌓기 활동을 제안하며, 유아가 목표를 달성할 수 있도록 지원합니다.	- 교사는 유아의 소근육 발달을 촉진하기 위해 블록 쌓기 활동을 제안하며, 유아가 목표를 달성할 수 있도록 적절한 지원과 격려를 제공합니다.

4. 장애영유아의 놀이 특성

장애영유아는 일반 유아와 마찬가지로 놀이를 통해 배우고 성장할 수 있지만, 장애 또는 발달적 어려움으로 인해 놀이에 참여하는 방식과 특성이 다를 수 있습니다. 이러한 특성을 이해하는 것은 교사가 장애영유아에게 적절한 지원을 제공하고, 놀이를 통해 전인적 발달을 촉진하는 데 중요한 역할을 합니다. 장애영유아의 발달 및 놀이 특성은 <표 6-4>와 같습니다.

<표 6-4> 장애영유아의 발달 및 놀이 특성

장애 유형	발달 특성	놀이 특성 및 지원 요구	지원 전략
지적장애 유아	- 인지, 의사소통, 사회·정서, 운동 등 다양한 발달 영역에서 어려움 - 발달 속도가 또래보다 느림	- **인지발달의 어려움** : 감각 운동놀이나 기능놀이 수준에서 놀이 - **의사소통 발달의 어려움** : 언어적 상호작용보다 몸을 사용하는 놀이 선호 - **사회·정서 발달의 어려움** : 또래와의 상호작용이 어려워 혼자놀이 - **운동발달의 어려움** : 소근육 또는 대근육 발달이 느려 놀잇감 조작이 어려움	- **인지발달** : 단순한 놀이에서 시작해 점차 복잡한 놀이로 확장 - **의사소통 발달** : 비언어적 소통(몸짓, 표정)을 활용한 놀이 지원 - **사회·정서 발달** : 또래와의 상호작용을 촉진하는 놀이 환경 조성 - **운동발달** : 놀잇감 조작을 돕는 보조도구 제공
자폐 범주성 장애 유아	- 사회적 상호작용과 의사소통 어려움 - 제한적이고 반복적인 행동 및 흥미 - 감각 과민 또는 과소 반응	- **사회적 상호작용** : 친구와의 놀이에 관심이 적고, 상징놀이 참여 어려움 - **반복적 행동** : 특정 놀잇감에 집착하거나 한 가지 놀이만 반복 - **감각 특이성** : 특정 소리, 질감, 온도 등에 과민 또는 과소 반응	- **사회적 상호작용** : 또래와의 놀이를 점진적으로 촉진 - **반복적 행동** : 새로운 놀이 방법을 제안하며 놀이를 확장 - **감각 특이성** : 감각자극을 조절한 놀이 환경 제공

청각장애 유아	– 소리 인식 및 의사소통 어려움 – 인공와우 수술 유아의 경우 외부장치 관리 필요	– **소리 인식** : 청각적 활동이 포함된 놀이에서 소외될 수 있음 – **의사소통** : 역할놀이 등 의사소통 기반 놀이 참여 어려움 – **인공와우 수술** : 외부장치 관리 및 물놀이 시 주의 필요	– **소리 인식** : 시각적 단서(입 모양, 수어)를 활용한 놀이 지원 – **의사소통** : 수어 또는 비언어적 소통을 활용한 놀이 환경 조성 – **인공와우 수술** : 외부장치 관리 및 안전 교육 제공
시각장애 유아	– 시각적 정보 인식 어려움 – 관찰 및 모방 어려움 – 사회적 상호작용 어려움	– **시각적 정보** : 촉각이나 청각을 활용한 놀이 선호 – **관찰 및 모방** : 율동이나 또래 놀이를 관찰하고 따라하기 어려움 – **사회적 상호작용** : 놀잇감이나 놀이 방법에 대한 수정 필요	– **시각적 정보** : 촉각 및 청각 자극을 활용한 놀이 환경 조성 – **관찰 및 모방** : 점진적으로 또래 놀이에 참여할 수 있도록 지원 – **사회적 상호작용** : 또래와의 놀이를 촉진하기 위한 규칙 수정
지체장애 유아	– 이동 및 자세잡기 어려움 – 놀잇감 조작 어려움 – 사회적 상호작용 어려움	– **이동 및 자세잡기** : 독립적으로 이동하지 못해 놀이 선택이 제한적 – **놀잇감 조작** : 소근육 운동 어려움으로 놀잇감 조작이 어려움 – **사회적 상호작용** : 휠체어 사용 등으로 또래와의 놀이 참여 어려움	– **이동 및 자세잡기** : 보조기구 및 안정적인 자세 제공 – **놀잇감 조작** : 놀잇감 조작을 돕는 보조도구 제공 – **사회적 상호작용** : 또래와의 놀이를 촉진하기 위한 환경 조성

출처 : 교육부(2021).

<표 6-5> 장애영유아의 교수 실천 전략

핵심 실천 전략	내 용	기대 효과
1. 감각을 자극하는 풍성한 교실 환경 조성	– 촉각 그림책, 점자자료, 수어 카드 등 다양한 감각 자료 풍부하게 구비 – 영유아들이 자유롭게 탐색하며 자신에게 맞는 방법으로 학습할 수 있도록 지원	– 다양한 감각 채널 활성화로 학습 기회 확대 – 개별학습 스타일 존중, 흥미와 참여도 증가
2. 개별 맞춤형 지원 도구 적극 활용	– 장애 유형과 정도에 따른 보조기기(보청기, 확대 프로그램 등) 및 맞춤형 자료 활용 – 정보 접근성과 학습 효과 극대화	– 학습 격차 해소 – 정보에 대한 접근성 향상 – 자기주도학습 능력 강화
3. 다감각적 접근으로 시너지 효과 창출	– 시각, 청각, 촉각 등을 통합한 활동(예 질감 느끼기, 소리 듣기, 그림 표현) 장려 – 따뜻한 점자자료, 다채로운 촉각 도구 제공 – 물건·그림을 직접 만지고 느끼는 감각적 활동 지원 – 교실 곳곳에 다양한 질감의 안전한 재료 비치 – 영상 자료에 수어 통역 및 자막 제공 – 전문 수어 교사의 수어 설명 시간 확보 – 교실 내 다양한 시각 자료(그림, 사진 등) 비치	– 학습 효과 증진, 창의성과 사고력 향상 – 문제해결력과 융합적 사고 능력 발전
4. 지속적인 관찰과 맞춤형 피드백	– 영유아 반응 세심 관찰 후 효과적 자료와 방법 선정 – 정기적 검토와 즉각적 피드백 제공	– 개별 지원의 최적화 – 효과적인 지도 전략 개발 – 학습 성취도 향상
5. 교사, 부모, 전문가의 유기적 협력	– 교사, 부모, 전문기관 간 실시간 정보 공유 및 협력 – 가정과 학교 연계 통해 일관성 있는 지원	– 전인적 성장 촉진 – 안정적 지원 체계 구축 – 영유아의 지속적 발전 도모

5. 장애영유아에 대한 이해 및 지원 전략

장애영유아의 특성을 이해하고 적절한 지원 전략을 제공하는 것은 영유아의 발달과 사회적 적응을 촉진하는 데 매우 중요합니다. 교사는 각 장애 유형에 맞는 지원 전략을 수립하고, 영유아가 일상생활과 학습에서 성공적으로 적응할 수 있도록 돕는 역할을 해야 합니다. 이러한 지원은 영유아가 자신의 잠재력을 최대한 발휘하고, 건강한 사회적 관계를 형성하며, 일상생활에서 독립적으로 살아갈 수 있는 기반을 마련합니다.

1) 장애영유아의 특성 이해

장애영유아는 각기 다른 장애 유형에 따라 다양한 특성을 보입니다. 이러한 특성을 정확히 이해하는 것은 적절한 지원 전략을 수립하는 첫걸음입니다. 주요 장애 유형과 그 특성은 다음과 같습니다.

- **지적장애** : 인지능력과 학습 능력이 또래에 비해 뒤떨어질 수 있으며, 일상생활에서의 독립성이 낮을 수 있습니다.
- **자폐성장애** : 사회적 상호작용과 의사소통에 어려움을 겪을 수 있으며, 반복적이고 제한된 행동 패턴을 보일 수 있습니다.
- **신체적 장애** : 운동능력과 신체적 활동에 제약이 있을 수 있으며, 보조기구나 물리치료가 필요할 수 있습니다.
- **감각장애** : 시각 또는 청각장애로 인해 환경에 대한 정보를 받아들이는 데 어려움을 겪을 수 있습니다.
- **언어장애** : 언어발달이 지체되어 의사소통에 어려움을 겪을 수 있으며, 언어치료가 필요할 수 있습니다.

2) 장애영유아를 위한 지원 전략

장애영유아를 지원하기 위해서는 각 장애 유형에 맞는 맞춤형 전략이 필요합니다. 이러한 전략은 영유아의 발달을 촉진하고, 사회적 적응을 돕는 데 중요한 역할을 합니다.

- **개별화된 교육계획(IEP)** : 각 영유아의 발달 상태와 요구에 맞춘 개별화된 교육계획을 수립합니다. 이를 통해 영유아는 자신의 능력에 맞는 교육을 받을 수 있습니다.
- **다양한 교육 방법** : 시각적 지원, 감각적 자극, 긍정적 강화 등 다양한 교육 방법을 활용하여 영유아의 학습 동기를 높이고, 학습 내용을 보다 쉽게 이해할 수 있도록 돕습니다.
- **사회적 기술 훈련** : 사회적 상호작용과 의사소통 기술을 훈련하여 영유아가 사회적 관계를 형성하고 유지할 수 있도록 돕습니다.
- **일상생활 기술 지원** : 일상생활에서의 독립성을 키우기 위해 기본생활습관을 형성하는 데 지원을 제공합니다. 이를 통해 영유아는 일상생활에서의 적응력을 높일 수 있습니다.

**반 통합학급 주간보육일지			결재	담 임	원 감	원 장

날 짜	11월 15일(월) ~ 11월 19일(금)	주 제	무지개 나라	유아 이름	***

놀이 이야기		
예상된 하얀구름반 놀이 계획		이렇게 놀이했어요
[쌓기] 무지개를 구성해요 [역할] 무지개 나라에 놀러오세요 [언어] (쓰기) 내가 좋아하는 색을 이용하여 글자를 써 보아요 (말하기,듣기,읽기) [미술] 물감으로 무지개를 그려보아요 [수조작] 무지개를 이어서 붙여보아요 [과학] 무지개는 어떻게 생기는걸까? [음률] '일곱 색깔 무지개' 노래를 배워보아요 [안전] 술은 위험해요 - 생활안전	▶▶▶	[쌓기] 무지개를 구성해요 (사2-1) [역할] 무지개 안전벨트를 착용해요 (사1-1)/(인2-1) 사진사가 되어 사진 찍어주기 (사1-1)/(인2-1) [미술] 물감으로 무지개를 그려보아요 (소1-1) 무지개 자동차를 만들어요 (사1-1)/(인2-1) [음률] '일곱 색깔 무지개' 노래를 배워보아요 (대1-1) [안전] 술은 위험해요 - 생활안전

교사가 계획한 예상 놀이 및 유아의 흥미로 지속되는 놀이: 검정색/ I.E.P관련 유아놀이: 보라색 / 안전교육: 초록색
유아 주도로 지속되는 놀이나 새롭게 나타나는 놀이: 빨간색/ 유아를 통해 확장 및 변경된 놀이: 파란색

IEP 목표	지원 전략								수행도 (+, ±, -)
	활동의단순화 ○	자료수정 △	보이지않은 지원□	환경적 지원 ♧	성인지원 ♣	또래지원 ◎	아동의선호도 ☆	특수장비지원	
적2-1				✓	✓		✓		±
대2-1		✓			✓				±
소1-1					✓				±
사2-1		✓	✓	✓	✓	✓	✓		±
인1-1						✓			+
인2-1			✓	✓	✓				±
의1-1					✓	✓			+
수행도	+ 스스로 수행/ ± 도움 받아 수행/ - 수행 안 됨 X 관찰되지 않음								

[그림 6-1] 개별화 교육계획 목표에 근거한 교육계획

실외놀이 및 대근육활동					
활동명	영역별 IEP 발달목표	활동목표(장기목적)	사전준비	지원전략(단기목표)	수행도
무지개 색을 찾아보아요	(인1-1)	차례를 인지하여 순차적으로 줄을 설 수 있다.	-	1-1. 성인의 언어적, 신체적 촉진으로 차례를 인지하여 순차적으로 줄을 설 수 있다.	±
놀이 진행 과정				지원방법	
- 실외로 이동하기 위해 줄을 서도록 언어적 촉진을 하였으나, 맨 앞에 줄을 서고자 하는 욕구를 표현함. 앞에서 인솔하는 교사의 손을 잡고 차례로 이동하였음.				- 차례를 인지하여 순차적으로 줄을 서도록 안내함.	

[그림 6-2] 개별화 계획에 근거한 교육계획

3) 교사의 역할

교사는 장애영유아의 발달과 사회적 적응을 촉진하는 데 중요한 역할을 합니다. 이를 위해 교사는 다음과 같은 역할을 수행해야 합니다.

- **관찰과 평가** : 영유아의 발달 상태를 지속적으로 관찰하고, 필요한 경우 전문가와 협력하여 정확한 평가를 받도록 돕습니다.
- **적절한 개입** : 발달지체나 문제행동이 의심되는 영유아에게 적절한 개입을 제공하고, 이를 통해 발달을 촉진할 수 있는 전략을 마련합니다.
- **부모와의 협력** : 부모와 긴밀히 소통하여 가정에서도 일관된 지원을 제공할 수 있도록 돕습니다. 이를 통해 영유아는 가정과 교육기관에서 일관된 지원을 받을 수 있습니다.

4) 다학제적 접근

장애영유아를 지원하기 위해서는 다양한 전문가들이 협력하는 다학제적 접근이 필요합니다. 이를 통해 영유아의 다양한 발달 영역을 포괄적으로 지원할 수 있습니다.

- **특수교육 전문가** : 특수교육 전문가와 협력하여 영유아의 교육적 요구를 충족시킬 수 있는 맞춤형 교육 프로그램을 설계합니다.
- **심리학자** : 심리학자와 협력하여 영유아의 정서적 안정성을 지원하고, 문제행동을 효과적으로 대처할 수 있는 전략을 마련합니다.
- **언어치료사** : 언어치료사와 협력하여 영유아의 언어발달을 촉진하고, 의사소통 능력을 강화합니다.
- **물리치료사** : 물리치료사와 협력하여 영유아의 신체적 발달을 촉진하고, 운동능력을 향상시킵니다.

<표 6-6> 장애 유형별 특성에 따른 지원 전략

장애 유형	특 성	지원 전략	적용 예시
지적장애 영유아	- 지적 기능과 적응행동에 심각한 제한 - 주의력, 기억력, 모방학습 능력이 부족 - 언어발달 지체 및 사회적 상호작용 어려움	- **간헐적 지원** : 필요시 단기간 지원 제공 - **제한적 지원** : 일정 기간 동안 일관된 지원 제공 - **확장적 지원** : 정기적으로 필요한 환경에서 지원 제공 - **전반적 지원** : 고강도의 지속적 지원 제공	- 교사가 영유아의 학습 활동 중 주의력을 유지하기 위해 짧은 시간 동안 집중할 수 있는 활동을 제공 - 교사가 영유아의 언어발달을 촉진하기 위해 간단한 단어와 문장을 반복적으로 사용
자폐 범주성 장애 영유아	- 사회적 상호작용과 의사소통에 결함 - 제한적이고 반복적인 관심과 활동 - 반향어 및 비구어 의사소통 어려움	- **구조화된 환경** : 예측 가능한 일과와 규칙 제공 - **시각적 지원** : 시각적 단서를 통해 의사소통 촉진 - **사회적 기술 훈련** : 또래와의 상호작용 기회 제공	- 교사가 영유아에게 일과표를 제공하여 일과를 예측할 수 있도록 지원 - 교사가 영유아에게 시각적 단서를 사용하여 의사소통을 촉진
지체장애 영유아	- 신체적 움직임에 어려움 - 의사소통 및 사회적 상호작용 어려움 - 근육 경직 및 균형 잡기 어려움	- **물리적 지원** : 보조기구 및 물리적 환경 조정 - **소근육 운동 지원** : 소근육 운동을 촉진하는 활동 제공 - **사회적 상호작용 지원** : 또래와의 상호작용 기회 제공	- 교사가 영유아의 이동을 돕기 위해 휠체어 또는 보조기구를 제공 - 교사가 영유아에게 소근육 운동을 촉진하기 위해 블록 쌓기 활동을 제공
의사소통 장애 영유아	- 말과 언어 사용에 장애 - 조음 및 유창성 문제 - 사회적 상호작용 어려움	- **언어치료** : 전문가와의 언어치료 제공 - **비언어적 의사소통 지원** : 몸짓, 그림 등을 사용한 의사소통 촉진 - **사회적 기술 훈련** : 또래와의 상호작용 기회 제공	- 교사가 영유아에게 언어치료사와의 협력을 통해 언어발달을 촉진 - 교사가 영유아에게 그림 카드를 사용하여 의사소통을 촉진
정서·행동장애 영유아	- 학습 및 대인관계 어려움 - 부적절한 행동 및 감정 표현 - 우울증 및 불행감	- **행동 관리** : 긍정적 강화 및 행동 수정 전략 사용 - **사회적 기술 훈련** : 또래와의 상호작용 기회 제공 - **정서적 지원** : 감정 표현 및 조절을 위한 활동 제공	- 교사가 영유아의 긍정적 행동을 칭찬하며 강화 - 교사가 영유아에게 감정 카드를 사용하여 감정을 표현하도록 지원

청각장애 영유아	- 청력 손실로 인한 의사소통 어려움 - 언어발달 지체 및 학업 성취 어려움 - 사회적 상호작용 어려움	- **수어 및 보청기 사용** : 수어 및 보청기를 통한 의사소통 촉진 - **시각적 지원** : 시각적 단서를 통해 의사소통 촉진 - **사회적 기술 훈련** : 또래와의 상호작용 기회 제공	- 교사가 영유아에게 수어를 사용하여 의사소통을 촉진 - 교사가 영유아에게 시각적 단서를 사용하여 일과를 예측할 수 있도록 지원
시각장애 영유아	- 시각기능 손실로 인한 학습 어려움 - 사회적 상호작용 및 운동기술 어려움 - 긴장감 및 불안감	- **보조기구 사용** : 점자 및 보조기구를 통한 학습 지원 - **감각적 지원** : 청각 및 촉각을 활용한 학습 지원 - **사회적 기술 훈련** : 또래와의 상호작용 기회 저공	- 교사가 영유아에게 점자책을 제공하여 학습을 촉진 - 교사가 영유아에게 촉각을 활용한 활동을 제공
건강장애 영유아	- 만성질환으로 인한 학업 및 사회적 어려움 - 입원 및 치료로 인한 일상생활 어려움 - 심리적 위축 및 행동 문제	- **의료적 지원** : 의료적 지원 및 치료 제공 - **학업 지원** : 결석 시 학습 보충 제공 - **사회적 지원** : 또래와의 상호작용 기회 제공	- 교사가 영유아의 결석 시 학습 보충을 위해 개별학습 계획을 수립 - 교사가 영유아에게 또래와의 상호작용 기회를 제공
발달지체 영유아	- 신체, 인지, 의사소통, 사회·정서 발달 지체 - 운동기술 및 자조기술 어려움	- **발달 지원** : 발달 단계에 맞는 활동 제공 - **사회적 기술 훈련** : 또래와의 상호작용 기회 제공 - **자조기술 훈련** : 옷 입기, 식사하기 등 자조기술 훈련 제공	- 교사가 영유아의 발달단계에 맞는 활동을 제공 - 교사가 영유아에게 옷 입기, 식사하기 등 자조기술을 훈련

출처 : 「장애인 등에 대한 특수교육법」에 명시된 특수교육대상자의 선정기준(제10조 관련).

보육현장에서의 실천

1. 관찰 및 기록 : 장애영유아의 놀이 행동을 세심하게 관찰하고, 발달 특성, 흥미, 요구 등을 상세하게 기록하여 개별화된 지원 계획 수립의 기초 자료로 활용합니다.
2. IEP 기반 교육 : 개별화 교육계획(IEP)에 따라 장애영유아의 개별적인 목표를 설정하고, 놀이 활동을 통해 목표 달성을 지원하며, 정기적인 평가를 통해 계획을 수정・보완합니다.
3. 또래 관계 촉진 : 장애영유아가 또래와 함께 놀이할 수 있는 기회를 제공하고, 협력놀이, 역할놀이 등을 통해 사회적 기술을 향상시키며, 긍정적인 또래 관계를 형성하도록 돕습니다.
4. 환경 수정 및 조정 : 장애영유아가 놀이 공간에 쉽게 접근하고 안전하게 활동할 수 있도록 물리적 환경을 수정하고, 감각 과민을 가진 유아를 위해 감각적 자극을 조절하는 등 개별 요구에 맞는 환경을 조성합니다.
5. 가족 협력 : 장애영유아의 부모와 긴밀하게 소통하고 정보를 공유하며, 가정과 어린이집에서 일관성 있는 지원을 제공하여 교육 효과를 극대화합니다.

용어 정의

1. 누리과정 : 만 3~5세 유아의 심신 발달과 행복한 삶을 위해 국가 수준에서 제공하는 공통 교육과정입니다.
2. 개별화 교육계획(IEP) : 특수교육대상유아 개개인의 특성과 필요에 맞춰 수립하는 맞춤형 교육계획으로, 교육 목표, 교육 방법, 평가 계획, 특수교육 관련 서비스 등을 포함합니다.
3. 놀이 중심 교육 : 유아의 자발적인 놀이 활동을 중심으로 교육이 이루어지는 방식으로, 유아의 흥미와 관심을 반영하고 능동적인 학습을 촉진합니다.
4. 삽입교수 : 유아의 놀이 활동 중에 교사가 의도적으로 개입하여 특정 기술이나 개념을 가르치는 방법입니다.
5. 또래 상호작용 : 유아들이 서로 협력하고 소통하며 함께 놀이하는 과정으로, 사회성 발달, 의사소통 능력 향상, 문제해결 능력 발달 등에 기여합니다.

제 7 장 장애영유아를 위한 일과활동 계획

학습목표

1. 개별화된 지원 능력 강화 : 장애영유아의 개별적인 특성과 요구를 정확히 파악하고, 그에 맞는 맞춤형 지원 계획을 수립하고 실행하는 능력을 키워야 합니다. 단순히 이론적인 지식을 습득하는 것을 넘어, 실제 보육현장에서 개별 영유아에게 필요한 지원을 제공할 수 있도록 실질적인 능력을 함양해야 합니다.
2. 긍정적 상호작용 기술 습득 : 장애영유아와의 긍정적이고 효과적인 상호작용 기술을 익혀야 합니다. 언어적·비언어적 의사소통 기술을 향상시키고, 영유아의 감정과 요구에 민감하게 반응하며 신뢰로운 관계를 형성하는 방법을 배워야 합니다. 긍정적인 상호작용은 영유아의 사회·정서 발달을 촉진하고 문제행동을 예방하는 데 중요한 역할을 합니다.
3. 협력적 팀워크 구축 : 관련 전문가, 부모, 동료 교사와의 협력적인 팀워크를 구축하는 능력을 강화해야 합니다. 영유아의 발달을 위한 정보를 공유하고, 다양한 관점을 통합하여 최적의 지원 방안을 모색해야 합니다. 팀 협력은 영유아에게 일관성 있고 효과적인 지원을 제공하는 데 필수적입니다.
4. 자기성찰 및 발전 : 자신의 교수 및 지원 활동을 지속적으로 성찰하고 개선하는 능력을 길러야 합니다. 자신의 강점과 약점을 파악하고, 새로운 지식과 기술을 습득하며, 동료 교사와의 교류를 통해 전문성을 꾸준히 발전시켜야 합니다. 자기성찰은 끊임없는 성장을 위한 동기가 됩니다.
5. 장애에 대한 긍정적 인식 함양 : 장애에 대한 올바른 이해를 바탕으로 긍정적이고 포용적인 태도를 함양해야 합니다. 장애를 가진 영유아를 동등한 존재로 존중하고, 그들의 잠재력과 가능성을 믿으며, 차별 없는 교육 환경을 조성해야 합니다. 긍정적인 인식은 모든 영유아가 행복하게 성장할 수 있는 토대가 됩니다.

1. 구조화된 환경과 흥미 중심 교수 전략

장애영유아는 사회적 상호작용, 의사소통, 반복적 행동에서 어려움을 겪는 경우가 많습니다. 이러한 특성으로 인해 눈 맞춤, 공동주의, 언어발달에 지연이 나타날 수 있으며, 일상생활과 사회적 상황 이해에서도 어려움을 겪을 수 있습니다. 하지만 이들의 잠재력은 무궁무진하며, 이를 현실로 이끌어 내는 핵심 열쇠는 바로 구조화된 환경과 흥미를 기반으로 한 맞춤형 지원에 있습니다. 이 두 가지 요소는 장애영유아가 안정적으로 성장하고 발달할 수 있는 토대를 마련해 줄 것입니다.

1) 구조화된 환경의 중요성

구조화된 환경은 장애영유아가 예측 가능하고 안정적인 환경에서 성장할 수 있도록 돕는 핵심 요소입니다. 이는 일관된 규칙, 명확한 일정, 시각적 지원 등을 통해 영유아의 불안과 혼란을 줄이고, 일상생활에서의 적응력을 높이는 데 중요한 역할을 합니다. 구조화된 환경은 단순히 물리적 공간을 의미하는 것이 아니라, 영유아가 스스로 세상을 이해하고 조절할 수 있는 능력을 키우는 데 필수적인 도구입니다.

(1) 예측 가능성 높이기

- **명확한 일정** : 하루 일과를 그림이나 사진으로 시각적으로 제시하여 영유아가 다음에 무엇을 해야 할지 예측할 수 있도록 돕습니다. 예를 들어, 아침 활동, 점심 시간, 놀이 시간 등을 그림으로 보여주어 일과를 쉽게 이해할 수 있도록 합니다. 이는 영유아에게 안정감을 제공하고, 불필요한 불안을 줄이는 데 효과적입니다.
- **일관된 규칙** : 활동 공간을 명확하게 구분하고, 각 활동에 대한 규칙을 일관되게 적용하여 영유아가 환경을 예측할 수 있도록 합니다. 예를 들어, 놀이 공간과 학습 공간을

구분하고, 각 공간에서의 행동 규칙을 명확히 설명합니다. 이러한 일관성은 영유아가 스스로 상황을 이해하고 조절할 수 있는 능력을 키우는 데 도움을 줍니다.

(2) 시각적 지원 제공

- **시각적 단서** : 시각적 단서(예 그림, 사진, 색깔 카드)를 활용하여 영유아가 활동을 이해하고 수행할 수 있도록 돕습니다. 예를 들어, 화장실에 그림으로 사용 방법을 보여주거나, 놀이 시간에 사용할 장난감을 사진으로 보여줍니다. 이러한 시각적 지원은 언어적 이해가 부족한 영유아에게도 명확한 지침을 제공할 수 있습니다.

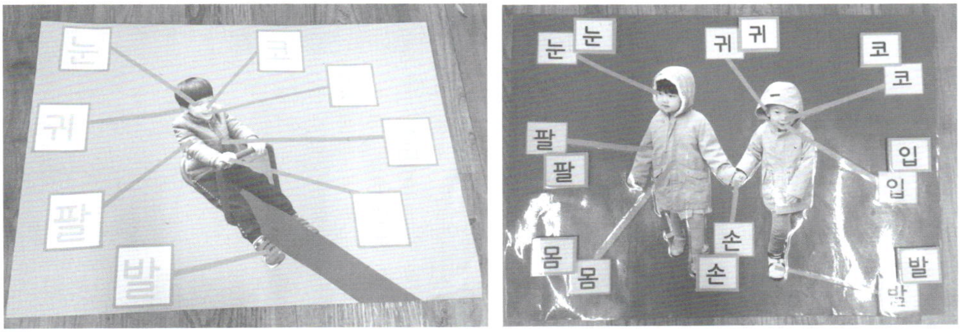

시각적 단서 활용

- **활동 순서 표시** : 활동 순서를 시각적으로 보여주어 영유아가 다음 단계를 예측할 수 있도록 합니다. 예를 들어, 아침 활동 순서를 그림으로 보여주어 영유아가 순서대로 활동을 수행할 수 있도록 돕습니다. 이는 영유아의 자기조절능력을 향상시키고, 불안을 줄이는 데 효과적입니다.

활동 순서 표시

(3) 안정감 제공

- **불안과 혼란 감소** : 예측 가능한 환경은 장애영유아의 불안과 혼란을 줄여줍니다. 이는 영유아가 안정적으로 활동에 참여할 수 있도록 돕는 데 중요한 역할을 합니다. 불안이 줄어들면 영유아는 더욱 적극적으로 환경과 상호작용할 수 있으며, 이를 통해 사회적 · 정서적 발달을 촉진할 수 있습니다.
- **자기조절능력 향상** : 예측 가능한 환경은 영유아가 스스로 상황을 이해하고 조절할 수 있는 능력을 키우는 데 도움을 줍니다. 이는 장애영유아가 일상생활에서 더 큰 독립성을 갖도록 돕는 중요한 요소입니다.

2) 흥미 중심 교수 전략

장애영유아의 발달을 촉진하기 위해서는 단순히 구조화된 환경만으로는 부족합니다. 이들의 흥미와 관심을 기반으로 한 맞춤형 교수 전략이 필요합니다. 흥미 중심 교수 전략은 영유아가 스스로 학습에 참여하고, 적극적으로 환경과 상호작용할 수 있도록 돕는 강력한 도구입니다.

(1) 개별화된 학습 목표 설정

- **영유아의 흥미와 강점 파악** : 각 영유아의 관심사와 강점을 파악하여 개별화된 학습 목표를 설정합니다. 예를 들어, 특정 장난감이나 활동에 관심이 많은 영유아의 경우, 이를 활용하여 언어발달이나 사회적 상호작용을 촉진할 수 있습니다.
- **흥미를 기반한 활동 설계** : 영유아가 좋아하는 활동을 중심으로 학습을 설계합니다. 이는 영유아의 동기를 높이고, 학습에 대한 적극적인 참여를 이끌어 낼 수 있습니다.

(2) 적극적인 상호작용 촉진

- **공동주의 유도** : 영유아가 관심을 보이는 활동에 함께 참여하여 공동주의를 유도합니다. 예를 들어, 영유아가 특정 장난감을 가지고 놀 때, 교사가 함께 참여하며 눈 맞춤과 언어적 상호작용을 촉진합니다.
- **반응적 교수 전략** : 영유아의 행동과 반응에 민감하게 반응하여, 이를 학습의 기회로 활용합니다. 예를 들어, 영유아가 특정 소리를 내면, 이를 언어발달의 기회로 삼아 단어나 문장으로 확장해 줍니다.

(3) 긍정적 강화 활용

- **성공 경험 제공** : 영유아가 작은 성공을 경험할 수 있도록 지원합니다. 이는 영유아의 자존감을 높이고, 학습에 대한 동기를 강화하는 데 효과적입니다.
- **긍정적 피드백** : 영유아의 노력과 성과에 대해 즉각적이고 긍정적인 피드백을 제공합니다. 이는 영유아가 자신의 능력을 인식하고, 더 큰 도전에 적극적으로 나설 수 있도록 돕는 중요한 요소입니다.

2. 예측 가능하고 체계적인 일과 운영

영유아를 교육하는 과정에서 가장 중요한 것은 심리적 안정입니다. 특히 장애영유아는 변화와 예상치 못한 상황에서 쉽게 불안과 긴장감을 느끼며, 이는 문제행동이나 정서적 어려움으로 이어질 수 있습니다. 이러한 불안을 최소화하고 영유아가 온전한 성장의 길을 걷기 위해서는 예측 가능하고 체계적인 일과와 전이 전략이 매우 중요합니다.

1) 심리적 안정의 중요성

장애영유아는 예측 불가능한 환경에서 불안과 스트레스를 경험할 가능성이 높습니다. 이는 감각 처리, 인지, 의사소통 등 다양한 영역에서의 어려움과 결합되어 더 큰 혼란을 초래할 수 있습니다. 심리적 안정은 영유아가 자신감을 갖고 세상에 적응하며, 긍정적 자아개념을 형성하는 데 필수적입니다.

(1) 불안과 문제행동의 관계

- **불안의 원인** : 예측 불가능한 환경, 갑작스러운 변화, 불명확한 규칙 등은 장애영유아에게 큰 불안을 유발할 수 있습니다.
- **문제행동의 발생** : 불안이 누적되면 영유아는 마음의 문을 닫거나, 문제행동(예 공격성, 자해, 위축)으로 이를 표현할 수 있습니다.

(2) 심리적 안정의 효과

- **자신감 형성** : 예측 가능한 환경은 영유아가 "나는 이 환경을 예측할 수 있다", "나는 안전하다"라는 믿음을 심어줍니다.
- **긍정적 행동 촉진** : 불안이 줄어들면 영유아는 자연스럽게 자신감을 갖고 세상과 소통하며, 문제행동의 빈도와 강도를 낮출 수 있습니다.

2) 일관성을 기반으로 한 체계적인 일과 운영

장애영유아의 심리적 안정과 성장을 위해 가장 중요한 요소 중 하나는 일관성입니다. 일관된 일과 운영은 영유아에게 예측 가능성을 제공하고, 이를 통해 불안을 줄이며 안정감을 심어줍니다. 특히 장애영유아는 변화에 민감하고 예상치 못한 상황에서 쉽게 혼란을 느끼기 때문에, 체계적이고 규칙적인 일과는 그들에게 필수적인 요소입니다. 이를 통해 영유아는 하루의 흐름을 예측하고, 스스로 상황을 조절할 수 있는 능력을 키울 수 있습니다.

(1) 일과 구성

- **규칙적이고 일관된 반복 활동** : 매일 같은 시간, 같은 순서로 진행되는 일과는 영유아에게 안정감을 제공합니다. 예를 들어, 아침 활동 → 놀이 시간 → 점심 시간 → 낮잠 시간과 같은 일정을 반복합니다. 이러한 반복은 영유아가 하루의 흐름을 예측할 수 있도록 돕고, 이는 심리적 안정감으로 이어집니다.
  - **예시** : 아침에 인사를 나누고, 간단한 체조를 한 후 그림책을 읽고, 산책을 하는 등의 일과를 매일 같은 순서로 반복합니다. 이는 영유아가 "이제 무엇을 해야 할지"를 자연스럽게 이해할 수 있도록 돕습니다.

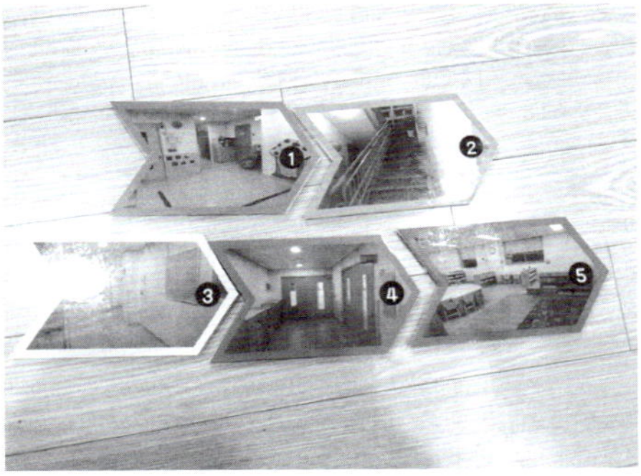

예측 가능한 일과 적응 순서표

- **예측 가능한 환경 조성 :** 일정한 환경과 신호 체계를 유지하여 영유아가 하루의 흐름을 예측할 수 있도록 돕습니다. 예를 들어, 시각적 일정표를 활용해 하루 일과를 명확히 보여줍니다. 이는 영유아가 "다음에 무엇이 기다리고 있는지"를 미리 알 수 있게 하여 불안을 줄이고, 안정감을 제공합니다.

(2) 활동 및 전략

- **시각적 일정표 활용 :** 그림 카드, 사진, 시간표 등을 이용해 하루 일과를 시각적으로 보여주면, 영유아는 "이 시간에 어떤 일이 일어나지?"라는 기대와 흥미를 갖게 됩니다. 이 방법의 기대 효과는 다음과 같습니다.
  - 아이는 시간의 흐름과 활동 순서를 시각적으로 이해하면서, 다음 활동을 예측하고 준비할 수 있어 불안을 줄이고 안정감을 느끼게 됩니다.
  - 일상에 대한 예측 가능성과 안정감이 발달되어, 감정을 조절하고 자율성을 키우는 데 큰 도움을 줍니다.
  - 교사와 아이가 함께 일정을 점검하고 체크하는 과정을 통해 자연스럽게 소통을 늘리고, 아이의 자립심과 책임감도 함께 키울 수 있습니다.

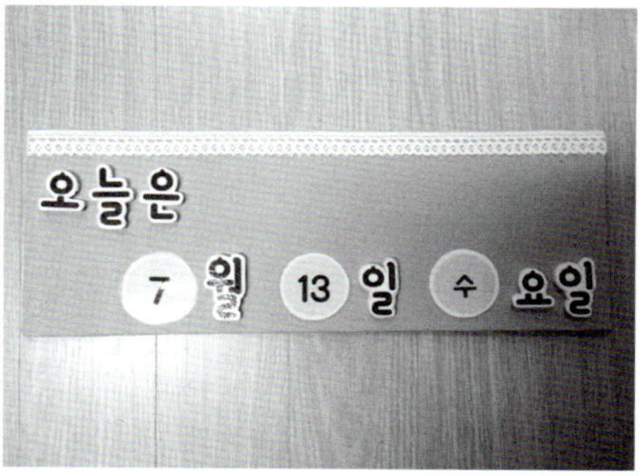

시각적 날짜 및 요일표

- 예시 : 아침 활동, 점심 시간, 놀이 시간 등 일상 활동을 그림 카드(일과표)를 만들어 벽이나 테이블에 붙입니다. 하루 일과를 시각적으로 보여줌으로써, 아이는 시간이 진행됨에 따라 어떤 활동이 남았는지 쉽게 파악할 수 있습니다. 각 활동이 끝나거나 완료될 때, 해당 카드를 제거하거나 체크 표시를 합니다. 아이와 함께 진행 상황을 점검하며, 오늘의 활동이 어떻게 끝나는지 자연스럽게 이야기하고 기대감도 높입니다.

• **활동 간 전이 신호 제공** : 활동 간 전환 시 신호(예 그림 카드, 소리, 손짓)를 제공하여 "이제 다음 활동입니다"라는 예고를 합니다. 예를 들어, 종소리를 들려주거나 특정 그림 카드를 보여줍니다. 이는 영유아가 갑작스러운 변화에 대한 불안을 줄이고, 활동 전환을 원활하게 할 수 있도록 돕습니다.

- 예시 : 놀이 시간이 끝나고 점심 시간으로 넘어갈 때, 종소리를 들려주거나 "이제 점심 시간이에요"라는 그림 카드를 보여줍니다. 이를 통해 영유아는 다음 활동을 미리 예측하고, 준비할 수 있습니다.

• **안전하고 편안한 환경 조성** : 교실 환경을 안전하고 편안하게 조성하여 갑작스럽거나 예상치 못한 변화에 대한 적응력을 높입니다. 예를 들어, 조용한 공간과 활동 공간을 명확히 구분합니다. 이는 영유아가 필요할 때 안전하게 휴식할 수 있는 공간을 제공하고, 활동 공간에서는 적극적으로 참여할 수 있도록 돕습니다.

- 예시 : 교실 한쪽에 조용한 코너를 마련하여 영유아가 불안을 느낄 때 그곳에서 안정을 찾을 수 있도록 합니다. 또한 활동 공간에서는 명확한 규칙을 설정하여 영유아가 안전하게 놀이와 학습에 참여할 수 있도록 합니다.

3. 감각을 활용한 일과 참여 지원 전략

장애영유아의 일과 참여를 지원하기 위해서는 그들의 감각적 특성을 이해하고 이를 활용한 전략이 필요합니다. 특히 시각적 지원, 활동 전환 예고, 준비 시간 활용, 긍정적 유도와 격려는 영유아가 일과에 능동적으로 참여하고, 불안을 줄이며, 긍정적인 태도를 형성하는 데 중요한 역할을 합니다. 이러한 전략은 영유아의 자율성을 키우고, 일상생활에서의 적응력을 높이는 데 큰 도움을 줍니다(백상수 외, 2025).

1) 시각적 일과표 활용

'시각적 일과표 활용'은 장애영유아의 기대감과 이해를 높이는 가장 기초적이면서도 강력한 도구입니다. 각 활동에 대한 사진과 간단한 설명을 추가하고, 활동 순서에 번호를 붙여 하루 일정을 명확히 보여줍니다. 이를 통해 영유아는 하루의 흐름을 예측할 수 있으며, 다음 활동에 대한 기대감을 갖게 됩니다.

- **예시** : 아침 활동, 점심 시간, 놀이 시간 등을 사진이나 그림으로 보여주고, 각 활동이 끝날 때마다 해당 카드를 제거하거나 체크합니다. 이는 영유아가 시간의 흐름을 시각적으로 이해하고, 다음 활동을 예측할 수 있도록 돕습니다.
- **캐릭터 활용** : 영유아가 좋아하는 캐릭터를 활용하면, 하루 일정을 더욱 흥미롭게 받아들이며, 긍정적 태도를 자연스럽게 형성할 수 있습니다.

시각적 일과표는 단순히 일정을 보여주는 것 이상의 역할을 합니다. 이는 영유아의 흥미를 유발하고, 하루를 기대감으로 기다리게 하며, 자율성을 키우는 데 큰 도움을 줍니다.

2) 활동 전환 예고

갑작스럽고 예측하기 어려운 변화는 장애영유아의 불안을 증폭시킬 수 있습니다. 이를 방지하기 위해 활동 전환 예고는 필수적입니다. 구체적인 언어와 시각적 단서를 활용하여 활동 전후의 상황을 미리 알려줌으로써 영유아가 변화에 대한 준비를 갖추도록 돕습니다.

- **예시** : "5분 후에는 우리가 제일 좋아하는 '곰돌이 푸'를 읽을 거예요"라는 말과 함께, 그림책 표지 사진을 보여줍니다. 이는 영유아가 다음 활동을 예측하고, 준비할 수 있도록 돕습니다.
- **선택권 부여** : "그림책 읽기 전에 좋아하는 장난감 하나만 더 가지고 놀까"와 같이 영유아에게 선택권을 부여하면, 전환 순간의 저항감을 줄이고, 참여도를 높일 수 있습니다.

활동 전환 예고는 영유아가 변화에 대한 기대와 준비를 갖추도록 하며, 일과 전환을 원활하게 할 수 있도록 돕습니다.

3) 준비 시간 활용

준비 시간을 전략적으로 활용하면, 영유아가 다음 활동에 대한 주도성을 갖도록 돕는 동시에 성취감을 느낄 수 있습니다. 함께 준비물을 선택하거나 역할을 부여함으로써 영유아가 일과에 적극적으로 참여하도록 유도할 수 있습니다.

- **예시** : "오늘은 네가 음악 선생님이야"처럼 역할을 부여하거나, 준비 과정을 놀이처럼 만들어 참여도를 높일 수 있습니다. 이는 영유아가 자신이 중요한 역할을 맡아 참여하는 성취감을 느끼며, 자신감도 함께 성장하도록 돕습니다.

준비 시간을 통해 영유아는 일과에 대한 주도성을 키우고, 자신감을 갖게 됩니다. 이는 단순히 준비를 넘어, 영유아의 자율성과 책임감을 키우는 중요한 과정입니다.

4) 긍정적 유도와 격려

긍정적 유도와 격려는 영유아의 노력을 존중하며 성장의 동기를 부여하는 핵심 전략입니다. 구체적인 행동을 칭찬하거나, 감정을 함께 공유하는 대화로, 영유아가 학습 과정을 사랑하고 자신감을 쌓도록 돕습니다.

- **예시** : "이런 모습이 정말 멋지고 자랑스러워", "오늘 그림책을 한 페이지 더 읽었네!"와 같은 따뜻한 격려 속에서 영유아는 자신의 성장과 성취를 기뻐하며, 새로운 도전에 대한 용기를 품게 됩니다.

긍정적 유도와 격려는 영유아가 자신의 능력을 인식하고, 더 큰 도전에 적극적으로 나설 수 있도록 돕는 중요한 요소입니다. 이는 단순히 칭찬을 넘어, 영유아의 내면적 동기를 자극하고, 긍정적 자아개념을 형성하는 데 기여합니다.

<표 7-1> 장애영유아의 감각 특성을 활용한 일과 지원 및 소통 전략

전략 영역	핵 심	구체적인 활동	기대 효과	고려 사항
1. 시각적 기억력 활용	강렬한 시각적 기억력을 활용하여 예측 가능성 제공	- 일과표 그림 카드 제작 및 활용(구체적인 설명 곁들여 기대감 높이기) - 게시판/ 가방에 부착하여 상시 확인 가능하도록 지원 - 매 활동 전 그림 카드로 안내 및 스스로 준비 과정 격려	- 다음 활동에 대한 명확한 인지 - 예측 가능성을 통한 안정감 증진 - 자기 주도적인 준비 능력 향상	- 그림 카드 디자인 시 아동의 선호도 반영 - 그림 외 텍스트 추가하여 이해도 높이기 - 점진적으로 그림 카드 없이 활동하도록 유도

2. 촉각적 소통 선호	촉각적 경험을 통해 세상과 소통하고, 활동에 대한 흥미 유발	– 다양한 질감의 촉감 재료 준비(털실, 모래, 물풀 등) – "이걸 만져보면서 어떤 느낌인지 말해볼래" 질문 통해 감각 경험 유도 – 촉감 재료 경험 후 다음 활동(모래 놀이, 인형 놀이)으로 자연스럽게 연결	– 감각적 탐색을 통한 즐거움 증진 – 촉각적 정보를 활용한 환경 이해 – 활동에 대한 긍정적인 기대감 형성	– 안전하고 위생적인 촉감 재료 선택 – 아동의 알레르기 여부 확인 – 촉각 외 다른 감각(시각, 청각) 정보도 함께 제공
3. 감각별 맞춤 소통	다양한 감각 채널을 활용하여 상황별 의미 전달 및 소통 효율 증진	– 시각 : 그림 카드, 사진, 그림 문자, 몸짓, 표정 활용 – 청각 : 또렷하고 명확한 목소리, 멜로디, 리듬, 효과음 활용 – 촉각 : 다양한 질감의 재료, 따뜻한 포옹, 부드러운 쓰다듬기 활용 – 후각 : 향긋한 꽃향기, 맛있는 음식 냄새, 은은한 아로마 향 활용	– 상황에 대한 정확한 이해 – 감정 표현 및 소통 능력 향상 – 긍정적인 상호작용 촉진	– 아동의 감각 민감도 고려(과도한 자극 피하기) – 일관성 있는 감각 정보 제공 – 다양한 감각 정보를 통합적으로 활용
4. 차임벨 활용	활동 시작 및 종료 신호로 활용하여 예측 가능성 및 집중력 향상	– 활동 시작/ 종료 시 차임벨 소리 활용 및 안내("차임벨 소리가 울리면 활동이 시작/ 종료돼요")	– 예측 가능성을 통한 안정감 증진 – 활동 전환에 대한 심리적 준비 – 집중력 향상	– 소리에 민감한 아동을 위해 조용한 앱 또는 부드러운 종소리로 대체 – 시각적 신호(불빛, 깃발)와 함께 사용
5. 반복적 노래 부르기	자유 놀이 시간에 반복적이고 일관된 노래를 불러 안정감 및 집중력 향상	– 가사가 반복적이고 친숙한 노래 선정("곰 세 마리", "기차 노래" 등) – 노래에 맞춰 율동 또는 움직임 병행	– 예측 가능한 리듬과 가사를 통한 안정감 증진 – 긍정적인 정서 함양 – 집중력 및 참여도 향상	– 아동의 선호도를 고려하여 노래 선정 – 지나치게 크거나 자극적인 음량 피하기 – 다양한 악기 연주를 함께 진행
6. 다감각 단서 제공	다음 활동 관련 시각/ 촉각/ 청각 단서 제공을 통해 기대감 및 안정감 증진	– 시각 : "곧 엄마를 만나요" 그림 카드 제시 – 촉각 : "이 문을 통해 들어가요" 촉감 표지판 제공 – 청각 : "조용한 음악이 재생돼요" 소리 신호 제공	– 새로운 환경/ 활동에 대한 기대감 증진 – 불안감 감소 – 긍정적인 적응 유도	– 아동의 감각 선호도를 고려하여 단서 선택 – 점진적으로 단서 없이 활동하도록 유도

4. 학급 규칙 이해도 향상과 자발적 참여 유도

장애영유아가 학급 규칙을 이해하고 자발적으로 따르도록 하기 위해서는 사전 준비, 납득 가능한 규칙, 강화 인식이라는 세 가지 핵심 전략이 필요합니다. 이 전략들은 영유아가 규칙을 자연스럽게 체득하고, 스스로 행동을 조절할 수 있도록 돕는 동시에 긍정적인 행동을 유도하는 데 효과적입니다.

1) 사전 준비 : 규칙에 대한 이해도 향상

규칙을 강화하려면, 미리 설명하고 자주 반복하는 준비 작업이 필수적입니다. 단순히 규칙을 말로만 설명하는 것이 아니라, 시각 자료와 역할놀이를 통해 영유아가 규칙을 자연스럽게 체득하도록 돕는 것이 중요합니다.

- 시각 자료 활용 : 규칙을 그림이나 사진으로 시각적으로 보여줍니다. 예를 들어, '친구와 사이좋게 놀기', '놀이 후 정리하기' 등의 규칙을 그림 카드로 만들어 영유아가 쉽게 이해할 수 있도록 합니다.
- 역할놀이 : 규칙을 실제 상황에서 적용해 보는 역할놀이를 통해 영유아가 규칙을 체득하도록 돕습니다. 예를 들어, '친구와 장난감을 나누는 상황'을 연기하며 규칙을 자연스럽게 익히게 합니다.
- 결과 예고 : 규칙 위반 시 어떤 결과가 따르는지 미리 알려줌으로써, 영유아가 스스로 행동의 결과를 인지하고 자율적 행동을 선택할 수 있도록 합니다. 예를 들어, "장난감을 던지면 장난감을 사용할 수 없게 될 거예요"라고 설명합니다.

이러한 사전 준비는 영유아가 규칙을 명확히 이해하고, 자발적으로 따를 동기를 갖게 합니다.

2) 납득 가능한 규칙 : 자발적 참여와 동기부여

영유아들이 규칙을 지키도록 하는 가장 강한 동기는 이해와 참여입니다. 규칙을 정할 때 영유아의 의견을 듣고, 규칙의 필요성을 친절하게 설명하며 동기를 부여하는 것이 중요합니다.

- **영유아의 의견 반영** : 규칙을 정할 때 영유아의 의견을 듣고, 그들이 왜 이 규칙이 필요한지 이해할 수 있도록 설명합니다. 예를 들어, "왜 친구와 장난감을 나누는 것이 중요한지"에 대해 이야기하며 규칙의 필요성을 공감하게 합니다.
- **규칙 위반 시 대응** : 규칙 위반 시에는 그 의미를 다시 설명하고, 어떻게 하면 더 잘 지킬 수 있는지 함께 고민합니다. 예를 들어, "친구와 장난감을 나누지 않았을 때 어떤 느낌이 들었는지"에 대해 이야기하며, 자신의 행동이 다른 사람에게 미치는 영향을 생각하게 합니다.

이 과정을 통해 영유아는 규칙을 단순히 외부에서 강요받는 것이 아니라, 스스로 이해하고 선택하는 것으로 받아들이게 됩니다. 이는 영유아의 자율성과 책임감을 키우는 데 중요한 역할을 합니다.

3) 강화 인식 : 긍정적 행동의 자연스러운 유도

영유아의 바람직한 행동에는 즉각적이고 적절한 강화를 제공해야 합니다. 칭찬, 관심, 보상 등은 긍정적 강화로, 이러한 피드백은 행동의 반복을 유도하는 강력한 도구입니다.

- **긍정적 강화** : 영유아가 규칙을 잘 지켰을 때 즉각적으로 칭찬하거나 보상을 제공합니다. 예를 들어, "친구와 장난감을 나누다니 정말 대단해!"라고 칭찬하거나, 스티커를 주는 등의 작은 보상을 제공합니다.

- **일관된 강화 :** 강화는 즉각적이고 일관되어야 합니다. 영유아가 "이 행동은 좋은 것이다"라는 통념을 형성할 수 있도록, 규칙을 지킬 때마다 일관되게 긍정적 피드백을 제공합니다.
- **부적 강화의 신중한 사용 :** 숙제 면제, 벌칙 같은 부적 강화도 고려할 수 있으나, 궁극적으로는 영유아에게 효과적이고 자연스러운 방법을 찾는 것이 중요합니다. 부적 강화는 영유아의 자율성을 해치지 않도록 신중하게 사용해야 합니다.

강화 인식을 통해 영유아는 긍정적인 행동을 반복하게 되고, 이는 자연스럽게 행동 패턴으로 자리 잡게 됩니다.

<표 7-2> 영유아의 심리적 안정을 돕는 효과적인 전이(Transition) 지원 가이드

핵심 요소	내 용	구체적인 전략	기대 효과
1. 명확한 신호 전달	"다음 역은 어디일까요"와 같이 다음 활동을 알리는 감각적 신호를 일관성 있게 활용 (단순 지시보다 흥미로운 요소 추가)	– 시각 : 그림 카드, 색깔 신호등, 사진, 픽토그램 활용 – 청각 : 특정 노래, 신호음, 차임벨, 멜로디 활용 – 촉각 : 특정 질감의 물건 제시, 진동 알림 활용 – 언어 : "5분 뒤에는 OOO 시간이에요!"와 같이 명확하고 긍정적인 언어적 신호 사용	– 다음 활동에 대한 예측 가능성 증진 – 불안감 감소 – 긍정적인 기대감 형성
2. 예측 가능한 루틴	매일 같은 시간, 같은 순서로 활동 진행 (일과표를 시각적으로 제시하여 예측 가능성 극대화)	– 일과 시작/ 종료 시간 준수 – 활동 순서 변경 최소화(불가피한 경우 사전 공지) – 활동 시작 전 일과표 함께 확인	– 안정감 증진 – 예측 불가능한 상황에 대한 불안 감소 – 규칙적인 생활습관 형성
3. 충분한 준비 시간	영유아들이 다음 활동을 위해 미리 준비할 수 있도록 시간을 충분히 제공	– "5분 뒤 OOO 활동 시작"과 같이 시간을 명확하게 고지 – 필요한 준비물 함께 챙기기 – 활동 장소로 함께 이동하며 이야기 나누기	– 전환에 대한 심리적 준비 – 자율성 및 책임감 함양 – 긍정적인 태도로 다음 활동 참여 유도

4. 개별 맞춤 지원	어려움을 겪는 영유아에게는 개별적으로 다가가 추가 설명 및 도움 제공	- 불안감을 느끼는 영유아에게 따뜻한 격려와 공감 표현 - 활동 전환에 어려움을 겪는 영유아와 함께 이동하거나 신체적 접촉(손잡기, 어깨 토닥이기) 활용 - 필요시 시각적 자료(그림, 사진)를 활용하여 활동 내용 설명	- 개별적인 요구 충족 - 소외감 감소 - 자신감 향상 - 긍정적인 관계 형성

<표 7-3> 장애영유아를 위한 개선 방향

영 역	개선 방향	구체적인 방법	기대 효과
1. 시각적 일과표 활용	영유아가 각 활동에 대한 구체적인 기대감을 가질 수 있도록 업그레이드	- 활동 사진에 짧은 설명 추가("블록으로 높은 탑 쌓기" 등) - 활동 순서에 번호 부여 - 영유아가 좋아하는 캐릭터 활용	- 하루 일정을 능동적으로 예측 - 각 활동에 대한 기대감과 흥미 증진 - 긍정적인 태도로 하루 시작
2. 활동 전환 예고	영유아의 감정적인 준비를 돕는 방향으로 개선	- 구체적인 언어 사용("5분 뒤에는 우리가 제일 좋아하는 '곰돌이 푸'를 읽을 거예요.") - 시각적 단서 활용(그림책 표지 사진 제시 등) - 영유아에게 선택권 제공("그림책 읽기 전에 좋아하는 장난감 하나만 더 가지고 놀까")	- 갑작스러운 변화에 대한 저항감 감소 - 새로운 활동에 대한 긍정적인 기대감 형성 - 자연스러운 활동 전환
3. 준비 시간 활용	영유아가 다음 활동에 대한 주도성을 높일 수 있도록 지원	- 함께 준비물 선택(질문 통해 참여 유도) - 준비 과정을 게임처럼 만들기(악기 찾기 놀이 등) - 역할 부여("영유아는 오늘 음악 선생님!")	- 다음 활동에 대한 기대감 증진 - 준비 과정에 능동적으로 참여 - 성취감과 자신감 획득

<table>
<tr><td>4. 긍정적 유도 & 격려</td><td>영유아의 노력과 과정에 초점을 맞춘 진정성 있는 격려 제공</td><td>– 구체적인 행동 칭찬("영유아가 혼자서 실로폰을 연주하는 모습이 정말 멋지다!")
– 감정 표현 공유("선생님도 영유아와 함께 활동하니까 정말 즐겁고 행복해.")
– 작은 성공에도 주목("오늘은 그림책을 한 페이지 더 읽었네!")</td><td>– 자신의 노력과 성과에 대한 인정
– 자존감 향상
– 새로운 활동에 대한 도전 의식 고취</td></tr>
<tr><td>실천 팁</td><td colspan="3">– 개별화된 신호 시스템 구축(촉각, 후각 자극 활용)
– 불안 해소 공간 마련(작은 텐트, 쿠션 등)
– 안정 기법 맞춤 적용(좋아하는 특정 행동 활용)
– 가정과의 연계 강화(일관된 전략 적용)
– 지속적인 관찰 및 기록(행동 변화, 불안 유발 요인, 효과적인 지원 전략)</td></tr>
</table>

5. 장애 유형별 일과 참여 지원 전략

영유아들은 모두 개별적인 존재로, 각자가 감각, 행동, 반응, 감정 등을 통해 세상과 소통하는 자신만의 특별한 언어를 가지고 있습니다. 이러한 다양성을 존중하고 이해하는 것은, 그들이 최적의 성장 환경에서 스스로 빛날 수 있게 하는 첫걸음입니다. 특히 특수한 감각적・인지적 특성을 갖고 있는 장애영유아들은 각자의 요구와 선호에 맞춘 세밀한 지원이 반드시 필요합니다. 각 장애 유형별로 예측 가능한 일과와 참여를 돕기 위한 구체적인 전략은 다음과 같습니다.

1) 시각장애 영유아를 위한 지원 전략

시각장애 영유아는 시각적 정보에 의존하지 않고, 다른 감각을 통해 세상을 이해합니다. 따라서 다양한 감각을 활용한 환경 인지 지원이 핵심입니다. 촉각, 후각, 미각 등을 활용한 활동은 영유아가 공간을 이해하고 안전하게 환경에 적응할 수 있도록 돕습니다.

- **촉각적 자료 활용 :** 촉각 카드, 점자, 촉감이 있는 물건 등을 활용하여 영유아가 공간과 물건을 탐색할 수 있도록 돕습니다. 예를 들어, 화장실에 점자로 표시하거나, 놀이공간에 촉감이 있는 장난감을 배치합니다.
- **후각과 미각 활용 :** 특정 냄새나 맛을 통해 활동을 구분하도록 돕습니다. 예를 들어, 간식 시간에 특정 과일의 냄새를 맡게 하여 "이제 간식 시간이야"라는 신호를 제공합니다.
- **안전한 환경 조성 :** 영유아가 자유롭게 탐색할 수 있도록 공간을 안전하게 구성하고, 장애물을 최소화합니다.

이러한 감각적 지원은 영유아가 세상과 소통하는 또 다른 창구가 되며, 경험의 폭과 깊이를 확장하는 데 큰 도움을 줍니다.

2) 청각장애 영유아를 위한 지원 전략

청각장애 영유아는 청각적 정보에 의존하지 않고, 시각적 신호와 촉각적 신호를 통해 의사소통을 합니다. 따라서 일관성 있는 시각적 신호와 촉각적 신호를 활용하는 것이 중요합니다.

- **시각적 신호 활용 :** 그림 카드, 수화, 영상 자료 등을 활용하여 영유아가 활동을 이해하고 참여할 수 있도록 돕습니다. 예를 들어, "이제 점심 시간이야"라는 그림 카드를 보여주거나, 수화로 활동을 안내합니다.
- **촉각적 신호 활용 :** 진동이나 촉각 신호를 통해 활동 전환을 알립니다. 예를 들어, 진동벨을 사용하여 "이제 놀이 시간이 끝났어"라는 신호를 제공합니다.

- **사회성 발달 지원** : 또래 친구들과의 상호작용 기회를 마련하여 영유아가 사회성을 키울 수 있도록 돕습니다. 예를 들어, 그룹 활동을 통해 친구들과 협력하며 놀 수 있는 기회를 제공합니다.

이러한 전략은 청각장애 영유아가 의사소통의 통로를 더욱 풍부하게 만들고, 사회성 발달을 촉진하는 데 큰 도움을 줍니다.

3) 중복장애 영유아를 위한 지원 전략

중복장애 영유아는 다양한 감각적 · 인지적 · 신체적 어려움을 겪을 수 있습니다. 따라서 좋아하는 물건과 냄새를 활용한 심리적 안정감 제공이 중요합니다. 이들의 다양한 감각 채널을 활용하여 정서적 안정과 자아존중감을 높이는 데 초점을 맞춥니다.

- **좋아하는 물건 활용** : 영유아가 선호하는 물건을 활용하여 안정감을 제공합니다. 예를 들어, 특정 장난감이나 촉감이 좋은 물건을 통해 활동 전환 시 편안함을 느낄 수 있도록 돕습니다.
- **감각적 지원** : 후각, 촉각, 미각 등 다양한 감각을 활용하여 활동을 구분하고, 영유아가 환경을 이해할 수 있도록 돕습니다. 예를 들어, 특정 냄새를 통해 "이제 놀이 시간이야"라는 신호를 제공합니다.
- **안정적인 환경 조성** : 영유아가 불안을 느끼지 않도록 안정적이고 예측 가능한 환경을 조성합니다. 예를 들어, 일관된 일과와 시각적 일정표를 활용하여 영유아가 하루의 흐름을 예측할 수 있도록 돕습니다.

이러한 전략은 중복장애 영유아가 정서적으로 안정감을 느끼고, 자신감을 키우는 데 큰 도움을 줍니다.

4) 공통적인 지원 전략

모든 장애 유형의 영유아에게 적용할 수 있는 공통적인 지원 전략도 있습니다.

- **명확한 신호와 예고** : 활동 전환 시 명확한 신호와 예고를 제공하여 영유아가 변화에 대한 준비를 할 수 있도록 돕습니다. 예를 들어, 그림 카드나 진동 신호를 통해 "이제 다음 활동이야"라는 신호를 제공합니다.
- **지속적인 관찰과 맞춤 조절** : 영유아의 반응을 지속적으로 관찰하고, 필요에 따라 맞춤형 지원을 제공합니다. 예를 들어, 영유아가 특정 활동에 어려움을 느끼면, 활동을 조정하거나 추가적인 지원을 제공합니다.
- **가정과의 연계** : 가정과의 긴밀한 협력을 통해 영유아가 일관된 지원을 받을 수 있도록 돕습니다. 예를 들어, 가정에서도 시각적 일정표를 활용하여 일관된 환경을 제공합니다.
- **적절한 칭찬과 보상** : 영유아의 긍정적인 행동에 대해 즉각적이고 적절한 칭찬과 보상을 제공하여 행동의 반복을 유도합니다. 예를 들어, "오늘 정말 잘했어!"라는 칭찬이나, 스티커와 같은 작은 보상을 제공합니다.

<표 7-4> 장애영유아 특성별 예측된 일과 참여 지원 전략

전략 영역	내 용	구체적인 실천 방법	기대 효과
시각장애 아동	언어적 설명과 함께 질감, 온도, 냄새 등 다른 감각 정보를 활용하여 환경 인지 지원	– 촉각, 후각, 미각 등 다양한 감각 자극을 활용한 놀이 및 학습 활동 제공 – 소리 나는 장난감이나 도구를 사용하여 공간 탐색 지원 – 안전한 환경 조성 및 이동 시 도움 제공	– 감각 발달 촉진 – 공간 지각 능력 향상 – 안전한 환경 인지 및 적응력 향상

<table>
<tr><td>청각장애 아동</td><td>시각적 신호(전등, 수화, 그림 카드)를 일관성 있게 사용하고, 진동이나 촉각 신호를 활용하여 정보 전달</td><td>– 수어, 그림 카드, 사진 등 다양한 시각 자료 활용
– 진동 알람, 촉각 시계 등 활용하여 시간 및 상황 인지 지원
– 또래 친구들과의 상호작용 기회 제공(수어 배우기, 그림 그리기 등)</td><td>– 원활한 의사소통 지원
– 시각적인 정보처리 능력 향상
– 사회성 발달 촉진</td></tr>
<tr><td>중복장애 아동</td><td>좋아하는 물건을 만지거나 특정 냄새를 맡게 하여 기대감을 형성하고, 편안한 자세를 유지할 수 있도록 지지</td><td>– 좋아하는 물건(인형, 담요 등) 제공
– 좋아하는 냄새(아로마 오일, 좋아하는 음식 냄새 등) 활용(단, 알레르기 유발 가능성 고려)
– 편안한 자세 유지 위한 쿠션, 의자, 침대 등 제공
– 긍정적인 상호작용(목소리, 쓰다듬기 등)</td><td>– 심리적인 안정감 증진
– 긍정적인 정서 함양
– 편안하고 안전한 환경 조성</td></tr>
<tr><td colspan="4">실천 팁</td></tr>
<tr><td>반복적인 연습</td><td>매 활동 후 다음 활동에 대한 신호를 반복적으로 제시하여, 영유아가 예측 가능성을 높이고 준비할 시간을 제공</td><td>– 활동 전환 시 그림 카드 제시, 특정 노래 부르기, 차임벨 울리기 등 일관된 신호 사용
– 활동 시작 전 다음 활동에 대한 내용 간략하게 설명
– 활동 후 다음 활동 준비 과정 함께 진행(예 물건 정리, 옷 갈아입기 등)</td><td>– 예측 가능성 증진
– 불안 감소
– 활동 전환에 대한 적응력 향상
– 자기주도학습 능력 향상</td></tr>
<tr><td>관찰과 맞춤 조절</td><td>영유아의 반응을 주의 깊게 관찰하고, 각 감각 채널에 대한 민감도와 선호도를 파악하여 단서 조합을 개별적으로 조절</td><td>– 영유아의 표정, 행동, 언어적 표현 등을 세심하게 관찰
– 각 감각 채널(시각, 청각, 촉각 등)에 대한 선호도 및 민감도 파악
– 파악된 정보를 바탕으로 맞춤형 신호 체계 구축</td><td>– 개별적인 요구 충족
– 학습 효과 극대화
– 긍정적인 학습 경험 제공</td></tr>
</table>

일관성 유지	가정, 학교 등 일상 환경 전반에서 일관된 신호 체계를 사용하여, 영유아가 안정감을 느끼고 새로운 활동에 자신감을 가질 수 있도록 지원	- 가정과 학교에서 사용하는 신호 체계 공유 및 협력 - 일과표, 규칙 등을 시각 자료로 제작하여 가정과 학교에 함께 게시 - 부모-교사 간 정기적인 상담 및 정보 교환	- 환경 적응력 향상 - 안정감 증진 - 자신감 향상 - 긍정적인 행동 강화
긍정적 강화	전이 활동에 성공했을 때 칭찬, 미소, 포옹 등 긍정적인 피드백을 제공하여, 영유아의 동기를 유발하고 긍정적인 경험을 강화	- 구체적인 칭찬 예 "혼자서 척척 잘하네!", "정말 멋지다!") - 좋아하는 스티커, 간식 등 작은 보상 제공 - 긍정적인 감정 표현(미소, 껴안기 등) - 성공 경험 공유 및 축하	- 동기부여 증진 - 자신감 향상 - 긍정적인 자아개념 형성

보육현장에서의 실천

1. 구조화된 환경 조성 : 예측 가능한 일과, 명확한 규칙, 시각적 지원 등을 통해 장애영유아가 안정감을 느끼고 일상생활에 잘 적응할 수 있도록 구조화된 환경을 조성해야 합니다. 환경 구성은 영유아의 불안을 줄이고 자기조절능력을 향상시키는 데 중요한 역할을 합니다.
2. 개별 맞춤형 활동 제공 : 영유아의 흥미, 강점, 요구를 고려하여 개별화된 학습 목표를 설정하고, 그에 맞는 활동을 제공해야 합니다. 활동은 영유아의 참여를 유도하고 성취감을 느낄 수 있도록 설계되어야 합니다. 개별 맞춤형 활동은 영유아의 발달을 최대한으로 촉진합니다.
3. 감각통합 활동 활용 : 다양한 감각자극을 활용한 활동을 통해 영유아의 감각통합 능력을 향상시켜야 합니다. 촉각, 시각, 청각 등 다양한 감각을 자극하는 자료와 활동을 제공하여 영유아가 감각 정보를 효과적으로 처리하고 통합할 수 있도록 돕습니다. 감각통합은 영유아의 인지, 운동, 사회성 발달에 긍정적인 영향을 미칩니다.
4. 긍정적 강화 전략 적용 : 영유아의 긍정적인 행동에 대해 즉각적이고 구체적인 칭찬과 보상을 제공하여 바람직한 행동을 강화해야 합니다. 칭찬은 영유아의 자존감을 높이고, 학습 동기를 유발하는 데 효과적입니다. 긍정적 강화는 영유아의 행동 변화를 이끌어내는 강력한 도구입니다.
5. 협력적 의사소통 : 부모, 동료 교사, 관련 전문가와 긴밀하게 소통하고 협력하여 영유아에게 일관성 있는 지원을 제공해야 합니다. 정보 공유, 정기적인 회의, 공동 교육 등을 통해 팀워크를 강화하고, 영유아의 발달을 위한 최적의 환경을 조성해야 합니다. 협력적 의사소통은 영유아에게 통합적인 지원을 제공하는 데 필수적입니다.

용어 정의

1. 구조화된 환경 : 물리적 공간, 시간, 활동 등을 체계적으로 구성하여 예측 가능하고 안정적인 환경을 의미합니다. 명확한 규칙, 일관된 일정, 시각적 지원 등을 포함합니다.
2. 흥미 중심 교수 : 영유아의 흥미와 관심을 기반으로 학습 목표를 설정하고, 활동을 설계하는 교수 방법을 의미합니다. 영유아의 자발적인 참여와 동기 유발을 강조합니다.
3. 감각통합 : 시각, 청각, 촉각, 미각, 후각 등 다양한 감각 정보를 뇌에서 조직화하고 통합하는 과정을 의미합니다. 감각통합은 인지, 운동, 사회성 발달에 중요한 영향을 미칩니다.
4. 긍정적 강화 : 영유아가 바람직한 행동을 했을 때 칭찬, 보상 등을 제공하여 그 행동을 강화하는 전략을 의미합니다. 긍정적 강화는 영유아의 행동 변화를 유도하는 효과적인 방법입니다.
5. 전이 : 한 활동에서 다른 활동으로 부드럽게 이동하는 것을 의미합니다. 전이 과정에서 영유아의 불안을 줄이고 안정감을 제공하는 것이 중요합니다.

제 8 장 개별화 교육계획

학습목표

1. IEP 개발 및 실행 전문성 함양 : 개별화 교육계획(IEP)의 이론적 지식 습득을 넘어, 실제 IEP 개발 및 실행에 필요한 구체적인 기술과 전략을 익히는 데 집중해야 합니다. 영유아의 개별적인 요구를 정확히 파악하고, 이를 바탕으로 현실적이고 효과적인 IEP를 설계하며, 실제 교육현장에서 IEP를 성공적으로 실행하는 능력을 키워야 합니다.
2. 협력적 파트너십 구축 능력 강화 : IEP 개발 및 실행 과정에서 영유아, 가족, 동료 교사, 관련 전문가 등 다양한 이해관계자와 효과적으로 소통하고 협력하는 능력을 강화해야 합니다. 상호 존중과 신뢰를 바탕으로 협력적인 파트너십을 구축하고, 모든 구성원의 의견을 통합하여 최적의 교육계획을 수립하는 방법을 배워야 합니다.
3. 데이터 기반 의사 결정 역량 증진 : IEP 목표 설정, 교육 방법 선택, 진전 상황 평가 등 모든 단계에서 객관적인 데이터와 증거를 기반으로 의사 결정을 내리는 역량을 증진해야 합니다. 관찰 기록, 평가 결과, 학부모 보고 등 다양한 데이터를 수집하고 분석하여 영유아의 성장과 발달을 정확하게 파악하고, 이를 바탕으로 IEP를 효과적으로 수정하고 개선하는 방법을 익혀야 합니다.
4. 자기성찰 및 전문성 개발 : 자신의 IEP 실행 과정을 비판적으로 성찰하고 개선하는 능력을 길러야 합니다. 자신의 강점과 약점을 파악하고, 동료 교사와의 교류, 전문성 개발 활동 참여 등을 통해 IEP 관련 지식과 기술을 꾸준히 향상시켜야 합니다. 자기성찰은 IEP 전문가로서 지속적인 성장을 위한 필수적인 과정입니다.
5. 윤리적 책임감 강화 : IEP 개발 및 실행 과정에서 영유아의 권익을 최우선으로 고려하고, 개인정보 보호, 공정한 평가 등 윤리적 기준을 준수하는 책임감을 강화해야 합니다. 모든 영유아가 차별 없이 동등한 교육 기회를 누릴 수 있도록 지원하고, IEP 관련 의사 결정 과정에서 투명성과 공정성을 확보해야 합니다.

1. 개별화 교육의 개념과 의의

개별화 교육계획(IEP : Individualized Education Program)은 특수영유아의 개별적 학습 요구를 충족시키기 위해 설계된 교육 프로그램입니다. 이는 특수영유아의 강점, 약점, 관심사, 그리고 학습 목표를 고려하여 개발되며, 교육과정의 모든 측면에서 특수영유아가 최대한의 잠재력을 발휘할 수 있도록 돕는 데 목적이 있습니다. 장애영유아를 위한 보육은 일반유아와 동일하게 누리과정의 실천 속에서 특수영유아의 개별적인 교육 요구를 반영해야 합니다. 이는 단순히 누리과정을 실천하는 것이 아니라, 특수영유아의 독특한 학습 스타일, 능력, 필요에 맞춘 맞춤형 교육을 제공하는 것을 의미합니다. 교사는 특수영유아를 위한 별도의 교육과정을 작성하여 활용하고, 잘 조직된 일반 교육과정에 특수영유아가 의미 있게 참여할 수 있도록 지원해야 합니다. 이러한 과정에서 개별화 교육계획은 특수영유아의 개별적 요구를 반영하는 핵심 도구로 작용합니다.

개별화 교육은 개별학습과는 다소 의미가 다릅니다. 개별화 교육은 교수집단의 개별화가 아닌 교육과정의 개별화를 의미합니다. 이는 특수영유아가 일반 교육과정에 의미 있게 참여할 수 있도록 지원하면서도, 그들의 개별적 요구를 충족시키는 데 초점을 맞춥니다. 물론 개별화 교육에서도 각 유아의 교육적 요구에 따라 교사와 유아의 일대일 개별학습이 이루어질 수 있지만, 유아의 교육 목표에 따라 다른 유아들과 함께 일과에 참여하며 대집단활동을 하거나, 몇 명의 유아들이 소집단을 조직하여 활동하는 형태도 취할 수 있습니다.

1) 개별화 교육계획의 법적 근거

우리나라의 「장애인 등에 대한 특수교육법」에서는 특수교육대상자의 교육적 요구에 적합한 교육을 제공하기 위해 개별화 교육을 실시해야 하며, 개별화 교육은 장애 유형 및 장애 특성에 적합한 교육 목표, 교육 방법, 교육 내용, 특수교육 관련 서비스 등이 포함된 계획을 수립하여 실시하는 교육이라고 명시하고 있습니다. 즉, 개별화 교육은 개별 유아 한 명 한 명의 요구에 맞추어 제공되는 최적화된 교육을 뜻합니다.

「장애인 등에 대한 특수교육법」에서는 매 학년도 시작일로부터 2주 이내에 개별화교육 지원팀을 구성하고, 학기마다 학기 시작일로부터 30일 이내에 특수교육대상자에 대한 개별화 교육계획을 작성해야 함을 명시하고 있습니다. 이는 특수영유아가 포함된 교육기관에서 개별화 교육계획을 학기마다 작성하여 개별화 교육을 실시하고, 이에 따라 평가해야 함을 의미합니다. 이러한 법적 근거는 특수영유아가 적절한 교육과 서비스를 받을 수 있도록 보장하며, 그들의 교육적 성공을 위한 체계적인 지원을 제공합니다.

2) 개별화 교육계획의 의의

개별화 교육계획은 특수영유아의 교육적 성공을 위한 핵심 도구로, 다음과 같은 중요한 의의를 가지고 있습니다.

- **관리 도구로서의 기능** : 개별화 교육계획은 각 아동이 필요한 적절한 교육과 관련서비스를 받도록 하는 관리 도구입니다. 이를 통해 특수영유아의 교육적 요구를 체계적으로 지원할 수 있습니다.
- **평가 도구로서의 기능** : 개별화 교육계획은 아동의 진보 상황을 알아보는 평가 도구입니다. 이를 통해 특수영유아의 학습 과정을 지속적으로 모니터링하고, 필요에 따라 교육 전략을 수정할 수 있습니다.
- **의사소통 및 협력의 매개** : 개별화 교육계획은 일반교사와 특수교사 간, 교사와 학부모 간의 의사소통 및 협력을 촉진하는 매개체로 기능합니다. 이를 통해 모든 이해관계자들이 특수영유아의 교육적 성공을 위해 협력할 수 있습니다.

개별화 교육계획은 특수영유아의 교육적 성공을 위한 로드맵 역할을 하며, 교사, 부모, 관련 전문가들이 협력하여 수립합니다.

- **개별적 요구 반영** : 개별화 교육계획은 특수영유아의 독특한 학습 스타일과 필요를 반영하여, 일반 교육과정을 보완하거나 수정합니다. 이를 통해 특수영유아는 일반 교육과정에 의미 있게 참여할 수 있습니다.
- **장기적 목표 설정** : 개별화 교육계획은 특수영유아의 장기적 교육 목표를 설정하고, 이를 달성하기 위한 단기적 목표와 전략을 제시합니다. 이는 특수영유아의 학습 과정을 체계적으로 관리하는 데 도움을 줍니다.
- **협력적 접근** : 개별화 교육계획은 교사, 부모, 치료사, 특수교육 전문가 등 다양한 이해관계자들이 협력하여 개발됩니다. 이를 통해 특수영유아의 교육적 요구를 다각적으로 지원할 수 있습니다.

<표 8-1> 개별화 교육계획 서식 예시 1

개별화 보육계획안(장애아보육 IEP)

결재	담임	원장

이름		생년월일		장애 유형	
영역	현 행 수 준		장 기 목 표	단 기 목 표	
신체운동·건강					
의사소통					
사회관계					
예술경험					
자연탐구					

[작성 Tip]

◎ 장애유아의 현행 수준에 대한 진단을 통해 특성 및 개별화 보육계획 목표(IEP 목표)를 결정하고 연간보육계획안, 월간보육계획안, 주간보육계획안, 개별화 보육일지를 연계하여 계획안을 작성한다.

◎ 장애유아의 현행수준 등을 고려하여 장기 목표를 세우고, 이를 세분화하여 단기 목표를 설정한다.

◎ 자세한 내용은 『장애아보육운영매뉴얼(2012)』을 참고할 수 있다.

출처 : 한국보육진흥원(2019).

<표 8-2> 개별화 교육계획 서식 예시 2

개별화 보육일지(장애아보육)

결재	담임	원장

년　　월　　일(　　)　　　날씨 :

활동주제					이름		
활동 영역	활동 내용	영역별 발달 목표	활동 목표	사전 준비	지원 전략		활동평가
					①		
					②		
					③		
					①		
					②		
					③		
					①		
					②		
					③		
					①		
					②		
					③		
총평가 및 향후 계획							
부모상담							

[작성 Tip]

◎ 개별화 보육일지는 개별 유아의 IEP와 연관성을 가져야 하며, 하루일과에 세분화하여 계획한다.
◎ 일일 주요활동과 IEP 목표의 대비를 살펴보고, 실행에 따른 장애영유아의 반응을 기록한다.
◎ 새로운 활동 외에 거의 반복적으로 진행되는 활동의 경우, 계획된 내용이 1주 또는 그 이상 계속 같은 내용으로 기록될 수 있다.
◎ 장애유형, 장애정도, 발달 수준을 고려한 실행 내용 필요할 수 있다.
◎ 자세한 내용은 『장애아보육운영매뉴얼(2012)』을 참고할 수 있다.
◎ 출처 : (재)한국보육진흥원(2012) 「장애아보육운영매뉴얼 II 교사실무」

출처 : 한국보육진흥원(2019).

3) 개별화 교육계획의 구성 요소

개별화 교육계획은 특수영유아의 교육적 요구를 충족시키기 위해 다음과 같은 주요 요소로 구성됩니다.

- **현재 수준** : 특수영유아의 현재 학업적 · 기능적 · 사회적 능력을 평가한 결과를 기반으로 현재 수준을 명시합니다. 이는 개별화 교육계획의 기초가 되며, 특수영유아의 강점과 약점을 파악하는 데 중요한 역할을 합니다.
- **장기적 목표** : 특수영유아가 1년 동안 달성해야 할 장기적 교육 목표를 설정합니다. 이 목표는 특수영유아의 학습, 사회적 · 기능적 능력을 향상시키는 데 초점을 맞춥니다.
- **단기적 목표** : 장기적 목표를 달성하기 위한 단기적 목표를 설정합니다. 이 목표는 구체적이고 측정 가능하며, 특수영유아의 학습 과정을 단계적으로 관리하는 데 도움을 줍니다.
- **교육적 지원** : 장애영유아의 개별 발달 목표 달성을 위해, 교사는 맞춤형 교육계획을 수립하고 특수교육, 언어치료, 작업치료 등 필요한 전문 서비스와 적극적으로 연계해야 합니다. 이러한 지원들을 교실 활동에 자연스럽게 통합하여 영유아의 전반적인 성장을 극대화해야 합니다.
- **참여 및 배치** : 특수영유아가 일반 교육과정에 얼마나 참여할 것인지, 그리고 어떤 환경에서 교육을 받을 것인지를 결정합니다. 이는 통합학급, 특수학급, 또는 특수학교 등 다양한 배치 옵션을 포함할 수 있습니다.
- **평가 방법** : 특수영유아의 목표 달성 여부를 평가하기 위한 방법과 기준을 명시합니다. 이는 특수영유아의 학습 과정을 모니터링하고, 필요에 따라 개별화 교육계획을 수정하는 데 중요한 역할을 합니다.

2-5. 인지

장기 목적	1. 차례를 인지하여 순차적으로 줄을 설 수 있다.	지도 상황	성취 수준	성취 여부	수행수준 및 성취 근거	향후계획
단기 목표	1-1. 성인의 언어적, 신체적 촉진으로 차례를 인지하여 순차적으로 줄을 설 수 있다.	일과 내, 전이 시	10회 중 8회 성공 시	○	줄을 서는 상황을 인지하여 순차적으로 줄을 서는 것이 가능하나, 자신의 감정 기복에 따라 간헐적으로 수행하는 모습을 보여 지속적으로 지도가 필요함.	**<목표삭제>** 초등학교 진학을 대비하여 수행해야 할 인지적인 부분을 준비할 필요가 있음. (수세기 등)
	1-2. 성인의 언어적 촉진으로 차례를 인지하여 순차적으로 줄을 설 수 있다.			○		
	1-3. 줄을 서는 상황 시 차례를 인지하여 순차적으로 줄을 설 수 있다.			○		
장기 목적	**2. 학급에서 친숙한 사람들의 얼굴과 이름을 기억하고 이름을 말한다.**	**지도 상황**	**성취 수준**	**성취 여부**	**수행수준 및 성취 근거**	**향후계획**
단기 목표	2-1. 성인의 시각적, 언어적 촉진으로 친구를 보여주며 친구의 이름을 1음절로 힌트를 주면 친구의 이름을 이야기 할 수 있다.	실내 자유 놀이, 일과 내	10회 중 8회 성공 시	△	선호하는 친구의 이름을 스스로 부르는 모습을 보이나, 일부 유아들의 이름의 경우, 1음절로 힌트를 주어도 발화하는 데 어려움을 보임. 혹은 간헐적으로 이름을 표현하지 못하는 경우가 있음.	**<목표유지 및 수정>** 친구의 이름 표현을 지속하되, 친구의 이름을 부르며 문장형으로 자신의 의사를 표현해 볼 수 있는 방향으로 목표를 수정해 보는 것이 좋겠음.
	2-2. 성인의 시각적 촉진으로 친구의 사진을 보여주면 얼굴과 이름을 기억하고 이름을 말할 수 있다.			△		
	2-3. 친숙한 사람들의 만나거나 사진을 볼 때 이름을 기억하고 이름을 말한다.			△		

|그림 8-1| 개별화 교육계획의 수행수준 및 성취 근거 예시

2. 개별화 교육계획의 수립 및 운영 절차

개별화 교육계획은 특수영유아의 개별적 교육 요구를 반영하여 체계적으로 수립되고 운영됩니다. 이 과정은 개별화교육지원팀 구성, 특수영유아의 진단, 개별화 교육계획 작성이라는 세 가지 주요 단계로 이루어집니다. 각 단계는 특수영유아의 교육적 성공을 위해 필수적이며, 이를 통해 특수영유아는 자신의 잠재력을 최대한 발휘할 수 있습니다.

1) 개별화교육지원팀 : 영유아 맞춤형 성장을 위한 필수 협력체

장애영유아의 교육적 성공을 위해 다각적이고 체계적인 지원을 제공하는 개별화교육지원팀을 반드시 구성하고 적극적으로 운영해야 합니다. 이는 영유아의 잠재력을 최대한 발휘하고 교육적 요구를 충족시키는 핵심입니다.

(1) 팀 구성

보호자, 교육기관 관리자, 특수/ 일반 교원, 특수교육 관련 서비스(언어/ 작업치료 등) 담당 인력 등 영유아와 관련된 모든 이해관계자를 포함해야 합니다.

(2) 팀 역할

영유아 진단 및 심층 관찰을 통해 정확한 정보(교육적 요구, 강점)를 수집합니다. 정기적인 회의를 통해 개별화 교육계획을 수립하고 운영 전반을 협력적으로 논의 및 결정합니다. 모든 팀원이 영유아의 잠재력 최대 발휘와 교육적 요구 충족을 위해 통합적인 지원 방안을 모색하고 실행합니다.

2) 특수영유아의 진단

개별화 교육계획을 작성하기 위해서는 특수영유아에 대한 면밀한 진단을 통한 정보 수집이 필요합니다. 이 단계에서는 다양한 방법을 통해 특수영유아의 현재 발달 수준, 강점, 약점, 선호도 등을 파악하고, 교육기관에 대한 요구를 수렴합니다.

- **진단 방법** : 관찰, 표준화 검사, 학부모와의 면담, 전문가의 의견 등을 통해 다면적인 정보를 수집합니다.
- **진단 평가** : 우리나라에서는 각 시·도 특수교육지원센터에서 특수교육대상자 진단·평가를 위해 의뢰된 유아를 대상으로 진단 평가를 실시하고, 그 결과를 학부모와

교사에게 알립니다.

- **지속적 평가** : 각 교육기관에서는 특수교육지원센터의 진단·평가 결과와 더불어 교육기관 내에서 지속적으로 정기적·비정기적 평가를 실시하여 유아에 관한 상세한 정보를 수집합니다.

이러한 진단 과정을 통해 특수영유아의 개별적 요구를 정확히 파악하고, 이를 바탕으로 개별화 교육계획을 수립할 수 있습니다.

3) 개별화 교육계획 작성 : 영유아 맞춤 성장 로드맵

진단 결과와 심층 관찰을 바탕으로, 영유아의 잠재력을 최대한 이끌어 낼 개별화 교육계획을 상세하게 작성해야 합니다. 이는 영유아의 교육적 요구를 충족시키는 핵심 설계도이기 때문입니다.

개별화 교육계획에 반드시 포함해야 할 여덟 가지 핵심 요소는 다음과 같습니다.

- **기본 정보** : 영유아의 이름, 나이, 장애 유형 등 필수 정보
- **계획 기간** : 개별화 교육계획이 적용될 시작일과 종료일
- **장애 특성 및 교육 요구** : 영유아의 장애 특성과 그에 따른 개별적인 교육적 필요
- **지원 서비스** : 특수교육, 언어/ 작업치료 등 목표 달성을 위한 모든 전문 지원 서비스
- **현재 수준** : 영유아의 발달(인지, 언어, 운동, 사회성 등) 및 기능적 능력 현황
- **장/ 단기 목표** : 영유아가 달성할 구체적이고 측정 가능한 교육 목표
- **학부모 의견** : 부모님의 요구와 기대 사항을 반드시 반영
- **평가 계획** : 목표 달성 여부를 판단할 방법과 기준을 명확히 제시

우리나라 초・중등학교에서는 교육행정정보시스템(NEIS)에 입력하여 학년 및 학교급별로 연계하여 관리하고 있으나, 유아교육기관에서는 아직 기관별 자체 양식에 의거하여 작성하고 있습니다. 이는 특수영유아의 교육적 요구를 충족시키기 위해 유연하게 적용될 수 있습니다.

<표 8-3> 개별화 교육프로그램 구성 요소 심층 분석 및 작성 지침

구성 요소	내 용	유의 사항	작성 지침
현재 수행 수준	영유아의 교육적 요구를 충족시키기 위해, 현재 영유아가 '무엇을 할 수 있는지'를 모든 발달 영역에 걸쳐 구체적이고 객관적으로 기술함. 이는 개별화 교육계획(IEP) 목표 설정의 필수적인 바탕이 됨	IEP의 내용 중 '현행 수준'에 장애영유아의 발달 영역별로 현행 수준 서술	• 관찰, 평가, 면담 등을 통해 얻은 객관적인 자료를 근거로 작성 • 구체적인 행동 용어로 서술(예 혼자 옷을 입을 수 있지만, 단추 잠그기는 어려워함) • 강점과 약점을 균형 있게 제시 • 발달 영역별(언어, 인지, 사회성, 운동, 자조)로 나누어 작성 • K-CDI, AEPS, 캐롤라이나 교육과정 등 표준화된 평가 도구 활용
장기 목표	장애영유아의 개별화된 교육 프로그램에 따라 장애영유아가 교육 후에 성취해야 하는 교육적인 수행에 대한 장기 목적 서술	'현행 수준'의 내용을 바탕으로 장애영유아의 강점・지도점을 고려하여 1년 동안 성취할 장기 목적 서술	• 현행 수준을 기반으로 현실적인 목표 설정 • 측정 가능한 행동 용어로 서술(예 도움 없이 혼자 옷을 입고 벗을 수 있음) • 구체적인 성취 기준 제시(예 5일 중 3일 이상 성공) • 발달 영역별로 나누어 작성 • 가족의 의견을 수렴하여 목표 설정
단기 목표	교육적 수행과 장기 목적 간 측정되는 중간 단계인 단기 교수 목표에 대한 서술	1년간의 장기 목적을 지도하기 위해서 교육 목표로 세분화된 단기 목표 서술	• 장기 목표 달성을 위한 구체적인 단계 제시 • 측정 가능한 행동 용어로 서술(예 단추 3개 중 1개 잠그기) • 구체적인 교수 방법 제시(예 단추 그림이 그려진 판에 단추 끼우기 연습) • 성공 기준 명확화(예 5회 시도 중 3회 성공) • 단기 목표 달성 시 다음 단계로 진행

특수 교육 관련 서비스	장애영유아에게 필요한 교육적 서비스에 대한 서술 : 장애영유아의 독특한 요구에 맞는 모든 특수 교육과 관련 서비스 및 장애영유아가 참여하는 물리적 교육 프로그램에 대한 형태 포함, 필요한 특수 교육적 매체와 자료	장애아가 현재 받고 있는 언어치료, 물리치료, 작업치료 등의 관련 서비스 프로그램에 대한 내용 포함	• 개별 영유아의 요구에 맞는 서비스 제공 • 서비스 종류 명확화(예 언어치료, 물리치료, 작업치료, 감각통합치료) • 서비스 내용 구체적으로 제시(예 주 2회 30분 개별 언어치료) • 서비스 제공 장소 명시(예 치료실, 교실) • 필요한 매체 및 자료 명시(예 그림 카드, 보조 기구)
기간	서비스 지속 시기와 지속 기간에 대한 날짜	교육 진단, 교육 기간, 평가 기간 등에 대한 날짜 명시	• 각 서비스의 시작일과 종료일 명확하게 제시 • 평가 기간 명시(예 매월 마지막 주) • IEP 검토 및 수정 일정 명시(예 3개월마다)
통합 정도	장애영유아의 일반 교육 참여 정도에 대한 서술	장애아 통합 어린이집의 경우 '완전 통합'의 형태로 운영되어지고 있어 따로 표시할 필요가 없으나, 장애아 전문 어린이집의 경우 장애영유아의 일반 교육 배치와 참여 정도 포함	• 통합 형태 명확하게 제시(예 완전 통합, 부분 통합) • 일반 교육 참여 시간 및 활동 내용 구체적으로 명시(예 매일 1시간 일반 학급 활동 참여) • 통합 교육 시 지원 사항 명시(예 보조 교사 지원, 활동 수정)
교육 배치 형태	장애영유아의 교육적 배치 형태에 대한 명시		• 교육 장소 명확하게 제시(예 일반 학급, 특수 학급, 치료실) • 교육 시간 명시(예 주 5일, 오전 9시~오후 3시)
책임자	개별화 프로그램 실행에 책임이 있는 요원들의 이름	IEP 과정에 참석하는 팀 구성원(예 보육 교사, 장애영유아를 위한 보육 교사, 부모)의 이름 명시	• IEP 팀 구성원 명단 명확하게 제시(예 특수 교사, 일반 교사, 부모, 치료사) • 각 구성원의 역할 명시(예 특수 교사 : IEP 작성 및 실행, 일반 교사 : 학급 활동 지원, 부모 : 가정 연계 활동 지원)

평가	객관적인 기준, 평가 절차, 장기 목적에 따라 결정된 스케줄의 결정, 단기 교수 목표의 달성 여부	IEP 실행의 평가 형태, 평가 준거, 성취도와 목표의 실행을 시작한 날짜와 종료일 등 명시	• 평가 방법 명확하게 제시(예 관찰, 수행 평가, 포트폴리오 평가) • 평가 기준 명확하게 제시(예 5회 시도 중 3회 성공) • 평가 시기 명시(예 매월 마지막 주) • 평가 결과 기록 및 활용 방법 명시(예 IEP 수정, 교육 방법 개선)

출처 : 한국보육진흥원(2010).

4) 개별화 교육계획의 실행과 평가

개별화 교육계획은 단순히 문서로 끝나는 것이 아니라 실제 교육현장에서 실행되고 평가되어야 합니다. 이를 위해 교사는 특수영유아의 학습 과정을 지속적으로 모니터링하고, 필요에 따라 개별화 교육계획을 수정해야 합니다. 또한 부모와 관련 전문가들과의 협력을 통해 특수영유아의 교육적 요구를 다각적으로 지원해야 합니다.

- **지속적 모니터링** : 특수영유아의 학습 과정을 지속적으로 모니터링하고, 목표 달성 여부를 평가합니다. 이를 위해 다양한 평가 도구와 방법을 활용할 수 있습니다.
- **필요시 수정** : 특수영유아의 학습 과정에서 새로운 요구가 발생하거나 목표 달성이 어려운 경우, 개별화 교육계획을 수정하거나 새로운 목표를 설정합니다. 이는 특수영유아의 교육적 성공을 위해 필수적입니다.
- **협력적 접근** : 교사, 부모, 치료사, 특수교육 전문가 등 다양한 이해관계자들이 협력하여 특수영유아의 교육적 요구를 지원합니다. 이를 통해 특수영유아는 최적의 교육 환경에서 성장할 수 있습니다.

3. 개별화 교육계획의 실행

개별화 교육계획은 특수영유아의 교육적 성공을 위한 로드맵입니다. 개별화 교육계획이 작성되면, 이를 기반으로 개별화 교육을 실행해야 합니다. 개별화 교육계획은 한 학기 동안 실행할 개별화 교육의 윤곽을 제시하며, 특수영유아가 장·단기 목표를 성취할 수 있도록 교수·학습 활동을 전개합니다. 통합학급에서 특수영유아가 효과적인 개별화 교육을 받기 위해서는 다음과 같은 전략이 필요합니다.

1) 일반교육과정과의 조화

특수영유아가 일반 유아들과 함께 교육을 받는 통합학급에서는 일반교육과정과 개별화 교육의 조화가 필수적입니다. 이를 통해 특수영유아는 학급 구성원으로서의 의미 있는 참여를 이끌어 낼 수 있습니다.

- **일반교육과정 운영** : 학급 전체를 위한 일반교육과정을 성공적으로 운영하는 것은 특수영유아가 일반 유아들과 함께 학습하며, 사회적 상호작용과 통합의 기회를 얻을 수 있도록 돕는 첫걸음입니다. 일반교육과정은 특수영유아에게도 동등한 학습 기회를 제공하며, 이를 통해 그들은 학급 내에서 자연스럽게 적응할 수 있습니다.
- **일반교육과정 수정** : 때로는 특수영유아의 개별적 요구에 따라 일반교육과정을 수정해야 합니다. 예를 들어, 학습 내용을 더 쉽게 이해할 수 있도록 시각적 자료를 추가하거나, 단순화된 언어로 설명하는 등의 방법을 활용할 수 있습니다. 이를 통해 특수영유아는 교수·학습 과정에서 더욱 적극적으로 참여할 수 있습니다.

2) 특수교육 전략 활용

일반교육과정만으로는 특수영유아의 개별적 요구를 충족시키기 어려울 때, 특수교육 전략을 활용하여 그들의 학습을 지원할 수 있습니다.

- **활동중심 삽입교수** : 이 전략은 특수영유아가 일반 유아들과 함께 활동하면서도, 개별적 요구에 맞춘 학습을 받을 수 있도록 돕습니다. 예를 들어, 그룹 활동 중 특수영유아에게 개별적인 지도를 제공하거나, 특정 학습 목표를 달성하기 위한 맞춤형 활동을 설계할 수 있습니다. 이를 통해 특수영유아는 일반 유아들과의 상호작용을 유지하면서도, 자신의 학습 목표를 달성할 수 있습니다.
- **직접교수** : 특수영유아를 위해 특별히 고안된 직접교수 전략은 구체적이고 체계적인 지도를 제공합니다. 이는 특히 언어, 수학, 사회적 기술 등 특정 영역에서 효과적입니다. 직접교수는 단계별로 명확한 지침을 제공하며, 특수영유아가 학습 내용을 보다 쉽게 이해하고 습득할 수 있도록 돕습니다.

**반 통합학급 주간보육일지	결재	담 임	원 감	원 장

날 짜	2021년 11월 15일(월) ~ 11월 19일(금)	주 제	무지개 나라	유아 이름	***

놀이 이야기	
예상된 하얀구름반 놀이 계획	**이렇게 놀이했어요**
[쌓기] 무지개를 구성해요 [역할] 무지개 나라에 놀러오세요 [언어] (쓰기) 내가 좋아하는 색을 이용하여 글자를 써 보아요 (말하기,듣기,읽기) [미술] 물감으로 무지개를 그려보아요 [수조작] 무지개를 이어서 붙여보아요 [과학] 무지개는 어떻게 생기는걸까? [음률] '일곱 색깔 무지개' 노래를 배워보아요 [안전] 술은 위험해요 - 생활안전	[쌓기] 무지개를 구성해요 (사2-1) [역할] 무지개 안전벨트를 착용해요 (사1-1)/(인2-1) 사진사가 되어 사진 찍어주기 (사1-1)/(인2-1) [미술] 물감으로 무지개를 그려보아요 (소1-1) 무지개 자동차를 만들어요 (사1-1)/(인2-1) [음률] '일곱 색깔 무지개' 노래를 배워보아요 (대1-1) [안전] 술은 위험해요 - 생활안전

교사가 계획한 예상 놀이 및 유아의 흥미로 지속되는 놀이: 검정색/ I.E.P관련 유아놀이: 보라색 / 안전교육: 초록색
유아 주도로 지속되는 놀이나 새롭게 나타나는 놀이: 빨간색/ 유아를 통해 확장 및 변경된 놀이: 파란색

IEP 목표	지원 전략								수행도 (+, ±, -)
	활동의단순화 ○	자료수정 △	보이지않은 지원□	환경적 지원 ♧	성인지원 ♣	또래지원 ◎	아동의선호도 ☆	특수장비지원	
적2-1				✓	✓		✓		±
대2-1		✓			✓				±
소1-1					✓				±
사2-1		✓	✓	✓	✓	✓	✓		±
인1-1						✓			+
인2-1			✓	✓	✓				±
의1-1					✓	✓			+

수행도 + 스스로 수행/ ± 도움 받아 수행/ - 수행 안 됨 X 관찰되지 않음

실내자유놀이

활동명	영역별 IEP 발달목표	활동목표(장기목적)	사전준비	지원전략(단기목표)	수행도
[쌓기] 무지개를 구성해요	(사2-1)	순서를 기다리며 또래와 함께 블록을 교차해서 쌓는다.	· 또래지원 · 교차하여 쌓을 수 있는 무지개색 블록	2-1. 블록 놀이를 진행할 때, 성인의 언어적 신체적 촉진으로 친구와 2~3 차례 블록을 교차해서 쌓는다.	±
	(인2-1)	학급에서 친숙한 사람들의 얼굴과 이름을 기억하고 이름을 말한다.		2-1. 성인의 시각적, 언어적 촉진으로 친구를 보여주며 친구의 이름을 1음절로 힌트를 주면 친구의 이름을 이야기 할 수 있다.	±

놀이 진행 과정	지원방법
- 또래가 만들고 있는 무지개에 관심을 보임. 또래지원을 통해 또래가 함께 놀이하자고 제안하자 놀이 참여에 응함. - 또래가 빨강, 노랑, 초록, 파랑 순서로 블록을 끼우며 "무지개다!"라고 이야기하자 유찬이가 "무지개네?"라고 따라 이야기함. - 또래와 함께 번갈아가며 블록을 끼워보도록 교사가 제안하여 "00 차례"라고 이름과 차례를 알려주며 놀이를 시도함.	- 또래지원을 통해 놀이를 제안함. - 친구와 교차하여 블록놀이에 참여하도록 격려함. - 친구의 이름을 인지하고 표현하도록 힌트 제공함.

활동명	영역별 IEP 발달목표	활동목표(장기목적)	사전준비	지원전략(단기목표)	수행도
[미술] 물감으로 무지개를 그려 보아요	(소1-1)	성인의 언어적 촉진을 통해 필기도구를 삼점쥐기로 잡아 사용할 수 있다.	· 시범보이기(성인지원) · 삼점쥐기 교정 도구	1-1. 보조도구를 사용하여 필기도구를 삼점쥐기로 잡은 것을 성인이 모델링 보여주면 삼점쥐기로 필기도구를 잡을 수 있다.	±
	(의1-1)	요구나 도움을 청할 때 지칭 표현		1-1. 요구나 도움을 청할 때 지칭 표	+

|그림 8-21 개별화 교육계획에 근거한 교육계획 작성 예

**반 놀이이야기	결재	담 임	원 감	원 장

학 급 명	**반	유 아 명	김**
주 제	가을 나뭇잎 / 무지개 나라	활동기간	[11월 2주] 20**년11월**일 ~ 11월**일

11월 2주 놀이 이야기

예상된 **반 놀이 계획	이렇게 놀이했어요
[쌓기] 낙엽 마트를 구성해요 [역할] 낙엽 사세요~ [언어] (쓰기) 낙엽으로 간판을 만들어요 (말하기,듣기,읽기) 도토리 줍기 싫은 날 - 동화 [미술] 밤을 꾸며주어요 [수조작] 자연물을 규칙에 맞춰 놓아보아요 [과학] 낙엽 잎맥을 관찰해요 [음률] '아기 다람쥐 또미' 노래를 부르며 율동을 해요' [안전] 지진이 일어나면 어떻게 해야 할까요 - 재난대비	[쌓기] 낙엽 마트를 구성해요 (사2-1)/(인2-1) [미술] 밤을 꾸며주어요 (대2-1)/(소1-1) [수조작] 자연물을 규칙에 맞춰 놓아보아요 (사2-1)(인2-1) [과학] 낙엽 잎맥을 관찰해요(적2-1) [안전] 지진이 일어나면 어떻게 해야 할까요 - 재난대비

교사가 계획한 예상 놀이 및 유아의 흥미로 지속되는 놀이: 검정색/ I.E.P관련 유아놀이: 보라색 / 안전교육: 초록색
유아주도로 지속되는 놀이나 새롭게 나타나는 놀이: 빨간색/ 유아를 통해 확장 및 변경된 놀이: 파란색

11월 2주 이렇게 놀이했어요

**이의 놀이이야기

주말 지낸 이야기 나누기

차례차례 유니바 넘기

[쌓기] 낙엽 마트를 구성해요

[미술] 밤을 꾸며주어요

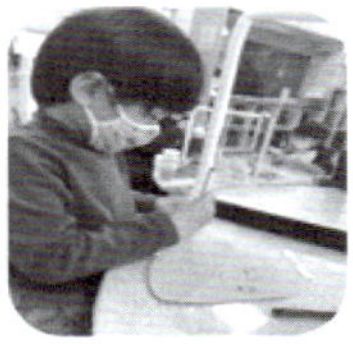

[미술] 밤을 꾸며주어요

[과학] 낙엽 잎맥을 관찰해요

친구와 시소타기

그림 8-31 가정과의 놀이실행기록의 공유

0000학년도 개별화교육프로그램(IEP) 2학기 평가

이 름	****	생년월일	0000.00.00	교육기간	0000.00.00 ~ 0000.00.00

1. 발달영역별 현행수준 및 개별화 교육프로그램(IEP) 평가 내용

적응행동	**1. 앞이 트인 지퍼 있는 겉옷을 스스로 입고, 벗는다.**
	「1-1. 옷을 입기 시작 할 때 스스로 옷을 (앞, 뒤, 위, 아래) 바르게 들고 한 팔의 소매를 끼워 넣는다.」를 수행하기 위해 교사의 신체적, 언어적 촉진이 필요하며, 간헐적으로 수행되었음. **이가 자신의 옷을 스스로 입는 기술을 가지고 있으나, 스스로 해당 상황에 알맞게 옷을 입고 벗는 것을 수행하도록 지도가 필요함.
	2. 겉옷을 스스로 정리한다.
	「2-1. 옷을 벗은 후 성인이 겉옷의 옷매무새를 정리하여 바닥에 놓아주면 바닥의 시각적 단서를 응시하고 성인의 언어적 촉진 하에 옷을 차례로 접어 사물함에 넣는다.」가 간헐적으로 수행 가능하나, 해당부분에 대해 흥미가 덜하고, 수행하는 데 어려움을 보임.("싫어!"라고 표현하며 교실로 이동하는 모습을 많이 보여 교사와 함께 교실 밖으로 나와 정리를 시도하고 있음.) 등 , 하원 시, 실외활동 시 적극적으로 수행 할 수 있도록 지원이 필요함.
	3. 손과 발을 협응하여 신발을 스스로 신는다.
	성인의 촉진 없이 손과 발을 협응하여 신발을 스스로 신을 수 있음. 벨크로가 있는 운동화 외에 신발을 신고 벗는데 어려움을 보였던 부츠류도 스스로 신고 있음.
	4. 에디슨 젓가락을 사용하여 식사한다.
	고리 2개가 부착된 에디슨 젓가락을 능숙하게 사용 가능함. 해당부분을 지속하기 위해 고리 1개가 부착된 젓가락으로 교체하여 사용하는 것이 좋겠음.
대근육	**1. 정형화 된 기본운동동작을 스스로 수행한다.**
	교사의 언어적 촉진으로 국민체조 및 체육 스트레칭의 동작을 모방하여 50% 이상 스스로 표현 가능함. 스스로 모든 동작을 표현 하는 데에는 어려움을 보이나, 지난 학습발표회를 준비하며 정해진 동작을 조금 더 자주 반복하여 표현 했을 때, **이의 수행도가 높아 해당부분은 일상생활에서 계속 지도해주면 더 향상될 것으로 보여짐.
소근육	**1. 필기구를 삼점잡기로 바르게 잡아 사용한다.**
	「1-1. 보조도구를 제거한 상태에서 성인의 신체적 촉진으로 삼점잡기로 잡아 필기구를 사용한다.」가 수행 가능하나, 지속시간이 짧은 편임. (**이가 잡기 편한 자세 - 주먹쥐기, 엄지와 검지만 사용하여 필기구 잡기 등 - 으로 변형됨.) 「1-4. 보조도구를 제거한 상태에서 성인의 언어적 촉진으로 삼점잡기로 잡아 필기구를 사용한다.」에 대한 수행도는 간헐적이며 역시 지속시간이 짧은 편임. 삼점잡기 자세 유지에 대해 지속적인 지원이 필요함.
	2. 가위를 사용하여 정사각형, 정삼각형을 오린다.
	교사의 촉진으로 직선으로 오리기를 지속하여 10㎝이상의 정사각형, 정삼각형 오리는 것이 가능하나, 스스로 종이를 돌려가며 정사각형, 정삼각형을 오리는 데에는 어려움을 보임. 가위 사용량을 늘릴 수 있도록 놀이활동 및 가정연계활동 시 반영하는 것이 좋겠음.

2. 종합평가

학기 초 보다 매우 안정적인 모습으로 어린이집 생활에 임하고 있음. 특히 의사표현 시, 자신의 마음에 들지 않을 때 보여 지던 꼬집는 행동이 거의 소거된 상태임. **이가 스스로 발화 할 수 있는 어휘가 많아지면서 자신의 의사표현을 언어적으로 표현하고자 노력하는 편임. **적응행동영역**에서 지도점으로 언급되었던 부분(편식, 화장실 사용, 신발 신고 벗기 등)들이 대부분 향상됨. 의복 착, 탈의 후 정리하는 것에 대해서는 지속적인 지도와 수행관찰이 필요함. **대근육영역**에서 또래와 비슷하거나 앞선 신체발달을 보이는 편임. (체육활동 시, 활동 수행도가 높은 편임.) 장기목적으로 수행한 기본운동동작 수행이 대체적으로 수행 중임. 점핑, 호핑, 스키핑 등과 같은 동작 표현에는 어려움을 보이며, 조금 더 체계적인 유아체육 프로그램, 태권도 등에 참여하여 능력을 향상시켜주어도 좋겠음. **소근육영역**에서 보조도구 유무에 관계없이 필기구 삼점잡기는 가능하나, 지속되는 시간이 매우 짧은 편이어서 삼점잡기 지속하여 끼적이기, 글자적기 등을 수행하도록 지원이 필요함. 가위 사용 능력이 향상되었으나, 양 손을 협응하는 부분, 종이를 돌려서 도형오리는 것과 같은 기술은 조금 더 수행 및 관찰이 필요함. **사회성영역**에서 선호하는 또래에 대한 애착관계가 매우 긴밀한 편이며, 의존도가 높으나, 주변의 다른 또래들에게도 관심의 범위가 넓어짐. 선호하는 또래로 인하여 규칙 지키기, 차례 지키기 등 사회생활관련 부분들이 일상생활에서 수행 가능하여 또래지원을 통한 지속적인 지도 계획하는 것이 좋겠음. 또래와 함께 소그룹으로 놀이 및 활동 시, **이의 선호도가 높은 편이며, 집중하는 모습을 보이기 때문에 소그룹활동, 짝활동을 지원해주는 것이 좋겠음. **인지영역**에서 장기목적으로 잡았던 이름과 나이에 대해 정확하게 인지하고 표현하기, 수량 인식하기에 대한 수행도가 낮아 해당부분에 대한 지원을 계속 필요로함. 가족의 우선순위로 추가된 일과 및 활동에 대해 인지하고 또래와 함께 참여하는 것이 대부분 가능한 편이나, 교사의 언어적 촉진 혹은 또래의 시범보이기가 선행되어야 하는 경우가 잦은 편임. **의사소통영역**에서 자신의 느낌, 생각에 대해 표현하는 능력이 향상되었으며, 어휘사용량이 늘었음. 이야기 할 때, 1음절로 표현하던 것들이 대부분 2~3음절 이상으로 표현되고 있음. 조금 더 다양한 어휘로 상황에 알맞게 표현 할 수 있도록 계속 지원이 필요함.

3. 차년도 중점 지원 방안

- 적응행동 : 스스로 의상 착, 탈의 후 정리하기, 대집단활동 시 바른 자세로 착석하여 동화 듣기
- 대근육 : 기본운동동작 수행하기
- 소근육 : 가위 사용하여 정사각형, 직사각형 스스로 오리기, 단추 및 지퍼 끼우기
- 사회성 : 또래와 그룹게임활동에 참여하기
- 인지 : 자신의 이름과 나이를 물었을 때, 정확하게 표현하기
- 의사소통 : 상황에 알맞게 표현하기

|그림 8-4| 개별화 교육프로그램 평가서 예시

3) 교수 전략의 다양성

특수영유아를 위한 교수 전략은 다양하게 적용될 수 있습니다. 각 영유아의 독특한 학습 스타일과 요구에 맞춘 전략을 활용하면, 학습 동기를 높이고 학습 내용을 보다 쉽게 이해할 수 있도록 돕습니다.

- **시각적 지원** : 그림, 사진, 시각적 일정표 등을 활용하여 학습 내용을 시각적으로 전달합니다. 이는 언어적 이해가 부족한 영유아에게도 명확한 지침을 제공할 수 있습니다.
- **감각적 자극** : 촉각, 후각, 청각 등 다양한 감각을 활용한 활동을 통해 영유아가 학습 내용을 보다 쉽게 이해하고 참여할 수 있도록 돕습니다. 예를 들어, 특정 냄새나 촉감을 통해 활동을 구분하도록 할 수 있습니다.
- **긍정적 강화** : 영유아의 긍정적인 행동에 대해 즉각적이고 적절한 칭찬과 보상을 제공합니다. 이를 통해 영유아는 자신의 행동이 긍정적으로 평가받는다는 것을 인식하고, 이를 반복적으로 수행할 동기를 갖게 됩니다.

4) 개별화 교육계획의 평가

개별화 교육에 대한 평가는 실행 과정과 실행 후에 지속적으로 이루어져야 합니다. 이를 통해 특수영유아의 교육 목표 달성 여부를 점검하고, 개별화 교육의 효과성을 평가하며, 그 결과를 다음 교수·학습과 개별화 교육계획 수립에 반영할 수 있습니다.

- **목표 달성 여부 확인** : 특수영유아가 설정된 장·단기 목표를 달성했는지 여부를 평가합니다. 이를 통해 영유아의 학습 진전을 확인하고, 필요시 목표를 수정하거나 보완할 수 있습니다.

- **교육의 효과성 평가** : 개별화 교육이 특수영유아에게 효과적으로 이루어졌는지 평가합니다. 이를 통해 교육 전략의 효과성을 검토하고, 필요시 수정할 수 있습니다.

(1) 평가 방법

- **지속적 관찰** : 특수영유아의 학습 과정을 지속적으로 관찰하고 이를 기록합니다. 이를 통해 영유아의 학습 진전을 체계적으로 모니터링할 수 있습니다.
- **공식적 평가** : 표준화된 평가 도구를 활용하여 특수영유아의 학업적 · 기능적 · 사회적 능력을 평가합니다. 이를 통해 객관적인 데이터를 수집할 수 있습니다.
- **부모와의 의사소통** : 평가 과정에서 부모와 충분히 의사소통하고 결과를 공유합니다. 이를 통해 부모의 의견을 수렴하고, 협력적 접근을 강화할 수 있습니다.

(2) 평가 결과의 활용

- **교수 · 학습 전략 수정** : 평가 결과를 바탕으로 교수 · 학습 전략을 수정하거나 보완합니다. 이를 통해 특수영유아의 학습 효과를 극대화할 수 있습니다.
- **다음 개별화 교육계획 수립** : 평가 결과를 다음 개별화 교육계획 수립에 반영합니다. 이를 통해 특수영유아의 교육적 요구를 보다 정확히 반영한 개별화 교육계획을 작성할 수 있습니다.

보육현장에서의 실천

1. 관찰 및 기록 : 영유아의 행동, 발달, 상호작용 등을 체계적으로 관찰하고 기록하여 개별화 교육계획 목표 설정 및 평가에 필요한 객관적인 데이터를 확보해야 합니다. 관찰은 영유아의 강점과 약점, 흥미와 요구를 파악하는 데 중요한 역할을 합니다. 관찰 기록은 IEP의 효과성을 평가하고 개선하는 데 필수적인 자료입니다.
2. 개별화된 교육 활동 설계 : 개별화 교육계획 목표를 달성하기 위해 영유아의 발달 수준, 학습 스타일, 흥미 등을 고려하여 개별화된 교육 활동을 설계하고 실행해야 합니다. 활동은 영유아의

참여를 유도하고 성취감을 느낄 수 있도록 구성되어야 합니다. 개별화된 활동은 영유아의 잠재력을 최대한으로 발휘하도록 돕습니다.

3. 융통성 있는 환경 조성 : 개별화 교육계획 목표 달성을 지원하기 위해 교육 환경을 융통성 있게 조정해야 합니다. 필요에 따라 교실 배치, 자료, 도구 등을 변경하고, 영유아가 편안하고 안전하게 학습할 수 있도록 환경을 조성해야 합니다. 융통성 있는 환경은 영유아의 개별적인 요구에 맞는 최적의 학습 경험을 제공합니다.
4. 긍정적 강화 및 피드백 제공 : 영유아의 긍정적인 행동과 노력에 대해 즉각적이고 구체적인 칭찬과 격려를 제공하여 학습 동기를 높여야 합니다. 건설적인 피드백은 영유아가 자신의 강점과 약점을 인식하고 발전을 위한 노력을 기울이도록 돕습니다. 긍정적인 강화와 피드백은 영유아의 자존감을 높이고 성공적인 학습 경험을 제공합니다.
5. 가족 및 전문가와의 협력 : 개별화 교육계획 실행 과정에서 가족 및 관련 전문가와 긴밀하게 협력하여 영유아에게 일관성 있고 통합적인 지원을 제공해야 합니다. 정기적인 의사소통, 정보 공유, 공동 워크숍 등을 통해 협력적인 관계를 구축하고, 영유아의 발달을 위한 최적의 환경을 조성해야 합니다. 협력은 영유아의 성공적인 개별화 교육계획 실행을 위한 핵심 요소입니다.

용어 정의

1. 개별화 교육계획(IEP) : 특수교육대상자의 개별적인 교육적 요구를 충족시키기 위해 작성하는 계획으로, 현재 수준, 목표, 교육 방법, 평가 방법 등을 포함합니다. 개별화 교육계획은 특수교육의 핵심 도구입니다.
2. 개별화 교육 : 특수교육대상자의 개별적인 특성과 요구에 맞춰 교육 목표, 내용, 방법 등을 조정하여 제공하는 교육을 의미합니다. 개별화 교육은 모든 영유아의 잠재력을 최대한으로 발휘하도록 돕습니다.
3. 특수교육 관련 서비스 : 특수교육대상자의 교육적 요구를 충족시키기 위해 제공되는 다양한 지원 서비스로, 상담, 치료, 보조 공학 기기 지원 등을 포함합니다. 특수교육 관련 서비스는 개별화 교육계획 목표 달성을 위한 필수적인 요소입니다.
4. 활동중심 삽입교수 : 일반 교육 활동에 특수교육 목표를 통합하여 모든 영유아가 함께 참여하면서 개별적인 학습 목표를 달성할 수 있도록 하는 교수 전략을 의미합니다. 활동중심 삽입교수는 통합교육 환경에서 효과적인 교수 방법입니다.
5. 직접교수 : 교사가 학습 내용을 명확하게 설명하고 시범을 보이며, 영유아가 연습하고 피드백을 받는 과정을 통해 학습 효과를 높이는 교수 방법을 의미합니다. 직접교수는 특정 기술이나 지식을 효과적으로 전달하는 데 유용합니다.

제3부

장애영유아 교수방법론의 실천

제 9 장

인지발달을 위한 교수방법론

학습목표

1. 증거 기반의 개별화된 목표 설정 : 장애영유아의 인지발달 지연 원인을 심층적으로 파악하고, 아동의 강점과 약점에 대한 정확한 데이터를 기반으로 현실적이고 달성 가능한 목표를 설정하는 능력을 함양해야 합니다. 막연한 기대가 아닌, 아동의 현행 수준에 딱 맞는 단계적 목표를 설계하는 것이 인지발달의 첫걸음입니다.
2. 실천적 활동 구성 및 참여 유도 : 다양한 인지 활동 유형의 이론적 근거를 이해하는 것을 넘어, 이를 실제 보육 현장에 적용하는 구체적인 노하우를 익혀야 합니다. 영유아의 흥미를 자극하고 자발적인 참여를 이끌어 내는 매력적인 활동을 구성하여, 학습이 '놀이'처럼 느껴지도록 하는 교수 역량을 강화해야 합니다.
3. 일상생활 속 기술 전이(Generalization) 지원 : 인지 기술을 특정 수업 시간에만 학습하는 것이 아니라 놀이, 식사, 정리정돈 등 일상 루틴 속에서 자연스럽게 연습하고 적용할 수 있도록 기회를 포착해야 합니다. 교실에서 배운 내용을 새로운 환경에서도 유연하게 활용할 수 있도록 돕는 '기술의 일반화' 전략을 터득해야 합니다.
4. 전략적 매체 선정 및 활용 : 영유아의 발달 특성과 선호도를 고려하여 최적의 교육 매체를 선별하고, 이를 도구로 활용하여 학습 효과를 극대화하는 안목을 길러야 합니다. 적절한 교재교구와 미디어의 활용은 추상적인 인지 개념을 구체화하는 데 강력한 비계(Scaffolding) 역할을 합니다.
5. 협력적 인지발달 파트너십 구축 : 가정과 교육기관 간의 긴밀한 정보 공유와 협력을 통해, 아동이 일관된 자극과 지지를 받을 수 있는 환경을 조성해야 합니다. 부모와 공동의 목표를 수립하고 실천 과정을 공유함으로써, 인지발달의 시너지를 창출하는 소통 능력을 갖춰야 합니다.

1. 인지발달을 위한 교수 전략

장애영유아를 마주하는 일은 단순히 어려움을 돕는 행위를 넘어, 한 인간의 무한한 가능성을 발견하고 함께 성장하는 가장 소중한 여정입니다. 이 여정에서 선생님은 나침반이자 든든한 동반자로서, 영유아의 고유한 빛깔을 세상에 드러낼 수 있도록 안내하는 중요한 역할을 수행합니다.

장애는 영유아가 가진 여러 특성 중 하나일 뿐, 그들의 전부를 규정짓는 잣대가 될 수 없습니다. 각 영유아는 저마다의 강점과 잠재력을 품고 있으며, 선생님은 마치 정원을 가꾸는 정원사처럼, 영유아라는 씨앗이 가진 잠재력을 틔우기 위해서는 세심한 관찰과 개별 맞춤형 접근이 필수적입니다. 이 아이들이 스스로 생각하고 문제를 해결하며 세상을 탐구하는 능력을 키울 수 있도록, 지식을 전달하는 것을 넘어선 전략적이고 따뜻한 지도가 필요합니다(Rao, Sun, Chen & Ip, 2017).

장애영유아의 인지발달을 돕는 것은 단순히 지식을 가르치는 것을 넘어섭니다. 아이들 스스로 생각하고, 문제를 해결하며, 세상의 궁금증을 탐구하는 '배움의 힘'을 길러주는 데 초점을 맞춰야 합니다. 이를 위해 '감각통합(Sensory Integration)'과 '개별화 접근(Individualized Approach)'은 아이들의 잠재력을 최대한 이끌어 낼 수 있는 강력한 도구가 됩니다.

• '감각'으로 세상을 배우다 : 감각통합 활동의 적극적 활용

많은 장애영유아가 감각 정보를 처리하는 데 어려움을 겪습니다. 어떤 감각은 너무 예민하게 받아들이고(과민), 어떤 감각은 둔감하게 느껴(둔감) 세상과 상호작용하는 데 방해를 받습니다. 감각통합 활동은 아이들이 감각 정보를 효과적으로 조절하고 통합하여 세상을 더 잘 이해하고 탐색할 수 있도록 돕습니다.

• 아이에게 꼭 맞는 맞춤옷 : 개별화 접근의 원리

모든 아이는 고유한 잠재력과 발달 경로를 가집니다. 아이의 흥미와 강점을 기반으로 교육계획을 세울 때, 아이는 가장 적극적으로 참여하고 효과적으로 배울 수 있습니다.

이 절에서는 다양한 인지발달 이론을 바탕으로, 장애영유아의 특성과 요구에 맞는 구체적인 교수 방법과 전략을 제시합니다. 이를 통해 교사는 영유아의 인지발달을 촉진하고, 그들이 세상과 더 잘 소통할 수 있는 능력을 키우는 데 필요한 실질적인 도구를 제공받을 수 있을 것입니다.

1) 핵심 원리 1 : 개별화 & 단계적 설계

장애를 가진 영유아의 인지발달을 지원하는 데 있어, '개별화된 단계적 설계'는 성공적인 성장을 위한 가장 중요한 원칙 중 하나입니다. 이 원리는 마치 모자이크 조각을 하나하나 맞춰 그림을 완성하듯, 영유아의 발달 수준에 맞춘 세심한 분해와 단계별 접근을 통해 학습의 효과를 극대화하고 긍정적인 학습 경험을 심어줍니다. 개별화된 단계적 설계는 장애영유아의 인지발달을 위한 핵심 전략으로, 작은 발걸음들이 모여 큰 변화를 만들어내는 것처럼, 세심하게 설계된 단계를 통해 영유아는 잠재력을 최대한 발휘하고 긍정적인 자아개념을 형성할 수 있습니다.

교사는 이 과정에서 영유아의 개별적인 특성을 파악하고, 끊임없이 관찰하며 유연하게 대처하는 능력을 키워야 합니다. 이는 단순히 학습 내용을 전달하는 것을 넘어, 영유아가 스스로 학습 과정을 주도하고 성공 경험을 쌓을 수 있도록 지원하는 데 초점을 맞춥니다.

(1) 추상적 개념의 단계적 접근

'더하기'나 '비교'와 같은 추상적인 개념은 영유아에게는 거대한 산처럼 느껴질 수 있습니다. 하지만 이러한 개념을 작고 구체적인 행동 단계로 쪼개어 제시하면, 영유아는 훨씬 쉽게 접근하고 이해할 수 있습니다. 예를 들어, '하나씩 더하기'를 가르칠 때 단순히 숫자를 나열하는 대신, 다음과 같은 단계적 접근 방식을 활용할 수 있습니다.

- 손가락 하나 더하기 : 손가락을 사용하여 눈으로 직접 보면서 하나씩 더하는 경험을 제공합니다. 이는 영유아가 숫자와 물리적인 움직임을 연결하는 데 도움을 줍니다.
- 물건 하나 더 놓기 : 손가락 대신 실생활에서 쉽게 접할 수 있는 물건(장난감, 블록 등)을 사용하여 더하기를 연습합니다. 이는 추상적인 개념을 구체적인 사물과 연결시켜 이해를 돕습니다.
- 숫자 말하기 : 물건을 더하면서 숫자를 함께 말하도록 유도하여 시각적 경험과 언어적 표현을 연결합니다. 이는 숫자와 언어를 통합적으로 학습할 수 있도록 돕습니다.

이러한 단계적 접근은 영유아가 각 단계에서 성공적인 경험을 쌓도록 설계되어야 합니다. 작은 성공들이 모여 큰 성취감을 느끼게 하고, 학습에 대한 긍정적인 태도를 형성하는 데 결정적인 역할을 합니다. 스스로 해냈다는 성취감은 자기효능감을 높이고, 더 어려운 과제에 도전할 수 있는 용기를 줍니다.

(2) 끊임없는 관찰과 유연한 조정

단계별 진행 과정은 끊임없는 관찰과 유연한 조정을 요구합니다. 교사는 영유아의 반응을 세심하게 살피고, 어려움을 느끼는 부분은 다시 세분화하거나 보충 설명을 제공해야 합니다. 반대로, 쉽게 이해하는 부분은 단계를 건너뛰거나 더 심화된 내용을 제시할 수도 있습니다. 중요한 것은 영유아가 실패 경험을 최소화하고 성공의 기쁨을 느낄 수 있도록 맞춤형으로 지원하는 것입니다.

예를 들어, 어떤 영유아가 '손가락 더하기' 단계에서 어려움을 느낀다면, 교사는 이를 더 세분화하여 '하나의 손가락을 움직이는 것'부터 시작할 수 있습니다. 반면, 다른 영유아가 '물건 더하기' 단계를 빠르게 이해한다면, 교사는 '숫자 말하기' 단계로 넘어가거나 더 복잡한 문제를 제시할 수 있습니다.

2) 핵심 원리 2 : 성공률 우선 설계

장애영유아의 인지발달을 효과적으로 촉진하는 또 다른 중요한 원칙은 바로 '성공률 우선 설계'입니다. 이 원리는 초기 단계에서 높은 성공률을 보장하는 과제를 제공함으로써, 영유아가 자신감을 얻고 학습에 대한 긍정적인 태도를 형성하도록 돕는 데 초점을 맞춥니다. 마치 어린 나무에 물을 주어 뿌리를 튼튼하게 만드는 것과 같습니다. 성공률 우선 설계는 장애영유아의 인지발달을 위한 효과적인 전략으로, 점진적인 난이도 상승과 맞춤형 지원을 통해 영유아의 잠재력을 최대한 발휘하고 행복한 성장을 돕는 것이 우리 모두의 목표입니다.

(1) '나는 할 수 있다'는 믿음 심어주기

성공률 우선 설계의 핵심은 영유아가 과제를 수행하면서 끊임없이 성공 경험을 쌓도록 하는 데 있습니다. 초기 단계에서는 70~90%의 높은 성공률을 목표로 과제를 설계하여, 영유아가 '나는 할 수 있다'는 자기효능감을 느끼도록 돕습니다. 작은 성공들이 쌓여 자신감을 형성하고, 더 어려운 과제에 도전할 수 있는 용기를 줍니다.

예를 들어, 숫자 세기를 가르칠 때, 처음에는 1부터 5까지의 작은 범위에서 시작하여 영유아가 쉽게 성공할 수 있는 환경을 조성합니다. 이렇게 하면 영유아는 자신의 능력을 믿고, 더 큰 숫자 범위로 확장해 나갈 수 있는 자신감을 얻게 됩니다.

(2) 점진적인 난이도 상승, 꾸준한 성장 유도

성공 경험이 충분히 쌓였다면, 점차적으로 난이도를 높여 영유아가 새로운 도전에 직면하도록 유도해야 합니다. 하지만 이때에도 중요한 것은 성공 경험이 꾸준히 유지되도록 설계하는 것입니다. 지나치게 어려운 과제를 제시하여 좌절감을 안겨주기보다는, 조금씩 난이도를 높여 영유아가 자신의 능력을 꾸준히 향상시킬 수 있도록 돕는 것이 중요합니다.

마치 계단을 오르듯이, 한 단계씩 차근차근 나아가는 과정을 통해 자연스럽게 도전감과 끈기를 기를 수 있습니다. 예를 들어, 블록 쌓기 활동에서 처음에는 단순히 2개의 블록을 쌓는 과제를 제시하고, 점차적으로 블록의 수를 늘려가며 영유아가 성공적으로 과제를 완수할 수 있도록 돕습니다.

(3) 학습 흥미 유지 및 자존감 향상

성공률 우선 설계는 학습에 대한 흥미를 지속시키는 데 매우 효과적입니다. 성공적인 경험은 영유아에게 즐거움과 만족감을 선사하고, 학습에 대한 긍정적인 감정을 불러일으킵니다. 또한 성공을 통해 얻는 자신감은 영유아의 자존감을 탄탄히 하는 중요한 밑거름이 됩니다. 자존감이 높은 영유아는 새로운 개념을 받아들이고 적용하는 데 있어서도 주저하지 않고 적극적으로 참여합니다.

예를 들어, 색깔 맞추기 게임에서 처음에는 드 가지 색깔만 사용하여 쉽게 성공할 수 있도록 한 후, 점차적으로 색깔의 수를 늘려가며 영유아가 성공적으로 과제를 완수할 수 있도록 돕습니다. 이렇게 하면 영유아는 학습에 대한 흥미를 잃지 않고, 계속해서 도전할 수 있는 동기를 유지하게 됩니다.

(4) 성공을 위한 맞춤형 전략

성공률 우선 설계를 위해서는 영유아의 개별적인 특성과 요구를 고려한 맞춤형 전략이 필요합니다. 영유아의 발달 수준, 학습 스타일, 흥미 분야 등을 파악하여 성공 가능성이 높은 과제를 선정하고 제시해야 합니다. 또한 과제를 수행하는 과정에서 어려움을 겪는 영유아에게는 적절한 도움과 지원을 제공하여 성공적인 결과를 얻을 수 있도록 돕는 것이 중요합니다.

예를 들어, 어떤 영유아가 언어발달에 어려움을 겪고 있다면, 시각적 단서를 활용한 과제를 제시하여 성공률을 높일 수 있습니다. 반면, 또 다른 영유아가 사회성 발달에 어려움을 겪고 있다면, 또래와의 협력을 통해 성공 경험을 쌓을 수 있는 과제를 설계할 수 있습니다.

3) 핵심 원리 3 : 관찰 기반 조정

장애영유아의 인지발달 여정은 예측 불가능한 바다를 항해하는 것과 같습니다. 효과적인 항해를 위해서는 나침반과 지도가 필수적이듯, 영유아의 발달을 정확히 파악하고 맞춤형 지원을 제공하기 위해서는 '관찰 기반 조정'이라는 핵심 원리가 필요합니다. 관찰 기반 조정은 장애영유아의 인지발달을 위한 필수적인 원리로, 꼼꼼한 기록, 즉각적인 피드백, 유연한 대처를 통해 영유아는 자신에게 맞는 맞춤형 지원을 받고, 잠재력을 최대한 발휘할 수 있습니다. 교사는 관찰자이자 조력자로서, 영유아의 발달 여정을 함께하며 성공적인 성장을 이끌어 내는 역할을 수행해야 합니다.

(1) 정밀한 기록, 맞춤형 지도의 시작

관찰 기반 조정의 핵심은 수업 진행 과정에서 짧은 체크리스트와 기록지를 활용하여, 매회 영유아의 성취도와 정서 상태를 꼼꼼하게 관찰하고 기록하는 데 있습니다. 이는 마치 항해사가 항해 일지를 기록하며 현재 위치와 상황을 파악하는 것과 같습니다. 기록은 단순히 결과를 나열하는 것이 아니라 영유아의 행동, 반응, 표정 등을 구체적으로 기술하여 그들의 생각과 감정을 이해하는 데 도움을 주어야 합니다.

예를 들어, 블록 쌓기 활동 중 영유아가 어떤 블록을 선택하고, 얼마나 오래 집중하며, 어떤 어려움을 겪는지 등을 세밀히 기록합니다. 이러한 기록은 영유아의 강점과 약점을 파악하고, 향후 수업 설계에 반영할 수 있는 귀중한 자료가 됩니다.

(2) 실시간 피드백, 즉각적인 항로 수정

기록된 내용은 즉각적인 피드백 수단으로 활용되어야 합니다. 영유아가 어려움을 겪는 부분은 무엇인지, 어떤 활동에 흥미를 보이는지 등을 분석하여, 목표와 과제를 즉각적으로 조절하고 맞춤형 수업을 설계할 수 있습니다. 이는 마치 항해사가 날씨 변화에 따라 돛을 조절하고 항로를 수정하는 것과 같습니다. 유연한 대처를 통해 영유아는 실패 경험을 최소화하고, 성공적인 학습 경험을 쌓을 수 있습니다.

예를 들어, 어떤 영유아가 숫자 세기에서 어려움을 겪는다면, 교사는 즉시 더 간단한 숫자 범위로 돌아가거나 시각적 단서를 추가하여 이해를 돕는 등 실시간으로 수업 전략을 조정할 수 있습니다.

(3) 균형 잡힌 경험, 건강한 성장 촉진

관찰 기반 조정은 영유아의 발달 속도를 존중하고, 실패와 성공 경험을 균형 있게 제공하는 데 중요한 역할을 합니다. 지나치게 어려운 과제를 제시하여 좌절감을 안겨주거나, 너무 쉬운 과제만을 제공하여 성장의 기회를 놓치는 것을 방지할 수 있습니다. 영유아의 개별적인 특성과 요구에 맞는 맞춤형 지원을 통해, 그들이 최고의 성과를 낼 수 있도록 돕는 것이 목표입니다.

예를 들어, 영유아가 한 번에 너무 많은 블록을 쌓으려고 시도하며 좌절감을 느낀다면, 교사는 블록의 수를 줄여 성공 경험을 쌓을 수 있도록 돕고, 이후 점차적으로 블록의 수를 늘려 도전감을 유지할 수 있습니다.

(4) 교사의 전문성, 빛을 발하는 순간 : 끊임없이 배우고 함께 성장하는 지혜

우리 장애영유아 아이들의 성장을 돕는 여정에서 교사의 전문성은 단순히 많은 지식을 아는 것을 넘어, 아이들의 작은 반응 하나하나에 귀 기울이고, 그에 맞춰 끊임없이 자신을 조정하며 발전하는 능력을 의미합니다. 선생님의 전문성이 가장 빛나는 순간은 바로, 아이들과의 상호작용 속에서 배우고 성장하는 바로 그때입니다.

◆ 이렇게 실천해 주세요! (전문성 향상을 위한 구체적인 방법)

① 관찰, 나를 돌아보는 '성장 거울'

- 아이들의 반응, 가장 솔직한 피드백 : 선생님이 계획한 활동이나 상호작용에 대해 아이들은 즉각적으로 반응합니다. 아이가 활짝 웃으며 활동에 몰입하나요? 그렇다면 '이 방법이 통했구나!' 하고 스스로 평가할 수 있습니다. 반대로, 아이가 지루해하거나 짜증을 내나요? 그렇다면 '아, 뭔가 바뀌야겠구나' 하고 개선점을 찾을 수 있습니다.
- 즉각적인 조정 : 이러한 아이들의 즉각적인 반응을 통해 선생님은 자신의 교수방법이 효과적인지, 어떤 부분을 개선해야 할지 빠르게 파악할 수 있습니다. 마치 내비게이션처럼, 아이들의 반응은 선생님의 수업 방향을 알려주는 가장 정확한 정보가 됩니다.
- 지속적인 자기성찰 : 매일매일 아이들과 부딪히며 생기는 수많은 상호작용 속에서, 선생님은 자신의 강점과 약점을 발견하고 개선점을 찾아 나갑니다. 이러한 꾸준한 자기성찰과 조정 과정이야말로 선생님의 '전문성'을 끊임없이 갈고 닦는 비결입니다.

② 동료 교사와의 협력, '함께 만드는 지혜의 샘'

- 혼자 고민하지 마세요 : 선생님 혼자 모든 해답을 찾아낼 필요는 없습니다. 동료 교사와의 협력은 혼자서는 볼 수 없었던 새로운 관점을 열어주고, 더 나은 교육 방법을 함께 개발할 수 있는 강력한 힘이 됩니다.

◆ 이렇게 협력해 주세요!

- 관찰 기록 공유 및 토론 : 한 아이의 특정 행동이나 발달 상황에 대한 관찰 기록(예 "○○이가 오늘 블록을 던졌는데, 왜 그랬을까요?")을 동료 교사와 공유하며 다양한 해석과 전략을 함께 고민합니다.
- 교수 전략 벤치마킹 : "△△에게 효과적이었던 시각적 일과표가 □□에게도 적용될 수 있을까요?" 서로의 성공 사례와 노하우를 나누며 각 아이에게 맞는 최적의 방법을 찾아나갑니다.
- 상호 피드백 : 동료 교사의 수업을 참관하고 건설적인 피드백을 주고받으며, 미처 보지 못했던 자신의 강점이나 개선점을 발견합니다. 이는 자신의 교수법을 객관적으로 평가하고 발전시키는 소중한 기회가 됩니다.
- 정기적인 스터디 : 특정 장애 유형에 대한 이해, 새로운 교수 기법 등 관심 있는 주제에 대해 함께 공부하고 토론하며 전문성을 심화합니다.
- 시너지 효과 창출 : 이러한 협력은 선생님의 고민을 나누고 해결책을 찾아주는 든든한 지원군이 되며, 궁극적으로 교사 집단 전체의 전문성을 높이는 귀한 자산이 됩니다.

4) 핵심 원리 4 : 다감각 접근법

장애영유아의 인지발달을 촉진하는 데 있어 감각기관을 총동원하는 '다감각 접근법'은 뇌의 잠재력을 최대한 끌어내는 강력한 도구입니다. 다감각 접근법은 장애영유아의 인지발달을 위한 핵심 전략으로, 다양한 감각자극을 통합하여 학습 효과를 극대화하고, 기억력 증진, 상황 전이 촉진, 개별 맞춤 지원을 가능하게 합니다. 교사는 영유아의 감각 특성을 파악하고 창의적인 활동을 통해 다감각적인 학습 경험을 제공함으로써, 수학적 개념을 확장하고 실생활에 적용하는 능력을 키우도록 도와야 합니다.

(1) 감각의 향연, 뇌를 활성화하다

영유아의 뇌는 다양한 감각 경험을 통해 발달하고 성장합니다. 다감각 접근법은 이러한 뇌의 특성을 활용하여 개념을 여러 감각 경로를 통해 경험하도록 유도합니다.

예를 들어, 숫자를 가르칠 때 단순히 시각적인 자료만 제시하는 것이 아니라, 촉감 도구(예 입체 숫자, 다양한 질감 블록, 모래판)를 활용하여 숫자를 만져보고, 리듬 활동(예 숫자송, 박자 행진)을 통해 숫자를 듣고, 신체 동작(예 숫자 라인 밟기, 손가락 움직이기)을 통해 숫자를 표현하도록 하는 것입니다. 이러한 다감각적 접근은 영유아가 단순히 정보를 암기하는 것을 넘어, 개념을 깊이 있게 이해하고 내면화할 수 있도록 돕습니다. 다양한 감각을 통해 경험한 정보는 뇌의 여러 부분을 활성화시키며 학습 효과를 극대화합니다.

(2) 기억력 증진, 상황 전이 촉진

다감각 접근법은 단순한 반복 학습을 넘어 기억력 증진과 상황 전이 촉진에 효과적입니다. 다양한 감각을 통해 경험한 정보는 뇌에 더욱 깊이 각인되고, 오랫동안 기억될 가능성이 높습니다. 또한 다양한 맥락에서 경험한 개념은 새로운 상황에 적용하고 활용하는 능력을 키우는 데 도움을 줍니다.

예를 들어, 숫자를 단순히 시각적으로 보는 것뿐만 아니라 촉각적으로 만지고, 청각적으로 듣고, 신체적으로 표현하는 경험을 통해 영유아는 숫자의 개념을 더욱 풍부하게 이해할 수 있습니다. 이는 나중에 실생활에서 숫자를 활용할 때도 더 쉽게 적용할 수 있도록 돕습니다.

(3) 개별 맞춤, 감각 수용성을 고려한 지원

다감각 접근법은 개별 영유아의 다양한 감각 수용성을 고려한 맞춤형 지원을 가능하게 합니다. 특정 감각에 민감하거나 어려움을 겪는 영유아에게는 다른 감각을 활용하여 보완적인 학습 경험을 제공할 수 있습니다.

예를 들어, 시각적인 정보처리에 어려움을 겪는 영유아에게는 촉각적인 자료나 청각적인 설명에 더 집중하여 학습 효과를 높일 수 있습니다. 이러한 맞춤형 접근은 영유아의 개별적인 요구를 존중하며, 그들이 자신에게 가장 적합한 방식으로 학습할 수 있도록 돕습니다. 교사는 영유아의 감각 특성을 세심하게 관찰하고, 이를 반영한 다감각적 활동을 설계해야 합니다.

(4) 수학적 개념 확장 : 놀이 속에서 배우는 실생활 수학

장애영유아에게 수학은 단순히 숫자를 암기하거나 기호를 배우는 어려운 과목이 아닙니다. 일상생활 속에서 수를 세고, 비교하고, 분류하고, 규칙을 찾아내는 모든 활동이 수학적 개념의 출발점이 됩니다. 다감각 접근법은 아이들이 손으로 만지고, 눈으로 보고, 귀로 듣는 다양한 감각 경험을 통해 숫자의 의미와 관계를 이해하고, 이를 실생활에 적용하는 능력을 키우는 데 매우 효과적입니다.

아이들이 놀이처럼 즐겁게 수학적 개념을 경험하고, 스스로 문제를 해결하며 '나도 할 수 있다'는 자신감을 얻을 수 있도록 선생님의 세심한 지도가 필요합니다.

① 감각을 활용한 '수 세기' 놀이(1:1 대응 및 수량 이해)

숫자를 추상적인 기호가 아닌, 실제 사물의 양과 연결하여 이해하는 기초가 됩니다.

◆ 이렇게 실천해 주세요!

- 블록 세기 : "○○이가 블록을 하나, 둘, 셋, 네 개 쌓았네! 네 개!"(블록을 만지며 큰 소리로 함께 세고, 완성된 4개의 블록을 눈으로 확인)
- 몸으로 세기 : "○○이 손가락은 몇 개일까? 하나, 둘, 셋, 넷, 다섯 개! 발가락도 세어볼까?"(손가락, 발가락 등 신체 부위를 직접 만지며 세기)
- 생활 속 수 세기 : "친구들이 몇 명 왔을까?", "숟가락은 몇 개 필요할까?", "계단을 하나, 둘, 셋 밟고 올라가자!"(구체적인 상황에서 반복적으로 수 세기)

– 수 카드/ 그림 카드 활용 : 숫자 '3'을 보여주며 사과 그림 '3개'를 짝짓거나, 숫자 블록 '3개'를 함께 놓아봅니다.

② '분류'와 '패턴'으로 질서 찾기 놀이(비교, 공통점/ 차이점, 규칙성 이해)

사물 간의 관계를 파악하고, 일정한 규칙을 찾아내는 논리적 사고력을 기릅니다.

◆ 이렇게 실천해 주세요!

– 색깔/ 모양/ 크기 분류 : "빨간색 블록은 여기 바구니에, 파란색 블록은 저기 바구니에 넣어볼까?", "네모 블록이랑 세모 블록은 어떻게 다를까?"(분류 기준을 제시하고 함께 분류하며 언어로 설명하기)
– 정리정돈에 적용 : "인형은 인형 집에, 자동차는 주차장에 넣어주세요."(정리정돈 활동을 분류 개념과 연결)
– 간단한 패턴 만들기 : "빨강, 파랑, 빨강, 파랑, 그다음에는 무슨 색이 올까?", "짝짝꿍, 짝짝꿍, 그다음에는 어떤 동작을 할까?"(교사가 먼저 패턴을 보여주고 아이가 이어서 만들거나 완성하도록 유도)

③ '크기'와 '양' 비교 놀이(비교 개념 이해)

사물의 속성을 이해하고, 비교하는 어휘(크다/ 작다, 많다/ 적다, 길다/ 짧다 등)를 익힙니다.

◆ 이렇게 실천해 주세요!

– 실물 비교 : "이 블록이 더 크네? 이 블록이 더 작고.", "○○이가 가진 과자가 더 많고, 선생님은 더 적네."(직접 눈으로 보고 만지며 비교하고 언어로 표현하기)
– 공유 활동 : "친구랑 똑같이 나눠 먹을까?", "○○이 하나, 친구 하나."(공정한 분배 개념 익히기)
– 몸으로 비교 : "○○이 키는 크고, 선생님 키는 더 크네!"(신체활동과 연결)

④ '공간'과 '시간' 개념 익히기(위치, 방향, 순서 이해)

주변 환경을 이해하고, 일상생활의 흐름과 순서를 인지하는 기초가 됩니다.

◆ 이렇게 실천해 주세요!

- 블록 놀이/ 퍼즐 : "네모 블록을 동그라미 블록 위에 쌓아볼까?", "이 조각은 어디에 들어가야 할까?"(위치, 방향, 관계 파악)
- 몸으로 움직이며 익히기 : "책상 아래로 기어가 볼까?", "문에 앞에 서 볼까?", "친구의 뒤에 서 볼까?"(신체활동과 연결하여 공간 개념 익히기)
- 시각적 일과표 : "이제 놀이 시간 다음에는 간식 시간이에요."(그림으로 된 일과표를 보며 순서 익히기)
- 시간 알림 : "놀이 시간이 5분 남았어요.", "점심 먹을 시간이에요."(타이머, 시각적 시계 등을 활용하여 시간 개념 인지 돕기)

<표 9-1> 장애영유아 교수의 핵심 원리

핵심 원리	현장 적용법	시사점	비 고
개별화 & 단계적 설계	- 발달 수준에 맞춘 작은 단계로 분해 - 큰 개념(더하기, 비교)을 작은 행동으로 나누기 예 '하나씩 더하기' → 손가락 하나 더하기 → 물건 하나 더 놓기 → 숫자 말하기	- 단계별 성공 경험 제공으로 학습 자신감 향상 - 성공률 70~90%의 과제로 성취감 유지	지속적 관찰과 조정 필요
성공률 우선 설계	- 초기에는 높은 성공률(70~90%)의 과제 제공 - 점차 난이도 조절	- 성취감을 통해 긍정적 학습 태도 강화 - 자연스러운 난이도 조절로 도전감 유지	성공 경험을 통한 동기부여 중요

관찰 기반 조정	– 짧은 체크리스트(성공률/ 지원 수준/ 정서)를 통해 매회 기록 – 기록한 결과로 목표와 과제 수정	– 영유아 맞춤형 수업 설계 가능 – 즉각적 피드백으로 학습 효과 극대화	지속적인 관찰과 기록 필요
다감각 접근법	– 눈・손・귀・몸을 모두 활용 – 촉감 : 입체 숫자, 다양한 질감 블록, 모래판 쓰기 – 청각・리듬 : 숫자송, 박자행진 – 운동・신체 : 숫자 라인 밟기, 손가락 펴기 등	– 다양한 감각경로를 통해 개념을 반복 학습 – 신경망 강화를 통한 기억과 전이 촉진	다양한 감각 활용으로 이해도 높임
시사점	– 같은 개념을 서로 다른 감각경로로 반복 학습 – 신경망 강화 후 이해와 기억, 상황 전이 향상	– 여러 맥락에서 숫자 인식과 활용 가능성 높아짐 – 단일 방식보다 효과적	다양한 감각통합 학습의 중요성 강조

2. 장애영유아 인지발달 평가 가이드

장애영유아 보육현장에서는 영유아들의 개별 발달 속도를 이해하고, 그에 맞는 지원 전략을 설계하는 것이 매우 중요합니다. 이를 위한 평가 항목은 단순한 점수에 그치는 것이 아니라, 지속적 관찰과 데이터를 통해 영유아의 성장 경로를 명확히 파악하는 데 목적이 있습니다. 이 절에서는 평가 개념, 방법, 지원 수준, 그리고 기록 시 주의해야 할 점을 세심하게 안내하여, 평가 과정이 영유아의 잠재력을 키우는 중요한 도구임을 다시 한번 강조하고자 합니다(Magiati, & Howlin, 2001).

1) 1 : 1 대응 정확도

이 항목은 영유아가 숫자와 양(물체 또는 동작)을 일치시켜 정확히 수행하는 비율을 의미합니다. 예를 들어, 영유아가 네 차례 시도 중 세 차례 성공하였다면 성공률은 75%입니다. 평가는 활동 중 영유아의 시도 횟수와 성공 횟수를 꼼꼼히 기록하고, 이를 바탕으로 영유아의 이해 수준을 판단합니다. 이를 통해 전적 지원, 부분 지원, 독립 수행 등 현재의 지원 수준을 파악하고, 성공률에 따라 목표 난이도를 설정하며 지속적으로 관찰하는 것이 중요합니다. 이 과정은 영유아의 능력 발달을 지원하는 방향성과 전략을 재조정하는 핵심 자료로 활용됩니다.

2) 정서 반응

영유아가 활동에 참여하며 보이는 표정과 행동은 그 무엇보다 중요한 평가 지표입니다. 웃음, 눈 맞춤, 활기찬 태도는 긍정적 정서의 표출로, 학습 동기와 자신감 증진에 결정적 역할을 합니다. 반면 피하거나 비협조적 태도는 불안 또는 좌절의 신호일 수 있으며, 이를 세밀하게 기록하여 다음 지원 전략에 반영해야 합니다. 활동별로 구분하여 정서 변화 양상을 파악함으로써, 영유아의 감정적 필요를 세심하게 지원하는 맞춤형 개입이 가능해집니다.

3) 시간과 속도

영유아가 과제를 수행하는 데 소요된 시간과 활동 진행 속도 역시 중요한 평가 항목입니다. 이 데이터를 기록하여 영유아가 과제를 어렵게 느끼고 있거나, 자신감이 떨어졌을 때 적절한 조절 방안을 마련할 수 있습니다. 예를 들어, 시간이 오래 걸리면 연습 기회를 더 늘려주거나, 속도가 빠르고 자신감 있게 수형한다면 난이도 상향을 고려하는 식입니다. 이 평가를 통해 영유아의 수행 부담도를 파악하고, 쉽고 어려운 균형을 맞추는 것이 매우 중요합니다.

4) 반복 성공률

수차례 반복 수행 후 얼마나 높은 성공률을 달성하는지도 영유아의 학습 안정성을 보여주는 핵심 지표입니다. 반복 후 성공률이 높아진다면, 영유아는 새로운 정보를 내면화하며 자신감을 쌓아가고 있다는 증거입니다. 반대로 성취도가 낮거나 일정 시간 동안 개선이 없을 경우, 지원 방식을 재조정하거나 활동 방식을 변경하는 시점을 제시하는 신호입니다. 지속적인 관찰을 통해 영유아의 성장 궤적을 세밀하게 따라가야 합니다.

5) 행동 변화

관심도, 집중력, 참여 태도 등의 행동 변화는 학습 과정 그 자체를 보여주는 중요한 척도입니다. 활동 전후의 행동 태도와 표정, 참여 정도를 꼼꼼하게 관찰하고 기록함으로써, 영유아가 어떤 환경에서 잘 적응하는지 파악할 수 있습니다. 이를 바탕으로 지원 방법을 조정하고, 영유아가 긍정적 학습 태도를 자연스럽게 형성할 수 있도록 유도하는 것이 전반적인 목표입니다.

이 평가 항목들은 단순한 수치 나열이 아니라 영유아의 내면 세계와 발달 과정을 깊이 이해하는 핵심 도구입니다. 매 활동 후 곧바로 기록하며, 지속적인 관찰과 분석을 통해 영유아 개개인에게 가장 적합한 지원 방안을 설계하는 것이 무엇보다 중요합니다.

<표 9-2> 장애영유아 현행 수준 파악 평가

평가 항목	개 념	평가 방법	지원 수준	기록 예시 및 주의사항
1:1 대응 정확도	영유아가 수, 양(물체 및 동작)을 일치시켜 정확히 수행하는 비율	활동 중 시도 횟수와 성공 횟수 기록(예 4회 시도 중 3회 성공 → 75%)	전적 지원/ 부분 지원/ 독립 수행	성공률 체크 및 지향점 설정, 지속 관찰 중요

정서 반응	표정이나 행동의 긍정/ 중립/ 부정 구분(웃음, 눈 맞춤, 피하기 등)	표정 및 행동 기록, 활동별 구분	–	정서 변화에 따른 지원 전략 조정 가능
시간과 속도	수행에 걸린 시간 또는 활동 진행 속도	활동별 소요 시간, 속도 기록	–	수행 부담도 파악 및 연습 조절 가능
반복 성공률	여러 차례 반복 후 성취율	반복 수행 후 성공률 체크	–	학습 안정성 평가, 지속적 관찰 필요
행동 변화	관심도, 집중력, 참여 태도 변화	활동 전후의 행동 변화 관찰	–	행동 태도에 따른 지원 방법 조정

3. 인지발달 교수 활동 전략

장애영유아의 학습 여정은 섬세하게 그려진 설계도와 같습니다. 그 설계도의 가장 중요한 요소 중 하나는 바로 '구체적이고 명확한 지침 제시'입니다. 명확한 지침은 영유아들이 혼란 없이 목표를 이해하고 행동으로 옮길 수 있도록 돕고 자신감을 키우는 데 필수적인 역할을 합니다. 이러한 목표를 달성하기 위해 교사는 다음과 같은 핵심 전략을 반드시 실천에 옮겨야 합니다(Hale, Kaufman, Naglieri, & Kavale, 2006; Thompson, 2017).

1) 구체적이고 명확한 지침 제시

구체적이고 명확한 지침 제시는 장애영유아의 학습 효과를 높이고 자신감을 키우는 데 필수적인 전략입니다. 명확한 지침은 영유아들이 목표를 이해하고 행동으로 옮기는 것을 돕고, 성취감을 느끼도록 하며, 학습 동기와 자율성을 증진시킵니다. 교사는 영유아의 발달 단계와 개별적인 특성을 고려하여 맞춤형 지침을 제공하고, 성공적인 학습 경험을 쌓도록 지원해야 합니다(이소현, 2019).

(1) 혼란을 줄이고, 이해를 높이다

구체적이고 명확한 지침은 추상적인 목표를 영유아가 이해하기 쉬운 단계별 행동으로 변환하는 것입니다. 예를 들어, '정리정돈 하기'라는 목표는 영유아에게 막연하게 느껴질 수 있습니다. 하지만 이 목표를 '장난감 상자에 블록 넣기, 책꽂이에 책 꽂기, 바닥에 떨어진 장난감 줍기'와 같이 세분화하여 제시하면, 영유아는 무엇을 해야 하는지 명확하게 알 수 있습니다.

(2) 단계별 안내, 성취감 증진

목표를 세분화하여 단계별로 제시하는 것은 영유아가 각 단계를 성공적으로 수행할 때마다 성취감을 느낄 수 있도록 돕습니다. 예를 들어, '손 씻기'라는 목표를 '1. 수도꼭지 틀기, 2. 손에 비누 묻히기, 3. 손바닥 문지르기, 4. 손등 문지르기, 5. 손가락 사이 문지르기, 6. 물로 헹구기, 7. 수건으로 닦기'와 같이 세분화하면, 영유아는 각 단계를 완료할 때마다 작은 성공을 경험하고, 자신감을 얻을 수 있습니다(이미숙 · 한민경 · 서보순 · 고혜정, 2021).

(3) 시각 자료 활용, 직관성 강화

구체적인 지침을 제시할 때 시각 자료를 함께 활용하면 효과를 더욱 높일 수 있습니다. 그림, 사진, 그림책 등을 활용하여 각 단계별 행동을 시각적으로 보여주면, 영유아는 의미를 더욱 쉽게 파악하고 행동을 모방하는 데 도움을 받을 수 있습니다. 예를 들어, 손 씻기 활동에 그림 카드를 활용하여 각 단계를 시각적으로 제시하면, 영유아는 그림을 보면서 손 씻기 순서를 쉽게 따라 할 수 있습니다.

(4) 발달 단계 고려, 맞춤형 지침 제공

구체적이고 명확한 지침을 제공할 때 영유아의 이해 수준과 발달 단계를 고려하는 것이 중요합니다. 언어발달이 늦은 영유아에게는 그림이나 사진과 같은 시각 자료를 더 많이 활용하고, 인지발달이 늦은 영유아에게는 단계를 더욱 세분화하여 제시하는 것이 좋습니다.

(5) 학습 동기 및 자율성 증진

구체적이고 명확한 지침은 영유아들이 스스로 목표를 설정하고 달성하는 능력을 키우도록 돕습니다. 스스로 목표를 설정하고 달성하는 경험은 영유아의 학습 동기를 높이고, 자율성을 증진시키는 데 매우 효과적입니다. 따라서 교사는 영유아에게 구체적이고 명확한 지침을 제공하고, 스스로 목표를 설정하고 달성하도록 격려해야 합니다.

2) 구체적인 목표 설정 : 눈으로 보이는 성취감

구체적인 목표 설정은 장애영유아의 인지발달을 위한 핵심 전략입니다. 명확하고 측정 가능한 목표는 영유아에게 성취감을 선사하고, 학습 동기를 높이며, 자존감과 자신감을 키우는 데 필수적인 역할을 합니다. 교사는 영유아의 발달 단계와 흥미를 고려하여 목표를 설정하고, 칭찬과 보상을 통해 성취의 기쁨을 더하며, 긍정적인 자아개념을 형성하도록 지원해야 합니다.

(1) 성취감을 조각하는 섬세한 설계

'책 읽기'와 같이 막연한 목표 대신 '그림책 한 페이지에 있는 동물 세 마리 가리키기'와 같이 구체적이고 측정 가능한 목표를 설정하면, 영유아는 자신이 무엇을 성취해야 하는지 명확하게 알 수 있습니다. 목표는 마치 조각가가 돌덩이를 다듬어 작품을 완성하듯, 영유아가 자신의 능력을 발휘하여 성취감을 느낄 수 있도록 설계되어야 합니다.

(2) 흥미와 도전을 균형 있게 조율하다

목표는 영유아의 현재 발달 수준과 흥미를 충분히 고려하여 적절하게 조정되어야 합니다. 너무 쉽거나 너무 어려운 목표는 오히려 흥미를 떨어뜨리고 학습 의욕을 저하시킬 수 있습니다. 따라서 영유아가 자연스럽게 도전하면서도 성취를 느낄 수 있도록 목표를 설계하는 것이 중요합니다. 마치 줄타기 곡예사가 균형을 잡듯, 영유아의 능력과 목표 사이의 균형을 맞춰야 합니다.

(3) 칭찬과 보상, 성취의 기쁨을 더하다

목표를 설정할 때는 영유아의 참여를 유도하고, 기대감을 심어주는 것이 효과적입니다. 목표를 향해 노력하는 과정에서 구체적이고 따뜻한 칭찬이나 작은 보상을 함께 제공하면, 영유아는 성취의 기쁨을 느끼고 계속해서 도전하고 싶어집니다. 마치 화가가 마지막 붓터치를 하듯, 칭찬과 보상은 영유아의 노력을 더욱 빛나게 하고 성취감을 높여줍니다.

(4) 긍정적 인식 형성, 성장 동기부여

명확한 목표 설정과 성취를 시각적으로 확인하는 과정은 장애영유아의 학습 욕구를 자극하고, 작은 성공을 통해 자존감과 자신감을 키우는 중요한 원동력입니다. 목표를 달성하는 과정에서 영유아는 자신의 능력을 믿고, 긍정적인 자아개념을 형성하며, 더 큰 도전과 성장을 향해 나아갈 수 있습니다.

3) 반복 학습과 시각 자료 활용

장애영유아의 학습 효과를 극대화하기 위한 두 가지 강력한 도구는 바로 '반복 학습'과 '시각 자료 활용'입니다. 반복 학습은 새로운 정보를 뇌에 깊이 새기고 장기 기억으로 확고히 자리 잡게 하는 토양과 같고, 시각 자료는 그 정보에 생명을 불어넣어 이해의 싹을 틔우는 햇빛과 같습니다. 즉, 반복 학습은 새로운 정보를 뇌에 깊이 새기고 장기 기억으로 확고히 자리 잡게 하며, 시각 자료는 추상적인 개념을 구체화하고 이해를 돕습니다. 다양한 감각을 자극하는 통합 학습, 즐거움과 흥미를 더하는 반복 학습, 일상생활과의 연계를 통해 영유아는 학습 동기와 자신감을 높이고, 전반적인 발달을 촉진할 수 있습니다.

(1) 뇌에 깊숙이 새겨지는 기억의 마법

인지발달이 늦어진 영유아들에게는 충분하고 반복적인 학습이 새로운 정보를 뇌에 깊이 새기고 장기 기억으로 확고히 자리 잡게 하는 핵심 역할을 합니다. 반복 학습은 단순히 기계적인 암기가 아니라 다양한 감각과 자료를 통해 개념을 여러 각도에서 경험하고 이해함으로써, 자연스럽고 깊이 있는 기억과 이해를 형성하는 과정입니다. 마치 씨앗을 심고 물을 주며 정성껏 가꾸듯, 반복 학습은 정보가 뇌에 뿌리내리도록 돕습니다.

(2) 시각 자료, 이해의 문을 열다

시각 자료는 언어발달이 어렵거나 이해력이 느린 영유아들에게 특히 효과적입니다. 그림, 사진, 실물 자료 등은 추상적인 개념을 구체화하고, 영유아들의 주의를 집중시키며, 언어적 표현력과 상호작용 능력을 함께 향상시킬 수 있습니다. 마치 캄캄한 방에 불을 켜듯, 시각 자료는 이해의 문을 열어 정보에 대한 접근성을 높여줍니다.

(3) 다양한 감각을 자극하는 통합 학습

반복 학습과 시각 자료 활용은 다양한 감각을 자극하는 통합 학습을 통해 효과를 극대화할 수 있습니다. 예를 들어, 손 씻기 활동을 그림과 함께 여러 번 보여주거나, 그림 카드와 노래, 움직임을 결합하여 활동에 참여시키면, 영유아는 흥미를 느끼며 효과적으로 학습할 수 있습니다. 다양한 감각을 활용하는 학습은 정보를 뇌에 더욱 깊이 각인시키고, 오랫동안 기억하도록 돕습니다.

(4) 즐거움과 흥미를 더하는 반복 학습

반복 학습이 지루하지 않도록 다양한 활동과 놀이로 융합하는 것이 중요합니다. 좋아하는 노래, 장난감, 움직임 등을 활용하면, 영유아는 반복하는 것을 즐기며 지속적인 학습 동기를 유지할 수 있습니다. 즐거움과 흥미를 더하는 반복 학습은 영유아들이 자신감 있게 정보를 습득하고, 자연스럽게 일상생활에서도 능동적으로 활용하게 하는 데 도움을 줍니다.

(5) 습관 형성, 일상생활과의 연계

시각 자료는 영유아들이 말하기와 개념을 더 잘 이해하고 오래 기억하는 데 큰 도움을 주며, 일상생활과 연계하여 자연스럽게 습득할 수 있도록 도와 습관 형성을 촉진합니다. 예를 들어, 동물 그림 카드를 활용하거나, 사진을 보며 이야기를 나누는 활동은 영유아들의 언어발달과 상호작용 능력을 동시에 성장시키는 역할을 합니다.

<표 9-3> 자료의 활용 전략

자료 유형	활용 전략	구체적 활동	차별화 전략	평가 및 관찰 포인트
실물 자료 (장난감, 과일, 블록 등)	1. 직접 만지고 조작하는 기회 제공 2. 수 개념, 분류, 패턴 인식 활동에 활용	1. 장난감을 세어보고 숫자 카드와 연결하기 2. 과일을 색깔별, 크기별로 분류하기 3. 블록으로 패턴 만들기	1. 영유아의 흥미를 고려하여 자료 선택 2. 개별적인 요구에 따라 난이도 조절	1. 자료에 대한 흥미도 2. 자료 조작 능력 3. 개념 이해도
시각 자료 (그림 카드, 사진, 그림책 등)	1. 언어발달 및 개념 이해 촉진 2. 이야기 구성, 감정 표현 활동에 활용	1. 동물 그림 카드를 보고 이름 말하기 2. 사진을 보며 경험 이야기 나누기 3. 그림책을 읽고 내용 이해하기	1. 그림 크기, 색깔, 선명도 등 시각적 요소 조절 2. 간단하고 명확한 그림 사용	1. 시각적 자극에 대한 주의집중력 2. 그림과 실물의 연결 능력 3. 언어 표현력

청각 자료 (노래, 동화, 악기 소리 등)	1. 주의집중력 향상 및 기억력 증진 2. 리듬감, 음감 발달, 언어 자극 제공	1. 숫자 세기 노래 부르기 2. 동화 듣고 내용 요약하기 3. 악기 소리 듣고 이름 맞추기	1. 음량, 속도, 멜로디 등 청각적 요소 조절 2. 배경 소음 최소화	1. 청각적 자극에 대한 반응 2. 소리 변별력 3. 언어 이해력
촉각 자료 (다양한 질감의 천, 모래, 물 등)	1. 감각 탐색 및 변별력 향상 2. 질감, 온도, 무게 등 다양한 감각 경험 제공	1. 천 조각 만져보고 질감 표현하기 2. 모래 상자에서 그림 그리기 3. 물놀이하며 온도 변화 느끼기	1. 질감, 온도, 무게 등 촉각적 요소 다양화 2. 안전하고 위생적인 자료 사용	1. 촉각적 자극에 대한 반응 2. 질감 변별력 3. 감각 표현

4) 개별속도 존중

모든 영유아는 각각 다른 발달 속도를 가지고 있으며, 이 속도를 인정하고 존중하는 것이 성공적인 교육의 근간입니다. 특히 인지발달이 늦거나 어려움을 겪는 영유아들은 서두르거나 타인과 비교하는 것보다, 자신의 속도에 맞춰 학습하는 것이 훨씬 효과적입니다. 교사는 영유아가 작은 성취를 이루어낼 때마다 따뜻한 칭찬과 격려를 보내며, 자존감과 자신감을 키우도록 도와야 합니다. 이를 통해 영유아는 자신의 능력을 신뢰하고, 자기 주도적 학습 습관을 형성하게 됩니다. 이 원칙은 영유아들이 자신의 성장 과정을 긍정적으로 받아들이고, 장기적으로 지속적인 발전을 이룰 수 있는 핵심 조건입니다.

그리고 단계적이고 차분한 지도는 강한 긴장감 없이 영유아가 자연스럽게 배움에 참여하도록 유도하는 방법입니다. 예를 들어, 손 씻기와 같은 행동을 가르칠 때, 단계별로 작은 목표를 세우고 여러 차례 반복하여 보여줍니다. 그리고 작은 성공을 이루었을 때마다 따뜻한 칭찬을 해줌으로써, 영유아는 자신감과 긍정적 태도를 갖게 됩니다.

이와 같은 차분하고 체계적인 접근은 영유아들이 안정감을 느끼게 하고, 실패하더라도 다시 도전하는 긍정적 경험을 반복할 수 있게 해줍니다. 또한 영유아가 부담을 느끼지 않고 자기 주도적으로 학습할 수 있는 기반을 마련하며, 자율성과 잠재력을 키우는 데 매우 효과적입니다.

<표 9-4> 인지발달을 위한 교수 활동

활동명	목 표	재 료	절 차	교사 언어 및 피드백	감각 민감성 및 과부하 예방 팁
촉감 숫자 탐색 (2~4분)	1~3의 양 감각화, 숫자 형태 인식	입체 숫자(스펀지/나무), 감촉판(모래・천・폼)	눈 감고 숫자 모양 만지기 후 블록으로 같은 수 바구니 채우기, 교사는 “하나, 하나” 박자 맞추기	“하나를 만져보세요”, “같은 수만큼 넣어주세요”	활동 시간 1~5분 유지, 시각 타이머로 시간 제시, 활동 전후 안정 활동(스트레칭 등) 포함
리듬 카운트 바구니 (3~5분)	1 : 1 대응 감각 훈련	작은 공/블록, 타악기, 숫자 카드	박자 맞추며 “하나”, 영유아는 공 넣기(템포 점차 빠르게)	“하나, 둘”, “이제 빠르게 해볼까”	적은 소음, 선택권 제공(촉감, 움직임)으로 과부하 방지, 활동 중 간단 휴식 포함
몸으로 세기 (4~6분)	신체 동작과 숫자 연결, 집중력 향상	숫자 라인(매트), 색 스티커	“하나”는 한 칸 올리기, “둘”은 두 칸 이동하기, 회상 질문	“몇 칸 걸었어요” 질문, 칭찬과 격려	활동의 강도 조절, 활동 전후 안정 활동 포함

5) 일상생활 기술과 사회적 상호작용 기회 제공

일상생활 기술과 사회적 상호작용 기회를 제공하는 것은 장애영유아의 전인적 성장과 자립심 강화에 있어 매우 중요한 전략입니다. 영유아들이 일상생활에서 작은 역할과 책임을 맡게 될 때, 자연스럽게 학습이 이루어지고, 자신감과 자립심이 함께 성장합니다.

예를 들어, 가정에서는 컵을 옮기기, 옷 정리하기, 간단한 음식을 만들기 같은 집안일을 수행하게 하거나, 약속 지키기, 차례 기다리기와 같은 규칙을 지키는 활동이 효과적입니다. 또한 또래 친구들과의 놀이와 대화를 통해 사회적 기술을 자연스럽게 익히고, 친밀한 관계를 맺는 경험을 쌓을 수 있습니다.

이러한 활동들은 영유아들이 현실 세계와 더욱 친숙해지고, 일상생활의 규칙과 사회적 상호작용에 대한 이해를 높입니다. 더 나아가 책임감과 역할 수행은 영유아들의 자존감과 자율성을 높여주며, 자신감 넘치는 태도를 형성하는 데 큰 도움을 줍니다.

그러므로 교사와 가정에서는 작은 목표와 책임을 부여하여 영유아의 성취 경험을 지속적으로 지원하는 것이 중요합니다. 이 과정에서의 성취는 영유아의 자율성과 책임감을 키우고, 자존감 높은 성장을 이끄는 토대가 됩니다. 일상생활 기술과 사회적 상호작용의 기회를 풍부히 제공하는 것은, 영유아들이 건강한 성인으로 성장하는 데 있어 꼭 갖추어야 할 중요한 발판입니다.

4. 인지발달을 위한 교수계획안

다음의 교수계획안은 장애영유아의 인지발달을 촉진하기 위해 개별화·단계적 설계, 성공률 우선 설계, 관찰 기반 조정, 다감각 접근법 등 다양한 교수 전략을 통합적으로 적용하였습니다. 구체적인 목표 설정과 반복 학습, 일상생활 연계를 통해 영유아가 학습한 개념을 실생활에서 활용할 수 있도록 돕습니다. 또한 영유아의 개별 속도를 존중하며, 성공 경험을 통해 자신감을 키우고 긍정적인 학습 태도를 형성할 수 있도록 지원합니다.

이러한 전략은 단순히 학습 내용을 전달하는 것을 넘어, 영유아가 스스로 학습 과정을 주도하고, 자신의 잠재력을 최대한 발휘할 수 있도록 돕는 데 초점을 맞춥니다. 이를 통해 장애영유아는 자신의 능력을 믿고, 긍정적인 자아개념을 형성하며 세상과 더 잘 소통할 수 있는 능력을 키울 수 있습니다.

<표 9-5> 인지발달을 위한 교수계획안

<table>
<tr><th>놀이명</th><td colspan="2">공 넣기 놀이</td></tr>
<tr><th>놀이목표</th><td colspan="2">1. 공 1~2개를 바구니에 넣는 시도를 3회 이상 한다.
2. 교사의 지시에 따라 “하나” 동작을 모방·반응한다.
3. 긍정 정서(눈 맞춤·미소 등)를 2회 이상 보인다.</td></tr>
<tr><th>준비물</th><td colspan="2">큰 촉감공 2개, 작은 바구니 2개, 숫자 그림 카드(1·2), 손북·모래시계</td></tr>
<tr><th>개별화 관련 요소</th><td colspan="2">인지(수와 양)·의사소통(간단 지시 반응)·사회정서(눈 맞춤·미소)·운동(잡기·옮기기)</td></tr>
<tr><th>교육과정 관련 요소</th><td colspan="2">■ 신체운동·건강–신체활동 즐기기–신체를 인식하고 움직인다.
■ 의사소통–듣기와 말하기–말이나 이야기를 관심 있게 듣는다.
■ 자연탐구–생활 속에서 탐구하기–물체를 세어 수량을 알아본다.</td></tr>
<tr><th>단 계</th><th>놀이 지원</th><th>유의점</th></tr>
<tr><th>도 입</th><td>■ 주의집중
공을 얼굴 뒤에 숨겼다 “까꿍! 하나~” 하며 제시하기</td><td>시각·청각 자극을 짧고 명확하게 제시, 한 번에 1개 자극만 제시</td></tr>
<tr><th rowspan="3">전 개</th><td>■ 따라 하기 유도
“하나 넣어요” 말하며 공을 바구니에 넣어 시범 보이기
■ 성공 강화
영아가 넣으면 “잘했어, 하나 들어갔네!” 즉시 칭찬하기</td><td rowspan="3">언어+제스처+촉각 프롬프트를 함께 제공, 즉각적 칭찬, 처음에는 1개, 익숙해지면 2개·3개로 확장(난이도 조절)</td></tr>
<tr><td>■ 양손 사용 자극
공 2개 들고 “둘!” 말하며 옮기는 모습 보여주기
■ 도전 확장
“이제 두 개도 해볼까” 격려하기</td></tr>
<tr><td>■ 시각 연결
바구니 속 공과 숫자 그림(1·2) 연결하며 “이건 하나, 이건 둘” 명명하기
■ 지시 제시
“하나 찾을까” 손가락으로 가리키기</td></tr>
<tr><th>마무리</th><td>■ 정리 및 회상
“오늘은 공 하나, 둘 했어요” 말하며 회상하도록 하기
■ 정서적 강화
손뼉 치며 “짝짝짝, 참 잘했어요!” 칭찬하기</td><td>오늘 한 활동을 짧게 언어로 회상, 말이 어려운 영아는 손짓·눈 맞춤 반응도 성공으로 인정</td></tr>
</table>

평가 방법	과제 수행 : 공 1~2개를 바구니에 넣는 시도를 성공적으로 했는가 지시 반응 : 교사의 간단한 말("하나 넣어요")이나 제스처에 반응했는가 정서 및 참여 : 활동 중 미소, 눈 맞춤, 손 뻗기 등 긍정적인 정서와 참여 행동을 보였는가
가정 연계 활동	1. 간식 시간 : "○○아, 사과 하나 줄래" 건네주기 2. 정리 시간 : "공 하나만 상자에 넣자" 하기 3. 이동 시간 : 계단을 오르며 "하나, 둘" 말하기

<표 9-6> 교육계획안에 적용된 인지발달을 위한 교수 전략 적용

설계 원칙	구체적 전략	기대 효과	평가 지표
개별화·단계적 설계	1. 1개 물건 넣기 → 2개 물건 넣기 → 숫자 그림 연결 2. 활동 난이도 점진적 확장	영유아의 발달 수준에 맞는 맞춤형 학습 제공	활동 참여도, 성공률, 숫자-양 연결 이해도
성공률 우선 설계	1. 초기 1개 활동 집중, 성공 경험 보장 2. 성공률 증가 시 2개 활동으로 난이도 조절	자신감 향상 및 긍정적 학습 태도 형성	초기 활동 성공률, 난이도 증가 후 성공률 변화
관찰 기반 조정	1. 정서 반응(미소, 눈 맞춤), 반응 시간, 참여 태도 관찰 2. 반응 시간 길어지면 기다리거나 난이도 조정	영유아의 심리적 안정감 및 능동적 참여 유도	긍정적 정서 반응 빈도, 반응 시간 변화
다감각 접근법	1. 촉각(공 만지기), 청각("까꿍", 박수), 시각(숫자 그림), 운동(공 옮기기) 통합 자극 제공	다양한 감각자극을 통한 인지발달 촉진	감각별 반응 활성도, 통합적 자극에 대한 흥미도
구체적 지침	1. "하나 넣어요"처럼 짧고 명확한 발화 사용	명확한 이해를 통한 효과적인 반응 유도	지시어 이해도, 언어적 반응 속도
구체적 목표 설정	1. 시도 횟수, 반응 횟수, 정서 반응 횟수로 목표 수치화(예 "공 넣기 3회 시도 중 2회 성공, 미소 2회, 눈 맞춤 1회")	객관적인 평가 및 맞춤형 피드백 제공	목표 달성률, 개선 추이
반복·시각 자료 활용	1. 공 넣기 반복 활동 및 숫자 카드 제시	학습 효과 증대 및 기억력 향상	활동 참여 지속성, 숫자-양 연결 정확도
개별 속도 존중	1. 반응 시간 존중, 필요시 난이도 하향(1개 반복)	스트레스 없는 편안한 학습 환경 조성	활동 포기율 감소, 자신감 유지
일상생활 연계	1. 간식 나누기, 계단 오르기, 사물 가리키기 등 생활 속 활동 연계	학습 내용의 실제 적용 능력 향상	개념 이해도, 일상생활 적용 빈도

보육현장에서의 실천

1. 개별화된 목표 설정 및 활동 계획 : 영유아의 인지 수준, 흥미, 요구 등을 고려하여 개별화 교육 계획에 맞는 개별화된 목표를 설정하고, 이를 달성하기 위한 구체적인 활동 계획을 수립해야 합니다.
2. 감각 탐색 활동 제공 : 다양한 질감, 색깔, 소리 등을 경험할 수 있는 감각 탐색 자료를 제공하고, 감각적 경험을 통해 인지발달을 촉진해야 합니다.
3. 문제해결 능력 향상 활동 : 블록 쌓기, 퍼즐 맞추기, 게임 등을 통해 문제해결 능력을 키우고, 시행착오를 통해 배우는 경험을 제공해야 합니다.
4. 탐구 활동 지원 : 주변 환경에 대한 호기심을 자극하고, 스스로 질문하고 탐색하며 답을 찾아가는 과정을 지원해야 합니다. 관찰, 실험, 조사 등 다양한 탐구 방법을 활용할 수 있습니다.
5. 반복적인 연습 및 긍정적 강화 : 새로운 개념이나 기술을 반복적으로 연습하고, 성공적인 수행에 대해 칭찬과 보상을 제공하여 긍정적인 강화를 제공해야 합니다.

용어 정의

1. 인지발달 : 지각, 기억, 사고, 문제해결 등 인지 기능이 발달하는 과정입니다.
2. 감각통합 : 다양한 감각 정보를 조직화하고 통합하여 의미 있는 경험으로 만드는 과정입니다.
3. 개별화 교육 : 각 영유아의 특성과 요구에 맞춰 교육 목표, 내용, 방법 등을 조정하여 제공하는 교육을 의미합니다.
4. 반복 학습 : 새로운 정보나 기술을 여러 번 반복하여 학습하는 방법입니다.
5. 시각 자료 : 그림, 사진, 그림 문자 등 시각적인 정보를 전달하는 자료입니다.

제10장

언어발달을 위한 교수방법론

학습목표

1. 발달 단계별 진단 및 IEP 연계성 강화 : 영유아의 현재 언어 능력과 의사소통 방식을 정밀하게 진단하고, 이를 개별화 교육계획(IEP)에 구체적으로 반영하는 전문성을 키워야 합니다. 정확한 진단은 아동의 의사소통 잠재력을 깨우는 가장 확실한 이정표가 됩니다.
2. 다중양식(Multi-modal) 의사소통 전략 체득 : 그림 카드, 제스처, 수화, 그리고 보완대체 의사소통(AAC) 등 다양한 의사소통 채널을 능숙하게 다룰 수 있어야 합니다. 영유아의 특성과 상황에 가장 적합한 도구를 선택하고 적용하여, 모든 아동이 자신의 의사를 표현할 수 있는 '소통의 길'을 열어주어야 합니다.
3. 언어 촉진적 환경 디자인 : 놀이와 일과 중 자연스러운 상호작용 기회를 포착하여 언어 사용을 장려하는 풍부한 언어 환경을 조성해야 합니다. 교사의 민감한 반응과 모델링을 통해 영유아가 말하기의 즐거움을 느끼고 주도적으로 소통하도록 이끄는 환경 구성 능력을 배양해야 합니다.
4. 의사소통 지원 네트워크 형성 : 의사소통 능력의 비약적인 발전을 위해 가정과 기관이 하나의 팀으로 움직이는 협력 체계를 구축해야 합니다. 일관된 상호작용 전략을 공유하고 공동의 목표를 향해 나아감으로써, 영유아가 언제 어디서나 안정적으로 소통할 수 있도록 지원해야 합니다.
5. 유연한 문제해결 및 위기 대처 : 의사소통 거부, 낮은 참여도, 발음 문제 등 지도 과정에서 발생하는 다양한 난관에 침착하게 대응하는 문제해결력을 길러야 합니다. 예상치 못한 상황을 오히려 배움의 기회로 전환시키는 긍정적이고 유연한 대처 능력이 요구됩니다.

1. 장애영유아의 의사소통 발달 단계

장애영유아의 의사소통 발달은 단계별로 체계적으로 접근해야 하는 중요한 과정입니다. 각 단계는 유아가 자신의 표현력과 이해력을 점진적으로 확장할 수 있도록 설계되어야 하며, 교사는 유아의 현재 발달 수준에 맞춰 명확한 목표를 설정하고 이를 달성하기 위한 구체적이고 실천적인 교수 전략을 마련해야 합니다. 이 과정의 핵심은 유아가 작은 성공 경험을 통해 자신감과 안정감을 키우도록 돕는 데 있습니다.

초기 단계에서는 언어 이해와 기초 요구 표현을 유도하고, 중기 단계에서는 어휘력과 문장력을 확장하며, 후기 단계에서는 자발적 의사소통 능력을 강화하는 것이 중요합니다. 각 단계에서 교사는 유아의 발달 수준에 맞춰 명확한 목표를 설정하고, 이를 달성하기 위한 실천적인 전략을 구사해야 합니다. 이러한 체계적인 접근은 유아의 전인적 성장과 평생 언어적 자산을 마련하는 데 중요한 역할을 할 것입니다.(Vermeij, Wiefferink, Knoors, & Scholte, 2023).

1) 초기 단계 : 언어 이해와 기초 요구 표현

초기 단계에서는 유아가 기본적인 언어를 이해하고, 자신의 요구를 표현할 수 있도록 돕는 것이 목표입니다. 교사는 간단한 명령어나 단어를 반복적으로 사용하며, 유아가 이를 이해하고 반응할 수 있도록 유도합니다. 예를 들어, "물 줘"나 "안아줘"와 같은 간단한 요구를 표현할 수 있도록 돕는 활동을 통해 유아는 기본적인 의사소통 능력을 키울 수 있습니다. 이 단계에서 중요한 것은 유아가 작은 성공을 경험하며 자신감을 쌓도록 돕는 것입니다. 초기 단계는 유아의 인지능력을 바탕으로 언어 이해와 기초적인 요구 표현을 유도하는 시기입니다. 이 시기에는 유아가 언어적 자극에 관심을 갖도록 유도하는 것이 중요하며, 명확한 목표 설정과 함께 긍정적 경험을 통해 자신감과 안정감을 키우는 것이 핵심입니다.

(1) 시각 자료 활용

그림책, 사진 카드 등 시각적 자극을 통해 유아의 관심을 끌고 언어적 반응을 유도합니다. 예를 들어, 동물 그림 카드를 보여주며 "이것은 강아지야"라고 말하며 유아가 단어를 반복하도록 유도합니다. 이는 유아가 시각적 단서를 통해 언어를 이해하고 반응할 수 있도록 돕습니다.

(2) 간단한 요구 교대 활동

유아가 간단한 요구를 표현할 수 있도록 유도하고, 즉각적인 반응과 칭찬으로 성취감을 느끼게 합니다. 예를 들어, "물 줘"라고 말하면 물을 주며 "잘했어!"라고 칭찬합니다. 이는 유아가 언어를 사용해 요구를 표현하는 데 자신감을 갖도록 돕습니다.

(3) 긍정적 강화

유아가 언어를 사용해 요구를 표현할 때마다 긍정적인 피드백을 제공하여 소통의 즐거움을 느끼게 합니다. 예를 들어, 유아가 "안아줘"라고 말하면 즉시 안아주며 "정말 잘했어!"라고 칭찬합니다. 이는 유아가 언어 사용에 대한 긍정적 경험을 쌓도록 돕습니다.

2) 중기 단계 : 어휘력과 문장력 확장

중기 단계에서는 유아의 어휘력을 확장하고, 더 복잡한 문장을 사용할 수 있도록 돕는 것이 목표입니다. 교사는 다양한 상황에서 새로운 단어를 소개하고, 이를 문장으로 연결할 수 있도록 유도합니다. 예를 들어, "나는 사과를 먹고 싶어"와 같은 문장을 사용하도록 유도하여 유아가 자신의 생각과 감정을 더 풍부하게 표현할 수 있도록 돕습니다. 이 단계에서는 유아가 다양한 어휘를 습득하고, 이를 문장으로 연결하는 능력을 키우는 데 초점을 맞춥니다. 중기 단계에서는 유아의 어휘력과 문장력이 확장되고, 일상적인 대화 능력이 발전하는 시기입니다. 이 단계의 목표는 역할 분담이 포함된 반복 훈련과 자연스러운 대화 유도를 통해 언어 사용을 다각화하는 것입니다.

(1) 그림 카드와 역할놀이

유아가 친숙한 환경에서 다양한 표현을 시도할 수 있도록 그림 카드와 역할놀이를 활용합니다. 예를 들어, 동물 그림 카드를 보여주며 "강아지가 뭐라고 할까?"라고 질문하여 유아가 "멍멍"이라고 대답하도록 유도합니다. 이는 유아가 다양한 어휘를 습득하고, 이를 문장으로 연결하는 능력을 키우는 데 도움을 줍니다.

(2) 일상 활동 통합

일상적인 활동(예 식사 시간, 놀이 시간)을 통해 유아가 자연스럽게 언어를 사용하도록 유도합니다. 예를 들어, 식사 시간에 "맛있어?"라고 질문하여 유아가 "맛있어"라고 대답하도록 유도합니다. 이는 유아가 일상생활에서 언어를 사용하는 능력을 키우는 데 도움을 줍니다.

(3) 사회적 상호작용 강화

유아가 타인과의 상호작용을 통해 표현력을 증진하고, 사회적 관계를 형성할 수 있도록 돕습니다. 예를 들어, 또래와 함께 놀이를 하며 "같이 놀자"라고 말하도록 유도합니다. 이는 유아가 사회적 맥락에서 언어를 사용하는 능력을 키우는 데 도움을 줍니다.

3) 후기 단계 : '스스로 말해요!' 자발적 의사소통 능력 강화

자발적 의사소통 능력은 영유아 언어발달의 최종 목표입니다(Jung, Ostrosky, & Baek, 2010). 영유아가 스스로 말하고 소통하는 즐거움을 경험하도록 다음 전략들을 실천합니다.

- **질문으로 생각 촉진** : "왜 그렇게 생각해?", "어떻게 된 일일까?"와 같은 열린 질문으로 영유아의 논리적 사고와 표현을 적극적으로 유도
- **주도적인 소통 기회 제공** : 영유아가 스스로 질문하고 이야기하도록 격려하고, 창의적이고 복잡한 언어를 사용해 소통할 수 있는 다양한 상황 제공
- **성공 경험 및 자신감 부여** : 작은 의사소통 성공에도 구체적으로 칭찬하여 영유아가 자신감을 갖고 더 어려운 표현에 도전하도록 이끎
- **독립성 강화** : 지속적인 긍정 피드백과 적절한 도전을 통해 자기효능감을 높이고, 독립적인 소통 능력을 강화

(1) 토론과 이야기 나누기

유아가 복잡한 문장과 다양한 주제에 대해 이야기할 수 있도록 토론과 이야기 나누기 활동을 활용합니다. 예를 들어, "오늘 어떤 놀이를 했니?"라고 질문하여 유아가 "블록으로 집을 만들었어"라고 대답하도록 유도합니다. 이는 유아가 자신의 경험을 논리적으로 표현하는 능력을 키우는 데 도움을 줍니다.

(2) 역할극

역할극을 통해 유아가 다양한 상황에서 언어를 사용하고, 사회적 맥락을 이해하도록 돕습니다. 예를 들어, 의사 놀이를 하며 "어디가 아프세요?"라고 질문하여 유아가 "배가 아파요"라고 대답하도록 유도합니다. 이는 유아가 다양한 상황에서 언어를 사용하는 능력을 키우는 데 도움을 줍니다.

(3) 창의적 표현 기회 제공

유아가 자신의 생각과 감정을 창의적으로 표현할 수 있는 기회를 제공하여 사고력과 독립성을 키웁니다. 예를 들어, '내가 상상하는 동물'이라는 주제로 그림을 그리며 이야기

를 만들어 보도록 유도합니다. 이는 유아가 창의적으로 사고하고 표현하는 능력을 키우는 데 도움을 줍니다.

<표 10-1> 단계별 의사소통 목표 설정 및 교수 전략

단 계	의사소통 목표	교수 전략	활동 예시	기대 효과	핵심 메시지
초기 단계 : 인식과 반응 형성	언어 이해와 기초 요구 표현 유도	– 유아의 현재 수준에 맞는 명확하고 구체적인 목표 설정 – 긍정적 경험을 통해 자신감 조성 – 작은 성취 강조와 칭찬	– 시각적 자료와 간단한 요구 교대 – 요구에 대한 즉각 반응과 긍정적 강화	– 언어에 대한 초기 관심 유도 – 자신감과 안정감 형성 – 의미 있는 소통 시도 유도	작은 성공 경험이 언어발달의 디딤돌이 됨
중기 단계 : 언어 사용 확장	어휘력과 문장력 향상, 기본 대화 능력 발전	– 구체적 목표와 역할 분담 – 반복 훈련과 자연스러운 대화 유도 – 실생활과 연계된 활동 활용	– 그림 카드 활용, 역할놀이, 일상대화 권장	– 언어적 표현력 증가 – 사회적 상호작용의 질 향상 – 자기표현과 대화 참여도 상승	실천 중심 목표로 단계별 성장 촉진
후기 단계 : 자발적 의사소통 능력 강화	창의적 언어 활용, 사회적 맥락 적용	– 자발적 참여와 환류 시스템 구축 – 또래와의 자연스러운 의사소통 유도 – 복잡한 문장과 다양한 주제 연습	– 이야기 나누기, 토론, 역할극, 매일 일상대화	– 표현력, 사고력, 사회성 균형 향상 – 자율성과 자신감 능력 신장	언어의 자유로운 활용과 사회 적응력 증대

2. 의사소통 단계별 핵심 교수 전략

장애영유아의 언어발달은 자연스럽고 의미 있는 소통 경험을 통해 촉진됩니다. 이를 체계적으로 이루기 위해서는 유아의 발달 단계별 목표를 명확히 설정하고, 그에 적합한

교수 전략을 적용하는 것이 필수적입니다. 이러한 접근은 유아가 자신의 언어능력을 단계적으로 확장하며, 자율적이고 자신감 있게 세상과 소통하는 능력을 갖추도록 돕는 데 핵심적인 역할을 합니다(Foster−Cohen, 2014; Vermeij, Wiefferink, Knoors, & Scholte, 2023).

1) 1단계 : 비상징적 의사소통 – 장애영유아 감각 조절 및 환경 인식 증진을 위한 실천 가이드

이 시기는 유아가 아직 의도적으로 자신이 원하는 바를 명확하게 표현하지 않으며, 의미 있는 교류보다는 감각적 경험에 의존하는 특징이 뚜렷한 시기입니다. 이러한 유아의 행동 특성을 이해하고, 그 단계에 적합한 지원 전략을 펼치는 것이 매우 중요합니다.

이 단계의 핵심 목표는 장애영유아가 주변 환경을 안전하고 긍정적으로 인식하고, 감각자극에 대한 반응을 조절하며 정서적으로 안정감을 느낄 수 있도록 돕는 것입니다. 교사의 세심한 관찰과 일관된 상호작용은 유아의 발달에 매우 중요한 영향을 미칩니다.

(1) 개별화된 감각자극 제공 및 조절

- 유아 관찰을 통한 맞춤 자극 : 각 유아의 감각적 특성(민감한 부분, 좋아하는 자극, 피하는 자극 등)을 면밀히 관찰하여 개별 유아에게 적합한 자극을 선별하고 제공해야 합니다. 특정 소리에 예민한 유아에게는 잔잔한 음악을, 촉각 탐색을 좋아하는 유아에게는 다양한 질감의 재료를 제공하는 식입니다.
- 다양한 감각 활동의 통합 : 촉각, 시각, 청각뿐만 아니라 전정감각(균형), 고유수용성감각(신체 인식)까지 고려한 활동을 일상생활과 놀이에 자연스럽게 녹여냅니다.
- 촉각 : 점토, 모래, 물, 쌀알, 촉각 블록, 스펀지 등 다양한 질감의 재료를 탐색하게 합니다. 옷 입기, 세수하기 등 일상 활동 중에도 “부드러운 옷 만져보자”, “시원한 물로 손 씻자”와 같이 감각 요소를 언어로 연결해 줍니다.

- **시각** : 비눗방울 놀이, 색깔 블록 쌓기, 그림자놀이, 반짝이는 물건 관찰 등을 통해 유아가 시선을 집중하고 환경에 호기심을 갖도록 유도합니다. 이때 너무 많은 색상이나 복잡한 환경은 피하고 단순하고 명확하게 제시합니다.
- **청각** : 유아가 좋아하는 잔잔한 음악을 들려주거나, 자연의 소리(새소리, 빗소리 등), 소리 나는 장난감(딸랑이, 마라카스 등)을 활용하여 청각적 자극에 긍정적으로 노출시킵니다. 갑작스럽고 큰 소리는 피하고, 예측 가능한 소리를 제공하여 안정감을 높입니다.
- **전정/ 고유수용성** : 흔들리는 의자, 미끄럼틀, 볼풀장, 매트 위에서 구르기, 무릎에 앉혀 흔들어주기 등 신체 움직임을 통해 안정감과 신체 인식을 돕는 활동을 포함합니다.
- **자극의 강도와 시간 조절** : 유아가 감각자극에 압도되지 않도록 자극의 강도, 빈도, 지속 시간을 세심하게 조절합니다. 유아의 표정이나 행동(회피, 짜증, 과잉 반응 등)을 보면서 즉시 조절하고, 충분한 휴식 시간을 제공합니다. "괜찮아?", "잠깐 쉴까?"와 같이 유아의 선택을 존중하는 질문을 해줍니다.

(2) 긍정적이고 예측 가능한 상호작용

- **반응적 상호작용** : 유아의 작은 몸짓, 표정, 옹알이 등 모든 의사소통 시도에 교사가 즉각적이고 민감하게 반응하여 "네 표현을 알아차리고 있어"라는 메시지를 전달합니다. 예를 들어, 유아가 특정 장난감을 바라보면 "○○이가 블록을 보고 있구나?"라고 말하며 관심을 표현합니다.
- **일관성과 예측 가능성** : 일상생활의 루틴(식사, 낮잠, 놀이 시간 등)을 가능한 한 예측 가능하게 유지하고, 활동 전환 시에는 미리 알려주어 유아가 불안감을 느끼지 않도록 돕습니다. "이제 점심 먹을 시간이야", "곧 엄마가 오실 거야"와 같이 언어로 설명해 줍니다.

- **신뢰와 애착 형성 :** 눈 맞춤, 온화한 표정, 부드러운 목소리, 따뜻한 신체 접촉(안아주기, 손잡아주기, 쓰다듬어주기) 등을 통해 유아와 교사 간의 깊은 유대감과 신뢰 관계를 구축합니다. 이는 유아가 정서적 안정감을 느끼고 세상에 대한 긍정적인 기대를 갖는 데 필수적입니다.
- **의사소통 기회 확대 :** 유아가 스스로 무언가를 요구하거나 표현할 때 긍정적으로 격려하고, 유아의 비언어적 표현을 언어화하여 확장시켜 줍니다. 예를 들어, 유아가 물건을 가리키면 "이거? ○○이가 이걸 원해?"라고 말하며 의사소통 시도를 강화합니다. 교사가 먼저 명확하고 쉬운 언어로 자신의 감정을 표현하거나 지시하는 모습을 보여주어 유아가 의사소통 모델을 보고 배울 수 있도록 합니다.

2) 2단계 : 의도적이지만 비상징적인 의사소통 - 제한적 표현의 시기

몸짓을 통해 일부 요구를 표현하기 시작합니다. 아직 상징적 도구를 자연스럽게 사용하는 수준은 아니지만, 요구를 명확히 전달하려는 의도가 생기기 시작합니다. 이때의 핵심 목표는 그림 카드와 같은 상징적 도구를 활용하여 유아가 자신의 요구를 구체적으로 표현하는 방법을 익히도록 돕는 일입니다.

이 단계에서는 유아가 원하는 사물이나 활동을 그림 카드로 보여주고, 함께 말하거나 반복 연습하는 활동이 매우 중요합니다.

- **그림 카드 활용 :** 유아가 원하는 사물이나 활동을 그림 카드로 보여주고, 함께 말하거나 반복 연습하는 활동을 통해 요구 표현을 유도합니다. 예를 들어, 배고플 때 "맘마" 그림 카드를 보여주며 요구를 표현하도록 돕습니다.
- **간단한 문장 연습 :** "먹고 싶어요", "물 주세요" 같은 간단한 문장 또는 단어를 그림 카드와 함께 연습하며 언어적 표현력과 이해력을 함께 키웁니다.

이와 같은 활동을 통해 유아는 자신의 요구를 명확하게 전달하는 능력을 갖추게 되고, 그림 카드와 같은 상징적 도구를 사용하는 초석을 마련합니다. 동시에 유아의 어휘력과 언어 이해력도 자연스럽게 증진됩니다. 이는 향후 더 복잡한 의사소통과 언어발달의 기초가 되며, 유아가 스스로 자신의 필요와 감정을 보다 명확하게 표현하는 자신감을 갖게 되는 중요한 전환점입니다.

3) 3단계 : 장애영유아 상징적 의사소통 초기 – 단순 문장 이해 및 사용을 위한 실제적 가이드

이 단계는 장애영유아가 일상생활 속에서 간단한 문장을 이해하고 사용하여 자신의 의사를 표현하며, 주변 환경을 언어적으로 인식하는 능력을 키우는 시기입니다. 시각적 지원과 교사의 적극적인 상호작용을 통해 언어적 사고력과 표현력의 기초를 다집니다.

(1) 그림 카드 및 단어의 기능적 활용

- 개별 유아 맞춤형 제작 및 선정 : 유아의 관심사와 일상생활에 자주 등장하는 사물, 행동, 감정 등을 담은 그림 카드(실물 사진, 단순한 그림)와 해당 단어를 준비합니다(예 좋아하는 간식, 자주 사용하는 장난감, 친숙한 사람의 사진 등).
- 문장 구성의 시각적 지원 : '주어 + 동사' 또는 '주어 + 목적어 + 동사' 등 간단한 문장 구조를 그림 카드나 단어 카드를 순서대로 놓아 시각적으로 보여주며 말하기를 연습합니다.
  - 예시 : '나' 그림 카드, '사과' 그림 카드, '먹어요' 동사 카드를 순서대로 놓으며 "나는 사과를 먹어요"라고 말하기, '○○이' 사진, '놀아요' 그림 카드를 놓으며 "○○이가 놀아요"라고 말하기

- **요청, 선택, 설명 연습** : "물 주세요", "이거 먹을래요", "○○이 좋아요" 등 유아가 원하는 것을 표현하거나 선택하고, 주변 사물을 간단히 설명하는 상황에서 그림 카드와 단어를 적극적으로 활용합니다.
  - 예시 : 두 가지 간식 그림 카드를 보여주며 "○○이 뭐 먹을까?" 질문하고, 유아가 선택한 카드를 가리키거나 집으면 "○○이는 빵 먹을래요 하는구나!"라고 문장으로 확장해 줍니다.
- **그림-실물, 그림-단어 연결 놀이** : 실제 사물과 그림 카드를 짝짓거나, 그림 카드와 해당 단어 카드를 연결하는 활동을 통해 인지적 매칭 능력을 향상시키고 어휘를 확장합니다.

(2) 일상생활 속 문장 이해 및 표현 기회 제공

- **선생님의 모델링** : 유아의 짧은 표현이나 비언어적 의사소통에 교사가 완전한 문장으로 반응하며 자연스럽게 올바른 문장 모델을 제공합니다.
  - 예시 : 유아가 "물"이라고 말하면, "물 마시고 싶구나? 선생님이 물 줄게" 또는 "선생님, 물 주세요 하고 말해볼까?" 하고 문장을 제시합니다.
- **문장 완성 놀이** : 그림 카드나 실제 사물을 활용하여 문장의 빈칸을 채우는 놀이를 합니다.
  - 예시 : "○○이가 멍멍이를 ____(던져요, 봐요, 먹여요)"와 같이 문장의 끝을 열어두고 유아가 완성하도록 유도합니다.
- **간단한 질문 및 대답 연습** : "이게 뭐야?", "어디 가?", "누가 먹었어?", "어떻게 해?"와 같이 간단한 질문을 하고, 유아가 단어나 짧은 문장으로 대답할 수 있도록 격려합니다.

- 예시 : 장난감을 가리키며 "이게 뭐야?" 질문 후 유아가 "공"이라고 말하면 "그래, 공이다. 공이 굴러가네!" 하고 추가 설명을 해줍니다.

- **일상 활동과 연계** : 식사, 간식, 손 씻기, 옷 입기, 놀이 등 모든 일상 활동에서 간단한 문장을 반복적으로 사용합니다.
  - 예시 : "숟가락으로 밥 먹어요", "비누로 손 씻어요", "선생님하고 같이 가요" 등 구체적인 행동을 문장으로 표현하며 안내합니다.

(3) 교사의 적극적인 상호작용 및 피드백

- **긍정적 강화** : 유아가 단어 하나라도 더 말하거나, 문장을 완성하려는 시도에 대해 "정말 잘했어!", "○○이가 그렇게 말했구나! 멋지다!"와 같이 구체적으로 칭찬하고 격려하여 언어 사용에 대한 자신감을 높여줍니다. 완벽한 발음이나 문법보다 의사소통 시도 자체에 초점을 맞춥니다.
- **반복 및 확장** : 유아가 습득한 문장을 다양한 상황과 맥락에서 반복적으로 사용할 수 있도록 유도하고, 점차 더 많은 단어나 정보를 추가하여 문장을 확장시킵니다.
  - 예시 : 유아가 "사과"라고 말하면 → "빨간 사과" → "내가 빨간 사과 먹어요" 순으로 자연스럽게 확장시켜 줍니다.
- **기다려주기** : 유아가 스스로 생각하고 표현할 수 있도록 충분한 기다림의 시간을 제공합니다. 답을 강요하기보다 "천천히 생각해 봐", "괜찮아"와 같이 안심시켜 주며 편안한 의사소통 환경을 조성합니다.
- **관심 표현과 공감** : 유아의 말에 진심으로 관심을 표현하고 공감하는 태도를 보여줍니다. 유아가 말한 내용을 되풀이해 주거나 표정, 제스처를 통해 이해하고 있다는 것을 전달하여 유아가 지속적으로 말하고 싶도록 동기를 부여합니다.

4) 4단계 : 상징적인 의사소통 확장

이 단계의 목표는 장애영유아가 이미 익숙해진 그림 카드와 단어를 넘어, 더욱 복잡한 문장을 이해하고 자신의 생각과 주변 환경을 구체적으로 표현하는 능력을 키우는 것입니다. 단순한 요구를 넘어 좋아하는 사물이나 동물에 대해 묘사하고, 다양한 사회적 상황에서 언어를 자연스럽게 활용함으로써 언어적 사고력과 표현력의 중요한 전환점을 맞이하게 됩니다.

◆ 이렇게 지도해 주세요! (언어 표현력 확장을 위한 구체적인 방법)

- 구체적인 '묘사' 언어 확장하기 : 관찰력과 표현력 키우기
  - 관심사 기반의 묘사 활동 : 유아가 좋아하는 동물, 장난감, 음식 등의 그림 카드나 실제 사물을 제시하고, 교사가 먼저 구체적인 단어를 사용하여 묘사합니다.
    예시 : 좋아하는 동물 그림을 보며, "이 강아지는 갈색 털이 있고, 꼬리를 살랑살랑 흔들어요.", "이 토끼는 귀가 길고 발은 작아요."
    과자나 과일을 보며, "이 사과는 빨갛고 동그래요.", "이 과자는 바삭바삭 소리가 나고 달콤해요."
  - 오감 활용 묘사 유도 : 시각(색깔, 모양, 크기), 촉각(부드럽다, 거칠다), 청각(소리), 미각(달다, 시다), 후각(향기) 등 오감을 활용하여 묘사하는 단어를 함께 익힙니다.
    예시 : "이 공은 크고 파래요.", "이 점토는 말랑말랑해요.", "이 소리는 시끄러워요."
  - "어때요?", "무슨 색이에요?" 질문으로 유도 : 아이에게 "이 강아지 털은 어때요?", "이 사과는 무슨 색이에요?"와 같이 구체적인 질문을 던져 아이가 묘사하는 단어를 사용하도록 유도합니다.

- '역할놀이'를 통한 자연스러운 문장 사용 연습 : 사회적 맥락 속 언어 배우기
  - 다양한 상황 설정 : '가게 놀이', '병원 놀이', '엄마 아빠 놀이', '소꿉놀이' 등 유아가 흥미를 가질 만한 일상적인 역할놀이를 준비합니다.
  - 풍부한 소품 활용 : 각 역할에 맞는 간단한 소품(장난감 음식, 의사 가방, 인형 옷 등)을 제공하여 몰입도를 높이고, 언어 표현의 단서를 제공합니다.
  - 교사의 적극적인 모델링 : 교사가 먼저 역할극에 참여하여 역할에 맞는 문장(예 "어서 오세요, 무엇을 드릴까요?", "배가 많이 아파요?")과 묘사(예 "이 사과는 정말 신선하고 맛있어요!")를 사용하여 아이에게 언어 모델을 제공합니다.
  - 유아의 자유로운 표현 격려 : 유아가 자신만의 방식으로 문장을 만들거나 묘사하는 것을 격려하고, 적절한 피드백을 통해 더욱 풍부한 표현으로 확장시켜 줍니다.

    예시 : 가게 놀이에서, 유아가 "사과 주세요"라고 말하면, 교사는 "네, 어떤 사과를 드릴까요? 빨갛고 큰 사과를 드릴까요?"라고 질문하여 아이가 묘사 단어를 사용하도록 유도
- '질문에 대한 응답' 연습 : 이해력과 사회적 상호작용 능력 향상
  - 점진적인 질문 난이도

    초기 : "이게 뭐니?", "어디 가니?"와 같은 간단한 사물이나 장소에 대한 질문으로 시작합니다.

    확장 : "누가 그랬어?", "언제 갔어?", "어떻게 했어?", "왜 그랬어?"와 같이 좀 더 복잡한 정보를 묻는 질문으로 점차 확장합니다.
  - 시각적 지원과 함께 질문 : 질문 내용과 관련된 그림 카드, 실제 사물 또는 행동을 함께 보여주면서 질문하면 아이의 이해를 돕고 반응을 유도하기 쉽습니다.
  - 충분한 기다림과 모델링 : 아이가 질문에 바로 대답하지 못하더라도 충분한 시간(5~10초)을 주고 기다려줍니다. 필요한 경우 교사가 먼저 정답을 모델링하거나, 힌

트를 주어 아이가 대답을 시도하도록 돕습니다.

예시 : "누가 우유를 쏟았니?" (침묵 후) "음… ○○이가 쏟았구나?", "선생님이 쏟았을까?"

– 대화 주고받기 연습 : 질문-응답을 통해 자연스럽게 대화의 주고받는 패턴을 경험하게 하여 사회적 맥락에 맞는 언어 사용 능력을 길러줍니다.

◆ 기억해 주세요!

– '확장'의 중요성 : 아이가 한두 단어로 표현할 때, 교사는 그것을 완전한 문장으로 확장하여 다시 들려줍니다(예 아이 "강아지" → 교사 "응, 귀여운 강아지가 지나가는구나.").

– 반복과 긍정적 피드백 : 새로운 어휘나 문장 구조를 다양한 상황에서 반복적으로 사용하도록 유도하고, 아이의 작은 시도에도 구체적이고 진심 어린 칭찬을 아끼지 않습니다.

– 아이의 속도 존중 : 모든 아이는 자신만의 속도로 배웁니다. 조급해하지 않고 아이의 속도에 맞춰 인내심을 가지고 지도하는 것이 중요합니다.

5) 5단계 : 장애영유아 유창한 의사소통 - 사회적 맥락 기반 언어 활용

이 단계의 목표는 장애영유아가 다양한 사회적 상황을 이해하고, 자신의 생각과 감정을 논리적이고 창의적으로 표현하며, 다른 사람과 효과적으로 상호작용하는 능력을 갖추도록 돕는 것입니다. 이는 단순한 언어 사용을 넘어, 사회 구성원으로서의 자신감과 관계 형성 능력을 키우는 중요한 과정입니다.

(1) 창의적이고 논리적인 언어 표현 기르기

- 다양한 주제로 의견 나누기
  - '만약~이라면?' 상상 놀이 : "만약 하늘이 초록색이라면 어떨까?", "만약 꼬마 자동차가 말을 할 수 있다면?"과 같이 가상 질문을 던져 유아가 자유롭게 상상하고 의견을 말하도록 격려합니다.
  - 선택과 이유 말하기 : 간식 선택, 놀이 활동 결정 등 일상적인 상황에서 "○○는 왜 이것을 좋아할까?", "이것이 더 좋다고 생각하는 이유가 뭐야?"와 같이 자신의 선택에 대한 간단한 이유를 설명하도록 유도합니다(예 "나는 사과가 더 좋아요. 왜냐하면 달콤하니까요.").
  - 경험 발표 및 공유 : 주말 활동, 새로 생긴 것, 친구와 있었던 일 등 유아가 직접 경험한 것을 또래나 교사에게 발표하고 질문에 답하는 기회를 자주 제공합니다.
  - 그림/ 사진 활용 이야기 만들기 : 여러 장의 그림 카드나 사진(사물의 변화, 인물의 감정 변화, 일련의 사건 등)을 순서대로 배열하고, 유아가 그에 맞춰 이야기를 구성하도록 돕습니다. '누가, 언제, 어디서, 무엇을, 어떻게, 왜'를 포함하도록 질문을 던져줍니다.
  - 개방형 질문으로 확장 : "그다음에는 어떻게 되었을까?", "주인공 기분은 어땠을까?", "만약 네가 주인공이라면 어떻게 했을 것 같아?"와 같은 질문으로 유아의 사고와 언어 표현을 확장시킵니다.
  - 역할극/ 인형극으로 표현 : 유아가 만든 이야기를 역할극이나 인형극으로 표현해 보는 활동을 통해 언어적 표현뿐 아니라 비언어적 표현(표정, 몸짓)도 함께 연습합니다.
  - 꼬리물기 이야기 : 한 유아가 이야기를 시작하면 다른 유아가 이어서 이야기를 만들어가는 협동적인 이야기 구성 활동을 진행합니다.

(2) 사회적 상황에 맞는 의사소통 기술 습득

- 대화 예절 및 규칙 지도
  - 정중한 표현 사용 : "안녕하세요", "고맙습니다", "미안합니다", "부탁합니다(~주세요)" 등 기본적인 사회적 예절 표현을 일상생활에서 꾸준히 모델링하고, 유아가 사용할 때 긍정적으로 강화해 줍니다.
  - 차례 지키기 : 그룹 활동이나 대화 시 자신의 차례를 기다리고, 다른 사람의 이야기를 중간에 끊지 않고 듣는 연습을 합니다. '말하기 막대'나 '말하기 신호' 같은 시각적 도구를 활용할 수 있습니다.
  - 눈 맞춤 및 표정 관찰 : 대화할 때 상대방의 눈을 바라보고(유아가 불편해하지 않는 선에서), 표정을 통해 상대방의 감정을 이해하려 노력하도록 지도합니다(예 "친구가 웃고 있네? 기분이 좋다는 뜻이야.").
- 적절한 듣기 및 말하기 태도 지도
  - 능동적 듣기 훈련 : 친구가 이야기할 때 몸을 돌려 경청하고, 고개를 끄덕이거나 "음, 그랬구나"와 같이 반응하며 적극적으로 듣는 태도를 모델링하고 지도합니다.
  - 명확하게 말하기 : 자신의 생각을 너무 크거나 작지 않은 적절한 목소리 크기로, 분명한 발음으로 말하도록 격려합니다.
  - 갈등 해결 대화 : 친구와의 갈등 상황 발생 시 "네가 왜 화가 났는지 말해줄래?", "친구에게 어떻게 말하면 좋을까?" 등 문제해결을 위한 대화 방식을 지도하고 함께 연습합니다(예 "나 이 장난감 먼저 가지고 놀고 싶어." 또는 "나는 네가 ~해서 속상해.").
- 사회극 및 역할놀이 통한 연습

다양한 사회적 상황(예 가게 놀이, 병원 놀이, 가족 놀이, 친구와 화해하기 등)을 역할극으로 설정하여 유아가 직접 대화하고 상호작용하는 기회를 제공합니다. 이때 교사는 적절한 언어 표현이나 태도를 자연스럽게 코칭해 줍니다.

<표 10-2> 의사소통 단계 분석 및 교수 방법

단 계	핵심 특징	주요 목표	핵심 교수 전략	활동 예시	기대 효과
1단계 : 비상징적 의사소통	의도적인 의사소통 행동 부재	- 감각적 경험 풍부하게 하기 - 교사와의 신뢰 관계 형성	- 다양한 감각자극 활동 제공 - 긍정적인 반응 및 칭찬 아끼지 않기 - 좋아하는 물건 활용하여 상호작용 유도	- 촉각 블록 만지기, 비눗방울 불기, 좋아하는 음악 감상하기	- 감각적 민감성 감소 및 주변 환경 인식 증진 - 교사와의 애착 관계 형성 및 정서적 안정감 증진 - 의사소통 시도에 대한 긍정적인 경험 축적
2단계 : 의도적이지만 비상징적인 의사소통	제한적인 의사 표현 (울음, 몸짓 등)	- 자신의 요구를 표현하는 방법 배우기 - 상징적 도구(그림 카드) 사용 시작하기	- 요구에 즉각적으로 반응하고 언어적으로 표현 - 그림 카드 제시하여 원하는 것을 선택하도록 지원 - 간단한 단어("맘마", "물" 등)와 함께 표현	- 원하는 장난감을 그림 카드로 제시하여 선택하게 하기 - 배고플 때 "맘마" 그림 카드 보여주며 함께 말하기	- 자신의 요구를 효과적으로 표현하는 능력 발달 - 그림 카드를 통한 상징적 의사소통 능력 발달 - 언어적 이해력 증진 및 어휘력 확장 기반 마련
3단계 : 상징적인 의사소통 초기	제한적인 단어 사용, 간단한 문장 이해 어려움	- 어휘력 확장 및 언어적 표현 능력 향상 - 그림 카드를 넘어 언어 자체에 대한 흥미 유발	- 다양한 그림 카드 제공하여 의사소통 범위 확장 - 그림 카드와 함께 제시되는 단어 따라 하기 유도 - 간단한 문장("나 맘마", "물 주세요" 등) 사용 격려	- 사물의 이름이 적힌 그림 카드와 실제 사물 연결하기 - 그림 카드를 이용하여 간단한 질문에 대답하도록 유도	- 어휘력 확장 및 언어적 표현 능력 향상 - 언어 자체에 대한 흥미 유발 및 학습 동기부여 - 간단한 문장 이해 및 사용 능력 발달

4단계 : 상징적인 의사소통 확장	복잡한 문장 이해 어려움, 대화 참여 미흡	- 문장 구조 이해 및 표현 능력 향상 - 언어 이해 능력 향상 및 질문에 대한 대답 능력 향상	- 그림 카드를 이용하여 문장 만들기 연습하기 - 좋아하는 동물을 묘사하는 문장 만들기 - 역할놀이 활동을 통해 언어 표현 연습	- "나는 OOO가 좋아" 문장 만들기 연습하기 - 좋아하는 동물 그림을 보고 "OOO는 털이 있어요" 말하기	- 문장 표현 능력 향상 및 어휘력 증진 - 언어 이해 능력 향상 및 질문에 대한 대답 능력 향상 - 사회적 상황에 맞는 적절한 언어 표현 사용 능력 발달
5단계 : 유창한 의사소통	사회적 맥락 이해 부족, 비언어적 의사소통 어려움	- 사회적 상황 인지 및 언어적 표현 활용 능력 극대화 - 사회적 관계 형성 및 유지 능력 향상	- 다양한 주제에 대한 토론 활동 참여 유도 - 그림이나 사진을 보고 이야기를 구성하는 활동 통해 창의적인 언어 표현 능력 향상 - 사회적 기술 훈련을 통해 적절한 대화 예절 학습	- 좋아하는 그림책을 읽고 등장인물의 감정에 대해 이야기 나누기 - 뉴스 기사를 읽고 자신의 생각과 의견 발표하기	- 논리적인 사고력과 비판적 사고 능력 향상 - 창의적인 언어 표현 능력 및 문제해결 능력 향상 - 사회적 상황에 맞는 적절한 언어 표현 사용 능력 향상

3. 개별 유아를 존중하는 맞춤형 언어발달 지원 전략

장애영유아의 언어발달은 단순히 단어를 배우고 문장을 구사하는 기술적인 과정을 넘어섭니다. 그것은 세상을 이해하고, 자신의 감정과 생각을 표현하며, 다른 사람과 관계 맺는 모든 과정의 시작이자 핵심입니다. 이 중요한 여정에서 선생님은 마치 정성껏 씨앗을 심고 가꾸는 농부처럼, 각 영유아의 고유한 특성을 존중하고 맞춤형 지원을 제공하는 가장 중요한 동반자입니다.

장애영유아의 언어발달을 지원하는 일은 세심한 관찰과 유연한 접근이 필요한 예술과 같습니다. 어떻게 하면 우리 아이들이 언어의 날개를 활짝 펼 수 있을까요?

(1) 개별 유아 심층 이해 : '눈'으로 읽고 '귀'로 듣기

- **세심한 관찰자가 되어주세요 :** 아이가 어떤 것에 흥미를 보이는지(눈빛, 손짓), 어떤 자극에 편안함을 느끼고 어떤 자극을 어려워하는지, 어떤 방식으로 의사를 표현하려 하는지(옹알이, 표정, 몸짓, 소리 등)를 하루 일과 내내 꾸준히 기록하고 공유합니다. 아이의 '말하지 않는 언어'에 귀 기울이는 것이 출발점입니다.
- **강점 중심의 접근 :** 아이가 가진 어려움보다는 잘하는 것, 좋아하는 것에 초점을 맞춰 활동을 계획합니다. 예를 들어, 촉각에 민감하지만 특정 소리를 좋아하는 아이에게는 소리 나는 촉각 교구를 제공하며 언어 자극을 시도하는 식입니다. 아이의 강점이 언어 학습의 다리가 될 수 있습니다.
- **발달 수준 파악 :** 아이의 현재 언어발달 수준(옹알이, 한 단어, 두 단어 조합, 짧은 문장 등)을 정확히 파악하여 너무 쉽거나 어렵지 않은 적절한 목표와 활동을 제시해야 합니다. 성장을 위한 '작은 성공'의 기회를 자주 만들어주세요.

(2) 유연한 교수 전략 : '손'으로 만들고 '마음'으로 조절하기

- **다감각적인 경험 제공 :** 시각, 청각, 촉각 등 다양한 감각을 활용한 교구와 활동을 통해 언어에 대한 이해를 돕습니다. 그림 카드, 실물, 소리 나는 장난감, 촉각 놀이, 몸으로 표현하기 등 여러 방법을 융합하여 아이의 몰입을 유도합니다.
- **상호작용의 질 높이기**
  - 기다려주기 : 아이가 반응할 시간을 충분히 주고, 조급해하지 않습니다. 침묵 속에서도 아이의 작은 시도를 기다려주세요.

– 반응적 상호작용 : 아이의 모든 의사소통 시도(눈 맞춤, 손짓, 소리 등)에 즉각적이고 긍정적으로 반응하여 "네 표현을 알아차리고 있어"라는 메시지를 전달합니다.
– 확장 및 모델링 : 아이가 한 단어를 말하면 교사는 두세 단어로 확장하여 반복해 주고, 완전한 문장으로 적절하게 모델링해 줍니다(예 아이 "물" → 교사 "OO이가 물 마시고 싶구나? 시원한 물 줄까?").
– 일상생활 속 언어 교육 : 밥 먹기, 옷 입기, 낮잠 자기 등 매일 반복되는 일상 속에서 자연스럽게 언어를 경험하게 합니다. "숟가락으로 냠냠", "양말을 신자", "이제 코 잘 시간이야"와 같이 구체적인 동작을 언어로 연결시켜 줍니다.
– 긍정적 강화와 격려 : 아이의 작은 언어적 시도(소리 내기, 따라 하기, 단어 말하기 등)에도 "정말 잘했어!", "멋지다!", "다시 한번 해볼까?"와 같이 진심 어린 칭찬과 격려로 언어 사용에 대한 동기와 자신감을 북돋아줍니다. 완벽함보다는 시도 자체를 소중히 여겨주는 것이 중요합니다.

1) 섬세한 관찰, 맞춤형 지원의 나침반

영유아의 관심사와 강점, 어려움은 일상 활동 속 자연스러운 순간에 발견됩니다. 교사는 활동과 상호작용에서 유아의 언어적 반응은 물론 관심 주제, 강점, 어려움 등을 꼼꼼하게 기록하고 분석해야 합니다. 이를 통해 유아의 수준에 맞는 적정 난이도와 지원 방법을 선정할 수 있으며, 유아가 더욱 잘 흡수하고 참여할 수 있도록 돕습니다.

유아의 언어발달을 정확하게 파악하기 위해서는 일상 활동과 상호작용 과정에서 적극적으로 관찰하는 것이 필수적입니다. 유아가 어떤 단어를 사용하는지, 어떤 문장을 이해하는지, 어떤 방식으로 의사소통을 시도하는지 등을 주의 깊게 관찰하고 기록해야 합니다. 또한 유아의 관심사와 흥미를 파악하여, 그에 맞는 활동을 설계하고 제공해야 합니다. 마치 숙련된 조련사가 동물의 특성을 파악하고 훈련하듯, 교사는 유아의 개별적인 특성을 존중하고 맞춤형 지원을 제공해야 합니다.

세심한 관찰은 유아를 더욱 존중하는 기초가 되며, 개별적 지원과 맞춤 전략의 효과를 높입니다. 이를 통해 유아는 자기 능력에 대한 자신감과 긍정적 태도를 갖게 됩니다. 관찰은 신중하고 지속적이어야 하며, 유아의 다양한 행동을 오감과 맥락에서 종합적으로 파악하는 노력이 필요합니다.

2) 유연한 접근, 잠재력 발휘의 촉매제

유아의 개별적인 특성을 파악한 후에는, 그에 맞는 맞춤형 전략을 적용해야 합니다. 예를 들어, 특정 유아가 감각적 자극에 민감하다면, 시각적인 자료를 활용하거나 조용한 환경에서 활동을 진행할 수 있습니다. 또래와의 교류가 부족한 유아에게는 그룹 활동을 강화하여 사회성을 향상시키고, 자연스럽게 언어발달을 촉진할 수 있습니다. 마치 숙련된 요리사가 재료의 특성을 살려 맛있는 음식을 만들듯, 교사는 유아의 개별적인 특성을 고려하여 활동을 조정하고 유연하게 접근해야 합니다.

3) 지속적인 관심과 긍정적 태도

의사소통은 꾸준한 격려와 칭찬, 그리고 인내심이 요구되는 긴 호흡의 과정입니다. 교사는 유아가 말을 하든, 몸짓을 하든, 작은 시도와 성취를 즉각적으로 인정하고 격려하는 것이 매우 중요합니다. 마치 정성껏 불을 지피듯, 교사의 따뜻한 격려는 유아의 의사소통 엔진에 불을 지피고, 자기효능감을 높여 자기 주도적으로 소통하려는 욕구를 자연스럽게 자극합니다. "잘했어요!"라는 칭찬이나 "조금만 더 해볼까요?"라는 격려 메시지는 단순한 칭찬을 넘어 유아에게 긍정적인 자아개념을 심어주고, 도전을 두려워하지 않는 용기를 줍니다.

4) 따뜻한 태도와 신뢰 형성

유아의 반응에 민감하게 반응하며, 정서적 안정과 신뢰를 높여야만 유아는 자신감 있게 언어를 활용할 수 있습니다. 따뜻한 태도로 유아의 이야기에 귀 기울이고, 눈을 맞추며 공감하는 것은 유아에게 언어적 안정감을 선사하는 포근한 품과 같습니다. 자존감이 높아진 유아는 계속해서 새로운 시도와 도전에 대한 긍정적 자세를 유지할 수 있게 됩니다. "엄마, 아빠가 좋아요"처럼 자발적이고 자연스러운 언어 활동을 즐기게 되며, 자극적인 환경에서도 자신의 생각을 자유롭게 표출하는 능력이 향상됩니다. 인내심과 일관성을 유지하며, 작은 성취도 꾸준히 인정하고 격려하는 것은 유아에게 안정감과 성취감을 선사하는 마법과 같습니다.

5) 생활 속 통합

장애영유아의 언어발달을 촉진하는 데 있어 중요한 전략은 바로 생활 속에서 자연스럽게 언어를 통합하는 것입니다. 이는 유아가 일상생활의 다양한 활동과 맥락 속에서 언제 어디서나 자연스럽게 의사소통을 연결하고 활용할 수 있도록 돕는 것을 의미합니다. 이 접근법은 일상생활의 밀접한 연계를 강조하며, 유아가 실생활 속에서 언어 활동을 경험함으로써 자신감과 적용력을 높이고, 자연스럽게 언어를 사용하는 습관을 형성하는 데 매우 효과적입니다. 마치 정원에 물을 주듯, 생활 속에서 언어를 활용하는 것은 언어발달의 씨앗에 생명력을 불어넣는 것입니다.

6) 사회적 교류 촉진

언어는 사회적 관계를 형성하는 기본 도구이기 때문에 또래와의 그룹 활동이나 역할놀이, 감정 표현 연습을 통해 사회성 및 감정 이입 능력을 강화하는 활동이 중요합니다. 이러한 활동들은 유아가 타인과 협력하고 공감하는 능력을 자연스럽게 키우는 계기를 마련하며, 이로 인해 언어적 표현뿐 아니라 친밀감과 연대감도 함께 성장하게 됩니다. 마치 함께 울타리를 쌓듯, 사회적 교류는 유아의 언어적 성장을 지지하는 든든한 기반이 됩니다.

7) 긍정적 상호작용

따뜻한 태도를 지닌 교사의 역할도 매우 중요합니다. 교사는 유아의 시선과 반응에 민감하게 반응하며, 칭찬과 격려를 아끼지 않음으로써 유아가 의사소통에 대한 동기를 갖도록 유도해야 합니다. "잘했어요!", "조금만 더 해볼까요?"라는 지속적인 지지와 격려는 유아가 자기 주도적으로 언어 활동에 참여하게 만들며, 자신감과 자존감을 높이는 핵심 요소입니다. 마치 화가가 그림에 색을 입히듯, 교사의 긍정적인 상호작용은 유아의 언어적 역량에 생기를 불어넣습니다.

8) 꾸준한 성장 격려

지속적이고 일관된 격려는 유아가 인내심과 자기효능감을 키우는 데 중요한 역할을 하며, 작은 성취도 충분히 인정받고 지지받음으로써 긍정적인 자기 인식을 형성하는 데 도움을 줍니다. 결국 영유아들은 자연스럽게 언어를 습득하고 삶에 적용하며, 자기 스스로 성장하는 즐거움과 자신감을 느끼게 됩니다. 이러한 생활 속 통합 전략은 장애영유아가 일상생활에서 활발히 의사소통하며, 사회적 관계를 맺고 유지하는 데 꼭 필요한 바탕이 되며, 지속적이고 일관된 신뢰 형성과 격려로 긍정적 성장의 발판을 마련하는 매우 효과적인 방법입니다. 마치 조련사가 동물을 칭찬하며 기술을 가르치듯, 꾸준한 격려는 유아의 언어적 자신감을 키우는 칭찬의 마법과 같습니다.

<표 10-3> 장애영유아를 위한 언어발달 지원

요 소	핵심 내용	실천 전략	기대 효과	고려 사항
맞춤형 접근	유아의 현재 언어발달 단계 인지, 개별적 특성 존중	초기 의사소통 수준 파악 후 맞춤형 활동 설계, 개별 성장 속도에 맞게 지원	개인별 성장 촉진, 자발적 참여 유도	지속 관찰과 유연한 조절 필요
세심한 관찰	영유아의 관심사, 강점, 어려움 면밀히 분석	일상적 활동과 상호작용에서 자연스럽게 관찰, 적극적 피드백과 기록	적정 난이도와 지원 방법 선정	존중과 긍정적 태도 강조
지속적 관심과 지원	의사소통은 일관성, 인내심, 지속성을 요구	꾸준한 격려와 칭찬, 반복 학습, 소통 기회 제공	자신감 향상, 내재적 동기 유발	긴 호흡으로 접근하는 태도 필요
생활 속 통합	자연스러운 상황에서 의사소통 연결	일상 활동에서 언어 도입(놀이, 식사, 정리)	실생활 적용력 향상, 자연스러운 사용	일상과의 밀접한 연계 강조
사회적 교류 촉진	언어는 사회적 관계 형성의 기본 도구	또래와의 그룹 활동, 역할놀이, 감정 표현 연습	사회성·감정 이입 능력 강화	협력과 공감 중심 활동 설계
긍정적 상호작용	의사소통 동기를 부여하는 따뜻한 태도	영유아의 시선·반응에 민감하게 반응하며 칭찬과 격려, 내재적 동기 유도	언어 사용 자연스러움, 자기 주도적 참여	신뢰 형성, 정서적 안정 중요
꾸준한 성장 격려	작은 성취도 충분히 칭찬하며 계속 격려	"잘했어요!", "조금만 더 해볼까요?" 등 지속적 지지	자존감 향상, 긍정적 자기 인식	인내심과 일관성 유지 필요

4. 언어발달 지원을 위한 핵심 활동 유형

장애영유아의 언어발달은 다양한 활동을 통해 촉진될 수 있습니다. 교사는 그림 카드, 노래, 이야기 읽기, 역할놀이 등 다양한 활동을 활용하여 영유아의 언어 세계를 넓혀주고, 잠재력을 발휘하도록 도와야 합니다. 다양한 활동 유형들은 각각의 목표와 기대 효과를 갖추고 있어, 유아의 언어발달과 사회적 능력 향상에 실질적인 도움을 줄 수 있습니다. 이러한 활동들을 적절히 계획하고, 유아의 개별 특성과 발달 수준에 맞게 조절하며 지속적으로 실시한다면, 유아는 자연스럽고 즐거운 환경 속에서 자발적이고 풍부한 의사소통 능력을 키워나갈 수 있습니다. 따라서 교사는 활동 목표를 명확히 하고, 유아의 적극적인 참여를 유도하며, 모든 활동에서 긍정적인 피드백을 기반으로 한 격려와 지지를 아끼지 않는 것이 중요합니다(Davies, Shanks, & Davies, K., 2004; Vermeij, Wiefferink, Knoors, & Scholte, 2023).

1) 그림 카드 활용 활동

그림 카드를 활용하는 활동은 유아의 시각적 이해력을 높이고, 연관성 찾기와 이야기 구성 능력을 함양하는 데 매우 효과적입니다.

- **그림 카드 짝 맞추기** : 유아가 같은 그림이나 관련 그림을 찾으며 이미지를 연결하는 과정을 통해 논리적 사고와 기억력을 강화합니다.
- **카드 분류** : 카드를 주제별로 분류하는 활동은 유아가 사물이나 개념을 구분하고 분류하는 능력을 키웁니다.
- **그림 배열 이야기 만들기** : 그림을 순서대로 배열하여 이야기를 만들어 내는 작업은 언어와 사고를 통합하는 통합적 사고력과 자연스러운 언어발달을 촉진합니다.

- **활동 시 유의 사항 :** 그림 선택의 난이도를 조절하고, 유아와 적극적으로 상호작용하며 격려하는 태도를 유지하는 것이 중요합니다.

2) 노래 부르기 활동

노래 부르기 활동은 유아의 신체와 감각, 언어를 통합하는 중요한 활동입니다.

- **율동과 노래 :** 율동과 함께 노래를 부르면, 유아는 몸의 움직임과 소리의 결합으로 즐거움을 느끼며, 자연스럽게 발음을 연습하고 기억력을 향상시킵니다.
- **가사 변경 활동 :** 가사의 일부를 바꾸거나 창의적으로 노래를 부르게 함으로써, 유아의 표현력과 창의성을 촉진할 뿐 아니라 언어적 자신감도 높아집니다.
- **활동 시 유의 사항 :** 재미와 놀이성을 충분히 살리고, 유아의 참여를 격려하며 자연스럽게 언어와 행동을 연결하는 것이 핵심입니다.

3) 이야기 읽기 활동

이야기 읽기 활동은 유아가 시각적 자극을 통해 의미를 습득하고, 자기표현과 사회적 기술을 개발하는 데 매우 효과적입니다.

- **질문과 답변 :** 그림책을 읽으며 내용을 이해하는 과정에서 자연스럽게 질문과 답변을 하도록 유도하면, 유아는 자신의 생각과 감정을 표현하는 연습을 할 수 있습니다.
- **등장인물 따라 하기 :** 역할놀이와 결합된 이 활동은 감정을 공감하며 타인과의 관계를 이해하는 사회적 기술을 키우는 데 도움을 줍니다.
- **활동 시 유의 사항 :** 유아의 흥미를 유발하는 내용을 택하고, 이야기를 즐기며 자연스럽게 대화하는 환경을 조성하는 것이 효과적입니다.

4) 역할놀이 활동

역할놀이 활동은 유아의 사회성, 의사소통 능력, 그리고 역할 이해력 향상에 중점을 둡니다.

- **가족 역할놀이 :** 가족 관계와 역할을 익히며, 가족 간의 상호작용을 이해합니다.
- **병원 역할놀이 :** 건강 관련 의사소통을 연습하며, 사회적 상황에서의 언어 사용을 학습합니다.
- **가게 역할놀이 :** 일상 표현과 간단한 경제 개념을 학습하며, 실생활에서의 언어 활용을 연습합니다.
- **활동 시 유의 사항 :** 역할을 공평하게 분담하고, 다양한 상황을 연출하여 활동의 폭을 확장하는 것이 좋습니다.

<표 10-4> 언어발달 지원을 위한 교수 활동

활동 유형	구체적 활동 예시	활동 목표	기대 효과	참고 사항
그림 카드 활용 활동	– 그림 카드 짝 맞추기 : 같은 그림 찾기, 연관 그림 찾기 – 그림 카드 분류하기 : 동물, 음식, 장난감 등 주제별 분류 – 이야기 만들기 : 그림을 순서대로 나열하여 이야기 구성	시각적 이해력, 연관성 찾기, 이야기 구성 능력 향상	언어 이해력과 논리적 사고력, 기억력 강화, 자연스러운 언어발달	그림 선택 시 난이도 조절, 상호작용 격려
노래 부르기 활동	– 율동과 함께 노래 부르기 : 몸 움직임과 결합하며 즐거움 창출 – 가사 바꿔 부르기 : 창의적 표현력 향상 – 따라 부르기 : 발음 교정, 기억력 훈련	언어적 기억력 · 발음 향상, 신체 통합 감각 발달	자신감, 표현력 및 참여 의욕 증진	활동 중 재미와 놀이 효과 강조, 반복 훈련 필요

이야기 읽기 활동	– 그림책 읽기 : 시각적 자극 통해 의미 이해 연습 – 질문 후 답하기 : 내용 습득과 언어 표현 강화 – 등장인물 따라 하기 : 역할놀이로 사회성 훈련	언어 이해, 자기 표현력, 사회적 기술 습득	감정 이입과 공감 능력, 대화 참여 능력 증대	그림책 선정 시 흥미 유발 이야기 추천
역할놀이 활동	– 가족 역할놀이 : 가족 관계 이해 및 연습 – 병원 역할놀이 : 건강 관련 의사소통과 역할 이해 – 가게 역할놀이 : 일상 표현과 경제 개념 학습	사회성, 의사소통, 역할 이해력 향상	상황 판단력, 감정 조절력, 대인 관계 개선	역할 분담과 다양한 상황 연출로 확장 가능

<표 10-5> 단계별 의사소통지원 적용 교육계획안

놀이명	그림 가리키기 놀이	
놀이목표	1. 교사의 말・제스처에 따라 그림 카드 2종 중 해당 카드 가리키기/건네기를 2회 이상 한다. 2. 기본 의사표현(옹알이/ 단어/ 몸짓/ 그림 카드)으로 원하는 것 표현을 2회 이상 한다. 3. 공동주의(눈 맞춤 → 대상 → 교사)를 2회 이상 보인다.	
준비물	대형 그림 카드 2~3장(예 물/ 과자/ 공), 실제 선호물 소량(강화용), 벨 또는 손북(주의집중), 작은 바구니(카드 넣기)	
개별화 관련 요소	인지(상징 이해・선택)・의사소통(수용・표현)・사회정서(공동주의・정서 안정)・운동(가리키기・건네기)	
교육과정 관련 요소	■ 신체운동・건강–신체활동 즐기기–신체를 인식하고 움직인다. ■ 의사소통–듣기와 말하기–말이나 이야기를 관심 있게 듣는다. ■ 사회관계–나를 알고 존중하기–내가 할 수 있는 것을 스스로 한다.	
단 계	놀이 지원	유의점
도 입	■ 주의집중 "딩동! (벨 울리며) ○○야, 물 그림 어디 있을까?"(카드 2장 중 '물' 제시)	반복 가능한 단서 사용(단일 낱말 중심), 기다림(3~5초) 제공

<table>
<tr><td>전 개</td><td>■ 따라 하기 유도
"물 카드 가리켜 볼까?" 손가락 시범 보이기
■ 성공 강화
"맞아, 물 찾았네! 여기 물 한 모금." 즉시 강화하기
■ 요구 표현 확장
"원하면 카드를 나에게 건네기." 손바닥을 열어 보이기
■ 선택 제시・모방 촉진
"물 줄까, 과자 줄까?" 카드 2장 제시하기
■ 공동주의 촉진
"같이 보자—○○가 본 카드, 나도 볼게." (눈 맞춤 → 카드 이동하며 공동주의 촉진하기)</td><td>다양한 표현 수단 허용 (옹알이・몸짓・카드・단어 모두 인정), 성공 즉시 강화</td></tr>
<tr><td>마무리</td><td>■ 정리 및 회상
"오늘은 물/ 과자 그림을 찾고, 건네는 연습을 했어."
■ 사회적 강화
"잘했어! 그림으로 말하기가 점점 늘고 있어." (하이파이브/ 포옹 선택)</td><td>회상은 단순 낱말로 ("물 찾기, 카드 주기"), 마지막에 쉬운 과제로 성취감 마무리</td></tr>
<tr><td>평가 방법</td><td colspan="2">1. 과제 수행 : 요청한 그림 카드 가리키기/ 건네기를 2회 이상 했는가?
2. 지시 반응 : 교사 말・제스처("물 카드 가리키기/ 건네기")에 반응했는가?
3. 정서・참여 : 공동주의(눈 맞춤), 미소・접근 등 긍정 참여가 나타났는가?</td></tr>
<tr><td>일상생활 속 활동</td><td colspan="2">1. 간식 시간 : 선택 및 요청 언어 발달
유아가 원하는 간식을 스스로 선택하고, '주세요'와 같은 요청 언어를 사용하거나 시도하는 경험을 통해 의사소통의 즐거움을 느끼게 합니다.
– 선택의 기회 제공(시각적 지원) : 두 가지 종류의 간식(예 과자, 과일)을 실제 사물 또는 그림 카드로 명확하게 제시합니다.
– 질문과 모델링 : 아이의 눈을 맞추며 "○○야, 뭐 먹을까? 과자 먹을까, 과일 먹을까?"라고 질문하고, 동시에 각 간식의 그림 카드를 가리킵니다.
– 아이의 반응 기다리기 : 아이가 손가락으로 가리키거나, 눈길을 주거나, 소리를 내거나, 카드/ 그림을 잡으려 할 때까지 충분히 기다려줍니다(5~10초).
– 언어로 확장 및 제공 : 아이가 선택을 표현하면, 교사가 그 선택을 완전한 문장으로 말하며 간식을 건넵니다.
(예시) 아이가 과자 그림 카드를 가리키거나 집었을 때 : "아, 과자 먹고 싶구나? 과자 주세요 하고 말해볼까?", "그래, 선생님이 과자 줄게. 냠냠 맛있는 과자!"
아이가 아직 말하지 못하고 손짓만 할 때 : "과자 달라고 손가락으로 말했네? 과자 주세요라고 말해봐. 선생님이 과자 줄게."(동시에 교사가 "과자 주세요" 라고 모델링하며 간식을 줍니다.)</td></tr>
</table>

2. 놀이 시간 : 행동 지시 이해 및 표현 언어 발달

유아가 간단한 행동 지시(동사)를 이해하고, 놀이 중 '쌓다', '넘어뜨리다' 등 관련된 동작 동사를 사용하거나 시도하도록 돕습니다

- 놀이 상황 조성 : 아이가 블록에 흥미를 보일 때 옆에 앉아 함께 블록을 탐색합니다.
- 명확한 지시 및 시범 : 블록 2개를 제시하며 "○○야, 블록 2개 쌓기 해볼까?"라고 말하면서 교사가 직접 2개를 쌓는 모습을 천천히 보여줍니다.
- 아이의 행동 유도 : 아이가 교사의 행동을 모방하거나 스스로 쌓으려 할 때까지 기다립니다.
- 언어로 표현 및 확장 : 아이가 블록을 쌓으면 그 동작을 언어로 설명하고 확장해 줍니다.

  (예시) 아이가 블록을 쌓았을 때 : "우와! ○○이가 블록을 쌓았네! 블록이 높이 올라갔다!"

  아이가 아직 어려 블록 쌓기가 어려울 때 : 아이의 손을 잡고 함께 쌓으면서 "하나, 둘, 쌓자!"라고 말해줍니다.
- 다양한 동작 동사 연결 : "이제 블록 넘어뜨려 볼까? 쿵! 블록 부서졌다!"와 같이 다양한 동작 동사를 함께 사용하며 놀이의 언어를 풍부하게 합니다.
- 선택 기회 제공 : "빨간 블록 위에 쌓을까, 파란 블록 위에 쌓을까?"와 같이 선택지를 주어 이해를 돕고 언어 사용 기회를 늘립니다.

<표 10-6> 교육계획안에 적용된 장애영유아 의사소통 발달 지원 : 단계별 설계 및 전략

설계 원칙	구체적 전략	기대 효과	평가 지표
단계별 의사소통 설계	비상징적 → 의도적 비상징 → 상징 초기(가리키기, 건네기) → 상징 확장 흐름 중 상징 초기 단계 목표	영유아의 발달 수준에 맞는 맞춤형 의사소통 능력 향상	상징적 행동(가리키기, 건네기) 빈도 및 정확도
AAC·그림 카드 기반 요구 표현	선택 및 요구를 그림 카드로 표현(가리키기/ 건네기)하도록 구조화	자발적인 요구 표현 능력 향상 및 의사소통 주도성 증진	그림 카드 활용 빈도, 요구 표현 성공률
공동주의 촉진	눈 맞춤 → 대상 → 교사 순환 유도, 공동주의 빈도 강화	타인과의 상호작용 능력 향상 및 사회성 발달 촉진	공동주의 시작 빈도, 유지 시간, 상호작용 참여도
모델링-프롬프트-소거	교사 모델 제시 → 제스처/ 촉각 프롬프트 제공 → 점진적 프롬프트 소거, 자발적 발화/ 행동 유도	자기 주도적인 의사소통 능력 발달 및 독립성 증진	프롬프트 의존도 감소율, 자발적 발화/ 행동 빈도
자연주의 교수·즉시 강화	일상 맥락에서 선호물 즉시 제공 강화(요구 성공 직결), 동기 유지	긍정적 강화 경험을 통한 의사소통 참여 동기 증진	요구 표현 시도 빈도, 활동 참여 지속성
반복·역할 교대(턴테이킹)	가리키기/ 건네기 반복 연습 및 주고받기 순환, 대화 구조 학습	대화 기술 습득 및 사회적 상호작용 능력 향상	대화 주고받기(턴테이킹) 참여도, 대화 지속 시간
대기시간·언어 확장	3~5초 대기시간 제공, 영아 표현을 확장("물" → "물 주세요")하여 모델링	수용 언어 및 표현 언어발달 촉진	반응 시간 단축, 확장된 표현 사용 빈도
개별 속도·감각 조절	반응 지연/ 과부하 관찰 후 카드 수/ 자극 강도 조절, 성공률 우선 유지	스트레스 없는 편안한 환경 제공 및 긍정적 학습 경험 증진	활동 참여도 유지, 과부하 징후 감소
일상 연계·보호자 참여	간식/ 놀이 등의 상황에 선택, 가리키기, 건네기 연계, 가정 연습 확장	학습 효과 지속성 증진 및 일반화 능력 향상	가정에서의 활동 참여 빈도, 일반화된 상황에서의 의사소통 능력

보육현장에서의 실천

1. 개별화된 목표 설정 및 활동 계획 : 영유아의 현재 언어 수준, 강점, 약점, 선호도 등을 고려하여 개별화 교육계획에 맞는 개별화된 목표를 설정하고, 이를 달성하기 위한 구체적인 활동 계획을 수립해야 합니다.
2. 다양한 감각자극 활용 : 시각, 청각, 촉각 등 다양한 감각자극을 활용하여 언어 학습에 대한 흥미를 유발하고, 기억력과 집중력을 높여야 합니다. 그림 카드, 촉각 자료, 음악 등을 활용할 수 있습니다.
3. 반복적인 연습 및 긍정적 강화 : 새로운 단어나 문장을 반복적으로 연습하고, 정확하게 발음하거나 의사소통에 성공했을 때 칭찬과 보상을 제공하여 긍정적인 강화를 제공해야 합니다. 작은 성공 경험은 자신감을 높여줍니다.
4. 놀이 중심 학습 : 언어 학습을 놀이와 통합하여 즐겁고 자연스러운 분위기에서 진행해야 합니다. 역할놀이, 게임, 이야기 만들기 등을 활용하여 언어 사용 기회를 확대해야 합니다.
5. 적극적인 상호작용 및 모델링 : 영유아의 말에 주의 깊게 귀 기울이고, 적절한 반응을 보이며, 정확한 발음과 문장으로 모델링하여 언어발달을 촉진해야 합니다. 질문을 통해 사고력을 자극하고, 대화 참여를 유도해야 합니다.

용어 정의

1. 의사소통 : 생각, 감정, 정보 등을 언어, 몸짓, 그림 등 다양한 방법을 통해 타인과 주고받는 과정입니다.
2. 언어발달 : 말하기, 듣기, 읽기, 쓰기 등 언어와 관련된 능력이 발달하는 과정입니다. 어휘력, 문법능력, 이해력, 표현력 등을 포함합니다.
3. 조음 : 입술, 혀, 턱 등 발음 기관을 사용하여 소리를 정확하게 만들어내는 과정입니다.
4. 음운 인식 : 소리의 구성 요소를 인식하고 조작하는 능력으로, 낱말 속에서 특정 소리를 구별하고, 소리를 결합하거나 분리하는 능력을 포함합니다.
5. 보완대체 의사소통(AAC) : 말로 의사소통하는 데 어려움을 겪는 사람들을 위해 사용되는 다양한 의사소통 방법 및 도구를 의미합니다. 그림 카드, 의사소통 보드, 음성 출력 장치 등이 있습니다.

제 11 장

기본생활습관 및 자조기술 교수방법론

학습목표

1. 맞춤형 적응 행동 교수법 적용 : 획일적인 지도를 지양하고, 영유아 개개인의 발달 수준, 인지 및 운동 능력, 감각 특성을 고려한 맞춤형 교수법을 설계해야 합니다. 아동의 고유한 특성을 분석하여 가장 효과적인 학습 경로를 찾아내는 개별화된 접근 방식을 체득해야 합니다.
2. 구조화된 지원 환경 조성 : 물리적 환경과 일과를 체계적으로 조직하여 예측 가능한 안정감을 제공하고, 시각적 지원과 보조 도구를 활용해 아동의 독립적 수행을 돕는 환경 구성 능력을 익혀야 합니다. 잘 정돈된 환경은 아동 스스로 해낼 수 있다는 자신감의 토대가 됩니다.
3. 동기 부여 및 자아효능감 증진 : 적절한 칭찬, 격려, 보상 체계를 활용하여 영유아의 내적 동기를 자극하고 긍정적 행동을 강화하는 기술을 연마해야 합니다. 작은 성공 경험을 축적시켜 아동의 자존감을 높이고, '나도 할 수 있다'는 자아효능감을 심어주는 정서적 지원 전략을 배워야 합니다.
4. 습관 형성을 위한 생활 지도 연속성 확보 : 기본생활습관 형성은 반복과 일관성이 핵심입니다. 가정과 긴밀히 소통하여 교육기관에서의 지도가 가정에서도 이어질 수 있도록 협력하고, 아동이 건강한 생활 루틴을 내면화할 수 있도록 돕는 지속적인 지원 체계를 마련해야 합니다.
5. 긍정적 행동 지원 및 회복 탄력성 강화 : 아동의 거부나 저항, 실수와 같은 도전적 상황을 비난이 아닌 지도의 기회로 삼는 태도가 필요합니다. 문제 상황을 긍정적으로 해결하고, 아동이 다시 시도할 수 있도록 격려하는 회복탄력적인 지도 역량을 키워야 합니다.

1. 사회적응 기술로서 기본생활습관의 중요성

장애영유아의 발달 과정에서 기본생활습관은 절대 간과할 수 없는 매우 중요한 영역입니다. 왜냐하면 이러한 습관들은 영유아의 자기관리 능력, 자율성과 책임감, 안전의식 등을 근본적으로 길러주는 핵심적 토대이기 때문입니다. 이들이 스스로 자신을 돌보고, 일상생활의 기본 행동을 자연스럽게 수행할 때, 심리적 안정감과 성취감이 높아지고, 또래와의 관계에서도 자신감을 갖게 됩니다. 보육교사로서, 장애영유아의 습관 형성은 단순한 행동 지도 이상입니다(Burns, Lemon, Granpeesheh, & Dixon, 2019). 이는 개별 영유아의 흥미와 특성에 맞춘 체계적이고 지속적인 지원, 환경을 구조화하고, 작은 성공 경험을 강화하는 과정이 필수적입니다. 예를 들어, 시각적 일정표, 루틴화된 활동, 반복 연습, 칭찬과 격려를 적극 활용하면서 영유아가 점진적으로 자기 주도성을 갖도록 돕는 노력이 요구됩니다. 또한 가족과의 연계를 강화하여 가정에서도 일관된 지도와 지속적인 격려가 이루어지도록 하여, 습관이 자연스럽고 안정적으로 자리 잡을 수 있게 해야 합니다.

기본생활습관은 사회적응 기술로서 영유아가 독립적으로 생활할 수 있는 능력을 키우는 데 중요한 역할을 합니다. 교사는 영유아의 신체적 특성과 발달 수준을 고려하여 적절한 식사 기술과 용변처리 기술을 지도할 수 있습니다. 또한 침 흘림과 같은 문제를 해결하기 위해 턱관절 강화 및 삼키는 연습을 통해 영유아의 자립성을 높일 수 있습니다. 이러한 지원은 영유아가 스스로 만족감과 효능감을 느끼며 자존감을 키우는 데 기여합니다.

장애영유아의 적응 기술 향상은 사회적 관계 맺기와 자기조절능력의 발달에 있어 가장 핵심적이며 절실한 과제입니다. 그러나 이 과정은 단순히 기능을 가르치는 것에 그치지 않고, 장애로 인한 발달지연과 감정 조절 어려움이라는 특수성을 고려한 맞춤형, 체계적 교수 방법이 매우 중요합니다. 이러한 적응 기술 교육은 장애영유아가 일상생활과 자연스러운 사회적 상황에서 자신감을 갖고 건강하게 적응할 수 있도록 돕는 실제적이고 실질적인 행동과 태도를 기르는 데 집중해야 합니다.

장애영유아의 사회적 적응과 자립 능력 향상을 위해 실제적 적응 기술 지도는 매우 중요하며, 이는 일상생활에서 독립적으로 기능할 수 있는 구체적이고 실질적인 능력을 기르는 데 초점을 맞춥니다. 특히 장애로 인한 발달지연이나 감정 조절 어려움이 있는 영유아들에게는 체계적이고 단계적인 지도와 충분한 반복 훈련이 요구됩니다.

일과 적응 관찰기록

이 름	***	관 찰 일 자	0000.00.00
생 년 월 일	0000.00.00	기 록 자	

관찰 내용

♣ 등원

이가 엄마 손을 잡고 등원함. 엄마가 "아, '선생님 안녕하세요!'라고 인사해보자."라고 말하자 **이가 "네~"라고 답함. 엄마가 "**아, 컵에 물 담아서 정리하자."라고 말하자 "네!"라고 답한 후, **이가 컵을 들고 마리반 방향으로 뛰어감. 엄마가 "**아~ 정수기 어디에 있니?"라고 말함. **이가 뒤 돌아 서서 정수기로 향하여 물을 떠서 뚜껑을 닫음. 교사가 "**이 이제 교실로 들어가자."라고 말하자 "네."라고 답한 후 교실 안으로 들어감.

♣ 자유선택활동

이가 교실로 이동하자마자 역할놀이영역으로 향함. 파란색 장바구니를 꺼냄. 장바구니를 들고 휴식영역으로 이동함. 휴식영역에서 **이가 프랭키 인형을 꺼내어 바구니 안에 담고 누워서 보고 있음. 교사가 "아, 선생님이랑 같이 얼룩말 저금통 만들래?"라고 묻자 **이가 "싫어!"라고 말하며 교사의 눈을 피함. 교사가 **이의 손을 잡으며 "**아, 저금통 만들고 다시 와서 누워서 놀자. 라고 답하자 **이가 큰 베개로 자신의 얼굴을 가림. 교사가 미술영역으로 이동하여 한 번 더 **이를 불렀으나 답하지 않음. 약 5분 정도 누워서 프랭키 인형, 장바구니, **이가 가정에서 가져온 동물 퍼즐조각을 손으로 만지며 놀이를 지속함.

**이가 장바구니를 들고 일어나서 음률영역으로 향함. **이가 음률영역에서 에그쉐이커를 흔들며 노래부르는 친구들을 보다가 에그쉐이커를 하나 들어 흔들어 봄. 바구니에 넣고, 이전에 사용 경험이 있는 손목 방울을 꺼내어 **이가 들었음. **이가 손목 방울을 흔들어 소리를 탐색 후 장바구니에 담음.(바구니에는 프랭키 인형이있었음.) 역할놀이영역으로 이동하여 작은 와인잔을 두 개 꺼내어 다시 휴식영역으로 이동함. 휴식영역 옆 책상 앞에 앉아 컵 안에 동물 퍼즐 조각을 넣고, 와인잔을 조금 씩 흔들어 움직임을 탐색함.

교사가 정리신호로 정리정돈 시간임을 알렸으나, **이가 놀이를 지속함. 교사가 **이에게 다가가 "**아, 우리 이제 정리하고, 손씻고 간식먹자!"라고 말하였으나, **이가 듣지 않음. 교사가 동일하게 한 번 더 말하였더니 **이가 "네."라고 답하였으나, **이가 정리 하지않고 놀이를 지속함.

♣ 화장실 사용 및 오전간식

화장실로 이동하기위해 앉아서 줄서기를 시도하였으나, 줄을 서는 데 어려움을 보임. 쌓기놀이영역 교구장 위에서 자동차 모형을 움직이고 있음. "**아, 손씻으러 가자."라고 말하였더니, **이가 교사의 손을 꼬집으며 "싫어."라고 답함. 교사가 "**이 손 씻고 간식 먹고 놀이터 가야지."라고 말하자 **이가 "안돼~!"라고 말하더니, 빠른걸음으로 휴식영역으로 이동함. 일반지원교사가 한 번 더 가서 "**아, 친구들 손 다 씻었어. **이도 손 씻고 오자."라고 말하였으나 **이가 고개를 베개로 향하여 누움. 친구들이 손을 다 씻은 후 화장실에 사람이 없는 상태에서 **이에게 "**아, 이제 손 씻으러 갈까?"라고 묻자 "네!"라고 답한 후 화장실로 이동함. 교사의 촉진 없이 손씻기를 하고 나옴. **이가 간식(방울토마토)을 보고서 다시 휴식영역으로 이동함. **이에게 몇 차례 간식을 권유하였으나, 간식을 먹는 것을 거부함.

|그림 11-1| 일과 적응 관찰기록

♣ 대 . 소집단 활동 - 동시

간식먹는 것을 거부한 이후 교실 밖으로 이탈하여 교실 안으로 들어가는 것에 어려움을 보여 활동 참여가 어려웠음.

♣ 실외활동

이가 자신의 옷을 찾았으나, 스스로 입는 데 어려움이 있었음. 교사가 **이에게 옷을 벌려주며 "아, 팔 넣어보자."라고 하자 **이가 팔을 안으로 넣어 옷을 입음. 지퍼의 잠금장치 부분만 끼워준 후 "**이가 지퍼 올리세요."라고 하자 **이가 지퍼를 올림. 교사의 손을 잡고 이동하기 시작하였으나, **이가 교사의 손을 꼬집음. 교사가 "**이 손 놓고 갈까?"라고 물었더니, "네!"라고 답한 후 **이가 친구들 사이에 줄을 섰음. 열 걸음 정도 이동 후에 **이가 줄을 이탈하여 이동하여 다시 교사의 손을 잡고 이동하여 계단을 내려가 신발신기를 함. 자신의 신발을 찾아와 앉았으나, 벨크로를 뗀 후 신발을 신지 않아 "**이, 발 넣어서 신발 신자."라고 말함. **이가 "네."라고 답하였으나, 신발을 신지 않아 발가락 끝에 신발을 대어주며 "신발 신자."라고 하였더니, **이가 신발을 신으려고 시도함. 신발에 발이 잘 들어가지 않아 교사의 도움이 필요했음.

놀이터에 나가자마자 시소로 이동함. 동생들이 시소를 타고 있자 **이가 시소에 매달림. 교사가 "**이 매달리면 위험해."라고 말하자 **이가 일어섬. "시소~ 시소~"라고 말하여 "동생들이 타고있으니까 조금만 기다려 보자."라고 하였더니, **이가 교사의 손을 꼬집음. 교사가 **이의 손을 꽉 잡으며 "**아, 꼬집으면 선생님 아파."라고 말하였더니 **이가 손에 힘을 주어 교사의 손을 뿌리치려고 시도함. 교사의 손을 놓지 못하자 **이가 "안돼~"라고 말하며 교사의 손을 다시 꼬집으려고 시도함. 동생들이 시소를 탄 후 내리자마자 **이가 시소에 올라 탐. 시소가 위로 향하여 올라 갈 때마다 "아아~"라고 소리내며 눈웃음을 지음. 소리를 낼 때 손잡이에서 양 손을 모두 떼고 행동하여 교사가 "**아, 손잡이 잡아야지."라고 하자 **이가 곧장 손잡이를 잡음. 교사가 "가온반~ 모여라!"라고 하였으나, 시소타기를 계속함. 교사가 "**이 이제 들어가서 점심 먹어야 돼. 가자!"라고 하자 **이가 "안돼!"라고 하며 시소타기를 계속함. 교사가 "**아, 선생님 한 번 안아줘. 내려서 안아줘."라고 말하자 **이가 시소에서 내려와 교사를 안음. **이가 교사를 안은 후 교사가 "이제 교실로 가서 점심 먹자."라고 말하였더니 "네!"라고 답하며 교사의 손을 잡고 친구들이 모여 있는 현관 앞으로 이동함. 현관 앞까지 온 후 다시 손을 놓으라는 듯이 자신의 손에 힘을 주기 시작함. "**아, 이제 교실로 들어갈거야. 가서 점심 먹을거야." 라고 말하자 **이가 "안돼!"라고 말하며 교사의 손을 꼬집음. 현관 문이 닫힌 후 **이에게 "신발 벗어보자."라고 하자 뒷꿈치를 맞대고 움직여 신발을 벗음. 교사가 "**이 자리 어디니? 정리해보자."라고 하자 **이가 자신의 신발장에 신발을 정리함.

|그림 11-2| 일과 적응 관찰기록 예시

<table>
<tr><td rowspan="5">[인1-2] 숫자 카드를 보고 해당 숫자 다음 수를 알고 적을 수 있다.</td><td rowspan="5"></td><td rowspan="5"></td><td rowspan="5">v</td><td rowspan="5"></td><td rowspan="5"></td><td rowspan="5"></td><td rowspan="5"></td><td rowspan="5"></td><td rowspan="5"></td><td rowspan="5"></td><td rowspan="5"></td><td rowspan="5"></td><td rowspan="5"></td><td rowspan="5"></td><td rowspan="5"></td><td>1주(12/3)</td><td>±</td><td rowspan="5">간헐적으로 숫자를 거울글자의 형태로 작성하는 모습을 보이나, 대체적으로 올바른 순서를 인지하고 쓰는 모습을 보임.</td></tr>
<tr><td>2주(12/10)</td><td>+</td></tr>
<tr><td>3주(12/17)</td><td>+</td></tr>
<tr><td>4주(12/24)</td><td>+</td></tr>
<tr><td>5주(12/31)</td><td>±</td></tr>
<tr><td rowspan="5">[인2-3] 성인이나 또래가 불러주는 이름을 듣고 또래 친구의 이름을 스스로 적을 수 있다.</td><td rowspan="5"></td><td rowspan="5"></td><td rowspan="5">v</td><td rowspan="5"></td><td rowspan="5"></td><td rowspan="5"></td><td rowspan="5"></td><td rowspan="5"></td><td rowspan="5"></td><td rowspan="5"></td><td rowspan="5"></td><td rowspan="5"></td><td rowspan="5"></td><td rowspan="5"></td><td rowspan="5"></td><td>1주(12/3)</td><td>±</td><td rowspan="5">교사가 힌트를 주지 않아도 스스로 적는 빈도가 늘어나고 있음.</td></tr>
<tr><td>2주(12/10)</td><td>±</td></tr>
<tr><td>3주(12/17)</td><td>±</td></tr>
<tr><td>4주(12/24)</td><td>±</td></tr>
<tr><td>5주(12/31)</td><td>+</td></tr>
<tr><td rowspan="5">[의1-1] 필요한 요구나 도움을 요청 할 때, 성인의 언어적 촉진을 받아 신체적 접촉을 시도한다. (잡기, 만지기, 흔들기)</td><td rowspan="5"></td><td rowspan="5"></td><td rowspan="5">v</td><td rowspan="5">v</td><td rowspan="5"></td><td rowspan="5"></td><td rowspan="5"></td><td rowspan="5"></td><td rowspan="5"></td><td rowspan="5"></td><td rowspan="5">v</td><td rowspan="5">v</td><td rowspan="5"></td><td rowspan="5"></td><td rowspan="5"></td><td>1주(12/3)</td><td>−</td><td rowspan="5">간헐적으로 신체적 접촉을 통해 의사표현을 하나, 빈도가 적음.</td></tr>
<tr><td>2주(12/10)</td><td>−</td></tr>
<tr><td>3주(12/17)</td><td>−</td></tr>
<tr><td>4주(12/24)</td><td>±</td></tr>
<tr><td>5주(12/31)</td><td>±</td></tr>
</table>

|그림 11-3| 일과수행도표 예시

장애영유아에게 기본생활습관 형성이 중요한 다섯 가지 이유는 다음과 같습니다 (Farheen, & Gupta, 2021).

(1) 자기관리 능력의 토대 구축

기본생활습관은 장애영유아의 자율성과 책임감을 육성하는 가장 기본적인 토대입니다. 이러한 습관을 통해 영유아들은 자신을 돌보는 능력을 자연스럽게 습득하며, 자기효능감이 길러집니다. 이는 단순한 행동 습득을 넘어, 영유아들이 일상생활에서 자율적이고 책임감 있게 행동하는 능력을 키우는 중요한 과정입니다. 결국 이러한 경험은 점차적이고 체계적으로 자신감과 독립성을 높여, 성인으로 성장하는 과정에서 반드시 갖추어야 할 필수적 기반이 됩니다. 특히 자기 몸과 환경에 대한 적절한 관리 습관을 익히는 것은 성숙하고 책임감 있는 성인으로 성장하는 데 필수적인 요소임을 인식하고, 지도하는 데 있어 지속적이고 체계적인 지원이 필요합니다.

(2) 심리적 안정감과 신뢰감 형성

일관되고 체계적인 습관 형성은 장애영유아에게 안정감과 예측 가능성을 제공하는 핵심 전략입니다. 이러한 안정된 환경은 영유아가 불안을 줄이고, 자신감과 긍정적 자아존중감을 키우는 데 매우 중요한 역할을 합니다. 특히 장애영유아는 예측할 수 없는 환경과 변화에 대해 민감하게 반응하는 경향이 있으므로, 일상 습관을 안정적이고 반복적으로 실천하는 것은 정서적 안정의 근간이 됩니다. 따라서 교사와 부모는 일관된 지도와 환경 구조를 통해, 영유아가 자신이 수행하는 활동에 신뢰와 안정감을 느끼도록 지속적인 지지와 기대를 보여주는 것이 매우 중요합니다. 이는 영유아가 안정된 정서 상태를 유지하며, 자율성과 자기효능감을 높이고, 더 건강하게 성장하는 데 필수적인 밑거름이 됩니다.

(3) 사회적 적응력의 기반 마련

기본생활습관은 또래와의 건강한 상호작용과 사회적 관계 형성에 있어 매우 중요한 역할을 합니다. 자율적으로 자신을 돌보는 능력이 발달할수록, 영유아는 책임감과 배려심을 자연스럽게 체득하게 되며, 이는 타인과의 신뢰와 친밀감을 형성하는 기반이 됩니다. 더욱이 이러한 습관들은 사회적 규범과 예절을 익히는 중요한 토대가 되어, 사회생활에서의 적응력과 원만한 관계 형성에 필수적입니다. 따라서 장애영유아의 발달과 사회적 성공을 위해서는 일상생활 습관 형성을 체계적이고 지속적으로 지원하는 것이 매우 중요하며, 이는 결국 영유아들이 건강하고 책임감 있는 성인으로 성장하는 데 핵심적인 역할을 담당합니다.

(4) 감각적 · 운동적 발달 촉진

감각적 · 운동적 발달은 장애영유아의 전인적 성장과 기능 향상을 위한 핵심 영역입니다. 놀이나 일상생활 활동에서 반복적이고 의도적인 움직임을 통해 자연스럽게 습득되는 이러한 기술은 단순한 행동 연습을 넘어 감각통합과 운동 조절 능력을 크게 향상시키는 중요한 수단입니다.

이 과정은 장애영유아가 다양한 감각자극을 체계적으로 수용하고, 감각 정보를 효과적으로 통합하는 능력을 키우는 데 따라, 일상생활에서의 수행 능력과 대근육 · 소근육 조절력을 강화하는 결과로 이어집니다. 예를 들어, 블록 쌓기, 공 던지고 잡기, 균형 잡기 활동 등은 모두 이러한 운동과 감각통합 능력을 발달시키는 대표적인 활동입니다.

이와 같은 활동들을 스스로 반복하고 의도적으로 수행하는 경험은 신경망의 성장을 촉진하고, 행동 통제 및 조절 능력을 높이며, 궁극적으로는 일상 속 다양한 기능적 영역에서의 능력 향상에 직결됩니다. 따라서 교사는 놀이와 일상 활동의 환경을 체계적이고 풍부하게 구성하여 장애영유아의 감각 및 운동발달을 지속적으로 지원하고 격려하는 역할을 수행해야 하며, 이를 통해 영유아들이 자신감 있고 건강한 신체 발달과 함께 삶의 다양한 영역에서 적극적이고 독립적으로 활동할 수 있도록 돕는 것이 최선입니다.

(5) 자기효능감과 성취감의 증진

장애영유아에게 있어서 자기효능감과 성취감을 증진시키는 경험은 매우 소중하며, 그들의 전인적 성장과 자기 주도적 자립을 위한 핵심 열쇠입니다. 일상 습관을 성공적으로 수행하는 경험은 단순한 행동 습득을 넘어 영유아가 '내가 할 수 있다'는 믿음을 형성하고, 자기 자신에 대한 긍정적 인식을 갖게 합니다. 이러한 성취감은 영유아의 내적 동기를 자연스럽게 자극하며, 반복적인 성공 경험을 통해 자신감이 쌓이고, 점차 더 높은 목표를 향해 도전하는 태도를 갖게 만듭니다.

이 과정은 장애영유아의 자기효능감을 강화하는 데 결정적이며, 이는 단지 특정 행동의 성공을 넘어 일상생활 전반에서 책임감 있고 자율적이며 능동적으로 행동하는 성숙한 성인의 밑바탕이 됩니다. 따라서 교사와 부모는 영유아가 작은 성공들을 경험하고 축하하는 과정을 적극적으로 지원하며, 실패했을 때도 격려와 긍정적인 피드백으로 자아존중감과 자기효능감을 키우는 노력을 꾸준히 해야 합니다.

이렇게 축적된 성공 경험은, 장애영유아가 자신감을 가지며 미래의 다양한 도전에서도 포기하지 않고 지속적으로 성장하는 든든한 원동력이 되며, 궁극적으로는 성인으로서 책임감 있고 자율적인 삶을 살아갈 수 있는 중요한 발판임을 반드시 인식하고 지도해야 합니다.

<표 11-1> 장애영유아 기본생활습관 형성의 중요성

이 유	설 명	구체적인 연관 효과	교사의 역할
1. 자기관리 능력의 토대 구축	- 자율성과 책임감 육성 - 자신을 돌보는 능력 습득 - 자기효능감 증진	- 일상생활 자율적, 책임감 있는 행동 - 자신감과 독립성 점진적 향상 - 성숙하고 책임감 있는 성인으로 성장	- 지속적이고 체계적인 지원 제공 - 자기 몸과 환경 관리 습관 지도 - 영유아의 작은 노력과 성취 칭찬
2. 심리적 안정감과 신뢰감 형성	- 안정감과 예측 가능성 제공 - 불안 감소 및 자신감 증진 - 긍정적 자아존중감 함양	- 예측 가능한 환경에서 심리적 안정 - 정서적 안정감 바탕으로 자율성, 자기효능감 향상 - 건강한 성장 기반 마련	- 일관된 지도 및 환경 구조 제공 - 수행 활동에 대한 신뢰와 안정감 심어주기 - 지속적인 지지와 격려
3. 사회적 적응력의 기반 마련	- 또래와의 건강한 상호작용 촉진 - 책임감과 배려심 함양 - 사회적 규범과 예절 습득	- 타인과의 신뢰와 친밀감 형성 - 사회생활 적응력 향상 - 원만한 관계 형성 능력 증진	- 체계적이고 지속적인 일상생활 습관 형성 지원 - 사회적 상황에서의 적절한 행동 지도 - 긍정적인 사회적 경험 제공
4. 감각적·운동적 발달 촉진	- 감각통합 및 운동 조절 능력 향상 - 다양한 감각자극 체계적 수용 및 통합 - 대근육, 소근육 조절력 강화	- 일상생활 수행 능력 향상 - 신경망 성장 촉진 - 행동 통제 및 조절 능력 증진	- 놀이 및 일상 활동 환경 풍부하게 구성 - 감각, 운동 발달 지속적 지원 및 격려 - 자신감 있고 건강한 신체 발달 지원
5. 자기 효능감과 성취감 증진	- '내가 할 수 있다'는 믿음 형성 - 자기 자신에 대한 긍정적 인식 - 내적 동기 자극 및 도전 정신 함양	- 일상생활 전반에서 책임감, 자율성, 능동성 발휘 - 긍정적인 자아존중감 향상 - 미래의 다양한 도전에서 포기하지 않는 원동력 확보	- 작은 성공 경험 적극 지원 및 축하 - 실패 시 격려와 긍정적 피드백 제공 - 자기효능감과 자아존중감 키우는 노력 지속

2. 장애영유아가 기본생활습관 형성에 어려움을 겪는 이유

장애영유아들이 스스로 밥을 먹거나, 옷을 입고, 화장실을 이용하는 등 기본적인 일상생활 습관을 익히는 데는 특별한 도움이 필요합니다. 아이들이 이러한 행동을 '자연스럽게' 습득하기 어려운 데에는 여러 복합적인 이유가 작용하며, 이는 아이의 노력이 부족해서가 아니라 발달상의 특성 때문임을 이해하는 것이 중요합니다. 아이들이 어떤 부분에서 어려움을 겪는지 정확히 알면, 교사가 더 효과적인 지원을 제공할 수 있습니다 (Shipley－Benamou, Lutzker, & Taubman, 2002).

1) 아이의 '몸과 마음'이 겪는 제약 : 인지, 운동, 감각적 특성

◆ 아이에게는 이렇게 느껴져요

손 씻기, 옷 입기, 정리정돈 같은 간단해 보이는 활동도 아이에게는 여러 단계를 기억하고, 순서대로 몸을 움직이며, 손끝 감각을 조절하는 복잡한 과정입니다. 발달 특성상 이 과정이 느리거나, 혼란스럽고, 어렵게 느껴질 수 있습니다.

- "왜 이렇게 해야 하지?"(인지적 이해) : 활동의 목적이나 순서를 한 번에 이해하고 기억하는 데 어려움을 느낍니다. 예를 들어, "밥을 다 먹으면 그릇을 싱크대에 놓아야 해" 처럼 여러 단계가 포함된 지시를 따르기 어려울 수 있습니다.
- "내 몸이 내 마음대로 안 움직여"(운동적 수행) : 단추 채우기, 칫솔 잡기, 양말 신기 등 정교한 손놀림이나 균형 잡기가 어려워 자꾸 실패하고 지쳐버릴 수 있습니다.
- "이 감각이 너무 싫어!"(감각 조절) : 비누 거품, 끈적한 음식물, 특정 옷의 질감, 화장실 물 내리는 소리 등이 아이에게는 너무 강한 자극으로 느껴져 해당 활동 자체를 피하려 할 수 있습니다.

◆ 선생님, 이렇게 도와주세요!

- **쉬운 단계로 나누어 가르치기** : 한 번에 가르치기보다 작은 단위로 쪼개어 가르치고, 시각적 자료(그림 순서도)를 함께 활용하여 이해를 돕습니다.
- **신체적 어려움 이해하고 보완하기** : 잡기 쉬운 칫솔, 찍찍이 신발 등 보조 도구를 활용하고, 필요하면 선생님이 손을 잡아 함께 움직이며 성공 경험을 만들어줍니다.
- **감각 특성 존중하기** : 아이가 힘들어하는 감각자극은 최대한 줄여주고(예 무향 비누, 부드러운 옷), 좋아하는 감각자극을 활용하여 활동에 대한 긍정적 경험을 만들어줍니다.

2) '환경'이 주는 혼란 : 예측 불가능한 공간과 규칙 & 낮은 자율성/ 책임감 기회

◆ 아이에게는 이렇게 느껴져요

주변 환경이 매번 달라지거나, 정리되지 않고 혼란스러우면 아이는 어떤 행동을 해야 할지 알기 어렵고 불안감을 느낍니다. "오늘은 저기에, 내일은 여기에" 같은 일관성 없는 지도는 아이에게 큰 혼란을 줍니다. 또한 스스토 무엇인가 시도하고 싶은 마음은 있지만 어떻게 해야 할지 방법을 몰라 쉽게 포기하거나 무관심해질 수 있습니다. 명확한 규칙과 스스로 해볼 기회가 없으면 자신의 역할과 책임감을 배우기 어렵습니다.

◆ 선생님, 이렇게 도와주세요!

- **명확하고 예측 가능한 환경** : 물건의 위치, 활동 공간, 활동 시간표 등을 항상 일관성 있게 유지하여 아이가 스스로 다음 행동을 예측하고 준비할 수 있도록 돕습니다(예 양치 도구는 항상 같은 곳에, 간식 시간은 항상 식탁에서).
- **시각적 구조화** : 글자를 모르는 아이를 위해 그림이나 사진을 활용한 일과표, 규칙판을 만들어 눈으로 보고 이해할 수 있게 합니다.

- **선택의 기회와 자율성 부여** : 작은 범위 안에서라도 아이가 스스로 선택하고 결정할 기회를 주어 주도성을 길러줍니다(예 "파란 옷 입을까, 노란 옷 입을까?", "어떤 블록 먼저 정리할까?").
- **작은 책임감 부여** : "○○이가 컵을 제자리에 가져다 놓을 수 있을까?"와 같이 아이가 스스로 할 수 있는 작은 역할과 책임을 주어 성취감을 느끼게 합니다.

3) '어른'이 주는 메시지의 불일치 : 가정-기관의 불협화음, 지나친 기대 또는 무관심

◆ 아이에게는 이렇게 느껴져요

집에서 배운 것과 어린이집에서 배운 것이 다르면 아이는 "어떤 것이 맞는 행동이지?" 혼란스러워합니다. 부모님이나 선생님의 기대가 너무 높아서 "나는 아무리 해도 안 돼"라고 좌절하거나, 반대로 관심을 받지 못해 중요성을 느끼지 못할 수도 있습니다. 이러한 불일치, 지나친 압박, 혹은 무관심은 아이의 의욕을 꺾고 안정적인 습관 형성 자체를 어렵게 만듭니다. 장애영유아는 특히 일관성 있는 지도 환경에서 안정감을 느끼며 잘 성장합니다.

◆ 선생님, 이렇게 도와주세요!

- **가정과의 꾸준한 소통과 협력** : 아이의 행동 목표, 지도 방식, 긍정적 강화 방법 등을 가정과 공유하고 일관된 메시지를 전달할 수 있도록 긴밀하게 협력합니다
- **현실적인 기대 설정** : 아이의 발달 수준과 특성을 고려하여 달성 가능한 작은 목표부터 시작하고, 무리한 압박보다는 '작은 성공 경험'을 자주 만들어줍니다.
- **따뜻한 관심과 긍정적 피드백** : 아이의 사소한 노력과 진전에도 "○○이가 스스로 옷을 입으려 했네!", "정말 잘했어!"와 같은 구체적이고 진심 어린 칭찬과 격려를 아끼지 않습니다.

<표 11-2> 장애영유아가 기본생활습관 형성에 어려움을 겪는 이유

이 유	세부 내용	구체적인 예시	해결 방안
1. 인지적·운동적·감각적 제약	- 반복적·의도적 움직임의 어려움 - 인지적 이해 부족 - 습관 형성 과정의 더딤	- 손 씻기 : 단계별 수행 어려움, 인지적 이해 부족, 반복적인 움직임의 어려움 - 옷 입기 : 복잡한 동작 수행 어려움, 순서 인지 부족, 감각적 민감성	- 체계적이고 일관된 지도 제공 - 환경 구조화(시각적 자료, 단순화된 단계) - 작은 성공 경험 반복 - 지속적인 격려와 지지
2. 자율성과 책임감 결여된 환경	- 흥미와 자기 주도적 행동 욕구 부족 - 인지적 이해 및 수행 능력 제한 - 명확한 규칙, 정리된 장소, 일관된 지도 부족	- 정리정돈 : 어디에 무엇을 두어야 하는지 모름, 스스로 정리하려는 의지 부족 - 식사 예절 : 식사 규칙 이해 부족, 스스로 식사하려는 노력 브족	- 환경 구조 체계화 및 예측 가능성 증대 - 정리된 공간 배치, 명확한 규칙 제시 - 작은 성공 경험 반복 및 따뜻한 격려, 구체적인 피드백 제공
3. 가정–학교 간 일관성 없는 지도, 지나친 기대, 또는 무관심	- 지도 및 기대의 불일치 - 과도한 기대 및 부담감 유발 - 무관심 및 지침 부족	- 배변 훈련 : 가정과 학교의 방법 상이, 잦은 실수에 대한 지나친 질책, 훈련에 대한 무관심	- 가정–학교 연계 및 정보 공유 - 현실적인 기대 수준 설정 - 지속적인 관심과 긍정적인 피드백 제공

3. 장애영유아를 위한 기본생활습관의 지원 전략

1) 개별 맞춤 지도와 일관성

장애영유아들은 모두 저마다의 빛깔과 향기를 가진 특별한 아이들입니다. 각 아이의 발달 상태, 성향, 흥미, 강점이 너무나도 다양하기 때문에 '모두에게 똑같은 방식'은 효과적일 수 없습니다. 마치 맞춤옷을 재단하듯, 아이 한 명 한 명에게 꼭 맞는 개별 맞춤 전략을 세우고, 일관성 있는 지도를 제공하는 것이야말로 아이들의 건강한 성장을 돕는 핵심 열쇠입니다.

아이들이 자신의 속도와 방식으로 작은 성공들을 반복하며 '나도 할 수 있다'는 자신감을 키워갈 때, 비로소 자기 주도적이고 책임감 있는 성인으로 자라나는 튼튼한 발판이 마련됩니다(Robison, Mann, & Ingvarsson, 2020).

◆ 이렇게 실천해 주세요! (개별 맞춤 지도와 일관성 유지를 위한 구체적인 방법)

(1) 아이를 깊이 '관찰'하고 '이해'해 주세요 : 아이의 언어로 세상을 읽기

- **개별 프로파일 작성** : 각 아이의 강점, 어려움, 좋아하는 것, 피하는 것(감각적 자극 등), 의사소통 방식(언어, 몸짓, 그림 등)을 세밀하게 관찰하고 기록합니다. 이는 아이의 발달 단계를 파악하는 중요한 자료가 됩니다.
  (예시) "○○는 소근육이 약해 단추 채우는 것을 어려워하지만, 퍼즐 맞추기는 잘한다", "△△는 시각적인 지시를 더 잘 이해한다", "□□는 특정 음식의 질감에 예민하다"
- **아이의 '흥미'에서 시작하기** : 아이가 가장 관심을 보이고 즐거워하는 활동이나 교구를 파악하여 이를 언어 학습, 기본생활습관 형성 등의 교육 목표와 연결합니다.
  (예시) 자동차에 흥미가 많은 아이에게는 자동차 그림 카드를 활용하여 순서대로 정리하는 활동을 제안하거나, 자동차 장난감의 이름을 익히게 합니다.
- **비언어적 신호에 귀 기울이기** : 아이가 말로 표현하지 못하더라도 표정, 몸짓, 소리 등 다양한 비언어적 신호를 통해 무엇을 원하는지, 무엇을 어려워하는지 이해하려 노력합니다.

(2) '아이의 속도'에 맞춰 '단계별' 목표를 세워주세요 : 작은 성공을 쌓아 큰 성장으로

- **현실적이고 구체적인 목표 설정** : 아이의 현재 수준을 고려하여 달성 가능한 작은 목표부터 시작합니다. 너무 어렵거나 많으면 아이는 쉽게 좌절하고 포기할 수 있습니다.

(예시) 손 씻기 5단계 중 '물을 틀고 손을 적시는' 1단계부터 집중적으로 연습하기, 옷 입기에서 '상의 목 부분에 머리 넣기'부터 시작하기

- **시각적 지원 적극 활용** : 그림 순서도, 사진, 색깔 스티커 등 시각적인 자료를 활용하여 활동의 순서나 규칙을 명확하게 제시합니다. 이는 언어적 지시보다 아이의 이해를 돕고 스스로 활동할 수 있는 힘을 길러줍니다.

(예시) 손 씻는 순서를 그림 카드로 만들어 벽에 붙여두고 매번 순서에 따라 카드를 가리키며 지시하기

- **점진적인 도움 줄이기**(페이딩) : 처음에는 교사가 충분한 도움(손잡아주기 등)을 제공하고, 아이가 익숙해지면 점차적으로 도움을 줄여나가 아이가 독립적으로 활동할 수 있도록 유도합니다.
- **선택의 기회 제공** : 제한된 범위 안에서 아이에게 선택권을 주어 스스로 결정하는 경험을 제공합니다. 이는 아이의 주도성과 자율성을 키워줍니다.

(예시) "파란 칫솔로 양치할까, 빨간 칫솔로 양치할까?", "블록부터 정리할까, 인형부터 정리할까?"

(3) '일관성 있는' 환경과 지도를 제공해 주세요 : 예측 가능한 세상 만들기

- **명확한 규칙과 루틴** : 어린이집의 일과와 규칙을 예측 가능하고 일관성 있게 유지합니다. 아이들은 반복적이고 예측 가능한 환경에서 안정감을 느끼며 새로운 것을 배울 준비가 됩니다.

(예시) 간식 시간, 자유 놀이 시간, 정리 시간, 화장실 사용 시간 등을 일정한 순서로 지키고 활동 전환 시에는 미리 알려주기

- **모든 교사의 일관된 접근** : 한 아이에 대한 지도 방식이나 긍정적 강화 방법은 모든 교사가 동일하게 적용해야 합니다. 교사 간의 소통과 협력을 통해 아이가 혼란스러워하지 않도록 합니다.

- **가정과의 긴밀한 협력** : 가정과 어린이집 간의 소통 채널을 활성화하여 아이의 발달 상황, 목표, 지도 전략 등을 공유하고, 집에서도 일관된 방식으로 아이를 지도할 수 있도록 정보를 교환합니다.

(4) '따뜻한 격려'와 '긍정적 강화'를 잊지 마세요 : 자신감이라는 이름의 비료

- **노력과 과정에 대한 칭찬** : 아이가 결과적으로 완벽하지 못하더라도 노력하는 과정 자체를 구체적으로 칭찬하고 격려합니다.

  (예시) "○○이가 스스로 숟가락을 잡으려 했네! 정말 대단하다!", "오늘은 어제보다 조금 더 빨리 양말을 신었네!"
- **작은 성공 경험 축하** : 아이가 목표한 작은 행동이라도 성공했을 때마다 진심으로 축하해 주고, 아이가 좋아하는 방식으로 보상(예 칭찬 스티커, 하이파이브, 안아주기 등)을 제공하여 동기를 부여합니다.

A-B-C 관찰

이 름	***	학 급 명	
생 년 월 일	0000.00.00	기 록 자	

관찰날짜 및 관찰시간	A : 배경사건/선행사건 (행동 전에 무슨 일이 일어났는가?)	B : 문제행동 (영유아의 행동은 무엇인가?)	C : 후속결과 (행동 후에 무슨 일이 일어났는가?)
2015.3.6 (금) 9:40	- 컨디션이 좋지 않아 **이가 놀이활동에 참여하지 않고 교실 밖으로 이탈하고자함. 교사와 함께 1, 2층을 탐색하며 도담반에 들어감. 며칠 전 엄마와 함께 도담반에서 놀이했던 노란색 버스에 관심을 보여 노란색 버스를 가온반으로 가져와 놀이하기로 함. 가온반에 버스를 가져와 버스에 동물 모형을 싣고 놀이하는 듯 하였으나, 여러 회 교실 밖으로 나가고자 함. 교사가 교실 밖으로 이탈하는 것에 대해 제지함.	- 교사의 손을 꼬집으며 "으~!"라고 몸에 힘을 줌.	- 교사가 "교실에서 놀이 하는 거야."라고 알려주며 손을 꽉 잡자 **이가 꼬집던 것을 멈춤.
2015.3.9 (월) 9:50	- 친구가 물을 뜨러 간 사이 교실 문이 열린 것을 보고 **이가 놀이하던 것을 멈추고 교실 밖으로 이탈하여 교사가 교실 밖에 있는 **이의 손을 잡고 "**아 교실로 들어가자."라고 말한 뒤 교실로 향하기 시작함.	- **이가 교사와 손을 잡지 않은 손으로 교사의 손등을 꼬집음.	- 교사가 "아파!"라고 말하였으나, **이가 교사의 말을 들은 후 다시 손등을 꼬집음.
2015.3.11 (수) 11:45	- 교사가 "가온반 모여라~! 교실로 들어가자."라고 여러 회 말하며 모이도록 하였으나, **이가 시소타기를 계속함.	- 교사가 **이에게 다가가 "**아, 이제 들어 갈 시간이야. 가자."라고 말하자 "싫어."라고 말하며 계속 시소타는 것을 함. 교사가 **이를 내리도록 손을 잡아주어 **이가 내린 후, "안가. 안가."라고 말하며 교사의 손등을 꼬집음.	- 교사가 **이의 양 손을 잡으며 "**아, 이제 교실에 들어가서 인사하고 집에 갈 시간이야."라고 말하자 **이가 교사를 바라봄. 교사가 한 번 더 "**아, 이제 교실로 들어갈거야."라고 말하며 현관 안으로 이동함. 현관 문이 닫힌 후 **이가 신발 벗기를 시도함.
2015.3.16 (월) 10:15	- 교사가 "**아, 손 씻고 간식 먹자."라고 하자 **이가 "싫어."라고 답한 후 휴식영역에 누워서 놀이를 지속함. 교사가 **이에게 여러 회 말하였으나, 동일하게 "싫어."라고 답함. 교사가 친구들이 모두 손을 씻은 후 화장실 앞까지 안아서 이동하도록 함.	- 화장실 안에 들어가자 **이가 교사의 손을 꼬집으며 소리를 지름.	- 교사가 화장실 문을 닫고 **이에게 "유**, 선생님 손 꼬집으면 선생님 아파."라고 단호하게 이야기함. **이가 다시 한 번 소리를 지름. 교사가 **이의 손을 꽉 잡고 "**이가 선생님 꼬집으면 아파!"라고 말함. **이가 눈물을 보임. 교사가 "**이 소매 걷고 손 씻자."라고 말하자 **이가 눈물을 보이며 소매를 올리기 시작함.

[그림 11-4] 유아 문제행동에 대한 원인분석 : A-B-C 관찰

선행사건	문제행동	후속결과	기능	가설문장
교실 밖으로 이탈한 **이에게 다시 교실 안으로 들어가서 놀이하자고 권유함.	교사의 손을 꼬집으며 "으~"라고 말하고 몸에 힘을 줌.	교사가 **이의 손을 꽉 잡았을 때는 꼬집는 행동을 멈추었으나, 교사가 말로 안내했을 시에는 꼬집는 행동을 반복함.	의사표현	교실 밖으로 이탈했을 때, 손을 씻을 때, 실외놀이 후 어린이집으로 복귀 할 때 등 교사가 지시한 행동을 거부 할 때 "싫어/안돼!"와 같이 말로 표현하였으나, 교사가 **이의 의견을 수렴하지 않고, 이후 일정 참여를 위해 행동을 계속 할 때 **이가 교사의 손을 꼬집으며 '싫음'에 대해 의사표현을 함.
손씻기를 하기 위해 **이와 함께 화장실로 이동함.	"싫어!", "안돼!"라고 말로 표현하는 것 외에 교사의 손을 꼬집거나, 소리를 지름.	교사가 **이의 손을 꽉 잡으며 "꼬집으면 안돼."라고 단호하게 말하자 눈물을 보이며 꼬집는 행동을 멈춤.	의사표현	
실외놀이 후 다시 어린이집으로 가야 함을 안내함.	"싫어/안돼/안가!" 등으로 표현하며 교사의 손을 꼬집거나 교사가 잡은 손을 놓으려고 함.	교사가 **이의 손을 꽉 잡으며 "교실에 가서 손씻고 인사하고 갈거야./손 씻고 밥 먹을거야."라고 이후 일정에 대해 이야기하며 현관 안으로 들어옴. 현관 문이 닫히기 전까지 꼬집던 행동을 멈춤.	의사표현	

|그림 11-5| A-B-C 관찰에 근거 유아 문제행동 원인 가설 설정

<표 11-3> 적응 기술(신변처리 기술) 지원 전략

주 제	핵심 내용	세부 전략 및 방법	적용 예시
식사 기술 촉진 전략	– 적절한 자세를 잡아주어 기도가 열린 채 유지되도록 지원 – 식사용 조정 도구를 활용하여 영유아가 독립적으로 식사할 수 있도록 지원	– 직립 자세 유지 : 영유아가 식사 중 기도가 막히지 않도록 직립 자세를 유지하도록 지원 – 식사용 조정 도구 활용 : 손잡이가 달린 컵, 뚜껑이 있는 컵, 손잡이가 구부러진 숟가락 등 영유아의 신체적 특성에 맞는 도구를 제공 – 씹기 지도 : 걸쭉한 음식부터 시작하여 점차 고형 음식으로 전환하며 씹는 운동을 자극	– 교사가 영유아의 식사 자세를 직립으로 유지하며, 손잡이가 달린 컵을 제공하여 독립적으로 마실 수 있도록 지원 – 교사가 영유아에게 작은 고기 조각을 제공하여 씹는 운동을 자극
용변처리 지도	– 영유아의 소변 패턴을 기록하고 화장실 사용 습관을 형성	– 소변 기록 : 영유아의 소변 시간을 기록하여 일정한 시간에 화장실을 사용하도록 유도	– 교사가 영유아의 소변 시간을 기록하고, 일정한 시간에 화장실을 사용하도록 유도

	– 또래의 모습을 보여주어 모방하도록 지원	– 모방 학습 : 또래가 화장실을 사용하는 모습을 보여주어 영유아가 모방하도록 지원 – 소리 지도 : 영유아와 마주 앉아 '쉬'라는 소리를 내어 화장실 사용을 유도	– 교사가 또래가 화장실을 사용하는 모습을 보여주며 영유아가 모방하도록 지원
침 흘림 지도	– 침을 흘리는 원인을 파악하고 적절한 지도 전략을 수립 – 턱관절 강화 및 삼키는 연습을 통해 침 흘림을 줄임	– 턱관절 강화 : 질긴 음식 씹기 훈련이나 턱 마사지를 통해 턱관절을 강화 – 삼키는 연습 : 소량의 액체를 입에 넣어 '꿀꺽' 삼키는 연습을 통해 삼키는 능력을 향상 – 자각 훈련 : 턱에 물을 묻히고 닦는 과정을 반복하여 침이 흐를 때 스스로 닦을 수 있도록 지도	– 교사가 영유아에게 질긴 음식을 제공하여 씹는 연습을 통해 턱관절을 강화 – 교사가 영유아에게 소량의 물을 입에 넣어 삼키는 연습을 통해 침 흘림을 줄임

2) 반복과 일상적 활동을 통한 자연스러운 습관 형성

습관은 하루아침에 만들어지지 않으며, 지속적이고 반복적인 일상 활동을 통해 자연스럽게 자리 잡게 됩니다. 장애영유아에게 있어 이러한 습관 형성은 매우 중요한 발달 과정이며, 이를 위해 체계적이고 일관된 지원이 필요합니다.

예를 들어, 기상 후 세수하기, 손 씻기, 양치하기, 옷 입기, 방 정리하기와 같은 일상 활동은 습관을 형성하는 핵심 요소입니다. 이 활동들을 각각 시각적 안내 표시(그림이나 단어 라벨 등)와 구체적인 행동 루틴으로 정리하면, 영유아들은 자연스럽게 따라 하며 반복 학습의 과정을 통해 습관으로 자리 잡게 됩니다.

이때 반복은 자기효능감을 강화하는 가장 강력한 도구임을 항상 기억해야 합니다. 영유아가 작은 성취를 반복하며 자신감을 쌓아 가면, 점차 자신의 능력을 믿고 책임감 있게 행동하게 됩니다. 긍정적인 경험이 쌓이면서, 이러한 습관들은 점차 자연스럽고 자율적으로 이루어지며, 영유아의 자립적 성장에 큰 영향을 미칩니다.

따라서 교사와 부모는 일상생활 속 작은 활동들을 체계적이고 반복적으로 지도하며, 시각적 자료와 루틴 지도를 병행하여 영유아의 습관 형성을 자연스럽게 도와주어야 합니다. 이러한 과정을 통해 영유아는 자신감을 갖고, 자신의 능력을 믿으며, 건강한 자아개념과 책임감을 키워나갈 수 있습니다.

<표 11-4> 일과/ 활동 적용 가능한 개별 목표 예시

일과/ 활동	적용 가능한 개별 목표	삽입 학습 기회(ELO) 적용 전략
등원	• 교사/ 친구에게 인사하기 • 교사/ 친구의 인사에 응답하기 • 이동하기 • 외투 벗기 • 자신의 사물 정리하기	• 교사가 먼저 밝게 인사하고, 아동의 반응 유도 • 친구 이름을 부르며 함께 인사하는 활동 • 그림 카드 또는 시각 자료를 활용하여 이동 경로 안내 • 외투 벗는 순서 그림 제시, 칭찬 스티커 제공 • 정리정돈 후 칭찬 및 보상 제공
자유 선택 활동	• 활동 선택하기 • 놀잇감 적절히 이용하기 • 놀이 규칙 지키기 • 기다리기 • 도구 이용하기 • 이동하기	• 그림 또는 사진을 활용하여 활동 선택 지원, 선택 후 칭찬 • 놀잇감 사용 방법 시범 및 지도, 안전 규칙 강조 • 놀이 규칙 그림 카드 제시, 규칙 준수 시 칭찬 및 보상 • 모래시계 또는 타이머를 활용하여 기다리는 연습, 기다린 후 칭찬 및 보상 • 도구 사용 방법 시범 및 지도, 안전 규칙 강조 • 활동 장소 이동 시 시각 자료 활용
전체 활동	• 자신의 자리 찾기 • 앉는 자세 유지하기 • 자신의 이름 호명에 반응하기 • 교사의 질문에 반응하기	• 이름표 또는 사진을 활용하여 자리 찾기 연습, 자리 찾은 후 칭찬 • 편안한 의자 또는 쿠션 제공, 짧은 시간부터 시작하여 점차 시간 늘리기 • 아동 이름 부른 후 손 들기, 눈 마주치기 등 반응 유도, 반응 시 칭찬 • 간단한 질문부터 시작하여 점차 난이도 높이기, 정답 시 칭찬 및 보상
간식 시간	• 자신의 자리 찾기 • 이동하기 • 기다리기	• 이름표 또는 사진을 활용하여 자리 찾기 연습, 자리 찾은 후 칭찬 • 식탁까지 안전하게 이동하는 연습, 이동 시 시각 자료 활용 • 차례 기다리는 연습, 기다린 후 칭찬 및 간식 제공

출처 : 한국보육진흥원(2018).

<표 11-5> 일과 적용 계획에 따른 구체적인 지도 방법 및 목표

시간/ 활동	목 표	구체적인 지도 방법	평가 방법
자유 선택 활동	이름 찾기, 지시 사항 따르기, 적절한 목소리로 이야기하기, 선택하기	• **자신 이름표 찾아 영역에 붙이기** : 이름표를 쉽게 찾을 수 있도록 시각적인 힌트 제공(색깔, 그림 등), 성공 시 칭찬과 격려 • **놀이 계획표에 이름 스티커 붙이기** : 세 가지 이름표 중 선택할 수 있도록 제시, 선택 후 이유를 물어보고 격려 • **장난감 정리 시 지시 사항 따르기** : 구체적인 지시(예 의자 정리하세요) 후 즉시 칭찬 • **장난감 빌려야 하는 경우 말하기** : 좋아하는 영역의 장난감 수를 적게 준비하여 또래에게 빌려야 하는 상황 유도, "빌려주세요" 모델링 제시 • **"어디서 놀이할 거니?" 질문에 장소 선택** : 그림 또는 사진을 활용하여 장소를 시각적으로 제시, 선택 후 이유를 물어보고 격려	• 이름표 찾기 성공률 • 놀이 계획표 참여 여부 • 지시 사항 이행 여부 • 또래에게 빌려달라는 말 사용 여부 • 장소 선택 후 대답 여부
간식 시간	자신의 이름 찾기, 기다리기, 적절한 크기의 소리로 대답하기, 선택하기	• **자신의 이름을 찾아서 앉기** : 이름표가 붙은 자리를 쉽게 찾을 수 있도록 시각적인 힌트 제공(색깔, 그림 등), 성공 시 칭찬과 격려 • **노래 부를 때까지 먹지 않고 기다리기** : 시각적인 타이머 활용, 기다리는 동안 할 수 있는 활동 제시(예 좋아하는 그림책 보기) • **이름 호명 시 적절한 크기의 소리로 대답하기** : 큰 소리와 작은 소리 구분하여 모델링 제시, 적절한 크기로 대답 시 즉시 칭찬 • **초코 쿠키와 아몬드 쿠키 중 선택하기** : 두 가지 쿠키를 시각적으로 제시, 선택 후 이유를 물어보고 격려	• 자신의 이름 찾기 성공률 • 기다리는 시간 • 적절한 크기의 소리로 대답 여부 • 쿠키 선택 후 이유 말하기 여부
이야기 나누기	주말 이야기 발표하기, 교사 신호에 모이기, 상황에 맞는 목소리 크기 조절하기	• **화이트보드에 자신의 이름 자석 찾아 붙이기** : 이름 자석을 쉽게 찾을 수 있도록 시각적인 힌트 제공(색깔, 그림 등), 성공 시 칭찬과 격려 • **교사의 "모이자" 신호에 모이기** : "모이자" 신호와 함께 시각적인 신호(예 그림 카드 제시, 종 치기) 함께 사용, 신호 후 즉시 모이면 칭찬 • **주말 지낸 이야기 발표하기** : 사진 자료를 활용하여 발표 내용 미리 준비, 간단한 문장으로 이야기하도록 격려, 상황에 따라 마이크 사용 여부 결정, 발표 후 칭찬과 격려	• 이름 자석 찾기 성공률 • 교사 신호에 모이는 시간 • 발표 내용의 적절성 • 마이크 사용 여부

작업	이름 붙이기, 지시 사항 따르기, 친구에게 도움 요청하기, 작업 도구 선택하기	• **작업 결과물에 이름 스티커 찾아 붙이기 :** 이름 스티커를 쉽게 찾을 수 있도록 시각적인 힌트 제공(색깔, 그림 등), 성공 시 칭찬과 격려 • **작업에 필요한 도구를 지시 사항 듣고 가져오기 :** 간단하고 명확한 지시(예 가위 가져오세요) 후 즉시 칭찬 • **작업 도구를 친구에게 빌려야 할 경우 적절히 이야기하기 :** 작업 도구를 일부러 부족하게 준비하여 친구에게 빌려야 하는 상황 유도, "빌려주세요" 모델링 제시 • **작업 도구를 선택하기 :** 다양한 작업 도구를 제시하고 스스로 선택하도록 격려, 선택 후 이유를 물어보고 격려	• 이름 스티커 붙이기 성공률 • 지시 사항 이행 여부 • 친구에게 빌려달라는 말 사용 여부 • 작업 도구 선택 후 이유 말하기 여부
바깥놀이	이름 찾기, 모이는 장소로 오기, 적절한 목소리로 도움 요청하기, 놀이기구 선택하기	• **신발장에서 이름 찾기 :** 이름표를 쉽게 찾을 수 있도록 시각적인 힌트 제공(색깔, 그림 등), 성공 시 칭찬과 격려 • **모이자는 신호에 모이는 장소로 오기 :** "모이자" 신호와 함께 시각적인 신호(예 그림 카드 제시, 종 치기) 함께 사용, 신호 후 즉시 모이면 칭찬 • **도움 청해야 할 경우 적절한 목소리로 이야기하기 :** 위험 상황 설정(예 뒤에서 친구가 미는 상황), "도와주세요" 모델링 제시, 적절한 크기로 말하면 즉시 칭찬 • **놀이기구 선택하기 :** 다양한 놀이기구 사진 또는 그림을 제시하고 선택하도록 격려, 선택 후 이유를 물어보고 격려	• 이름 찾기 성공률 • 모이는 장소로 오는 시간 • 도움 요청 시 적절한 목소리 크기 사용 여부 • 놀이기구 선택 후 이유 말하기 여부
점심	자신의 자리 찾기, 더 먹고 싶은 음식 말하기, 음식 선택하기	• **자신의 자리 찾기 :** 이름표가 붙은 자리를 쉽게 찾을 수 있도록 시각적인 힌트 제공(색깔, 그림 등), 성공 시 칭찬과 격려 • **더 먹고 싶은 음식을 적절한 크기로 이야기하기 :** 좋아하는 음식을 더 먹고 싶을 때 "더 주세요" 모델링 제시, 적절한 크기로 말하면 즉시 제공 • **더 먹고 싶은 음식 선택하기 :** 다양한 음식을 시각적으로 제시하고 선택하도록 격려, 선택 후 이유를 물어보고 격려	• 자신의 자리 찾기 성공률 • 더 먹고 싶은 음식 말하기 여부 • 음식 선택 후 이유 말하기 여부

출처 : 한국보육진흥원(2018).

3) 긍정적 강화와 구체적 피드백

영유아들이 올바른 행동을 할 때 즉각적이고 구체적인 격려와 피드백을 제공하는 것은 매우 중요합니다. 이러한 긍정적 강화는 영유아의 행동 습관 형성과 자존감, 책임감을 키우는 데 핵심적인 역할을 합니다.

예를 들어, 영유아가 손을 깨끗이 씻었을 때 "손을 잘 씻었어요! 정말 잘했어요!"라고 칭찬하거나, 옷을 스스로 입었을 때 "내 옷은 내가 입는 거예요. 멋지게 입었어요!"라고 격려하면, 영유아는 자신의 성취를 인지하고 그 행동의 의미를 자연스럽게 이해하게 됩니다. 이때 사용하는 언어는 구체적이고 긍정적이어야 하며, 영유아가 자신이 무엇을 잘했는지 확실히 알 수 있도록 하는 것이 중요합니다.

이러한 칭찬은 단순한 감정 표현에 그치지 않고, 행동을 강화하는 강력한 도구입니다. 영유아는 자신의 행동이 인정받고 있다는 느낌을 받으며, 책임감 있고 자율적인 태도를 자연스럽게 습득하게 됩니다. 또한 행동의 의미와 가치를 이해함으로써, 올바른 습관이 지속적으로 형성되고 유지되는 데 도움을 줍니다.

따라서 교사와 부모는 영유아의 작은 성취도 놓치지 않고, 구체적이고 따뜻하게 칭찬하며, 행동의 긍정적 의미를 함께 공유하는 습관을 길러야 합니다. 이는 영유아의 자기효능감을 북돋우고, 건강한 자아존중감과 책임감 있는 태도를 키우는 데 꼭 필요한 전략입니다.

4) 환경 구조화와 시각적 지원

영유아들의 자립성을 높이기 위해 환경을 구조화하는 것은 매우 효과적인 전략입니다. 장애영유아가 자신의 역할을 인지하고 책임감을 느끼며, 일상생활 속에서 자연스럽게 습관을 형성할 수 있도록 돕는 것이 핵심입니다.

먼저, 정리정돈이 필요한 공간에는 그림이나 단어 라벨을 부착하는 것이 중요합니다. 예를 들어, 옷장에는 '옷', '양말' 등 명칭이 적힌 그림 라벨을 붙이고, 정리함에는 '장난감', '책' 등으로 구성하여 영유아들이 쉽게 인지하고 접근할 수 있게 해야 합니다. 이러한 시각적 도움은 영유아의 이해도를 높이고, 자주 반복하는 활동을 자율적으로 수행하게 만듭니다.

이와 더불어 시간표와 활동 안내판을 시각적 자료로 만들어 언제 어떤 활동이 이루어지는지 명확히 보여줌으로써, 영유아들이 일상 속에서 예측 가능성과 안정감을 느끼게 해야 합니다. 그림과 단어를 병행하거나 색상별로 구분하여, 영유아들이 자연스럽게 하루 일과를 이해하고 준비할 수 있도록 합니다.

이러한 환경 구조화는 영유아들이 자신의 역할에 대한 자율성과 책임감을 키우는 동시에, 일상생활의 질서와 안정감을 조성하는 데 큰 도움을 줍니다. 자율적 행동과 습관이 자연스럽게 자리 잡으며, 장애영유아의 자립지향적 성장에 필수적인 기반이 될 수 있음을 기억해야 합니다.

5) 무리하지 않는 목표 설정과 지속적 연계

장애영유아의 기본생활습관 형성에서 가장 중요한 원칙 중 하나는 바로 '무리하지 않는 목표 설정과 지속적인 연계'입니다. 이는 영유아 개개인의 성향, 발달 단계, 그리고 현재 능력을 세심하게 고려하여 현실적이고 구체적인 목표를 세우는 것에서 시작됩니다.

과도하게 높은 기대를 가지거나, 성취 가능성을 넘는 목표를 설정하면 영유아는 좌절감이나 무력감을 느낄 수 있습니다. 대신 작은 성공 경험을 반복 부여하는 것이 핵심입니다. 예를 들어, 처음에는 '손 씻기'에 집중하여, 손 씻기를 자연스럽게 할 수 있도록 도와주고, 그 성취를 꾸준히 칭찬하면서 영유아의 자신감과 자율성을 키워야 합니다.

이와 함께 가정과의 긴밀한 협력도 필수적입니다. 영유아의 일상 속 습관은 학교와 집 양쪽에서 일관되게 지도되어야 합니다. 부모님께는 영유아의 작은 성취를 칭찬하는 태도와 격려, 그리고 일상 활동의 일관된 실천 방법에 대한 정보를 공유하여, 집에서도 동일한 기대와 지원이 유지될 수 있도록 해야 합니다. 이를 통해 영유아는 자연스럽게 습관이 굳어지고, 자신의 성취에 대한 긍정적인 인식을 갖게 됩니다.

지속적인 연계와 일관성은 영유아에게 안정감과 신뢰를 제공하며, 습관 형성의 성공 가능성을 높입니다. 가정과 학교가 서로 소통하고 협력하는 환경 속에서 영유아는 작은 성공들이 모여 큰 변화로 자리 잡게 됩니다.

결론적으로, 무리하지 않는 목표 설정과 가족-학교 간의 지속적 연계는 영유아의 발달을 도우며, 자신감과 책임감을 갖춘 건강한 습관으로 성장하는 데 핵심 전략입니다. 이 과정을 통해 영유아는 성취의 기쁨과 함께 자기 주도적인 삶의 태도를 자연스럽게 배우게 됩니다.

6) 사랑과 인내로 작은 성공에 집중

장애영유아의 기본생활습관 형성은 단기간에 이루어지는 것이 아니며, 사랑과 인내심을 바탕으로 한 지속적인 지원과 격려가 필수적입니다. 이 과정에서 교사와 부모는 영유아의 작은 성공 하나하나를 소중하게 여기고, 그들이 보여주는 미묘한 변화와 성장을 세심하게 관찰해야 합니다.

영유아의 작은 성취를 인정하는 것은 영유아 스스로의 자신감과 자존감을 높이며, 더 나아가 지속적인 행동 변화로 이어질 수 있는 강력한 동기부여가 됩니다. 예를 들어, 처음에는 어려워하던 손 씻기나 옷 입기, 정리정돈이 점차 자연스럽게 이루어지면, 이러한 과정을 진심으로 축하하고 칭찬하는 태도를 유지하는 것이 중요합니다.

또한 이 과정에서 인내심은 매우 중요한 덕목입니다. 장애영유아는 각기 다른 속도로 발전하며, 때로는 여러 번 반복해야 하는 행동 습관도 있습니다. 실망하거나 조급해하지 말고, 영유아의 속도에 맞춰 일관된 지도를 지속하는 것이 성장의 열쇠입니다.

무엇보다 중요한 것은 사랑과 믿음입니다. 영유아가 조금씩 자신감을 쌓아가는 모습을 지켜보면서, 교사와 부모는 무한한 가능성을 믿고, 영유아의 작은 성공에도 굳건한 신뢰와 지지를 보내야 합니다. 이러한 태도는 영유아가 자기 스스로를 사랑하고, 책임감 있게 행동하는 건강한 성인으로 성장하는 데 든든한 기반이 될 것입니다.

주도적인 요리활동 참여를 통한 성공 경험하기

4. 기본생활습관 형성 단계

기본생활습관은 장애영유아의 전반적 발달과 성장에 있어서 필수적인 핵심 요소입니다. 이를 위해 교사는 개별 영유아의 발달 상태와 특성을 고려하여 단계적이고 체계적인 지원을 제공해야 합니다. 습관 형성은 단순한 행동 습득을 넘어, 자기효능감, 책임감, 그리고 안전 의식을 키우는 과정이며, 궁극적으로 자존감과 자율성을 증진시킵니다. 이와 함께 자연스럽고 반복적인 지도 방식을 통해, 영유아는 일상생활 속에서의 작은 성취를 경험하며 자신감을 복구하고, 또래와의 관계에서도 책임감 있는 행동으로 발전하게 됩니다. 그렇기 때문에 장애영유아의 기본생활습관은 발달 단계별 맞춤 전략과 일관된 지도, 그리고 가정과 연계한 지속적인 지도가 병행되어야 하며, 이는 교사의 전문성과 인내심이 더욱 요구되는 영역임을 명심해야 합니다.

1) 반복적이고 일상적인 활동을 통한 습관 형성

반복적이고 일상적인 활동을 통해 자연스럽게 습관을 형성하는 것이 중요합니다. 예를 들어, 기상 후 씻기, 손 씻기, 양치하기, 옷 입기, 정리정돈 등은 일상생활의 핵심 요소로서, 영유아들이 자연스럽게 따라 할 수 있도록 단계별 지도와 시각적 안내 표시, 행동 루틴을 정립해야 합니다. 반복 연습은 습관화뿐만 아니라 자기효능감을 증진하는 핵심 수단입니다.

- **시각적 지원** : 그림이나 단어로 된 라벨을 활용하여 영유아가 쉽게 이해하고 따라 할 수 있도록 돕습니다.
- **단계별 접근** : 복잡한 행동을 작은 단계로 나누어 영유아가 성공적으로 수행할 수 있도록 돕습니다.

2) 적절한 격려와 구체적 피드백

적절한 격려와 구체적 피드백을 통해 올바른 행동을 강화해야 합니다. 예를 들어, "이제 손을 깨끗이 씻었어요. 정말 잘했어요!" 또는 "내 옷은 내가 입는 거예요. 멋지게 입었어요!"와 같은 긍정적 언어는 영유아가 성취감을 느끼고, 자기관리에 대한 책임감과 의식을 키우는 데 도움을 줍니다.

- 즉각적 칭찬 : 영유아가 올바른 행동을 했을 때 즉각적으로 칭찬하여 긍정적인 강화를 제공합니다.
- 구체적 피드백 : 행동의 구체적인 부분을 칭찬하여 영유아가 어떤 행동이 좋은지 명확히 이해할 수 있도록 돕습니다.

3) 환경 조성과 구조화된 지도

환경 조성과 구조화된 지도로 영유아들이 자립성을 키우는 환경을 만들어 줍니다. 이를 위해 정리정돈이 필요한 공간에 그림이나 단어로 된 라벨을 부착하거나, 정돈 및 청소할 때 사용할 도구들을 정리해 두고, 영유아들이 쉽게 접근하고 이용할 수 있도록 구조화하는 것이 필요합니다. 또한 시간표와 활동 안내판을 시각적 자료로 만들어 언제 어떤 활동을 하는지 예측 가능성을 높이는 것도 효과적입니다.

- 예측 가능한 환경 : 영유아가 일상의 흐름을 예측할 수 있도록 시각적 자료를 활용합니다.
- 자립성 강화 : 영유아가 스스로 할 수 있는 환경을 조성하여 자립성을 키웁니다.

4) 개별화된 목표 설정과 작은 성공 경험

장애영유아 개개인의 특성과 성향을 고려하여 무리하게 강요하지 않고, 영유아의 속도에 맞는 목표를 설정하며, 작은 성공 경험을 통해 지속적인 성취감과 자신감을 형성하도록 지도하는 것이 중요합니다. 나아가 가족과 연계하여 집에서도 일관된 지도를 실시하고, 격려와 칭찬을 아끼지 않는 태도를 유지하는 것이 행동 습관의 형성과 유지에 결정적입니다.

- 개별화 전략 : 영유아의 발달 수준과 특성에 맞는 목표를 설정합니다.
- 작은 성공 경험 : 작은 목표를 설정하여 영유아가 성공적으로 달성할 수 있도록 돕습니다.

<표 11-6> 장애영유아 기본생활습관 형성 지침

핵심 영역	세부 내용	구체적인 실천 방안	기대 효과
1. 개별 맞춤 전략과 일관된 지도	- 개별 영유아의 발달 상태, 성향, 흥미 고려 - 영유아의 속도 존중, 무리한 강요 지양 - 작은 성공 경험을 통한 자신감 향상	- 각 아동별 목표 설정 및 맞춤형 활동 계획 - 단계별 지원 제공 및 진행 상황 지속적 관찰 - 긍정적인 피드백 및 성취에 대한 아낌없는 칭찬	- 자기 주도적인 학습 능력 향상 - 긍정적인 자아개념 형성 - 잠재력 극대화 및 건강한 성장 발판 마련
2. 반복과 일상적 활동을 통한 자연스러운 습관 형성	- 체계적이고 일관된 지원 시스템 구축 - 시각적 안내 표시와 구체적인 행동 루틴 활용 - 반복 학습을 통한 자기효능감 강화	- 기상, 세면, 식사, 정리정돈 등 일상 활동 루틴화 - 그림, 사진, 단어 라벨 등을 활용한 환경 조성 - 긍정적 강화(칭찬, 보상)를 통한 동기부여	- 일상생활 기술 습득 및 자립 능력 향상 - 예측 가능성을 통한 심리적 안정감 증진 - 긍정적 자아 인식 및 자신감 향상
3. 긍정적 강화와 구체적 피드백	- 즉각적이고 구체적인 칭찬과 격려 - 긍정적 언어 사용 및 성취에 대한 인정 - 행동의 의미와 가치 명확히 전달	- 올바른 행동 즉시 인지 및 강화 - 구체적인 칭찬으로 성취감 고취 - 책임감 및 자율성 함양	- 긍정적인 행동 습관 형성 - 자존감 향상 및 자기효능감 증진 - 책임감 있는 태도 함양

4. 환경 구조화와 시각적 지원	- 정리정돈된 환경 조성 및 유지 - 시각적 자료(그림, 라벨, 시간표) 활용 - 예측 가능하고 안정적인 환경 제공	- 물품 위치 지정 및 라벨 부착 - 활동 순서 시각 자료화(그림 카드, 사진 등) - 일과 계획표 게시 및 공유	- 인지능력 향상 및 정보처리 능력 증진 - 자율적인 활동 참여 유도 - 심리적 안정감 증진 및 스트레스 감소
5. 무리하지 않는 목표 설정과 지속적 연계	- 개별 영유아의 능력과 발달 단계 고려 - 작은 성공 경험 반복 및 자신감 부여 - 가정과의 긴밀한 협력 및 정보 공유	- 현실적인 목표 설정 및 단계별 접근 - 성공 경험을 통한 내적 동기부여 - 가정-기관 간 일관된 지도 및 지원	- 긍정적인 학습 태도 함양 - 좌절감 감소 및 꾸준한 성장 유도 - 전인적 발달 촉진
6. 사랑과 인내로 작은 성공에 집중	- 영유아의 작은 변화와 성장에 대한 세심한 관찰 - 지속적인 격려와 지지 - 긍정적인 관계 형성 및 신뢰 구축	- 개별 영유아의 강점 파악 및 발휘 기회 제공 - 긍정적인 피드백과 지지적인 분위기 조성 - 공감적 경청 및 개방적인 의사소통	- 긍정적인 자아개념 형성 및 자존감 향상 - 사회성 발달 및 원만한 대인관계 형성 - 정서적 안정감 증진 및 행복감 증진

<표 11-7> 기본생활습관 및 적응 기술 적용한 교수계획안

놀이명	숟가락 포크 올림픽	
놀이목표	1. 숟가락・포크를 사용하여 음식을 옮기는 동작을 연습한다. 2. 식사 전・후 기본생활습관(손 씻기-자리 앉기-정리)을 따라 한다.	
준비물	유아용 숟가락・포크, 그릇 3색(빨・노・파), 옮길 재료(작게 자른 부드러운 간식 또는 펠트볼), 논슬립 매트, 시각 순서 카드(손씻기→앉기→먹기→정리)	
개별화 관련 요소	인지(순서 이해・선택)・의사소통(수용・표현)・사회정서(기다리기・칭찬 수용)・운동(집게잡기・손-눈 협응)・적응행동(식사 예절・정리)	
교육과정 관련 요소	▪ 신체운동・건강-신체활동 즐기기-신체 움직임을 조절한다. ▪ 의사소통-듣기와 말하기-말이나 이야기를 관심 있게 듣는다. ▪ 자연탐구-생활 속에서 탐구하기-일상에서 모은 자료를 기준에 따라 분류한다.	
단 계	**놀이 지원**	**유의점**
도 입	▪ 관심 유도 - 시각 순서 카드 함께 확인 : "손 씻고-의자 앉고-준비 땅!" - "숟가락으로 톡! 그릇에 쏙!" 시범 보이기	시각 순서 카드로 예측 가능성 제공

<table>
<tr><td rowspan="4">전 개</td><td>■ '큰 조각 옮기기' 놀이
– 큰 펠트볼을 숟가락에 올려 옮기며 성공 경험을 맛보도록 하기
– 작은 성취를 바로 느낄 수 있도록 하기</td><td rowspan="4">손잡이 두께 · 재료 크기 개별 맞춤, 속도 · 각도 촉진, 작은 성공을 경험할 수 있도록 큰 재료 → 작은 재료 순서로 제공</td></tr>
<tr><td>■ '작은 조각 옮기기' 놀이
– 바나나 조각 · 작은 펠트볼을 숟가락/ 포크로 담아 옮기도록 하기
– 눈–손 협응, 손가락 힘 조절을 자연스럽게 익히도록 하기</td></tr>
<tr><td>■ '색깔 찾아 담기' 놀이
– 빨강 · 노랑 · 파랑 재료를 같은 색 그릇에 넣도록 하기
– 분류 개념과 정리 습관을 동시에 지도하기</td></tr>
<tr><td>■ '정리하고 손 씻기' 루틴 놀이
– 사용한 숟가락 제자리에 두고, 손 씻기 · 자리 정리하기
– 실제 생활습관을 놀이 속에서 반복하기</td></tr>
<tr><td>마무리</td><td>■ 회상 및 칭찬
– 구체 칭찬 : "스스로 퍼서 그릇에 넣었어요.", "자리에 앉아 기다렸어요."
– 시각 카드로 루틴 재확인, 작은 스티커로 성공 경험 강화하기</td><td>구체적 칭찬으로 성취를 강화</td></tr>
<tr><td>평가 방법</td><td colspan="2">– 생활과 관련된 놀이(숟가락 · 포크, 정리하기)에 흥미를 보였는가?
– 숟가락 · 포크를 사용하여 재료를 옮기고 색깔에 맞게 분류하며, 기본생활습관과 적응 기술을 시도하였는가?
– 놀이 후 도구 정리와 손씻기 루틴을 스스로(또는 교사 도움과 함께) 실천하며 성취감을 경험하였는가?</td></tr>
<tr><td>가정 연계 활동</td><td colspan="2">1. 식사 시간, 숟가락 · 포크로 직접 퍼서 먹기 연습하기
2. 간식 시간, 떨어뜨리지 않고 바르게 떠먹기 시도하기
3. 식사 마친 후, 도구를 제자리에 정리하고 손 씻기 실천하기</td></tr>
</table>

<표 11-8> 교육계획안에 적용된 기본생활습관 형성 및 적응 기술 향상 전략

설계 원칙	구체적 전략	기대 효과	평가 지표
기본생활습관 형성(자기관리 능력 토대)	식사 도구 사용, 정리, 손씻기 루틴을 놀이에 포함	자기관리 능력, 자율성, 책임감 함양	놀이 참여도, 습관 수행 빈도, 자발적 참여도
적응 기술 향상(자존감·사회적 적응력 연결)	숟가락/ 포크 옮기기 등 작은 성공 경험 반복, 자기효능감 및 성취감 증진	자신감 향상, 긍정적인 자아개념 형성	활동 참여 적극성, 성공 경험에 대한 만족도, 자존감 변화
반복과 일상화(습관 형성 핵심)	큰 재료 → 작은 재료 → 색 분류 → 정리 순서로 단계적/ 반복적 경험 제공	습관 내재화, 기술 숙달, 인지능력 발달	활동 반복 횟수, 숙련도 향상, 기억력 증진
환경 구조화·시각적 지원(예측 가능성·안정감 제공)	시각 카드(손씻기–앉기–먹기–정리)와 도구 배치, 활동 예측 가능성 및 안정감 제공	불안 감소, 독립적인 활동 수행 능력 향상	시각 자료 활용 빈도, 활동 참여 안정성, 지시 따르기
무리하지 않는 목표·작은 성공 경험(동기 강화)	큰 재료부터 시작, 난이도 조정, 성공 경험 우선 제공	동기 유지, 좌절감 감소, 지속적인 참여 유도	활동 참여 지속성, 성공률, 도전 의식
긍정적 강화·구체적 피드백(행동 의미 강화)	"숟가락에 올렸구나!", "자리에 앉아 기다렸네" 등 짧고 구체적인 칭찬 사용	긍정적 행동 강화, 자기효능감 증진	칭찬에 대한 반응, 긍정적 행동 증가 빈도
사회적 적응력 확장(기본생활습관이 사회적 적응력 기반)	퍼즐 맞추기 등 협력놀이로 기다리기, 차례 지키기, 함께 완성 경험 제공	사회성 발달, 협동심 증진, 문제해결 능력 향상	협력놀이 참여도, 또래 관계 형성, 갈등 해결 능력
가정·기관 연계(습관 안정적 정착)	동일한 시각 카드/ 놀이 가정 안내, 기관–가정 일관성 확보	습관 형성 효과 증대, 일반화 능력 향상	가정에서의 활동 참여 빈도, 기관–가정 간 행동 일치도
사랑과 인내의 태도(작은 성공에 집중)	영아 속도 맞춤, 작은 성취 관찰, 실패 시 격려 및 지지 지속	긍정적인 자아개념 형성, 안정적인 애착 관계 형성	정서적 안정감, 자신감, 도전 의식

<표 11-9> 기본생활습관 증진을 위한 교육계획안

놀이명	신나는 등원 시간
놀이목표	1. 시각적 일과표 그림을 보고 등원 루틴 2단계를 따라 한다. 2. 전이 신호(종·노래)에 정리 행동으로 반응한다. 3. 휴식 코너나 쿠션을 사용하며 정서 안정 방법을 시도한다.
준비물	시각적 일과표 카드(가방, 의자, 정리 그림), 가방·교실 의자(실물 활용), 정리 종·노래 오디오, 쿠션·작은 담요(휴식 코너용)
개별화 관련 요소	인지(순서 이해·예측), 의사소통(지시 반응·요청 표현), 사회정서(정서 안정·신뢰 형성), 운동(가방 걸기·정리하기), 적응행동(일과 따르기·전이하기)
교육과정 관련 요소	▪신체운동·건강–건강하게 생활하기–하루 일과에서 적당한 휴식을 취한다. ▪의사소통–듣기와 말하기–말이나 이야기를 관심 있게 듣는다. ▪사회관계–더불어 생활하기–약속과 규칙의 필요성을 알고 지킨다.

단 계	놀이 지원	유의점
도 입	▪주의집중·예측 가능성 제공 – "띵동~ 오늘은 가방 쏙! 앉기 앙~ 정리 뿅! 놀이 해볼까요?" – 시각 카드(가방·의자·정리) 순서대로 보여주며 오늘 활동 흐름을 예고 – 카드를 하나씩 건네며 "먼저 뭐 할까?" 질문 → 활동 순서에 대한 예측 경험 제공	시각 자료 활용으로 예측 가능한 환경 제공
전 개	▪가방 걸기 놀이 "가방 쏙!" 하며 시범 보이기	작은 성공 경험마다 즉각적으로 칭찬·강화, 종소리·노래 등 전이 상황을 놀이화하여 자연스럽게 경험, 또래와 상호작용 속 사회적 기술(차례 지키기, 기다리기) 연습
	▪자리 앉기 놀이 "의자 앙~" 하며 과장된 표정으로 앉기 시범 보이기	
	▪정리 마법 놀이 – 종소리 "딩동~" 또는 "정리 노래" 들려주기 – "정리 뿅!" 하며 블록을 상자에 넣는 시범 보이기	
	▪휴식 코너 체험 "후~ 쉬어요" 하며 쿠션을 안고 심호흡하기	
마무리	▪회상, 성취감 강화 – 교사와 시각 카드 보며 "가방 쏙, 의자 앙~, 정리 뿅!" 회상하기 – 함께 손뼉 치며 성취감 강조하기 – 쿠션 안기·노래로 정서적 안정 속 마무리하기	회상·칭찬을 통해 정서적 안정 강화, 쿠션 안기·심호흡 등으로 자기조절 능력 시범

평가 방법	1. 시각 스케줄이나 지시에 따라 루틴을 따라 했는가? 2. 전이 신호(종·노래)에 정리 행동으로 반응했는가? 3. 휴식 코너나 쿠션을 활용해 정서를 조절했는가?
가정 연계 활동	1. 등·하원 시 "가방 쏙!" 하며 가방 정리하기 2. 놀이 후 "정리 뿅!" 하며 장난감 치우기 3. 잠자리 전 "쿠션 안고 후~" 하며 몸과 마음 안정하기

<표 11-10> 교육계획안에 적용된 기본생활습관 형성 전략

설계 원칙	구체적 전략	기대 효과	평가 지표
정서적 안정	마무리 활동 시 쿠션 안기, 심호흡 등 긴장 조절 활동 포함	스트레스 감소, 자기조절능력 향상, 긍정적 정서 상태 유지	활동 후 안정적인 행동 유지 시간, 긴장 완화 행동 빈도
신뢰 형성	도입 시 교사가 시각 카드 제시, 활동 예고, 영아 반응 존중	안정적인 애착 관계 형성, 교사에 대한 신뢰도 향상	교사와의 긍정적 상호작용 빈도, 교사의 지시 따르기
예측 가능한 환경 제공	가방 걸기 → 앉기 → 정리 순서 루틴화, 시각 카드로 순서 사전 안내	불안 감소, 예측 가능성에 대한 안정감 증진, 독립적인 활동 수행 능력 향상	활동 참여도, 시각 카드 활용 빈도, 순서 따르기 정확도
전이 상황 지원	종소리, 정리 노래 등 전이 신호 활용, 자연스러운 활동 변화 유도	변화에 대한 적응력 향상, 긍정적인 전환 경험 제공	전이 신호에 대한 반응 속도, 다음 활동 참여도
작은 성취 경험 제공	"가방 쏙!", "의자 앙~" 등 단순 행동 성공 시 즉각적/구체적 칭찬 제공	자신감 향상, 자기효능감 증진, 긍정적인 자아개념 형성	활동 참여 적극성, 칭찬에 대한 반응, 시도 횟수
사회적 기술 촉진	또래와 함께 정리, 자리 앉기 활동, 차례 지키기/ 함께 참여하기 경험 제공	사회성 발달, 또래 관계 형성, 협동심 증진	또래와의 상호작용 빈도, 차례 지키기 성공률, 협력 행동 관찰
자기조절능력 강화	쉬기 코너 활용, 스스로 안정하는 방법 놀이 속에서 학습	스트레스 대처 능력 향상, 감정 조절 능력 증진	쉬기 코너 활용 빈도, 스트레스 상황 대처 능력

보육현장에서의 실천

1. 개별화된 목표 설정 및 지원 : 영유아의 발달 수준, 장애 유형, 선호도 등을 고려하여 현실적이고 구체적인 목표를 설정하고, 개별적인 요구에 맞는 맞춤형 지원을 제공해야 합니다.
2. 시각 자료 활용 : 그림, 사진, 그림 문자, 시각적 일정표 등을 활용하여 정보를 명확하게 전달하고, 활동 순서를 안내하고, 규칙을 제시하여 영유아의 이해를 돕고 예측 가능성을 높여야 합니다.
3. 단계적 접근 및 반복 연습 : 복잡한 기술을 작은 단계로 나누어 가르치고, 각 단계를 성공적으로 수행할 때마다 칭찬과 보상을 제공하여 긍정적인 강화를 제공해야 합니다. 반복적인 연습은 기술 숙달을 돕고 자신감을 높입니다.
4. 긍정적 강화 및 격려 : 긍정적인 행동에 대해 즉각적이고 구체적인 칭찬과 격려를 제공하여 행동을 강화하고, 성공 경험을 통해 자존감을 높이고 자기효능감을 증진시켜야 합니다.
5. 가정과의 연계 강화 : 가정과 긴밀하게 소통하고 협력하여 일관된 지도 방법을 적용하고, 가정에서도 습관 형성을 위한 환경을 조성하고 긍정적인 강화를 제공해야 합니다. 정기적인 상담, 가정 방문, 부모 교육 등을 통해 협력적인 관계를 구축해야 합니다.

용어 정의

1. 기본생활습관 및 자조기술(Basic Living Habits & Self-help Skills) : 영유아가 스스로 자신을 돌보고 일상생활의 기본적인 행동(예 식사, 용변 처리, 개인위생)을 자연스럽게 수행하는 능력입니다.
2. 개별 맞춤 전략(Individualized Strategy) : 장애영유아 각자의 고유한 특성과 요구에 맞춰 학습 목표를 설정하고, 적절한 교수 방법 및 지원을 제공하여 개인의 잠재력을 최대한 이끌어 내는 지도 방식입니다.
3. 환경 구조화 및 시각적 지원(Environmental Structuring & Visual Support) : 영유아가 예측 가능하고 안정적인 환경에서 자율성을 높일 수 있도록 물리적 공간, 시간, 활동 등을 체계적으로 구성하고, 그림, 사진, 라벨, 시간표 등 시각적 자료를 활용하여 이해와 참여를 돕는 방법입니다.
4. 긍정적 강화 및 구체적 피드백(Positive Reinforcement & Specific Feedback) : 영유아의 바람직한 행동과 노력을 촉진하기 위해 칭찬, 격려, 보상 등을 적절히 제공하고, 어떤 행동이 잘했는지 명확하게 이해할 수 있도록 구체적인 언어로 전달하는 교육 기법입니다.
5. 자기효능감(Self-Efficacy) : 영유아가 '내가 할 수 있다'는 믿음을 형성하고 자기 자신에 대한 긍정적인 인식을 갖게 되는 것으로, 작은 성공 경험과 성취감을 통해 증진되는 개념입니다.
6. 심리적 안정감(Psychological Stability) : 일관되고 예측 가능한 환경 속에서 영유아가 불안을 줄이고, 자신감과 긍정적 자아존중감을 키우는 정서적인 상태를 의미합니다.

제 12 장

정서 및 사회성 발달을 위한 교수방법론

학습목표

1. 정서적 원인 분석 및 전략 수립 : 영유아가 겪는 정서적 어려움의 근본 원인을 파악하고, 표출되는 행동 이면의 욕구를 읽어내는 통찰력을 길러야 합니다. 표면적인 행동 수정이 아닌, 마음을 어루만지는 구체적이고 근본적인 개입 전략을 수립하는 능력을 갖춰야 합니다.
2. 정서 조절 및 감각통합 중재 역량 : 감정 인식 및 표현 훈련, 감각통합 활동, 스트레스 관리 등 아동이 자신의 감정을 건강하게 다룰 수 있도록 돕는 다양한 교수 전략을 습득해야 합니다. 영유아의 기질과 특성에 맞는 중재 방법을 적재적소에 활용하여 정서적 안정감을 찾아 주어야 합니다.
3. 긍정적 또래 관계 및 사회성 촉진 : 놀이, 협력 학습, 역할극 등을 통해 아동이 타인과 어울리는 기쁨을 알게 하고, 갈등 해결 및 공감 능력을 키워주는 사회적 상호작용 기술을 익혀야 합니다. 교실 내에서 아동이 소외되지 않고 친구들과 긍정적인 관계를 맺도록 다리가 되어 주는 역할을 수행해야 합니다.
4. 강점 기반의 자아존중감 향상 : 영유아의 결점보다는 강점에 주목하고, 긍정적인 피드백과 성공 경험을 제공하여 단단한 자아개념을 형성하도록 지지해야 합니다. 아동 스스로 사랑받을 가치가 있는 존재임을 깨닫게 해주는 따뜻하고 수용적인 태도를 함양해야 합니다.
5. 전인적 성장을 위한 협력 생태계 조성 : 아동의 사회・정서적 발달은 안정적인 관계망 속에서 이루어집니다. 부모 및 전문가와 긴밀히 협력하여 영유아가 심리적으로 안전하다고 느끼는 일관된 양육 환경을 조성하고, 전인적인 성장을 뒷받침하는 통합적 지원 방법을 모색해야 합니다.

1. 감정의 나침반을 잃어버린 장애영유아

장애영유아는 신체적·인지적·감각적·정서적 영역에서 다양한 도전과 어려움을 겪으며, 일반 영유아에 비해 정서발달이 지연되는 경향이 뚜렷하게 나타납니다. 이러한 정서적 어려움은 단순히 감정 표현의 문제를 넘어, 자기 이해와 타인과의 관계 형성, 그리고 적응 능력에까지 영향을 미치는 복합적이고 심도 있는 문제입니다. 마치 폭풍우 속에서 나침반을 잃어버린 배처럼, 장애영유아는 감정의 혼란 속에서 길을 잃고 방황할 수 있습니다. 특히 장애로 인한 발달지연은 일부 핵심 정서 기능의 발달을 저해하며, 이로 인해 유아들이 경험하는 어려움은 더욱 복잡하고 깊어집니다(Hemmeter, Santos, & Ostrosky, 2008).

장애영유아의 정서적 자기 인식과 조절 능력 향상은 꼭 필요한 지원 과제이며, 이를 위해 전문가와 교사들은 체계적이고 개별화된 감정 인식 활동, 감각통합 지원, 그리고 감정 표현의 언어적·비언어적 연습 프로그램을 적극적으로 도입해야 합니다. 이 과정은 장애영유아가 자신의 감정을 건강하게 인지하고 조절하는 힘을 키우는 것은 물론, 삶의 다양한 사회적 상황에서 더 안정되고 조화롭게 행동하는 기반을 마련하는 일입니다. 마치 숙련된 조련사가 동물의 행동을 교정하듯, 교사는 체계적이고 개별화된 프로그램을 통해 유아의 정서적 성장을 지원해야 합니다.

1) 정서적 자기 인식과 조절 능력 부족

장애는 감정을 인식하고 명료하게 이해하는 것이 자연스러운 행동임을 배우는 '기본 능력'을 지연시키거나 방해하여 정서적 자기조절능력의 발달을 저해하는 근본적인 원인입니다. 감정을 명확히 이해하지 못하면 감정을 조절하는 기술도 함께 늦어지고 불안, 짜증, 분노 등의 부정적인 감정이 자주 표출되거나 억제되어 정서적 안정과 행동 조절에서 문제가 반복될 수 있습니다(류은영 외, 2024).

장애로 인한 신체적·감각적 한계는 단순히 운동이나 감각 기능의 문제를 넘어, 유아의 정서적 발달 과정에도 심각한 영향을 미치며 복합적인 어려움을 야기합니다. 유아가 자신의 감정을 인식하고 명확히 표현하는 능력은 정서적 안정과 자율적 행동의 출발점이기 때문에, 이 영역에서의 장애는 '감정의 자각'과 '표현 능력' 모두를 저해하는 두 가지 차원의 문제로 나타납니다(Vieillevoye, & Nader-Grosbois, 2008).

(1) 언어 및 감정 표현의 어려움

말로 감정을 표현할 수 없는 유아는 '지금 내가 느끼는 감정이 무엇인지' 스스로도 파악하기 어렵고, 타인에게 자신의 상태를 설명하거나 이해받는 것도 어렵게 만듭니다. 이러한 언어적 제약은 감정을 명료화하여 자신을 이해하는 자기 인식 능력을 지연시키며, 결국 정서적 안정감의 형성에 부정적인 영향을 미치게 됩니다. 마치 좁은 문을 통과하듯, 언어능력의 부족은 감정 표현을 어렵게 만들고 유아를 고립시킵니다.

(2) 감각 과민 또는 무감각 : 왜곡된 감정 신호

감각 과민이나 무감각 증상은 감정을 제대로 느끼거나 인식하는 과정 자체를 왜곡시키거나 지연시킵니다. 예를 들어, 감각 과민 유아는 작은 자극에도 극단적으로 반응하거나 오히려 감정을 느끼지 못하는 듯한 감각 무감각 상태를 경험합니다. 이로 인해 '내가 지금 무슨 감정을 느끼는지'에 대한 신체적 또는 심리적 신호를 인지하는 데 실패하게 되며 자기 인식 능력은 자연스럽게 저하됩니다. 마치 거울이 왜곡되어 자신의 모습을 제대로 볼 수 없듯, 감각 과민 또는 무감각은 감정의 신호를 왜곡하여 자기 인식을 어렵게 만듭니다.

2) 공감 능력의 어려움

장애는 유아가 자신과 타인에 대한 건강한 이해와 공감을 형성하는 과정에 있어 심리적·감각적·신체적 한계를 초래하며 자연스럽게 제약을 야기합니다. 이러한 제약은 단순히 '내가 누구인지', '남이 누구인지'에 대한 인식을 늦추거나 왜곡하는 것뿐만 아니라 감정의 공유와 교류에서 심각한 장애를 일으키는 근본적인 원인입니다(Lind, & Bowler, 2009). 마치 짙은 안개 속에서 앞을 분간하기 어렵듯, 장애영유아는 자기 이해와 타인 이해의 어려움 속에서 고립감과 혼란을 느낄 수 있습니다.

이러한 자기와 타인에 대한 이해의 제약은 궁극적으로 사회적 배제와 정서적 고립으로 연결됩니다. 영유아가 타인의 감정을 경험하거나 이해하는 데 한계를 느끼면 또래와의 교류는 자연스럽게 줄어들거나 왜곡될 위험이 높아집니다. 이는 자존감 저하와 불안, 두려움이 쌓이게 하여 전반적인 자아개념과 정서적 안정성을 저하시킵니다(국립특수교육원, 2022).

그러므로 장애영유아의 '자기 이해와 타인 이해' 능력을 적극적으로 지원하는 일은 필수적입니다. 감정 인식 훈련, 감각통합 활동, 그리고 또래와의 감성 교류 프로그램은 유아가 자신의 감정을 명확히 인식하고 타인의 감정을 이해하며 이를 존중하는 태도와 행위를 배울 수 있는 토대입니다. 또한 개별적인 특성을 고려한 감정 표현 연습과 사회적 맥락 속에서의 상호작용 훈련을 통해 장애영유아는 점차 사회적 유대감과 정서적 안정감을 회복하고 책임감과 공감 능력을 키우게 됩니다(Rochat, Broesch, & Jayne, 2012). 마치 숙련된 안내자가 길을 잃은 여행자를 안전하게 목적지로 안내하듯, 교사는 유아의 자기 이해와 타인 이해 능력을 향상시키고 사회적 유대감을 형성하도록 도와야 합니다.

(1) 감정 인식 발달지연

감정을 충분히 인식하지 못하는 상태는 자신의 내면 감정에 대한 자각과 감정을 구체적으로 명명하는 능력을 저해합니다. 의사소통 능력의 한계로 인해 내적 감정을 자신조차 명확히 파악하지 못하거나 타인과의 적절한 감정 공감과 표현이 어렵게 됩니다. 이로 인해 '나는 지금 어떤 감정을 느끼고 있지?' 또는 '이 감정이 왜 생겼을까?'라는 자기 이해의 과정이 지연되며 감정 조절과 표현의 자기 주도성이 저하됩니다. 마치 흐릿한 초상화처럼, 감정 인식 능력 부족은 자신의 감정을 명확하게 파악하는 것을 어렵게 만듭니다.

(2) 또래와의 감정 경험 공유의 어려움

신체적·감각적 특성으로 인해 또래와 유사한 감정 경험을 공유하는 데 큰 어려움이 있습니다. 감각 과민 혹은 무감각은 유아로 하여금 타인의 감정을 느끼거나 이해하는 능력에 장애를 초래할 수 있으며 이는 또래와의 감정적 거리감과 오해를 불러일으킵니다. 예를 들어, 감각 과민 영유아는 친구의 슬픔이나 기쁨을 제대로 감지하지 못하니 적절한 공감 행동이나 위로의 표현이 어렵고 이로 인해 정서적 유대 형성에 제약이 생깁니다. 마치 서로 다른 언어를 사용하는 사람들처럼, 신체적·감각적 특성은 또래와의 감정적 소통을 어렵게 만듭니다.

3) 감각 처리, 언어적 표현, 인지적 이해의 어려움

장애로 인해 유아의 정서적 발달이 지연되는 현상은 표면적으로 감정 표현이 미흡하거나 정서적 안정이 쉽게 깨지는 모습으로 드러나지만, 그 이면에는 '감각 처리', '언어적 표현', 그리고 '인지적 이해'라는 세 가지 핵심 영역에서 발생하는 문제들과 긴밀하게 연결된 보다 심층적이고 복합적인 원인들이 존재합니다(Schoen, et al., 2019). 마치 퍼즐 조각이 흩어져 그림을 완성하지 못하듯, 세 가지 핵심 영역의 문제는 유아의 정서적 발달을 저해하고 불안정하게 만듭니다.

세 가지 핵심 원인은 상호작용하며, 하나라도 결여되거나 저하되면 정서적 발달지연과 정서 불안정의 고리 속에 빠질 위험이 높습니다. 그러므로 장애영유아의 정서적 건강과 적응 능력을 향상시키기 위해서는 감각통합 지원, 언어능력 강화, 그리고 인지적 이해력을 함께 높이는 종합적인 중재와 지원이 필수적입니다. 마치 숙련된 의사가 환자의 상태를 정확하게 진단하고 맞춤형 치료 계획을 세우듯, 교사는 유아의 개별적인 특성을 파악하고 세 가지 핵심 영역에 대한 종합적인 지원을 제공해야 합니다.

(1) 감각 처리 이상

감각 처리 이상은 정서적 조절과 감정을 느끼는 능력에 큰 영향을 미칩니다. 감각 과민 유아는 작은 자극에도 쉽게 흥분하거나 불안이 폭발하는 행동을 보일 수 있으며, 무감각 유아는 자신의 감정을 인지조차 하기 어려운 상태에 이를 수 있습니다. 두 경우 모두 감정을 제대로 느끼거나 조절하는 기능이 저하되어 감정이 복잡하거나 격렬하게 표출되지 못하는 정서적 한계가 초래됩니다. 마치 왜곡된 필터처럼, 감각 처리 이상은 감정의 색깔을 흐리게 만들고 왜곡하여 제대로 느끼지 못하게 합니다(백상수 외, 2025).

(2) 언어능력 부족으로 인한 감정 표현 어려움

언어능력의 부족은 감정을 명확히 표출하고 타인과 소통하는 데 가장 큰 장애 요인입니다. 유아가 자신의 감정을 언어로 표현하지 못하면 감정을 효과적으로 조절하거나 타인과 자연스럽게 소통하는 능력도 부족하게 됩니다. 이는 '내가 지금 느끼는 감정이 무엇인지', '이 감정을 어떻게 조절하거나 표현해야 하는지'를 이해하는 데 필수적인 요소인 언어적 기초가 제대로 형성되지 않기 때문입니다. 마치 굳게 닫힌 자물쇠처럼, 언어능력 부족은 감정 표현의 문을 가로막고 고립감을 심화시킵니다(이미숙 · 한민경 · 서보순 · 고혜정, 2021).

(3) 인지적 발달지연으로 인한 정서적 조절력 감소

인지적 발달의 지연은 감정을 이해하고 설명하는 능력, 더 나아가 자신의 감정을 인식하고 타인 감정을 추론하는 심리적 추론 능력을 제한시킵니다. 이에 따라 유아는 복잡하고 미묘한 감정 차이를 구별하거나 상황에 맞는 감정 대처 전략을 개발하는 데 어려움을 겪으며 정서적 조절과 적응력은 현저히 떨어질 수밖에 없습니다. 마치 미성숙한 열매처럼, 인지적 발달지연은 감정 조절 능력을 미숙하게 만들고 불안정하게 만듭니다(국립특수교육원, 2022).

<표 12-1> 장애영유아의 정서발달지연 원인

핵심 영역	내 용	실천 전략	기대 효과	시사점
정서적 자기 인식과 조절	장애는 감정 인식 및 표현, 조절 능력을 손상시키거나 지연시켜 자기 이해와 자기조절에 어려움 초래	– 감정 인식과 표현 활동 체계적 제공 – 감각통합 지원 – 자기조절 훈련 프로그램 적용	자아 인식과 감정 조절력 향상, 정서적 안정 및 행동 조절 개선	– 정서적 자기 인식은 건강한 적응의 기초이다. – 작은 성공 경험이 신뢰와 자율성을 키운다.
감정 표현과 조절의 어려움	언어 부족, 감각 과민/ 무감각으로 감정 표현과 조절이 어려움	– 감정 연습 활동과 역할놀이 – 감각통합 활동 – 안전한 감정 공유 환경 조성	감정 조절력 상승, 충동적 행동 감소, 사회적 관계 강화	– 감정 표출은 자연스러운 행동의 일부이며, 적절한 지원이 가능성을 확장시킨다.
자기 이해와 타인 이해의 제약	감정을 인지하지 못하거나 타인 감정을 파악하지 못하여 사회적 유대감 저하	– 감정 인지 훈련 및 감정 카드 활용 – 또래와의 감정 교류 활동 – 공감 훈련 프로그램	타인과의 공감 능력 향상, 자아존중감 구축, 사회적 관계 증진	– 자기 이해, 타인 이해 증진은 건강한 관계와 자아 형성의 기초이다.

감각 처리, 언어, 인지의 복합적 영향	감각 처리 문제와 언어 및 인지발달 지연이 정서적 성장을 저해	– 감각통합 활동과 언어 능력 증진 프로그램 병행 – 복합적 중재 계획 수립 – 체계적, 개별 맞춤 지원	감정 조절과 인지적 이해력 향상, 안정된 정서, 자아 성장	– 종합적 지원은 정서적 안정과 자기 주도적 성장을 이끄는 핵심 열쇠이다.
체계적 맞춤형 개입의 중요성	특수한 발달 특성을 반영한 정서 지원 필요	– 개별 특성 분석 후 맞춤형 프로그램 설계 – 감정 조절 훈련과 감각통합 병행 – 신뢰 확보와 환경 조성	장기적 안정, 자율적 행동, 건강한 정체성 형성	– 개별 맞춤 지원이 유아의 정서적 건강과 적응력 증진의 핵심이다.

2. 정서적 발달과 자기 이해 지도

장애영유아가 보이는 도전적인 행동들은 때로는 '고집'이나 '반항'처럼 보일 수 있습니다. 하지만 이는 아이들이 일부러 그러는 것이 아니라, 자신의 복잡한 감정들을 느끼고 조절하는 데 어려움을 겪고 있다는 중요한 신호입니다. 아이들의 감정을 단순히 '부정하거나 무시'하는 대신 선생님의 따뜻한 이해와 인내심 있는 지지는 아이의 정서 발달에 가장 강력한 힘이 됩니다. 악기 연주자가 악기의 음색을 이해하고 조절하듯, 우리 아이들도 자신의 감정을 정확히 인식하고 건강하게 표현하며 조절하는 법을 배워야 합니다. 이는 아이들이 '나는 누구인가'를 이해하고, 세상과 건강하게 소통하는 첫걸음입니다.

◆ 아이의 '행동 문제', 이렇게 이해하고 지도해 주세요!

아이들이 보이는 문제행동(예 갑자기 울기, 소리 지르기, 친구 밀치기)은 대부분 다음과 같은 어려움에서 비롯됩니다.

– 감정의 혼란 : "내가 왜 이러지?" 스스로도 지금 어떤 감정을 느끼는지 혼란스러울 때가 많습니다.

– 언어적 표현의 어려움 : "나는 지금 화가 나요" 또는 "나는 지금 슬퍼요"라고 말로 표현하기 어렵습니다.
– 감각 처리의 어려움 : 주변의 소음, 빛, 촉감 등 감각 자극에 압도되어 불안하거나 짜증을 냅니다.
– 사회적 상호작용의 어려움 : 친구와의 관계에서 자신의 의도를 전달하거나 상대방의 의도를 이해하지 못해 좌절감을 느낍니다.

◆ 이렇게 실천해 주세요! (정서적 발달을 돕는 구체적인 방법)

(1) 감정 '알아차리기' 연습 : 자기 인식의 첫걸음

- 감정 어휘 익히기 : 그림 카드(다양한 감정 표정), 인형, 거울 등을 활용하여 '기쁨, 슬픔, 화남, 놀람, 무서움' 등 기본적인 감정들을 아이의 눈높이에서 가르칩니다. 교사가 직접 표정으로 보여주고 아이가 따라 해보도록 합니다.
  (예시) "지금 ○○이는 어떤 표정이야? 기뻐 보여? 슬퍼 보여?"
- 일상생활 속 감정 연결 : "○○이가 블록을 완성해서 기분이 좋구나!", "친구가 장난감을 가져가서 화가 났구나!"와 같이 아이의 행동과 표정에 나타난 감정을 교사가 언어로 명명해 줍니다. 아이가 감정 단어를 스스로 말하기 어려울 때 교사가 대신 말해주며 반복 학습을 유도합니다.
- 감정 그림책 읽기 : 다양한 감정이 잘 드러난 그림책을 읽어주며 "이 친구는 왜 이런 표정일까?", "어떤 감정을 느끼는 것 같아?"라고 질문하고 함께 이야기 나눕니다.

(2) 감정 '표현하기' 돕기 : 안전한 통로 열어주기

- 다양한 표현 방법 제공 : 아이가 언어적 표현이 어렵더라도 다른 방법으로 감정을 표출할 수 있도록 돕습니다.

- **미술 활동** : 화난 감정을 빨간색으로 마구 그리거나, 기쁜 감정을 알록달록한 색으로 표현하게 합니다.
- **음악/ 움직임** : 신나는 음악에 맞춰 뛰거나, 답답한 감정을 춤이나 몸짓으로 표현하게 합니다.
- **역할놀이** : 인형극이나 역할놀이를 통해 다양한 감정 상황을 재현하고 표현할 기회를 줍니다.
- **긍정적인 표현 모델링** : 교사가 자신의 감정을 건강하게 표현하는 모습을 보여줍니다.

  (예시) "선생님은 지금 ○○이가 도와줘서 정말 기뻐!", "블록이 무너지니까 선생님도 좀 속상하다."
- **안전한 표현 공간** : "화가 나면 소리쳐도 괜찮아. 하지만 친구를 때리면 안 돼."처럼 허용되는 표현 방식과 허용되지 않는 방식을 명확히 알려주고, 안전하게 감정을 표출할 공간(예 소리 지르는 쿠션, 스트레스 볼)을 제공합니다.

(3) 감정 '조절하기' 가르치기 : 자기 통제력 키우기

- **쉬운 조절 전략 제시** : 화가 나거나 슬플 때 스스로 해볼 수 있는 간단한 방법을 가르칩니다.

  (예시) "화가 나면 셋까지 세어볼까?", "화가 날 때는 심호흡을 크게 세 번 해보자.", "기분이 안 좋을 때는 선생님에게 와서 안아달라고 말해줘."
- **문제해결 과정 함께하기** : 친구와 갈등이 생겼을 때 단순히 중재하는 것을 넘어, "○○이가 왜 화가 났을까?", "친구는 왜 그랬을까?", "그럼 다음에는 어떻게 하면 좋을까?"와 같이 함께 문제를 분석하고 해결책을 찾아봅니다.
- **작은 성공 경험 반복** : 아이가 스스로 감정을 조절했을 때 "○○이가 화가 났지만 소리 지르지 않고 선생님에게 말했네! 정말 멋지다!"와 같이 즉각적이고 구체적으로 칭찬하여 긍정적인 행동을 강화합니다.

(4) 교사의 '정서 조율자' 역할

- **안전한 기반 제공** : 아이가 언제든 선생님에게 돌아와 위로받고 의지할 수 있는 '안전 기지'가 되어줍니다. 선생님과의 안정적인 애착 관계는 아이가 자신감을 갖고 감정을 탐색하고 표현하는 데 필수적입니다.
- **무조건적인 수용** : 아이의 어떤 감정이든 존중하고 수용하는 태도를 보여줍니다. "네가 그렇게 느낄 수 있구나. 괜찮아."라고 말하며 감정을 인정해 줍니다.
- **개별화된 지원** : 아이의 감각 특성, 인지 수준에 맞춰 감정 지도 방식을 조절합니다. 어떤 아이는 시각 자료가 효과적이고, 어떤 아이는 몸으로 표현하는 것이 더 좋을 수 있습니다.

또래 상호작용 : 뇌병변장애로 움직임이 느린 유아 기다려주기

3. '빛나는 나'를 찾아서 : 자아존중감 증진

장애영유아들은 때때로 자신을 '남들보다 부족하다'거나 '못하다'고 느끼는 왜곡된 자기 인식을 가질 수 있습니다. 이러한 마음은 아이들이 세상을 향해 자신감 있게 나아가고, 잠재력을 마음껏 펼치는 데 가장 큰 걸림돌이 됩니다. 하지만 걱정마세요! 선생님의 따뜻한 시선과 꾸준한 지지는 아이의 내면에 밝은 빛을 비춰주고, 아이 스스로 자신의 소중한 가치를 발견하도록 이끄는 가장 강력한 힘이 됩니다.

자아존중감은 하루아침에 생기지 않습니다. 마치 씨앗을 심고 정성껏 물을 주며 햇빛을 쬐어주듯, 선생님의 지속적인 관심과 사랑이 아이의 마음속에 튼튼한 자아존중감의 뿌리를 내리게 할 것입니다.

◆ 이렇게 지도해 주세요! (자아존중감 증진을 위한 구체적인 실천 방안)

(1) '있는 그대로'의 아이를 사랑하고 존중해 주세요 : 무조건적인 수용과 강점 찾기

- **아이의 존재 자체를 인정하고 표현하기** : 아이가 어떤 행동을 하든, 어떤 발달 수준에 있든, "네가 있어서 선생님은 너무 좋아", "○○이가 우리 반에 와서 정말 행복해"와 같이 아이의 존재 자체를 환영하고 사랑한다는 메시지를 전달합니다.
- **강점 중심의 시선** : 아이가 잘하는 것, 좋아하는 것, 뛰어난 재능(예 음악적 감각, 특정 블록 쌓기 능력, 퍼즐 맞추기 등)을 세심하게 찾아내고, 그것을 칭찬하고 격려합니다. 약점을 보완하려는 노력만큼이나 강점을 개발하고 인정하는 것이 중요합니다.

  (예시) "와, ○○이가 빨간 블록을 정말 높이 쌓았네! 색깔을 정말 잘 고른다!", "노래를 들으니 ○○이가 신이 나는구나? 리듬에 맞춰 몸을 흔드는 모습이 멋져!"
- **아이의 의견과 선택 존중** : 간식 선택, 놀이 활동 결정 등 작은 일이라도 아이의 의사를 묻고 존중하여, '내 생각도 중요하구나'라는 경험을 제공합니다. 아이가 자신의 삶에 대한 통제감을 느끼는 것이 자아존중감의 시작입니다.

(2) '나도 할 수 있다!'는 믿음을 심어주세요 : 작은 성공 경험 제공과 긍정적 피드백

- **성공할 수 있는 환경 조성 :** 아이의 발달 수준에 맞춰 '조금만 노력하면 해낼 수 있는' 쉬운 과제를 제시하고, 충분한 시간과 보조도구(예 잡기 쉬운 칫솔, 큰 단추 달린 옷)를 제공하여 성공 경험을 의도적으로 만들어줍니다.
- **과정 중심의 칭찬 :** 결과가 완벽하지 않아도 노력하는 과정 자체를 구체적으로 칭찬합니다.

  (예시) 옷 입기 : "○○이가 혼자 단추를 잠그려고 노력하는 모습이 정말 멋지다!", "양말을 발에 끼우려 하는구나! 거의 다 됐어!"

  정리정돈 : "○○이가 블록을 정리함에 넣고 있네. 이렇게 자기 물건을 스스로 정리하는 건 대단한 일이야!"
- **실패를 성장의 기회로 :** 아이가 실패했을 때도 "괜찮아, 실패는 누구나 하는 거야", "넘어져도 다시 일어나는 모습이 정말 멋지다!"와 같이 안심시키고 격려합니다. "이번에는 이렇게 해볼까?"라며 다시 시도할 기회를 주어, 실패가 끝이 아니라 다음 단계로 나아가기 위한 과정임을 경험하게 합니다.
- **자기효능감 증진 활동 :** "내가 해냈다!"는 성취감을 느낄 수 있는 활동(예 퍼즐 맞추기, 간단한 요리 활동, 자기가 만든 작품 전시)을 자주 제공하여 자신의 능력을 스스로 검증하고 긍정적인 자기 평가를 정립하도록 돕습니다.

(3) '나는 소중한 존재!'라고 느끼게 해주세요 : 지속적인 관심과 일관된 지지

- **일회성 칭찬을 넘어선 지속적인 관심 :** 자아존중감은 한두 번의 칭찬으로 형성되지 않습니다. 아이의 하루 일과 전체를 통해 꾸준하고 일관성 있는 관심과 애정을 보여세요. 아이의 작은 변화에도 민감하게 반응하고 지지해 주는 것이 중요합니다.
- **안정적인 애착 관계 형성 :** 교사가 아이에게 '안전 기지(safe base)'가 되어주어, 아이가 언제든 선생님에게 돌아와 위로받고 다시 도전할 용기를 얻을 수 있는 신뢰 관계를

형성합니다. 눈 맞춤, 따뜻한 미소, 다정한 목소리, 포옹 등 비언어적인 표현도 중요합니다.

- **가정과의 협력** : 가정과 어린이집이 함께 아이의 강점과 어려움을 공유하고, 일관된 칭찬과 격려의 메시지를 전달하여 아이가 혼란스러워하지 않고 안정감을 느낄 수 있도록 협력합니다.

사회관계 촉진 놀이 활동

지역사회로의 참여를 통한 사회성 훈련

<표 12-2> 유아 관계 증진 활동 가이드 : 일상 속 실천으로 엮는 따뜻한 관계 마법

시간/ 상황	활동명	활동 내용	기대 효과
등원	"누가 누가 왔나?" 콩주머니 인사	콩주머니를 머리에 얹고 균형 잡으며 친구 이름 부르기	즐거움, 집중력 향상, 신체 조절 능력 발달
	솜공으로 마음 전하기	부드러운 솜공으로 친구 몸 살짝 터치하며 인사하기	따뜻한 감정 교류, 긍정적 첫인상 심어주기
	몸으로 표현하는 반가움	볼 비비기, 손바닥 마주치기 등 다양한 신체 접촉 인사	친밀감 형성, 유쾌한 분위기 조성
자유선택 활동	신문지 펀치!	짝과 번갈아 신문지 찢기	스트레스 해소, 협동심 키우기, 격려
	빨래 짜기 놀이	뽁뽁이를 빨래처럼 비틀어 짜기	소근육 발달, 함께하는 즐거움
	미니 파라슈트 협동놀이	미니 파라슈트를 함께 들어 올리고 움직이기	공동 목표 달성을 위한 협력의 중요성 깨닫기
자유선택 활동	"즐겁게 춤을 추다가" 자석 놀이	몸에 시트지 붙이고 노래에 맞춰 같은 색깔 친구들끼리 모이기	소속감 느끼기, 사회성 향상, 즐거움
	뗏목 타기	이불 위에 누운 친구 끌어주기	서로 지지하고 배려하는 마음 키우기
	선 따라 함께 걷기	바닥에 그려진 다양한 선을 따라 친구와 함께 걷기	규칙 준수, 질서 의식 배우기, 유대감 형성
간식/ 점심	"맛있게도 냠냠" 서로 먹여주기	친구에게 간식 먹여주기	따뜻한 마음 전달, 친밀감 높이기
	"치카치카 푸카푸카" 함께 양치하기	거울 보며 함께 양치하기	즐거운 분위기 속 위생 습관 기르기, 서로에게 긍정적 영향
씻기/ 바르기	"거품 사랑 고백" 함께 비누 거품 만들기	함께 비누 거품 만들며 손 씻기	청결 유지, 즐거운 추억 선사
	"로션 사랑 전달" 옆 친구에게 로션 발라주기	친구에게 로션 짜주고 발라주기	따뜻한 마음 표현, 긍정적 관계 형성
	"깨끗하게 안녕" 손 닦아주고 칭찬하기	친구 손 물수건으로 닦아주고 칭찬하기	배려심 기르기, 긍정적 상호작용 경험

입고 벗기	"나는야 옷 도우미"	친구 옷 입기 도와주기	협동심, 배려심 키우기, 성취감 느끼기
	"다섯 형제들" 장갑/ 양말 함께 신기	친구 장갑이나 양말 신기 도와주기	소근육 발달, 서로 협력하는 즐거움
낮잠	"베개 아기" 동화 듣고 보살피기	베개를 아기처럼 의인화하여 돌보기	상상력, 감수성 키우기, 친구와 함께하는 따뜻한 경험
	"잠 솔솔 이불 마사지"	이불 위로 부드럽게 마사지하기	편안한 분위기 조성, 숙면 돕기
	"속삭이는 돌림 자장가"	이마에 '잘자요 뽀뽀' 해주고 자장가 불러주기	따뜻한 사랑 전달, 편안한 잠자리 만들기
	"베개 이불 기차" 놀이하며 정리하기	베개와 이불을 기차처럼 연결하여 놀이하며 정리하기	즐거움 속에서 정리정돈 습관 기르기, 협동심 향상
	"이불 김밥 말이" 놀이하며 정리하기	이불에 친구를 올리고 김밥처럼 말아주며 정리하기	즐거운 신체활동, 정리정돈 습관 기르기
	"머리를 빗겨주어요"	거울 보고 서로 머리 빗겨주기	친밀감 높이기, 즐거운 경험 선사
전이	"번갈아 장난감 골인!"	바구니에 장난감 넣는 놀이하며 정리하기	즐거운 분위기 속 정리정돈 습관 기르기, 성취감 높이기
	"암호 전달하기"	친구에게 다음 활동 관련 사진(암호카드) 전달	기대감과 흥미 유발, 즐거운 분위기 조성
	"발바닥 도장 주인을 찾아라"	친구 발바닥에 스티커 붙이고 발바닥 도장 주인이 누구인지 맞추기	관찰력, 추리력 향상, 즐거운 놀이 경험 제공

출처 : 한국보육진흥원(2018) 재구성.

사회적 통합 놀이 : 함께 놀이

4. 책임감과 자기성찰 지도

장애영유아가 자신의 행동을 돌아보고 그 결과에 대한 책임감을 갖는 능력은 하루아침에 길러지지 않습니다. 아이들의 행동을 '일부러 그랬겠지'라고 오해하기 쉽지만, 사실은 아직 타인의 입장에서 상황을 이해하거나, 자신의 행동이 다른 사람에게 어떤 영향을 미치는지 인식하는 인지적·심리적 능력이 미성숙하기 때문입니다. 따라서 우리 아이들에게는 비난이나 처벌이 아닌, 성장 과정에 발맞춘 세심하고 지속적인 지지와 교육이 반드시 필요합니다.

아이의 책임감 발달을 돕는 선생님의 역할은 매우 중요합니다. 이는 아이가 '왜 내가 이렇게 행동했을까?', '다음에는 어떻게 하면 더 좋을까?'를 스스로 생각하는 힘을 길러주어, 궁극적으로 자기조절력과 도덕적 책임감을 갖춘 성숙한 사회 구성원으로 성장하는 밑거름이 됩니다.

◆ 이렇게 지도해 주세요! (단계별 실천 방안)

(1) 비난 대신 '이해'와 '관찰'로 시작하기

- **아이의 발달 수준 이해** : 아이가 아직 자신의 행동 결과를 예측하거나 타인의 감정을 이해하는 데 어려움을 겪고 있음을 인지합니다. '일부러 그런 것이 아니다'라는 마음으로 접근해야 합니다.
- **행동 관찰 및 기록** : 아이가 책임감이나 자기성찰이 필요한 상황에서 어떤 행동을 보이는지, 어떤 비언어적인 표현을 하는지 세심하게 관찰하고 기록합니다(예 물건을 던진 후 눈을 피하는지, 친구를 때린 후에도 놀이를 계속하는지 등).

(2) 구체적인 경험으로 '책임감' 가르치기

- **즉각적이고 구체적인 피드백 제공** : 문제가 되는 행동이 발생했을 때 바로 개입하여 짧고 명확하게 행동의 결과를 알려줍니다.

  (예시) 블록을 던졌을 때 : "○○이가 블록을 던졌네. 블록이 바닥에 떨어져서 부서질 수도 있고, 친구가 맞아서 아플 수도 있어."(행동 자체와 그로 인한 결과를 명확히 언급)

  친구 장난감을 빼앗았을 때 : "친구가 가지고 놀던 장난감을 ○○이가 가져갔네. 친구가 많이 속상해 보여."(친구의 감정을 대신 읽어주기)

- **행동의 '결과'를 함께 탐색하기** : 아이의 눈높이에서 행동의 결과를 이야기하고 문제해결을 함께 시도합니다.

  (예시) 물을 쏟았을 때 : "○○이가 물을 쏟아서 바닥이 축축해졌네. 바닥이 미끄러우면 친구가 넘어질 수도 있어. 우리 휴지로 닦아볼까?"(문제 인식 → 해결 행동 유도)

친구에게 상처를 주었을 때 : "친구가 ○○이 때문에 울고 있네. 친구 마음이 어떨까? 친구에게 어떻게 하면 다시 기분 좋게 해줄 수 있을까?"(공감 능력과 문제해결 능력 촉진)

- **일상생활 속 작은 '상황극' 활용** : 인형이나 소꿉놀이 등을 활용하여 책임감과 관련된 시나리오를 만들고, 아이가 다양한 역할을 맡아보게 합니다.

  (예시) 정리정돈 역할극 : 인형이 어질러 놓은 방을 정리하는 역할극을 하며 "어질러 놓으면 찾아 헤매고, 잃어버릴 수 있어. 제자리에 놓으니 찾기 쉽네!"와 같이 언어로 연결해 주기

  사과하고 화해하기 역할극 : 장난감을 빼앗아 친구를 울린 인형이 어떻게 사과해야 하는지 연습해 보기

(3) '자기성찰'의 기회 제공하기

- **관점 전환 질문** : "만약 네가 친구였다면 어땠을 것 같아?", "다음번에 이런 상황이 오면 ○○이는 어떻게 하고 싶어?"와 같이 아이가 스스로 생각하고 더 나은 선택을 할 수 있도록 유도합니다.
- **긍정적 행동 강화** : 아이가 자신의 행동을 수정하거나, 책임감 있는 모습을 보였을 때 즉시 칭찬하고 격려합니다. "○○이가 친구에게 사과했네! 정말 용감하고 멋진 행동이야. 친구가 기분이 좋아졌을 거야!"

(4) '일관성' 있는 환경과 '긍정적' 지지

- **명확하고 예측 가능한 규칙** : 어린이집 내에서 "놀고 나면 제자리에", "친구를 때리면 안 돼"와 같은 규칙을 그림, 사진 등 시각 자료와 함께 명확히 제시하고, 모든 교사가 일관성 있게 적용합니다.

- **작은 성공 경험의 반복** : 아이가 스스로 할 수 있는 작은 책임(예 자기 신발 정리하기, 식사 후 자기 그릇 가져다 놓기)부터 시작하여 성공 경험을 반복하게 하고 긍정적인 피드백을 줍니다.
- **가정과의 긴밀한 협력** : 가정과 어린이집에서 아이에게 기대하는 행동, 지도 방식, 긍정적 강화 방법 등을 공유하여 일관된 지도를 제공합니다. 이는 아이의 혼란을 줄이고 책임감 발달을 가속화하는 데 필수적입니다.

사회성 훈련 : 계획된 품목 직접 구매해 보기

<표 12-3> 장애영유아 정서적 자기 인식 및 조절 능력 향상 전략

설계 원칙	구체적 전략	기대 효과	평가 지표
정서적 자기 인식 및 조절 능력 향상	감정신호등 색(빨강–노랑–파랑) 및 루틴(숨쉬기, 쿠션 안기) 활용, 자기 감정 인식 및 조절 유도	자기 감정 인식 능력 향상, 감정 조절 능력 증진, 스트레스 감소	감정신호등 활용 빈도, 감정 조절 행동 빈도, 정서적 안정 상태 유지 시간
감정 표현의 어려움 해소	거울 및 스카프 활용, 비언어적 표정/ 몸짓 표현 촉진, 즉각 피드백 제공, 표현 시도 강화	감정 표현 능력 향상, 의사소통 능력 증진, 자신감 향상	거울/ 스카프 활용 빈도, 표정/ 몸짓 표현 빈도, 감정 표현 시도 횟수
감정 인식과 명명 능력 향상	"빨강=분노, 노랑=행복, 파랑=슬픔" 반복, 감정 명명 능력 기초 제공	감정 어휘 습득, 감정 구별 능력 향상, 의사소통 능력 증진	감정 어휘 사용 빈도, 감정 명명 정확도, 질문에 대한 응답
공감 능력 함양	또래와 같은 색/ 표정 활동, 공감적 경험 공유, 기초적 사회적 기술 연습 기회 마련	사회성 발달, 공감 능력 향상, 또래 관계 형성 촉진	또래와의 상호작용 빈도, 공감적 표현 빈도, 협력 행동 관찰
자아존중감 형성	작은 시도마다 구체적 칭찬 제공, 자기 가치를 긍정적으로 인식 유도	자신감 향상, 긍정적인 자아개념 형성, 자존감 향상	활동 참여 적극성, 칭찬에 대한 반응, 자기 긍정적 발언 빈도
실수 불안 감소 및 결과 인식	"다시 천천히 해보자"로 실수를 성장의 일부로 수용, "숨 쉬니 몸이 편안해졌네"로 행동–결과 인식 기회 확대	문제해결 능력 향상, 실패에 대한 두려움 감소, 인과 관계 이해 증진	문제해결 시도 횟수, 실수에 대한 반응, 인과 관계 설명 능력

<표 12-4> 정서 인식 및 정서 조절 전략을 반영한 교수계획안

놀이명	감정신호등
놀이목표	1. 빨강·노랑·파랑 감정신호등을 한 가지 이상 가리키거나 선택한다. 2. 각 색에 맞는 표정·제스처(분노/ 행복/ 슬픔)를 모방한다. 3. 감정 조절 활동(깊게 숨쉬기·쿠션 안기 등)에 1회 이상 참여한다.
준비물	감정신호등 보드(빨강/ 노랑/ 파랑), 동일 색 스카프(3색), 감정 그림 카드(분노/ 행복 /슬픔), 손거울, 작은 쿠션·담요(휴식 코너), 잔잔한 타이머 또는 모래시계
개별화 관련 요소	인지(색–감정 매칭·상황 이해), 의사소통(감정 수용·간단 표현), 사회정서(감정 수용·공감의 기초·자아존중감), 운동(표정·손 제스처 모방), 적응행동(전이 예고 따르기)

<table>
<tr><td>교육과정
관련 요소</td><td colspan="2">■ 신체운동・건강–건강하게 생활하기–하루 일과에서 적당한 휴식을 취한다.
■ 의사소통–듣기와 말하기–자신의 경험, 느낌, 생각을 말한다.
■ 사회관계–자신을 알고 존중하기–나의 감정을 알고 상황에 맞게 표현한다.</td></tr>
<tr><td>단 계</td><td>놀이 지원</td><td>유의점</td></tr>
<tr><td>도 입</td><td>■ 주의집중
신호등 보드를 가렸다가 “까꿍! 무슨 색일까?” 제시하기
■ 관심 유도
교사 표정 과장하기 : 빨강(눈썹 찡그리며 “화났어!”), 노랑(활짝 웃으며 “행복해!”), 파랑(입 오므리며 “슬퍼요~”)
■ 참여 촉진
“어떤 얼굴이 제일 재미있어 보이니?” 물으며 웃거나 손가락 가리키도록 유도하기</td><td>색・카드 활용해 관심 유도, 과장된 표정・짧은 문장으로 즉각적 주의집중</td></tr>
<tr><td rowspan="3">전 개</td><td>■ 색–감정 연결하기(인지・관심 확장)
– 교사 : “빨강=화나요, 노랑=행복해요, 파랑=슬퍼요.”
– 영아 : 색 원판 중 하나 고르기 → 교사 : “맞아, 노랑은 행복!”</td><td rowspan="3">색–감정 연결은 단순・반복 제시, 감정 표현 시 비언어 반응도 긍정적으로 인정, 감정 조절 루틴(숨쉬기・쿠션 안기)은 짧고 반복적 경험으로 익히도록 함</td></tr>
<tr><td>■ 감정 표현 따라 하기(표정・몸짓 모방)
– 거울 보고 교사 표정 따라 하기
– 빨강 : “앙!”(찡그리기), 노랑 : “하하!”(웃기), 파랑 : “흑~”(울상)
– 스카프 활용 : 빨강=손 멈춤, 노랑=팔 흔들기, 파랑=가슴 꼭</td></tr>
<tr><td>■ 감정 조절 놀이(자기 조절 기초 경험)
– 신호등에서 빨간불 켜면 → 모두 함께 “멈춰!” 하고 후~ 숨쉬기
– 파랑 불 켜면 → 쿠션을 꼭 안고 조용히 쉬기
– 노랑 불 켜면 → 서로 하이파이브 하며 “행복해!” 외치기</td></tr>
<tr><td>마무리</td><td>■ 회상하기
– 감정신호등을 통한 분노, 행복, 슬픔의 감정 기억하기
– 각각의 감정에 대한 표현 및 조절 방법 반복하기
■ 칭찬하기</td><td>오늘 활동을 구체적으로 회상해 정서적 안정과 성취감 연결</td></tr>
<tr><td>평가 방법</td><td colspan="2">1. 감정 인식 : 신호등 색 중 한 가지를 상황에 맞게 가리키거나 선택했는가?
2. 감정 표현 : 해당 색의 표정・제스처를 1회 이상 모방했는가?
3. 자기 조절 참여 : ‘빨강–멈춰 숨’, ‘파랑–쿠션’ 등 루틴에 자발/ 촉진 참여했는가?</td></tr>
<tr><td>가정 연계
활동</td><td colspan="2">1. 아침 시간, “오늘 마음은 무슨 색일까? 골라 보자” 감정 인식하기
2. 거울 보며 “노랑 얼굴(웃는 얼굴) 만들어 보자” 감정 표현하기
3. 잠자리 전 “빨강이면 후~ 세 번 숨 쉬어 보자” 감정 조절하기</td></tr>
</table>

<표 12-5> 협동놀이 전략을 반영한 교수계획안

<table>
<tr><td>놀이명</td><td colspan="2">우리는 하나! 사진 퍼즐 협동놀이</td></tr>
<tr><td>놀이목표</td><td colspan="2">1. 사진 퍼즐을 또래와 함께 맞추며 차례를 지켜 협력한다.
2. 퍼즐 완성 과정에서 기쁨과 성취를 표현하며 또래와의 소속감을 경험한다.</td></tr>
<tr><td>준비물</td><td colspan="2">반 단체사진 또는 가족사진 대형 퍼즐(6~8조각), 퍼즐 판(테두리 표시), 정리 바구니, 칭찬 스티커</td></tr>
<tr><td>개별화 관련 요소</td><td colspan="2">인지(부분-전체 이해, 짝짓기・선택), 의사소통(요청・제안, 간단한 표현), 사회정서(공감, 차례 기다리기, 공동주의), 운동(집기・끼우기), 적응행동(정리)</td></tr>
<tr><td>교육과정 관련 요소</td><td colspan="2">■ 신체운동・건강-신체활동 즐기기-신체를 인식하고 움직인다.
■ 사회관계-더불어 생활하기-친구와 서로 도우며 사이좋게 지낸다.
■ 예술경험-아름다움 찾아보기-예술적 요소에 관심을 갖고 찾아본다.</td></tr>
<tr><td>단 계</td><td>놀이 지원</td><td>유의점</td></tr>
<tr><td>도 입</td><td>■ 주의집중 및 관심 유도
– 퍼즐 조각 하나 보여주며 "이건 누구일까?" 질문하기
– 완성된 사진을 살짝 보여주고 "우리 함께 맞춰보자" 제안하기</td><td>친숙한 사진으로 흥미 유도</td></tr>
<tr><td rowspan="3">전 개</td><td>■ 퍼즐 탐색하기(관심 끌기)
– 조각을 만져보고 관찰하도록 하기
– "여기 ○○ 얼굴 있네!" 말해주며 흥미 유도하기</td><td rowspan="3">작은 성공을 보장, 차례 지키기와 기다림을 지도, 빼앗기・던지기에는 일관된 규칙으로 대처</td></tr>
<tr><td>■ 퍼즐 맞추기(차례 지키기)
– "○○ 차례, 넣어보자" → 성공 시 즉시 칭찬하기
– 다른 영아는 옆에서 기다리며 친구 활동 지켜보기</td></tr>
<tr><td>■ 함께 완성하기(협력 경험)
– 마지막 조각은 모두 함께 "하나, 둘, 셋!" 하고 넣기
– 완성된 사진 가리키며 "우리 사진이 완성됐어요!" 함께 확인하기</td></tr>
<tr><td>마무리</td><td>■ 회상 및 강화하기
– 완성된 사진 보며 "○○가 조각 넣었고, ○○는 기다려줬지!" 구체적으로 회상하기
– 친구와 손뼉 치며 "짝짝짝, 함께해서 더 즐거웠어!" 칭찬하기
– 조각 정리하며 활동 마무리하기</td><td>구체적 행동을 칭찬, 완성된 사진으로 소속감을 강화</td></tr>
<tr><td>평가 방법</td><td colspan="2">1. 퍼즐을 또래와 함께 맞추며 차례를 지켜 협력했는가?
2. 퍼즐을 완성하는 과정에서 성공 경험을 표현하며 긍정 정서를 보였는가?
3. 마무리 단계에서 완성된 사진을 함께 보며 소속감과 성취를 회상했는가?</td></tr>
<tr><td>가정 연계 활동</td><td colspan="2">1. 가족사진 미니퍼즐(4~6조각) 맞추며 "우리 가족이 완성됐네" 말하기
2. 마지막 조각은 가족 모두 함께 "하나, 둘, 셋!" 하고 맞춰보기
3. 완성 후 "우리 가족이 함께하니 기쁘다" 말하며 소속감 경험하기</td></tr>
</table>

<표 12-6> 교육계획안에 적용된 장애영유아 관계 맺기 능력 강화 및 공감 능력 발달 전략

설계 원칙	구체적 전략	기대 효과	평가 지표
관계 맺기 능력 강화	퍼즐 맞추기 협동 과정, 또래와 공동 목표 달성 경험 제공	사회성 발달, 협동심 증진, 긍정적인 또래 관계 형성	또래와의 상호작용 빈도, 협력 행동 관찰, 관계 만족도 평가
공감 능력 발달 촉진	차례 기다리기/ 친구 응원하기 과정, 교사의 공감적 언어 및 모델링 제공	공감 능력 향상, 사회적 기술 습득, 정서적 안정감 증진	공감적 표현 빈도, 또래의 감정에 대한 반응, 감정 인식 정확도
공감 능력 구성 요소 통합 적용	1. 인지 : 사진 속 인물 인식, 친구 차례 이해 2. 정서 : 완성 후 함께 기뻐하는 정서적 경험 공유 3. 의사소통 : 간단한 요청/ 표현("줘", "여기") 통해 상호작용	인지적/ 정서적/ 의사소통적 공감 능력 통합 발달	인지, 정서, 의사소통 각 영역별 평가 점수 향상
감정 수용 지원	퍼즐이 잘 안 맞아 속상할 때 교사가 감정 읽어주고 수용	정서적 안정감 증진, 자기조절능력 향상, 긍정적인 자아개념 형성	부정적 감정 표현 빈도 감소, 감정 조절 행동 관찰
명확한 경계 세우기	퍼즐 빼앗거나 던지는 행동에 대해 일관된 규칙 적용	책임감 함양, 자기 통제력 증진, 사회적 규칙 준수 능력 향상	규칙 위반 행동 빈도 감소, 책임감 있는 행동 관찰
개인차 존중	조각 수 줄이거나 교사 도움 더해 발달 수준에 맞게 참여 유도, 개별화 전략 적용	모든 영유아의 활동 참여 기회 보장, 성공 경험 제공, 성취감 증진	활동 참여율, 성공률, 만족도 평가
관계 증진 프로그램 원칙 반영	짧고 반복되는 활동을 일상에 삽입, 자연스럽게 상호작용 경험 및 유대감 형성	친밀감 증진, 긍정적 관계 형성, 사회적 지지 네트워크 구축	또래와의 긍정적 상호작용 빈도, 유대감 형성 정도 평가
자기조절능력 향상	차례 기다리기/ 작은 성공 경험, 자기 통제 능력 발달 유도	충동성 감소, 인내심 증진, 자기 통제 능력 향상	차례 기다리기 성공률, 충동적인 행동 감소

보육현장에서의 실천

1. 정서적 안정감을 제공하는 안전하고 예측 가능한 환경 조성 : 물리적 환경, 일과, 규칙 등을 체계적으로 구성하여 영유아가 안정감을 느끼고 예측 가능한 환경에서 생활할 수 있도록 조성해야 합니다.
2. 감정 인식 및 표현 활동 : 그림책, 역할극, 감정 카드 등을 활용하여 자신의 감정을 인식하고 적절하게 표현하는 연습 기회를 제공해야 합니다.
3. 사회적 기술 습득을 위한 놀이 활동 : 협동놀이, 역할놀이, 게임 등을 통해 차례 지키기, 규칙 준수, 양보, 배려 등 사회적 기술을 자연스럽게 익히도록 지원해야 합니다.
4. 긍정적 상호작용 및 또래 관계 촉진 : 또래 간의 긍정적인 상호작용을 격려하고, 갈등 상황 발생 시 중재 및 해결을 지원하며, 함께하는 활동을 통해 유대감을 형성하도록 도와야 합니다.
5. 성공 경험 제공 및 긍정적 피드백 제공 : 영유아가 성공적으로 수행할 수 있는 과제를 제시하고, 노력과 성취에 대해 구체적이고 진솔한 칭찬과 격려를 제공하여 자존감을 높이고 긍정적인 자아개념을 형성하도록 지원해야 합니다.

용어 정의

1. 정서적 자기 인식 : 자신의 감정을 정확하게 인지하고 이해하는 능력으로, 감정의 종류, 강도, 원인 등을 파악하는 것을 포함합니다.
2. 정서 조절 능력 : 자신의 감정을 적절하게 조절하고 표현하는 능력으로, 충동 억제, 스트레스 관리, 감정 전환 등을 포함합니다.
3. 공감 능력 : 타인의 감정을 이해하고 공유하는 능력으로, 타인의 입장에서 생각하고 느끼는 것을 포함합니다.
4. 자아존중감 : 자신을 가치 있고 소중한 존재로 여기는 감정으로, 자신의 능력, 외모, 성격 등에 대한 긍정적인 평가를 포함합니다.
5. 사회적 기술 : 타인과 원만하게 관계를 맺고 유지하는 데 필요한 기술로, 의사소통, 협력, 공감, 갈등 해결 등을 포함합니다.

제 13 장 신체활동 및 표현활동을 위한 교수방법론

학습목표

1. 신체활동과 표현활동의 교육적 가치 이해 : 신체활동과 표현활동이 장애영유아의 전인적 발달에 미치는 긍정적 영향을 이해하고, 이를 교육현장에서 효과적으로 적용할 수 있는 능력을 함양합니다.
2. 장애 유형별 맞춤형 전략 개발 : 다양한 장애 유형(자폐스펙트럼장애, 발달지체, ADHD, 청각장애, 운동장애 등)에 따른 신체활동과 표현활동의 차별화된 전략을 설계하고 실행할 수 있는 능력을 기릅니다.
3. 사회적 상호작용 촉진 : 신체활동 놀이를 통해 장애영유아의 사회적 기술(협력, 차례 지키기, 공동 목표 달성 등)을 증진시키고, 긍정적인 상호작용 경험을 제공할 수 있는 방법을 학습합니다.
4. 창의적 표현활동의 정서적 안정감 제공 : 창의적 표현활동(미술, 음악, 연극 등)이 장애영유아의 정서적 안정감과 자기표현 능력을 강화하는 데 어떻게 기여하는지 이해하고, 이를 교육현장에서 적용할 수 있는 능력을 개발합니다.
5. 교육적 성과 평가 및 개선 : 신체활동과 표현활동 후 체계적인 평가와 기록을 통해 교육적 성과를 분석하고, 이를 바탕으로 교수 방법을 지속적으로 개선할 수 있는 역량을 기릅니다.

1. 신체활동놀이와 표현활동의 교육적 가치

장애영유아에게 신체활동과 표현 예술 놀이는 단순히 즐거운 시간을 넘어섭니다. 아이들의 몸과 마음을 건강하게 성장시키고, 친구들과 세상과 소통하는 법을 배우는 가장 중요하고 효과적인 방법입니다. 이 놀이들은 아이들의 내면을 풍요롭게 하고 사회적 관계를 긍정적으로 변화시키는 강력한 힘을 지니고 있습니다. 무엇보다 이러한 활동들은 장애영유아에게 선택 사항이 아닌, 모든 아이들이 당연히 누려야 할 소중한 교육 기회이자 권리입니다.

1) 몸으로 배우는 사회성 : 신체활동놀이

신체활동놀이는 아이들에게 긍정적인 상호작용 경험을 선물하고 사회적 기술을 익히는 중요한 장이 됩니다.

- **또래 관계 돈독히 하기** : 함께 뛰고 움직이는 과정에서 아이들은 자연스럽게 친구들과 소통하고 협력하는 방법을 배웁니다. 손잡고 걷기, 공 주고받기, 함께 릴레이하기 등을 통해 또래 관계를 튼튼하게 만들고, '나도 함께할 수 있다'는 긍정적인 사회적 자아 개념을 형성하는 데 결정적인 역할을 합니다.
- **비언어적 소통의 즐거움** : 언어적 의사소통이 제한된 아이들도 몸짓, 표정, 리듬을 통해 자신의 생각과 감정을 표현하고 친구의 마음을 읽으며, 긍정적인 관계를 형성할 수 있습니다. 함께 웃고 소리치며 스트레스를 발산하고, 서로의 에너지를 느끼며 깊은 유대감을 경험합니다.
- **사회적 기술 자연스럽게 습득** : '친구 따라 하기(모방)', '내 차례 기다리기(차례 지키기)', '함께 목표 달성하기(공동 목표 달성)' 등 중요한 사회 기술을 놀이처럼 즐겁게 배우게 됩니다.

2) 마음을 표현하는 즐거움 : 표현 예술 놀이

표현 예술 놀이는 아이들에게 창의적인 표현 기회를 제공하고 정서적인 안정감을 높여 학습과 사회생활에 몰입할 수 있도록 돕습니다.

- **감정의 안전한 배출구** : 아이들은 그림, 음악, 춤, 역할극 등 다양한 예술 활동을 통해 언어만으로는 표현하기 어려운 생각이나 감정(불안, 분노, 기쁨 등)을 자유롭게 드러냅니다. 이 과정에서 내면의 스트레스를 해소하고 심리적 안정감을 찾게 됩니다.
- **자기 존중감 향상** : '나만의 것'을 창조하고 표현하는 기쁨 속에서 아이들은 "내가 해냈다!", "내 작품 멋지다!"와 같은 성취감을 느끼고 자기효능감을 높입니다. 이러한 긍정적인 경험은 자존감을 향상시키고 긍정적인 자아를 형성하는 데 큰 영향을 미칩니다.
- **학습 몰입의 기반** : 정서적으로 안정된 아이는 주변 환경에 대한 탐색 욕구가 강해지고, 학습에 더 적극적으로 참여하며 몰입할 수 있는 상태가 됩니다.

◆ 이렇게 실천해 주세요! (Connolly, 2023; Kim, 2024)

아이 한 명 한 명을 위한 맞춤 지도가 중요합니다. 성공적인 통합교육을 위해서는 획일적인 활동이 아닌, 각 영유아의 개별적인 요구와 특성에 맞는 맞춤형 지원을 제공하는 것이 핵심입니다.

- **개별 특성 파악** : 각 아이의 장애 유형별 특성은 물론 개별적인 흥미, 강점, 어려움, 그리고 감각적 선호도까지 깊이 이해하려는 노력이 필요합니다(예 어떤 소리에 예민한지, 특정 질감을 좋아하는지, 시각적 자료에 더 잘 반응하는지 등).
- **꾸준한 관찰과 기록** : 아이의 놀이 행동, 친구와의 상호작용, 표현 방식, 정서 변화 등을 꾸준히 관찰하고 간단하게라도 기록합니다. 이러한 기록은 아이의 변화를 읽어내고, 다음 활동 계획에 반영하는 중요한 자료가 됩니다.

- 맞춤형 활동 설계와 유연한 적용
  - 개별화된 목표 설정 : 관찰한 내용을 바탕으로 아이에게 딱 맞는 활동을 계획하고, 개별적인 발달 목표(예 친구와 눈 맞춤 3초 유지하기, 좋아하는 그림 한 가지 표현하기)를 설정합니다.
  - 흥미 중심 활동 제공 : 아이가 흥미를 느끼는 교구(예 좋아하는 색깔의 물감, 특정 캐릭터 블록)와 활동 방식을 적극적으로 활용하여 참여를 유도합니다.
  - 유연한 난이도 조절 : 활동 중 아이의 반응을 살피며 난이도나 방식을 유연하게 조절합니다. 아이가 어려워하면 단계를 더 단순하게 쪼개고, 지루해하면 새로운 요소를 추가해 흥미를 다시 불러일으킵니다.
- 성공 경험을 위한 긍정적 지지와 격려
  - 작은 성공도 크게 칭찬 : 아이들이 신체활동이나 표현활동을 통해 작은 성공이라도 경험하면, '나도 할 수 있다'는 자신감을 얻고 다음 활동에 도전할 용기를 갖게 됩니다. "정말 잘했어!", "○○이 그림에 노란색을 썼네, 정말 예쁘다!", "친구와 함께 블록을 쌓으니 더 높이 올라가는구나!"와 같은 구체적이고 진심 어린 칭찬과 격려를 아끼지 말아 주세요.
  - 과정에 대한 인정 : 결과물보다는 활동에 참여하려는 노력과 과정 자체를 높이 평가하고 인정해 주는 태도가 중요합니다.
- 활동 기록과 다음 계획
  - 체계적인 평가 : 활동 후에는 아이의 참여 태도, 발달 변화, 특별한 반응 등을 체계적으로 기록하고 평가합니다.
  - 교수 방법 개선 : 이러한 기록은 선생님의 교수 방법을 성찰하고 개선하는 자료가 되며, 아이의 발달 과정을 객관적으로 파악하여 더욱 효과적인 다음 단계 지원을 계획하는 데 큰 도움이 됩니다.

2. 신체활동놀이 : 긍정적인 상호작용 경험 촉진

장애영유아에게 신체활동놀이는 단순한 몸 움직임을 넘어, 친구들과 마음을 나누고 세상을 함께 배우는 가장 강력한 기회입니다. 말로는 표현하기 어려운 감정이나 생각을 몸으로 주고받으며, 우리 아이들은 사회적 유대감을 쌓고 중요한 사회 기술을 자연스럽게 익히게 됩니다.

신체활동놀이가 아이들의 사회성에 미치는 긍정적인 영향은 다음과 같습니다.

- **마음과 마음을 잇는 정서적 유대** : 함께 웃고 뛰는 과정에서 선생님과 또래 친구들 사이의 따뜻한 유대감이 깊어집니다.
- **사회 기술의 자연스러운 습득** : 친구 따라 하기(모방), 내 차례 기다리기(차례 지키기), 함께 목표 달성하기(협력) 등 중요한 사회 기술을 놀이처럼 즐겁게 배우게 됩니다.
- **언어의 장벽을 넘는 소통** : 말이 서툰 아이들도 몸짓, 표정, 리듬을 통해 자신의 생각과 감정을 표현하고 친구의 마음을 읽으며, 긍정적인 관계를 형성할 수 있습니다.

◆ 이론을 실천으로 신체활동놀이에서 이렇게 지도해 주세요!

(1) '조금 더'의 힘, 함께 성장하는 놀이[비고츠키의 근접발달영역(ZPD)]

아이가 혼자서는 조금 어려워하지만, 선생님이나 친구의 작은 도움만 있으면 해낼 수 있는 활동(ZPD)을 신체놀이로 제공합니다. 선생님이 적절한 도움을 주거나, 또래 친구와 짝을 지어 함께 시도하게 하면서 아이의 발달을 이끌어 냅니다.

(예시) 손잡고 함께 평균대 걷기, 친구와 마주 보고 공 던지기, 두 명이 함께 큰 공 굴리기

(2) 보고 배우고, 칭찬받아 신나는 놀이(반두라의 사회학습이론)

친구가 즐겁게 뛰고 구르는 모습을 보며 아이도 자연스럽게 따라 합니다. 친구가 잘했을 때 선생님이 "와! ○○이가 잘했네!"라고 칭찬해 주고, 다른 친구들이 박수를 쳐주면, 아이는 사회적 행동의 즐거움을 깨닫고 스스로도 그렇게 행동하려 노력하게 됩니다. 선생님이 먼저 모범을 보이는 것도 중요합니다.

(예시) 교사가 먼저 '친구 따라 하기' 놀이를 보여주고, 잘 따라 한 친구에게 칭찬과 하이파이브를 해주는 모습 보여주기

(3) 함께라서 더 즐거운 놀이(파트렌의 놀이 발달 단계)

혼자 노는 평행놀이에 익숙한 아이들이 함께 하나의 목표를 가지고 놀이를 하도록 유도합니다. 이를 통해 서로를 인지하고, 협력하는 즐거움을 경험하게 합니다.

(예시) 긴 천을 잡고 함께 파도 만들기, 다 같이 손 잡고 큰 원 만들며 '무궁화 꽃이 피었습니다' 놀이하기, 릴레이 달리기

(4) 몸으로 느끼는 공감과 소통(트레바센의 상호주관성)

언어가 아닌 리듬, 몸짓, 표정으로 서로의 마음을 주고받는 활동을 많이 합니다. 이는 깊은 정서적 유대감을 형성하는 데 큰 도움이 됩니다.

(예시) 음악에 맞춰 함께 춤추기, 선생님이 보여주는 표정을 따라 해보기, 친구와 마주 보며 몸으로 인사하기(안녕! 반가워! 토닥토닥!)

◆ 이것도 꼭 기억해 주세요!

- **안정감 속 작은 성공 경험 쌓기** : 예측 가능한 규칙과 명확한 지시가 있는 신체놀이는 불안하거나 주의집중이 어려운 아이들에게 안정감을 줍니다. 선생님은 아이가 작은 성공을 거둘 때마다 "해냈구나!", "정말 잘했어!"라고 구체적으로 칭찬하며, 아이 스스로 "나도 할 수 있어!"라는 자기효능감을 키울 수 있도록 도와야 합니다.

- **함께하는 즐거움, 사회 통합의 시작 :** 무엇보다 신체활동놀이는 장애영유아가 또래 친구들과 함께 웃고 어울릴 수 있다는 소중한 경험을 제공합니다. 이는 사회적 고립을 막고, 통합 교육의 핵심 목표인 '함께하는 삶'을 실현하는 가장 중요한 발판이 됩니다.

<표 13-1> 장애 유형별 주의 사항 및 기대 효과

장애 유형	주의 사항	기대 효과
자폐 스펙트럼 장애	• 사회적 단서 해석 어려움 • 시각적 규칙판, 그림 카드 필수 제공 • 예측 가능하고 명확한 시각 자료 활용(활동 흐름 이해, 불안 감소, 참여 유도)	• 협력적 문제해결 능력 향상 • 공동 목표가 주어지는 활동에서 타인과 협력하며 사회적 유능감 경험 • 타인의 감정 이해, 역할 수행, 협력적 관계 형성
발달 지체/지적 장애	• 복잡한 규칙 이해 어려움 • 단순한 규칙, 단계적 제시 필요 • 활동 세분화, 명확한 설명, 시각 자료 활용 • 성공적인 수행에 대한 즉각적인 칭찬과 보상	• 사회적 규칙 이해 • 신체활동을 통한 반복적 규칙 학습으로 '차례 지키기' 등 사회적 규칙 체득 • 반복적인 활동과 긍정적인 강화를 통해 사회적 규칙 내면화 및 일상생활 적용
ADHD	• 주의집중 어려움 • 짧은 대기 시간, 명확한 신호 제공 • 활동을 짧게 유지, 시각적 타이머 활용, 명확하고 간결한 지시 • 활동적인 움직임을 포함한 활동 선택	• 충동 조절 향상 • 대기와 교대가 포함된 신체활동을 통해 자기조절능력 연습 • 기다리는 동안 자신의 행동을 통제하고 차례를 지키며, 다른 사람과 함께 활동하는 방법 학습
청각장애	• 언어적 설명 이해 어려움 • 손동작, 빛 신호 사용 • 시각적인 신호 체계 구축, 수화 또는 그림 카드 활용 • 진동 활용	• 의사소통 기술 강화 • 언어적 표현이 어려운 경우 다양한 의사소통 방법 활용 • 자신의 의사를 표현하고 타인과 상호작용하는 경험은 언어발달 촉진 및 사회적 관계 형성에 긍정적인 영향
운동장애	• 신체적 제약으로 참여 기회 박탈 가능성 • 적절한 도구 적합화 필요(Conolly, 2023) • 보조 장비 활용, 활동 방식 수정 • 앉아서 할 수 있는 활동 선택, 잡기 쉬운 도구 제공	• 사회적 기술 자체는 가능하나 신체적 제약으로 참여 기회 박탈 방지

감각 처리 곤란	• 강도 높은 자극(큰 소리, 갑작스러운 접촉)에 불안 유발 가능성 • 활동 환경 조정 필요(조용하고 안정적인 환경, 밝기 조절 가능한 조명, 부드러운 재질 도구) • 활동 시작 전 환경 적응 시간 제공	• 통합 경험 확대 • 비장애 또래와 함께하는 활동을 통해 서로를 이해하고 존중하는 경험 • 사회적 통합 촉진 및 장애에 대한 편견 감소

<표 13-2> 신체활동놀이 예시 활동 : 장애 유형별 차별화 전략 및 기대 효과

활 동	목 표	교수-학습 과정	차별화 전략 (장애 유형별)	기대 효과
1. 함께 춤추기 (리듬 · 모방 활동)	- 또래와 리듬 공유 및 모방 능력 향상 - 차례 지키기와 역할 교환을 통한 사회적 기술 습득 - 정서적 즐거움과 자기표현 경험 확대	- 도입(3분) : 리듬 카드 시범 및 아동 동작 모방 - 전개 1. 모방 단계(5분) : 짝을 지어 동작 모방 - 전개 2. 리더 교대 단계(7분) : 리더 교대 및 시각 타이머 사용 - 정리(3분) : 감정 카드로 활동 소감 표현	- 자폐 아동 : 시각 카드 + 반복 리듬 제공 - 발달지체아동 : 동작 개수 제한(1~2개) - 청각장애 아동 : 진동판, 드럼 등 비시각적 리듬 제공 - 운동장애 아동 : 앉은 자세에서 가능한 동작 조정 - ADHD 아동 : 짧은 리더 교대 사이클로 집중 유지	- 자폐 아동 : 공동주의 및 모방 행동 증가 → 사회적 관계 확립 - 발달지체아동 : 기억력 및 규칙 이해 강화 - 청각장애 아동 : 비언어적 리듬을 통한 즐거움 경험 - 운동장애 아동 : 참여 보장으로 사회적 경험 확보 - ADHD 아동 : 충동 조절 및 대기 능력 향상
2. 공놀이 (협동 패스 게임)	- 차례 지키기, 규칙 이해 습득 - 또래와의 사회적 개시(이름 부르기) 및 반응 촉진 - 공동 목표 달성을 통한 협력 경험	- 도입(3분) : 시각 규칙판 제시 및 교사 시범 - 전개 1. 교사-아동 패스(5분) : 교사와 아동 간 공 패스 - 전개 2. 아동-아동 패스(7분) : 차례 칩 사용 및 이름 부르기	- 자폐 아동 : 차례 칩, 규칙판으로 시각적 구조 강화 - 발달지체아동 : 공 크기, 패스 거리 단순화 - 청각장애 아동 : 사진 카드, 손짓으로 개시	- 자폐 아동 : 사회적 개시 빈도 증가, 타인 반응 이해 강화 - 발달지체아동 : 규칙 이해 → 일상생활 전이 - 청각장애 아동 : 시각적, 촉각적 단서로 참여 보장

		- 전개 3. 협동 패스 게임(5분) : 공을 차례대로 돌리며 협력 - 정리(2분) : 활동 후 느낌 공유	- 운동장애 아동 : 큰 공, 낮은 거리, 도구(경사대) 사용 - ADHD 아동 : 짧은 패스 라운드, 역할 순환	- 운동장애 아동 : 신체적 성공 경험으로 자신감 강화 - ADHD 아동 : 충동 억제 및 차례 기다리기 학습
3. 신체 접촉 놀이 (안정·신뢰 활동)	- 신체적 친밀감과 긍정적 신뢰 경험 - 또래와의 정서적 유대 및 협력 강화 - 개별 감각 특성에 맞춘 자기 조절 경험 제공	- 도입(2분) : "좋아요/ 싫어요" 카드로 선택권 보장 - 전개 1. 가벼운 접촉(5분) : 하이파이브, 어깨 맞대기 등 - 전개 2. 협력 접촉(7분) : 스카프 전달, 쿠션 밀기 등 - 전개 3. 감각자극 활동(5분) : 압박 쿠션, 무게 담요 사용 - 정리(3분) : 음악과 스트레칭으로 쿨다운	- 자폐 아동 : 비접촉 대체 활동 우선 제공 - 감각 과민 아동 : 강도 낮은 접촉부터 시작 - 감각 저반응 아동 : 압박 쿠션, 무게 담요 활용 - 운동장애 아동 : 안전한 포지셔닝 후 상체 활동 - ADHD 아동 : 짧은 활동 사이클, 명확한 신호 제공	- 자폐 아동 : 접촉에 대한 긍정 경험 축적 → 신뢰 관계 형성 - 감각 과민 아동 : 감각 수용성 확대 → 불안 완화 - 감각 저반응 아동 : 강한 감각 경험으로 주의집중 - 운동장애 아동 : 동등한 참여 경험 → 자기존중감 강화 - ADHD 아동 : 쿨다운 루틴으로 정서적 안정 경험

다음 체크리스트는 세 가지 주요 활동(함께 춤추기, 공놀이, 신체 접촉 놀이)에서 아동의 참여와 반응을 체계적으로 관찰할 수 있도록 설계되었습니다. 각 활동별로 모방 능력, 리더십, 규칙 이해, 정서 표현 등 다양한 측면을 평가할 수 있습니다. 특히 차례 교대, 규칙 준수, 자기 선택권 존중 등은 아동의 사회적 기술과 자기결정 능력을 키우는 데 중요한 요소입니다. 관찰자는 체크리스트를 통해 아동의 강점과 개선점을 파악하고, 이를 바탕으로 맞춤형 지원 전략을 수립할 수 있습니다.

활동 관찰 체크리스트

관찰자 : ________

날짜 : ________

함께 춤추기

관찰항목	체크	메모
또래 동작을 모방했는가?	□ 예 □ 아니요	
리더 역할을 맡아본 적이 있는가?	□ 예 □ 아니요	
차례 교대 신호에 반응했는가?	□ 예 □ 아니요	
활동 중 긍정적 정서를 표현했는가?	□ 예 □ 아니요	

공놀이

관찰항목	체크	메모
차례 및 규칙을 따랐는가?	□ 예 □ 아니요	
던지기 전 친구 이름을 불렀는가?	□ 예 □ 아니요	
또래의 공 패스를 정확히 받았는가?	□ 예 □ 아니요	
규칙에 혼란 없이 참여했는가?	□ 예 □ 아니요	

신체 접촉 놀이

관찰항목	체크	메모
접촉 여부를 스스로 선택했는가?	□ 예 □ 아니요	
하이파이브 및 스카프 전달 등 기본 접촉 활동에 참여했는가?	□ 예 □ 아니요	
압박 쿠션 및 무게 담요 활동에서 안정감을 보였는가?	□ 예 □ 아니요	
활동 후 감정 카드로 느낌을 표현했는가?	□ 예 □ 아니요	

신체활동

3. 표현활동

1) 창의적 표현활동 : 마음을 열고 세상을 만나다

창의적 표현활동은 우리 아이들이 자신의 내면세계를 자유롭게 탐색하고 세상과 소통하는 마법과 같은 시간입니다. 미술, 음악, 이야기, 연극 등 다양한 예술적 매체를 통해 아이들은 언어적·인지적 한계를 넘어 자신을 표현하고, 자존감을 높이며, 사회성을 키웁니다. 특히 장애영유아에게는 말로 다 할 수 없는 감정과 생각을 전달하는 가장 중요한 '대체적 의사소통 수단'이자, 정서적·사회적 성장을 촉진하는 핵심적인 교육 도구가 됩니다.

2) 창의적 표현활동, 왜 장애영유아에게 필수적일까요?

- **언어를 넘어선 소통** : 언어표현에 어려움을 겪는 아이도 그림의 색깔, 점토의 모양, 음악의 리듬, 몸짓의 움직임을 통해 '나는 지금 슬퍼요', '나는 기뻐요', '이게 좋아요'와 같은 자신의 감정을 명확히 전달할 수 있습니다.
- **'나'를 표현하는 힘** : 자신이 무언가를 만들고, 부르고, 움직이는 과정에서 성취감을 느끼고, '나도 할 수 있다'는 자기효능감을 키워 자아존중감을 높입니다.
- **사회성 발달의 촉매제** : 친구들과 함께 그림을 그리거나, 노래를 부르거나, 연극을 하는 과정에서 자연스럽게 상호작용하고, 서로의 다름을 이해하며, 함께 협력하는 사회적 기술을 익힙니다.

◆ 이렇게 실천해 주세요!

(1) 아이의 '다름'을 존중하고 '독특한 표현'을 격려하기(로웬펠트 & 가드너)

모든 아이는 자신만의 속도와 방식으로 표현합니다. 교사는 아이의 그림이 '무엇을 닮았는지'보다는 '어떻게 표현했는지', '무엇을 느끼며 표현했는지'에 집중하고, 결과보다 과정 자체를 소중히 여겨야 합니다.

(예시) – 낙서기 아이에게 : 자유로운 끼적임에 "힘 있게 선을 그었네!", "빨간색으로 빙글빙글 그렸구나!"와 같이 아이의 행위에 언어를 부여하고 칭찬해 줍니다.

– 다양한 재료 제공 : 크레용, 물감, 점토뿐 아니라 손가락 물감, 자연물, 재활용품 등 다양한 촉감과 재료를 제공하여 아이가 자신에게 가장 편안하고 흥미로운 방식으로 표현하도록 돕습니다.

– 강점 지능 활용 : 언어 표현이 서툴러도 음악에 남다른 리듬감이나 미술에 독특한 색채 감각을 보이는 아이에게는 해당 분야 활동을 적극적으로 지원하여 숨겨진 잠재력을 발견하고 강점을 강화합니다.

(2) '사고 확장'을 돕는 단계별 표현의 기회(브루너)

아이의 발달 수준에 맞춰 감각적 경험(활동적) → 이미지 표현(영상적) → 언어적 표현(상징적)으로 사고를 확장할 수 있는 활동을 제공합니다.

(예시) – 활동적 표현(Enactive) : 특정 감정(기쁨, 슬픔, 화남)을 온몸으로 표현해 보는 놀이, 점토로 원하는 모양을 자유롭게 만들어보는 활동(예 "화난 얼굴을 만들어볼까?", "기분 좋은 춤을 춰볼까?")

– 영상적 표현(Iconic) : 경험한 것을 그림으로 그려보거나, 그림을 보며 그 그림에 어울리는 소리나 움직임을 표현하기(예 "어제 본 강아지를 그려볼까?", "이 그림에서 어떤 소리가 들리는 것 같아?")

– 상징적 표현(Symbolic) : 그림이나 움직임을 보고 "이건 어떤 이야기 같아?", "무엇을 표현한 것 같아?"라고 질문하며 아이가 언어로 자신의 작품에 대해 이야기하도록 격려하기

(3) '자기 주도적 탐색'과 '사회적 상호작용' 촉진하기

아이가 스스로 탐색하고 결정할 수 있는 환경을 만들고, 또래와 함께 활동하며 자연스러운 상호작용의 기회를 제공합니다.

(예시) – 선택권 주기 : 여러 가지 미술 재료를 펼쳐놓고 "○○이가 오늘 쓰고 싶은 재료를 골라볼까?", "어떤 색깔로 시작할래?"와 같이 아이에게 선택권 주기

– 함께하는 창작 : 큰 도화지에 친구들과 함께 그림 그리기, 역할극 소품을 함께 만들고 역할극 해보기, 함께 노래 부르고 악기 연주하기. 이 과정에서 아이들은 서로의 존재를 인지하고 소통하며 협력하는 방법을 배웁니다.

– 놀이 중심 환경 : 활동 결과에 대한 부담 없이 아이가 자유롭게 '놀이'처럼 표현활동에 몰입할 수 있는 편안하고 안전한 분위기 조성하기

◆ 이것도 꼭 기억해 주세요!

- **교사의 '조력자' 역할 :** 교사는 아이의 표현활동을 '평가'하거나 '지시'하기보다는, 아이가 자유롭게 표현할 수 있도록 환경을 조성하고, 필요할 때 적절한 지지와 안내를 제공하는 조력자가 되어야 합니다.
- **지속적인 관찰과 기록 :** 아이의 표현활동을 통해 나타나는 행동 변화, 감정 변화, 상호작용 방식 등을 꾸준히 관찰하고 기록하여 아이의 발달 과정을 이해하고 다음 활동 계획에 반영합니다.

놀이 상황에서 표현활동 참여

창의적 표현활동

창의적 표현활동은 장애 유형별 특성을 고려한 맞춤형 접근이 필수적입니다. 자폐 아동의 경우 유연성을 키우기 위해 선택권과 확장 활동을 제공하고, 지적장애 아동은 구체적이고 단계적인 안내가 필요합니다. 청각장애 아동은 진동과 시각적 도구를 활용하며, 운동장애 아동은 신체적 참여 장벽을 제거하는 도구를 제공합니다. ADHD 아동은 짧은 과제와 명확한 시간 구조로 집중력을 유지합니다.

<표 13-3> 장애 유형별 표현활동 지도 시 유의사항

장애 유형	주의점
자폐 아동	특정 주제나 매체에 대한 집착이 강하므로, 선택권을 제공하고 확장 활동을 통해 유연성을 지원합니다. 예를 들어, 익숙한 주제에서 점차 새로운 주제로 확장하며 창의적 표현을 유도합니다.
지적장애 아동	추상적 과제는 어려울 수 있으므로, 구체적인 시범과 단계별 안내가 필요합니다. 과제를 작은 단위로 나누고, 명확한 지시를 통해 성공 경험을 제공합니다.
청각장애 아동	음악 활동 시 진동과 리듬을 시각화한 도구를 제공합니다. 예를 들어, 진동판이나 시각적 리듬 표시기를 활용하여 청각적 자극을 보완합니다.
운동장애 아동	미술 도구를 보조(굵은 붓, 손잡이 부착 등)하여 신체적 참여 장벽을 제거합니다. 앉은 자세에서도 활동할 수 있는 도구와 환경을 조성합니다.
ADHD 아동	산만함을 조절하기 위해 짧은 과제와 명확한 시간 구조를 제공합니다. 시각적 타이머를 활용하여 활동 시간을 명확히 제시하고, 짧은 사이클로 집중력을 유지합니다.

이러한 활동은 아동의 자기표현 확장, 창의성 강화, 정서 안정, 사회성 향상, 자존감 증진 등 다양한 긍정적 효과를 기대할 수 있습니다. 특히 언어적 한계를 넘어서는 표현의 기회를 제공함으로써, 아동의 정서적·사회적 성장을 촉진합니다. 창의적 표현활동은 단순히 예술적 기술을 넘어, 아동의 전인적 발달을 지원하는 중요한 교육적 도구로 자리잡고 있습니다.

<표 13-4> 기대 효과

기대 효과	설 명
자기표현 확장	언어적 제약이 있는 아동도 그림, 소리, 몸짓을 통해 내면 세계를 표현할 수 있습니다. 이는 언어적 한계를 넘어서는 소통의 기회를 제공합니다.
창의성 강화	발달지체아동은 반복적 탐색을 통해 새로운 조합과 창작을 경험합니다. 이를 통해 창의적 사고와 문제해결 능력을 키울 수 있습니다.
정서 안정	표현활동은 감정을 외현화함으로써 긴장을 완화하고 정서적 안정을 제공합니다. 특히 감정 표현이 어려운 아동에게는 감정 조절의 기회가 됩니다.
사회성 향상	또래와 공동 작품 제작 시 협력과 의사소통 기술을 학습합니다. 이는 사회적 상호작용과 협력 능력을 키우는 데 중요한 역할을 합니다.
자존감 증진	완성된 작품은 "내가 해냈다"는 성취감을 제공합니다. 이를 통해 아동은 자신의 능력을 인식하고, 자존감과 자기효능감을 강화할 수 있습니다.

활동명 : 창의적 표현활동

관찰자 : ________　　　날짜 : ________

관찰항목	체크	메모
① 아동이 스스로 표현방법(색, 소리, 도구)을 선택했는가?	□ 예　□ 아니요	
② 표현활동에 일정 시간 이상 몰입했는가?	□ 예　□ 아니요	
③ 감정 및 생각을 표현하는 단서를 작품에서 확인할 수 있는가?	□ 예　□ 아니요	
④ 또래와 작품에 대해 간단한 상호작용을 시도했는가?	□ 예　□ 아니요	
⑤ 완성 후 성취감 및 긍정적 정서를 표현했는가?	□ 예　□ 아니요	

3) 정서적 안정감 증진을 위한 표현 예술 놀이

장애영유아에게 정서적 안정감은 학습하고 친구들과 어울리는 데 필수적인 기반입니다. 감각 처리의 어려움, 언어적 제한, 그리고 잦은 사회적 좌절 경험으로 인해 우리 아이들은 불안, 분노와 같은 부정적 정서를 자주 느낄 수 있습니다. 이때 표현 예술 놀이는 아이들이 말로 다 할 수 없는 감정들을 안전하고 자유롭게 표출하고 조절하는 가장 소중한 통로가 되어줍니다.

표현 예술 놀이는 단순히 '재미있는 활동'을 넘어, 아이들의 내면세계를 치유하고 건강하게 성장시키는 핵심적인 교육적 도구입니다. 선생님의 따뜻한 시선과 진심 어린 지지는 우리 아이들이 불안을 떨쳐내고, 자신을 사랑하며, 세상과 적극적으로 소통하는 '정서적으로 안정된 아이'로 자라나는 데 가장 강력한 힘이 될 것입니다.

표현 예술 놀이가 아이들의 정서에 미치는 긍정적인 힘은 다음과 같습니다.

- **비언어적 감정 표현의 통로** : 아이들이 언어로 표현하기 어려운 복잡한 감정(불안, 좌절감, 기쁨 등)을 그림, 음악, 움직임을 통해 자유롭게 나타낼 수 있게 합니다.
- **안전한 환경에서의 해소** : 꾸밈없이 자신을 드러낼 수 있는 안전한 놀이 환경 속에서 내면의 긴장을 해소하고 정서적 해방감을 느낍니다.
- **자기효능감과 긍정적 정서 경험** : 자신이 무언가를 창조하고 표현하는 과정에서 성취감을 느끼고, 긍정적인 정서를 경험하며 자존감이 향상됩니다.

◆ 이렇게 지도해 주세요! (이론을 바탕으로 한 구체적인 실천 방안)

(1) '무조건적인 수용'의 공간 만들기(로저스의 인간중심이론 & 아인스워스의 애착이론)

아이의 작품이나 표현 결과물이 완벽하지 않아도, 선생님은 비판단적이고 따뜻한 태도로 아이의 모든 시도와 창조물을 받아들입니다. 아이의 작품 자체보다는 창작 과정과 아이의 감정에 집중합니다.

(예시) – "와, ○○이가 알록달록한 그림을 그렸구나! 어떤 느낌이 드니?", "네가 그린 이 선들이 정말 자유로워 보여."(결과물 평가 대신 과정과 느낌 질문)

– 아이가 그림을 망쳤다고 속상해할 때, "괜찮아. 다시 그릴 수도 있고, 이대로도 멋진걸! 선생님은 네가 그림 그리는 모습이 참 좋아."(실패에 대한 수용과 지지)

항상 아이의 눈을 맞추고, 부드러운 목소리로 이야기하며, 필요할 때 따뜻한 손길로 아이를 안심시켜 주어 선생님과의 안정적인 애착 관계 속에서 아이가 자유롭게 탐색하도록 돕습니다.

(2) '자유로운 표현'을 위한 다양한 재료 제공(말치오디의 예술치료)

아이들이 언어의 제약 없이 자신을 표현할 수 있도록 다양하고 풍부한 예술 재료와 활동을 제공합니다. 아이의 흥미와 감각적 특성을 고려하여 선택의 폭을 넓혀줍니다.

(예시) – 미술 : 크레파스, 물감, 점토, 콜라주 재료(종이, 털실, 단추 등), 모래, 풀, 다양한 질감의 종이 등. 손으로 직접 만지고 느끼는 활동을 통해 감각 통합과 정서 이완을 돕습니다.

– 음악 : 다양한 악기(탬버린, 마라카스, 드럼 등), 음악 감상(잔잔한 음악, 신나는 음악), 노래 부르기, 몸으로 리듬 타기. 아이가 소리를 통해 감정을 발산하고 조절하도록 합니다.

– 움직임/ 신체 : 춤, 자유로운 몸짓 표현, 리본이나 천을 활용한 움직임. 내면의 에너지를 긍정적으로 발산하고 해소합니다.

– 제한 없는 창작 환경 : "어떻게든 해도 좋아", "네 마음대로 표현해 봐"와 같은 개방적인 지시를 통해 아이가 정답 없이 자신만의 방식을 찾도록 격려합니다.

(3) '정서 조율자'로서의 교사 역할

교사는 아이의 감정을 민감하게 읽고, 예술 활동을 통해 그 감정을 조절하고 긍정적인 방향으로 이끌어주는 역할을 합니다.

(예시) – 불안 감소 : 불안해보이는 아이에게는 잔잔한 음악을 틀어주거나, 반복적인 미술 활동(선 긋기, 색칠하기)을 제안하여 긴장을 완화시켜 줍니다.

– 긍정적 정서 증진 : 아이가 즐겁게 활동할 때, "○○이가 그림을 그릴 때 정말 신나 보이는구나!", "음악에 맞춰 춤추니까 기분이 좋아 보여!"와 같이 아이의 긍정적 정서를 언어로 확인하고 강화해 줍니다.

– 감정 명료화 돕기 : 아이가 그린 그림이나 표현한 움직임을 보며 "네 그림이 화난 것 같아 보이는데, 혹시 어떤 일이 있었니?", "이 색깔은 슬픈 마음을 표현한 것 같아."와 같이 아이의 감정을 이해하려는 질문을 던지지만, 해석을 강요하지 않습니다. 아이가 원할 때 이야기할 수 있도록 기다려줍니다.

– 개별화 지원 : 각 아이의 감각적 특성(예 소리에 예민한 아이는 조용한 공간 제공, 촉각 탐색 좋아하는 아이는 점토 활동 권유)과 발달 수준에 맞춰 활동을 조절합니다.

<표 13-5> 교사의 역할

역 할	설 명
정서 조율자	아동의 불안과 긴장 신호를 즉시 인식하고, 차분한 언어와 행동으로 안정시켜 줍니다. 예를 들어, 아동이 불안해할 때 "지금 안전해"라는 메시지를 전달하며 진정시킵니다.
안전한 분위기 형성자	비심판적 태도와 따뜻한 목소리로 "여기서는 괜찮아"라는 메시지를 전달합니다. 이는 아동이 자신을 자유롭게 표현할 수 있는 안전한 환경을 조성하는 데 중요합니다.
정서 표현 촉진자	그림, 음악, 이야기 등을 통해 감정을 표현할 수 있도록 안내합니다. 예를 들어, "이 색깔이 네 기분을 잘 보여주는구나"와 같은 피드백을 제공하며 아동의 감정을 언어화하도록 돕습니다.
개별화 지원자	장애 유형에 따른 맞춤 전략을 계획하고 제공합니다. 예를 들어, 자폐 아동에게는 구조화된 순서를 제공하고, ADHD 아동에게는 짧고 집중된 활동을 제공합니다.

치유적 대화자	활동 후 아동의 감정을 함께 정리하며 긍정적 언어로 마무리합니다. 예를 들어, "네가 오늘 연주하면서 즐거웠구나, 다시 하고 싶구나"와 같은 말로 아동의 긍정적 경험을 강화합니다.

<표 13-6> 장애 유형별 주의점

장애 유형	주의점	결과
자폐 유아	자폐 유아는 소리와 빛 같은 감각자극에 민감하고, 예측 불가능한 상황에서 불안이 증가합니다. 과도한 소리·빛 자극을 줄이고, 활동 순서를 시각적으로 제시해 예측 가능한 루틴을 제공해야 합니다.	아동이 과잉행동, 자기자극 행동(손 흔들기, 자해 등)으로 불안을 해소하려 하며, 결국 활동 참여가 차단될 수 있습니다.
ADHD 유아	ADHD 유아는 주의집중 시간이 짧고 충동 조절에 어려움을 느낍니다. 과제를 짧고 명확하게 제시하고, 긴장 해소를 위한 신체적 요소(간단한 리듬치기, 손 동작 등)를 포함시켜야 합니다.	아동이 산만해지고 좌절감을 느껴 활동을 중단하거나 또래 관계에서 갈등을 유발할 수 있습니다.
감각 과민 유아	특정 촉각, 청각, 시각 자극에 극도로 민감하여 작은 자극에도 회피 반응을 보입니다. 새로운 자극을 부드럽고 점진적으로 제공해야 하며, 아동이 스스로 자극을 탐색할 수 있도록 시간을 줘야 합니다.	자극을 갑자기 강하게 주면 아동이 공포, 울음, 공격적 반응을 보일 수 있고, 활동 자체에 대한 회피 행동이 강화될 수 있습니다.
운동장애 유아	신체 협응 및 운동 기능 제한으로 인해 또래와 동등한 참여에 어려움을 느낍니다. 교사는 교실 배치(의자 간격, 통로 확보)와 보조도구(손잡이, 고정 장치)를 제공해 물리적 접근성을 보장해야 합니다.	접근성을 고려하지 않으면 아동이 소외되거나 "참여 불가능하다"는 인식을 가지게 되어 자존감이 낮아지고, 또래 관계에서 배제될 수 있습니다.

<표 13-7>은 각 장애 유형별로 기대할 수 있는 효과와 그 효과가 달성되지 않았을 때 발생할 수 있는 부정적 결과를 명확히 보여줍니다. 정서 조절 능력 향상, 자기표현 기회 확대, 학습 참여 촉진, 대인관계 개선은 장애 아동의 전인적 성장을 위한 핵심적인 목표입니다. 특히 이러한 효과가 달성되지 않을 경우, 아동은 불안, 공격성, 학습 저하, 사회적 고립 등의 문제를 겪을 수 있습니다. 따라서 교사와 교육자는 각 아동의 특성에 맞춰 적절한 지원을 제공하여 이러한 긍정적 효과를 극대화하고, 부정적 결과를 예방하는 데 주력해야 합니다.

<표 13-7> 기대 효과

기대 효과	설 명	결과(효과 미달 시)
정서 조절 능력 향상	자폐 아동은 루틴 속에서, ADHD 아동은 짧은 과제 속에서 정서적 긴장을 완화합니다. 안정된 환경에서 점진적으로 활동에 참여하면서 불안과 분노가 감소하고 차분한 상태를 유지할 수 있습니다.	아동이 불안과 분노를 해소하지 못해 과잉행동, 자해, 공격적 행동으로 이어질 수 있습니다.
자기표현 기회 확대	언어 표현이 어려운 아동(자폐, 발달지체)은 색·소리·리듬을 통해 자기표현 기회를 확보합니다. 즉, 억눌린 감정을 그림, 음악, 신체 움직임으로 외현화하며 자기표현이 가능해집니다.	표현 기회가 없으면 정서 억압이 공격행동, 퇴행행동 등으로 나타날 수 있습니다.
학습 참여 촉진	ADHD 아동은 짧고 명확한 과제를 통해, 감각 과민 아동은 점진적 자극 제공을 통해 활동에 참여도를 유지할 수 있습니다. 정서적으로 안정된 아동은 수업 몰입과 집중력이 높아져 학습 성취도도 향상됩니다.	아동이 산만해지고 집중력을 잃어 학습 참여도가 떨어지며, 학습 성취도가 저하될 수 있습니다.
대인관계 개선	자폐 아동은 예측 가능한 협력 활동 속에서, 운동장애 아동은 접근성 보장이 이루어진 환경에서 또래와 긍정적 관계를 형성할 수 있습니다. 정서를 표현·공유하는 과정에서 또래와 상호 이해가 증진되어 유대 관계를 강화합니다.	교사가 개입하지 않으면 아동이 고립감을 경험하거나 또래와의 상호작용 기회를 상실할 수 있습니다.

활동명 : 정서적 안정감 증진(표현 예술 놀이)

관찰자 : __________ 날짜 : __________

관찰항목	체크	메모
① 활동 전 불안 및 좌절 행동이 감소했는가?	□ 예 □ 아니요	
② 활동 중 표정 및 몸짓에서 긍정적 정서가 나타났는가?	□ 예 □ 아니요	
③ 감정을 상징(색·소리·이야기)으로 표현했는가?	□ 예 □ 아니요	
④ 활동 후 차분하게 일상활동으로 전환했는가?	□ 예 □ 아니요	
⑤ 또래와 정서를 공유하는 상호작용을 했는가?	□ 예 □ 아니요	

다음 세 가지 활동은 장애 유형별 특성을 고려한 맞춤형 전략을 통해 아동의 사회적 기술, 자기표현 능력, 정서적 안정감, 학습 참여도, 자존감 등을 향상시킬 수 있습니다. 각 활동은 아동의 개별적인 필요를 존중하며, 이를 통해 아동이 또래와 긍정적으로 상호작용하고, 자신의 감정과 생각을 자유롭게 표현할 수 있는 기회를 제공합니다. 이러한 활동은 단순히 예술적 기술을 넘어, 아동의 전인적 성장을 촉진하는 중요한 교육적 도구로 자리 잡고 있습니다.

<표 13-8> 장애 유형별 특성을 고려한 예술 활동 맞춤형 전략

활 동	목 표	활동 준비물	교수·학습 과정	차별화 전략 (장애 유형별)	기대 효과
1) 함께 그림 그리기 (협력적 미술 활동)	– 또래와 협력적 경험을 통해 사회적 기술 및 긍정적 상호작용 습득(Conolly, 2023) – 자신의 감정과 생각을 시각적 이미지로 표현 – 창의적 탐색과 성취감 경험	– 대형 도화지, 색연필·크레파스·물감 – 역할 카드("색칠하기", "덧그리기", "배경 꾸미기") – 감정 카드("행복", "화남", "슬픔" 등)	– 도입(3분) : 교사가 "우리 모두 함께 하나의 그림을 만들어 보자"고 제안 – 전개 1(5분) : 아동이 원하는 색이나 도구 선택 → 자기결정권 보장 – 전개 2(7분) : 역할 카드를 통해 차례대로 참여 – 전개 3(5분) : 아동이 자신의 부분을 설명 → 또래가 질문·칭찬 – 정리(3분) : 완성된 그림을 함께 감상하며 감정 카드로 활동 느낌 표현	– 자폐 아동 : 활동 순서를 시각화 → 예측 가능성 보장 – 발달지체아동 : 단순한 역할(색칠)부터 시작 후 점진 확대 – 운동장애 아동 : 두꺼운 붓·손잡이 보조도구 제공 – 청각장애 아동 : 시각 신호(차례 카드) 중심으로 진행 – ADHD 아동 : 참여 시간을 짧게 나누고 빠른 교대 구조 로 유지	– 자폐 아동 : 또래와의 협력 경험을 통해 사회적 수용성 확대 – 발달지체아동 : 단순 역할 수행을 통해 성취감과 참여 동기 강화 – 운동장애 아동 : 물리적 지원으로 또래와 동등한 참여 경험 확보 – 청각장애 아동 : 시각 중심 의사소통 경험 → 상호작용 자신감 향상 – ADHD 아동 : 짧고 반복된 참여를 통한 집중력 및 자기조절능력 증진
2) 악기 연주하기 (리듬 공유 활동)	– 리듬과 음악을 통한 정서적 해소	– 타악기(북, 탬버린, 마라카스, 징 등)	– 도입(3분) : 교사가 간단한 리듬(두 번 두드리기, 쉬기) 시범	– 청각장애 아동 : 진동판이나 빛 신호와 같은 시각·촉각적 대체 감각 활용	– 청각장애 아동 : 시각적·촉각적 대체 감각을 통해 음악 경험, 자신감 향상

	- 사회적 교류와 협동 경험 - 감각적 자극을 통한 자기조절능력 강화	- 리듬카드(● = 두드리기, ○ = 쉬기) - 시각 타이머, 진동판(청각장애용)	- 전개 1(5분) : 아동이 리듬 카드를 보고 모방 연주 - 전개 2(7분) : 아동이 돌아가며 리더가 되어 새로운 리듬 제시 - 전개 3(5분) : 모두가 같은 리듬으로 합주 → 성취감 강화 - 정리(3분) : 연주 후 감정 카드로 "연주하면서 어떤 기분이었나요?" 표현	- 자폐 아동 : 규칙적인 반복 리듬 중심으로 활동 구조화 - 발달지체아동 : 단순한 리듬 모방부터 시작 후 점진적 난이도 증가 - ADHD 아동 : 짧은 연주 사이클 제공해 집중 유지 - 운동장애 아동 : 악기를 손잡이나 벨크로로 고정해 연주 성공 경험 제공	- 자폐 아동 : 반복적 리듬 공유로 사회적 연결감 강화 - 발달지체아동 : 단순 리듬 모방을 통한 성취감과 학습 동기 상승 - ADHD 아동 : 리듬 반복 연주로 충동 억제 및 자기조절능력 강화 - 운동장애 아동 : 보조도구 활용으로 또래와 동등한 참여 경험
3) 이야기 짓기 (협동적 스토리텔링 활동)	- 상상력·언어 표현 능력 강화 - 협력적 대화 기술 및 사회적 교류 능력 습득 - 자신의 감정과 경험을 언어·비언어적으로 통합 표현	- 그림 카드 세트(동물, 장소, 사건 등) - 이야기 순서판("처음 → 중간 → 끝") - 의사소통 보완 도구(그림 카드, AAC 기기 등)	- 도입(3분) : 교사가 그림 카드 제시하며 "이 카드로 이야기를 만들어보자." - 전개 1(5분) : 아동이 카드를 선택해 첫 장면 설명 - 전개 2(7분) : 다음 아동이 새로운 카드를 이어 붙여 이야기 확장 - 전개 3(5분) : 순서판에 따라 이야기를 정리 → 전체 스토리 완성 - 정리(3분) : 완성된 이야기를 교사가 짧게 읽어주며 모두와 공유	- 언어지연 아동 : 제스처나 그림 카드와 같은 보완·대체 의사소통 수단 활용 - 자폐 아동 : 이야기 순서판을 제공해 예측 가능한 활동 구조화 - 발달지체아동 : 단순한 문장 구조 반복 사용해 언어적 부담 감소 - 청각장애 아동 : 시각적 보조자료(글, 그림) 제공해 활동 맥락 이해 지원 - ADHD 아동 : 빠른 차례 교대 방식으로 활동 흐름 유지	- 언어지연 아동 : 비언어적 표현 수단 활용으로 의사소통 동기 강화 - 자폐 아동 : 스토리 구조 경험으로 사회적 상황 이해 능력 향상 - 발달지체아동 : 단순 문장 반복 사용으로 언어적 자신감 증진 - 청각장애 아동 : 시각 자료 활용으로 참여권 보장 및 학습 태도 개선 - ADHD 아동 : 빠른 전환과 차례 교대로 집중력 및 사회적 기술 강화 (Conolly, 2023)

평가 및 체크리스트

함께 그림 그리기

관찰자 : __________　　날짜 : __________

관찰항목	체크	메모
① 아동이 원하는 색이나 도구를 스스로 선택했는가?	□ 예　□ 아니요	
② 역할 카드에 따른 차례 활동을 지켰는가?	□ 예　□ 아니요	
③ 자신의 그림부분을 설명하거나 표현했는가?	□ 예　□ 아니요	
④ 또래 그림에 긍정적으로 반응하거나 협력했는가?	□ 예　□ 아니요	
⑤ 활동 후 감정 카드로 자신의 느낌을 표현했는가?	□ 예　□ 아니요	

악기 연주하기

관찰항목	체크	메모
① 다양한 악기 중 선호하는 소리나 질감의 악기를 주도적으로 선택하였는가?	□ 예　□ 아니요	
② 악기를 두드리기, 흔들기, 긁기 등 다양한 방법으로 탐색하며 소리의 변화를 시도했는가?	□ 예　□ 아니요	
③ 교사나 또래의 연주 행동을 모방하거나 눈을 맞추며 상호작용을 시도했는가?	□ 예　□ 아니요	
④ 자신의 감정(기쁨, 흥분, 차분함 등)을 악기 소리의 크기나 세기로 표현했는가?	□ 예　□ 아니요	
⑤ 친구가 연주하는 소리에 귀를 기울이거나 긍정적인 반응(미소, 박수 등)을 보였는가?	□ 예　□ 아니요	

이야기짓기

관찰항목	체크	메모
① 그림 카드를 선택하고 이야기의 일부를 제시했는가?	□ 예　□ 아니요	
② 또래의 이야기에 반응하거나 이어 말했는가?	□ 예　□ 아니요	
③ 이야기 순서판(처음-중간-끝)을 활용했는가?	□ 예　□ 아니요	
④ 자신의 경험이나 감정을 이야기 속에 반영했는가?	□ 예　□ 아니요	
⑤ 완성된 이야기를 듣고 긍정적 반응을 보였는가?	□ 예　□ 아니요	

보육현장에서 생각해 볼 문제

1. 개별 맞춤형 활동 전략 개발 : 교사는 각 장애 유형의 특성을 면밀히 이해하고, 이를 바탕으로 개별 영유아에게 가장 적합한 활동 목표와 방법을 구체적으로 설계해야 합니다.
2. 사회적 상호작용 촉진 환경 조성 : 교사는 신체활동놀이를 적극적으로 활용하여 장애영유아가 비장애 또래와 자연스럽게 어울리며 사회적 기술(협력, 공유, 차례 지키기 등)을 습득할 수 있는 환경을 조성해야 합니다. 단순히 함께하는 것을 넘어, 상호작용의 기회를 의도적으로 제공하고 지원하는 것이 중요합니다.
3. 창의적 표현활동을 통한 정서적 안정감 지원 : 감각 처리 곤란이나 언어적 제한 등으로 인해 장애영유아는 정서적 불안을 자주 경험할 수 있습니다. 교사는 창의적 표현활동(미술, 음악, 움직임 등)을 통해 영유아가 자신의 감정을 안전하게 표출하고 조절하는 방법을 배울 수 있도록 지원해야 합니다.
4. 체계적인 교육 성과 평가 및 기록 : 신체활동과 표현활동 후 이루어지는 평가와 기록이 체계적이지 않다면, 영유아의 교육적 성과를 객관적으로 파악하고 다음 활동 계획에 반영하기 어렵습니다. 교사는 영유아의 발달 수준과 활동 참여도를 고려한 관찰 기록, 체크리스트, 포트폴리오 등 다양한 평가 도구와 방법을 활용해야 합니다.
5. 모두를 위한 통합교육 활동 운영 : 통합교육의 궁극적인 목표는 모든 아동이 함께 성장하는 것입니다. 교사는 장애영유아와 비장애 아동 모두가 즐겁게 참여하고 성공 경험을 나눌 수 있는 신체활동과 표현활동을 설계하고 운영해야 합니다. 활동의 난이도와 참여 방식을 유연하게 조절하고, 상호 존중과 이해를 바탕으로 하는 긍정적인 통합 분위기를 조성하는 데 적극적으로 노력해야 합니다.

용어 정의

1. 신체활동놀이 : 신체적 움직임을 통해 아동의 신체 발달, 사회적 상호작용, 정서적 안정감을 촉진하는 활동입니다(예 춤추기, 공놀이, 신체 접촉 놀이 등).
2. 표현활동 : 미술, 음악, 연극 등 다양한 예술적 매체를 통해 아동의 내적 경험과 사고를 자유롭게 표현하는 활동입니다. 이를 통해 정서적 안정감과 창의성을 증진시킬 수 있습니다.
3. 근접발달영역(ZPD) : 비고츠키가 제안한 개념으로, 아동이 스스로 할 수 있는 것과 타인의 도움을 통해 할 수 있는 것 사이의 영역입니다. 신체활동놀이는 아동이 ZPD 내에서 발달할 수 있도록 지원합니다.

4. 사회적 상호작용 : 아동이 또래나 교사와의 관계 속에서 의사소통, 협력, 차례 지키기 등의 사회적 기술을 습득하는 과정입니다. 신체활동놀이는 이러한 상호작용을 자연스럽게 촉진합니다.
5. 정서적 안정감 : 아동이 불안, 좌절, 분노와 같은 부정적 정서를 적절히 해소하고, 긍정적 정서를 경험하며 학습과 사회적 관계에 몰입할 수 있는 상태를 의미합니다. 창의적 표현활동은 이를 위한 중요한 도구로 작용합니다.

참고문헌

Agazzi, H., Shaffer－Hudkins, E. J., Armstrong, K. H., & Hayford, H.(2020). *A Routines－Based Approach to Early Intervention. In Promoting Positive Behavioral Outcomes for Infants and Toddlers : An Evidence－Based Guide to Early Intervention*(pp. 35－51). Springer International Publishing.

Ainsworth, M. D. S., Blehar, M. C., Waters, E., & Wall, S.(1978). *Patterns of attachment : A psy－chological study of the strange situation*. Erlbaum.

Baek, S.(2013). 유아특수교사의 DEC 아동 중심 중재 전략에 대한 중요도 및 효능감과 실행도의 차이 분석 [Differences in importance, efficacy, and implementation of DEC child－centered intervention strategies among early childhood special education teachers]. **특수교육저널 : 이론과 실천** *[Journal of Special Education : Theory and Practice], 14*(4), 211－231.

Baek, S.(2016). 발달지체 영아를 위한 모아(母兒)상호작용 프로그램 개발 연구 [A study on the development of a mother－infant interaction program for infants with developmental de－lays]. **열린부모교육연구** *[Open Parent Education Research], 8*(1), 125－138.

Baek, S.(2020). 통합유치원 장애 유아의 또래 관계 변화와 또래 관계 유능성과 장애 유아 수용도가 또래 관계에 미치는 영향 [Changes in peer relationships of children with disabilities in in－clusive kindergartens and the effects of peer relationship competence and acceptance of children with disabilities on peer relationships]. **특수교육재활과학연구** *[Journal of Special Education & Rehabilitation Science], 59*(1), 73－92.

Baek, S., & Hwang, Y.(2014). 어머니－유아 애착과 교사－유아 관계가 유아의 놀이 특성에 미치는 영향 [The effects of mother－child attachment and teacher－child relationships on child－ren's play characteristics]. **열린유아교육연구** *[Open Early Childhood Education Research], 19*(1), 203－221.

Baek, S., & Hwang, Y.(2014). 놀이계획－실행－평가활동과 유아의 다중지능 발달과의 관련성 분석 [The relationship between play planning－execution－evaluation activities and the de－velopment of multiple intelligences in young children]. **열린부모교육연구** *[Open Parent Education Research]*, 63－75.

Baek, S., & Hwang, Y.(2015). 놀이 계획－실행－평가 활동이 유아의 놀이행동 특성과 의사결정력 발달에 미치는 영향 [The effects of play planning－execution－evaluation activities on children's play behavior characteristics and decision−making skills]. **열린부모교육연구** *[Open Parent Education Research], 7*(2), 105−119.

Baek, S., & Park, Y.(2018). 메타분석을 이용한 장애이해교육 프로그램 효과 분석 [An analysis of the effects of disability awareness education programs using meta−analysis]. **지적장애연구** *[Journal of Intellectual Disabilities], 20*(4), 1−24.

Baek, S., et al.(2025). **영유아 문제행동 지도와 상담 : 이론과 실제** *[Guidance and counseling for young children's problem behaviors : Theory and practice]*. 경기 : 공동체.

Bandura, A.(1977). *Social learning theory*. Prentice Hall.

Brodzeller, K. L., Ottley, J. R., Jung, J., & Coogle, C. G.(2018). Interventions and adaptations for children with autism spectrum disorder in inclusive early childhood settings. *Early Childhood Education Journal, 46*(3), 277−286.

Bruner, J. S.(1966). *Toward a theory of instruction*. Harvard University Press.

Burns, C. O., Lemon, J., Granpeesheh, D., & Dixon, D. R.(2019). Interventions for daily living skills in individuals with intellectual disability : a 50−year systematic review. *Advances in Neurodevelopmental Disorders, 3*(3), 235−245.

Campbell, P. H., Milbourne, S., & Wilcox, M. J.(2008). Adaptation interventions to promote par−ticipation in natural settings. *Infants & Young Children, 21*(2), 94−106.

Chaidi, I., & Drigas, A.(2020). Autism, expression, and understanding of emotions : Literature review. *International Journal of Online Engineering, 16*(02), 94−111. https://doi.org/10.3991/ijoe.v16i02.11991

Choi, I., Shin, Y., Lee, H., Ryu, E., Hong, J., Lee, J., & Han, M.(2024). **유아교사, 특수교사, 작업치료가사 함께하는 영유아 문제행동 지도 및 상담 : 정서조절 및 친구관계** *[Guidance and coun−seling for young children's problem behaviors : Emotional regulation and peer relation−ships by early childhood teachers, special education teachers, and occupational therapists]*. H−SQUARE.

Conolly, N. B.(2023). Art group interventions for children with learning disabilities : Effects on social interaction, self−expression, and well−being. OTJR : Occupation, Participation and Health. Advance online publication. https://doi.org/10.1177/15394492251340378

Conti−Ramsden, G., & Durkin, K.(2012). Language development and assessment in the preschool period. *Neuropsychology Review, 22*(4), 384−401.

Cowan, P. A., Cowan, C. P., Schulz, M. S., & Heming, G.(2013). *Prebirth to preschool family fac–tors in children's adaptation to kindergarten. In Exploring family relationships with other social contexts*(pp. 75–114). Routledge.

Davies, P., Shanks, B., & Davies, K.(2004). Improving narrative skills in young children with de–layed language development. *Educational Review, 56*(3), 271–286.

Dunst, C. J.(2015). Improving the design and implementation of in–service professional devel–opment in early childhood intervention. *Infants & Young Children, 28*(3), 210–219.

Dunst, C., Bruder, M. B., Maude, S., Schnurr, M., Van Polen, A., Clark, G. F., ... & Gethmann, D.(2019). Professional development practices and practitioner use of recommended early childhood intervention practices. *Journal of Teacher Education and Educators, 8*(3), 229–246.

Emmett, S.(2023). Assessing young Children's emotional well–being : Enacting a strength–based approach in early childhood education. In Assessment and Data Systems in Early Childhood Settings : Theory and Practice(pp. 201–221). Springer Nature Singapore.

Erbay, F., & Saltali, N. D.(2020). Do the School Adaptation Levels of Preschoolers Vary According to Their Relationship with Their Teachers? *International Journal of Evaluation and Research in Education, 9*(4), 857–864.

Farheen, G., & Gupta, S.(2021). The effect of daily living skills training in children aged 3 to 5 years having mild developmental delay with mild spectrum disorder. *International Journal of Public Mental Health and Neurosciences, 8*(1), 8–11.

Fenton, A., & McFarland–Piazza, L.(2014). Supporting early childhood preservice teachers in their work with children and families with complex needs : A strengths approach. *Journal of Early Childhood Teacher Education, 35*(1), 22–38.

Foster–Cohen, S. H.(2014). *An introduction to child language development*. Routledge.

Fricke, S., Bowyer–Crane, C., Haley, A. J., Hulme, C., & Snowling, M. J.(2013). Efficacy of lan–guage intervention in the early years. *Journal of Child Psychology and Psychiatry, 54*(3), 280–290.

Gardner, H.(1983). *Frames of mind : The theory of multiple intelligences*. Basic Books.

Gargiule, R. M. & Kilgo, J. L.(2014). *An introduction to young children with special needs : Birth through age eight*. CA : Wadsworth.

Garnett, H.(2017). *Developing empathy in the early years : A guide for practitioners*. Jessica Kingsley Publishers.

Gersamia, I. R. I. N. E., & Imedadze, N. A. T. E. L. A.(2015). Difficulties in social adaptation of a child to kindergarten : research of factors. *Forum Pedagogiczne, 2*, 253−263.

Guralnick, M. J.(1999). The nature and meaning of social integration for young children with mild developmental delays in inclusive settings. *Journal of Early Intervention, 22*(1), 70−86. https ://doi.org/10.1177/105381519902200106

Gurney, P. W.(2018). *Self−esteem in children with special educational needs*. Routledge.

Hale, J. B., Kaufman, A., Naglieri, J. A., & Kavale, K. A.(2006). Implementation of IDEA : Integrating response to intervention and cognitive assessment methods. *Psychology in the Schools, 43*(7), 753−770.

Hebbeler, K., & Spiker, D.(2016). Supporting young children with disabilities. *The Future of Children*, 185−205.

Heilmann, J. J., Bertone, A., & Wojtyna, A.(2024). How inclusive practice increases the educational relevance of Individualized Education Programs. *Language, Speech, and Hearing Services in Schools, 55*(2), 231−248.

Hemmeter, M. L., Santos, R. M., & Ostrosky, M. M.(2008). Preparing early childhood educators to address young children's social−emotional development and challenging behavior : A survey of higher education programs in nine states. *Journal of Early Intervention, 30*(4), 321−340.

Hodgkins, A.(2024). Exploring early childhood practitioners' perceptions of empathy with children and families : initial findings. *Educational Review, 76*(2), 223−241.

Hong, J., Ryu, E., Choi, I., Lee, S., Lee, M., Lee, E., Lee, J., & Han, M.(2024). **우리 영유아 골든아워를 지켜라** *[Protect our child's golden hour]*. H−SQUARE.

Huggins, C. F., Donnan, G., Cameron, I. M., & Williams, J. H.(2021). Emotional self−awareness in autism : A meta−analysis of group differences and developmental effects. *Autism, 25*(2), 307−321.

Jung, E. Y., & Baek, S.(2011). Using a shared book reading intervention to promote language de−velopment and emergent literacy skills in young children with developmental delays. **유아특수교육연구** *[Journal of Early Childhood Special Education]*, 129−145.

Jung, E. G., Ostrosky, M. M., & Baek, S.(2010). Implementing group friendship activities to pro−mote the peer interactions of children with developmental delays. **유아특수교육연수** *[Early Childhood Special Education Training], 10*(1), 47−70.

Kim, E. J.(2018). The effects of music and art–centered expressive activities on anxiety levels and emotional expression in children with developmental disabilities. *Journal of Special Education, 33*(2), 45–68.

Kim, E. J.(2019). A study on the improvement of social skills in young children with developmental delays through art activities. *Early Childhood Education Research, 39*(3), 75–98.

Kim, E. Y., Han, M., & Lee, M.(2020). 장애영아 조기중재 제공자의 경험과 지원 요구에 미치는 효과 [The effects of early intervention providers' experiences and support needs on infants with disabilities]. **특수교육논집** *[Journal of Special Education], 25*(1), 69–88.

Kim, J., & Chung, Y. J.(2024). A single case study of digital art therapy for a child with ADHD using the metaverse platform. *The Arts in Psychotherapy, 89*, 102146. https ://doi.org/10.1016/j.aip.2024.102146

Korea Childcare Promotion Institute.(2010a). 장애 보육운영의 실제 [The practice of operating disability childcare].

Korea Childcare Promotion Institute.(2010b). 장애아보육 교사실무 [The practice for childcare teachers for children with special needs].

Korea Childcare Promotion Institute.(2018). 장애아 통합교육 컨설팅 매뉴얼 [Consulting manual for integrated education of children with disabilities].

Korea Childcare Promotion Institute.(2019). 어린이집 문서 서식 양식. https://www.kcpi.or.kr/main.do

Korea Institute of Child Care and Education.(2023). Early screening and family support measures for infants and toddlers at risk of disability, 2023 1st Research Forum for Infants and Toddlers at Risk of Disability, July 17, 2023.

La Paro, K. M., & Gloeckler, L.(2016). The context of child care for toddlers : The "experience expectable environment". *Early Childhood Education Journal, 44*(2), 147–153.

Lamb, M. E.(2012). Mothers, fathers, families, and circumstances : Factors affecting children's adjustment. *Applied Developmental Science, 16*(2), 98–111.

Lee, M., Han, M., & Yoo, J.(2012). 유아교육현장에서의 중도장애유아 통합교육 실천을 위한 이론적 고찰 및 시사점 모색 [Theoretical considerations and implications for the practice of inclusive education for young children with severe disabilities in early childhood education settings]. 8(2), 5–26.

Lee, M., Han, M., Seo, B., & Ko, H.(2021). **특수아동의 이해** *[Understanding special children].* 경기 : 양서원 [Yangseowon].

Lee, S.(2019). **유아특수교육** *[Early childhood special education].* 서울 : 학지사 [Hakjisa].

Lee, S.(2020). **유아특수교육 2판** *[Early childhood special education(2nd ed.)].* 서울 : 학지사 [Hakjisa].

Lind, S. E., & Bowler, D. M.(2009). Delayed self-recognition in children with autism spectrum disorder. *Journal of Autism and Developmental Disorders, 39*(4), 643-650.

Lowenfeld, V., & Brittain, W. L.(1987). *Creative and mental growth*(8th ed.). Macmillan.

Magiati, I., & Howlin, P.(2001). Monitoring the progress of preschool children with autism enrolled in early intervention programmes : Problems in cognitive assessment. *Autism, 5*(4), 399-406.

Malchiodi, C. A.(2010). *Art therapy and health care.* Guilford Press.

McDonald, D., Proctor, P., Gill, W., Heaven, S., Marr, J., & Young, J.(2015). Increasing early childhood educators' use of communication-facilitating and language-modelling strategies : Brief speech and language therapy training. *Child Language Teaching and Therapy, 31*(3), 305-322.

McIntyre, L. L., Blacher, J., & Baker, B. L.(2006). The transition to school : Adaptation in young children with and without intellectual disability. *Journal of Intellectual Disability Research, 50*(5), 349-361.

Ministry of Education.(2014). 장애영유아 양육 길라잡이 [Guide to raising infants and toddlers with disabilities]. 국립특수교육원 [National Institute of Special Education].

Ministry of Education.(2020). 교사를 위한 놀이 지원 워크북 [Play support workbook for teachers](p. 23). 세종 : 교육부 [Sejong : Ministry of Education].

Mottron, L.(2017). Should we change targets and methods of early intervention in autism, in favor of a strengths-based education? *European Child & Adolescent Psychiatry, 26*(7), 815-825.

National Institute of Special Education.(2016). 장애영유아 길라잡이 : 지체장애 편 [Guide for infants and toddlers with disabilities : Physical disabilities edition]. 국립특수교육원 [National Institute of Special Education].

National Institute of Special Education.(2020). 2019 개정 누리과정 운영지원 자료 : 놀이 이해 자료 [2019 revised Nuri curriculum operation support materials : Understanding play materials]. 국립특수교육원 [National Institute of Special Education].

National Institute of Special Education.(2020). 놀이운영사례집, 특수학교 I : 놀이를 통해 세상과 소통하다 [Play operation casebook, special school I : Communicating with the world through play]. 국립특수교육원 [National Institute of Special Education].

National Institute of Special Education.(2020). 놀이운영사례집, 특수학교 II : 놀이에는 특별한 이유가 있어요 [Play operation casebook, special school II : There is a special reason for play]. 국립특수교육원 [National Institute of Special Education].

National Institute of Special Education.(2020). 놀이운영사례집 : 통합교육 I : 나의 놀이에서 다함께 하는 놀이로 [Play operation casebook : Inclusive education I : From my play to play to-gether]. 국립특수교육원 [National Institute of Special Education].

National Institute of Special Education.(2020). 놀이운영사례집 : 통합교육 II : 함께 놀며 모두가 성장하는 놀이 [Play operation casebook : Inclusive education II : Play where everyone grows together]. 국립특수교육원 [National Institute of Special Education].

National Institute of Special Education.(2021). 특수교육대상유아를 위한 놀이 지원자료집 : 놀이중심 교육지원 사례집 : 특수학교 [Play support materials for young children with special ed-ucational needs : Play-centered educational support casebook : Special schools]. 국립특수교육원 [National Institute of Special Education].

National Institute of Special Education.(2021). 특수교육대상유아를 위한 놀이 지원자료집 4 : 놀이중심 교육지원 사례집 : 통합유치원 [Play support materials for young children with special educational needs 4 : Play-centered educational support casebook : Inclusive kinder-gartens]. 국립특수교육원 [National Institute of Special Education].

National Institute of Special Education.(2022). 장애유아 통합교육 교수학습자료집 4 : 장애유아 안전교육 [Teaching and learning materials for inclusive education of young children with disabilities 4 : Safety education for young children with disabilities]. 국립특수교육원 [National Institute of Special Education].

National Institute of Special Education.(2022). 장애유아 통합교육 교수학습자료집 5 : 장애유아 인권 및 장애이해교육자료 [Teaching and learning materials for inclusive education of young children with disabilities 5 : Human rights and disability awareness education materials for young children with disabilities]. 국립특수교육원 [National Institute of Special Education].

National Institute of Special Education.(2022). 장애유아 통합교육 교수학습자료집 6 : 장애유아 인성 및 기본생활습관 교육자료 [Teaching and learning materials for inclusive education of young children with disabilities 6 : Character and basic living habits education materials for young children with disabilities]. 국립특수교육원 [National Institute of Special Education].

National Institute of Special Education.(2022). 장애유아 통합교육 교수학습자료집 7 : 장애유아 신체놀이 및 운영자료 [Teaching and learning materials for inclusive education of young children with disabilities 7 : Physical play and operation materials for young children with disabilities]. 국립특수교육원 [National Institute of Special Education].

Odom, S. L., & Strain, P. S.(1986). Peer-mediated approaches to promoting children's social in-teraction : A review. *American Journal of Mental Retardation, 90*(5), 479-493.

Park, E. H., Kim, J. E., & Lee, Y. K.(2016). *The practice of inclusive education for young children with disabilities.* Hakjisa.

Park, S., et al.(2020). 2019 개정 누리과정 운영지원자료 : 누리과정 운영안내 [2019 revised Nuri curriculum operation support materials : Nuri curriculum operation guide]. 아산 : 국립특수교육원 [Asan : National Institute of Special Education].

Peters, B.(2025). The Power of Predictability : Examining the Impact of Structured Routines on Behavior and Attentiveness in Early Childhood Education(Master's thesis, Northwestern College).

Rao, N., Sun, J., Chen, E. E., & Ip, P.(2017). Effectiveness of early childhood interventions in pro-moting cognitive development in developing countries : A systematic review and meta-analysis. *Hong Kong Journal of Paediatrics, 22*(1), 14-25.

Rispoli, K. M., Malcolm, A. L., Nathanson, E. W., & Mathes, N. E.(2019). Feasibility of an emotion regulation intervention for young children with autism spectrum disorder : A brief report. *Research in Autism Spectrum Disorders, 67*, 101420.

Robison, M. A., Mann, T. B., & Ingvarsson, E. T.(2020). Life skills instruction for children with developmental disabilities. *Journal of Applied Behavior Analysis, 53*(1), 431-448.

Rochat, P., Broesch, T., & Jayne, K.(2012). Social awareness and early self-recognition. *Consciousness and Cognition, 21*(3), 1491-1497.

Rogers, C. R.(1951). *Client-centered therapy.* Houghton Mifflin.

Rolfe, S. A.(2020). *Rethinking attachment for early childhood practice : Promoting security, au-tonomy and resilience in young children.* Routledge.

Ryu, E., Lee, H., Shin, Y., Choi, I., Hong, J., Lee, J., & Han, M.(2024). 영유아 문제행동 지도 및 상담 : 긍정적 행동지원 및 감각통합 접근 [Guidance and counseling for young children's prob-lem behaviors : Positive behavior support and sensory integration approach]. H-SQUARE.

Schoen, S. A., Lane, S. J., Mailloux, Z., May-Benson, T., Parham, L. D., Smith Roley, S., & Schaaf, R. C.(2019). A systematic review of ayres sensory integration intervention for children with autism. *Autism Research, 12*(1), 6-19.

Seo, B., & Han, M.(2017). 발달지체영유아 어머니의 양육스트레스가 자녀권리 존중에 미치는 영향 : 자아존중감의 매개효과를 중심으로 [The effect of parenting stress on respect for children's rights among mothers of infants and toddlers with developmental delays : Focusing on the mediating effect of self-esteem]. **특수아동교육연구** *[Journal of Special Education for Children], 19*(2), 21-45.

Shin, Y., Park, E. J., & Lee, A.(2025). Early Intervention for Children With Developmental Disabilities and Their Families via Telehealth : Systematic Review. *Journal of Medical Internet Research, 27*, e66442. https ://doi.org/10.2196/66442

Shipley-Benamou, R., Lutzker, J. R., & Taubman, M.(2002). Teaching daily living skills to chil-dren with autism through instructional video modeling. *Journal of Positive Behavior Interventions, 4*(3), 166-177.

Sjo, N. M., Kiil, A., & Jensen, P.(2021). Teachers' perspectives on strength-based and defi-cit-based instruments for assessing socioemotional development in early childhood. *Infants & Young Children, 34*(1), 33-45.

Snyder, P. A., Rakap, S., Hemmeter, M. L., McLaughlin, T. W., Sandall, S., & McLean, M. E.(2015). Naturalistic instructional approaches in early learning : A systematic review. *Journal of Early Intervention, 37*(1), 69-97.

Steiner, A. M., & Gengoux, G. W.(2018). Strength-based approaches to working with families of children with ASD. In Handbook of parent-implemented interventions for very young children with autism(pp. 155-168). Springer International Publishing.

Thompson, M.(2017). Unpacking Instructional Strategies of Early Childhood Teachers : Insights from Teachers' Perspectives. *Educational Research and Reviews, 12*(24), 1199-1207.

van Aswegen, E. C., & Pendergast, D.(2023). The impact of interest : an emergent model of inter-est development in the early years. *Early Child Development and Care, 193*(13-14), 1335-1349.

Vermeij, B. A., Wiefferink, C. H., Knoors, H., & Scholte, R. H.(2023). Effects in language development of young children with language delay during early intervention. *Journal of Communication Disorders, 103*, 106326.

Vieillevoye, S., & Nader-Grosbois, N.(2008). Self-regulation during pretend play in children with intellectual disability and in normally developing children. *Research in Developmental Disabilities, 29*(3), 256-272.

Wang, P. J., Liao, H. F., Chen, L. C., Kang, L. J., Lu, L., & Barrett, K. C.(2024). Child and Family Predictors for Mastery Motivation in Children With Developmental Delays. *American Journal on Intellectual and Developmental Disabilities, 129*(5), 387-404. https://doi.org/10.1352/1944-7558-129.5.387

Watkins, L., O'Reilly, M., Kuhn, M., & Ledbetter-Cho, K.(2019). An interest-based intervention package to increase peer social interaction in young children with autism spectrum disorder. *Journal of Applied Behavior Analysis, 52*(1), 132-149.

저/자/약/력

■ **백상수**
미국 University of Illinois Urbana-Champaign
유아특수교육 전공 박사
현) 대구대학교 유아특수교육학과 교수

■ **한민경**
미국 University of Oklahoma 교육학과 박사
대구대학교 유아특수교육학 석사, 박사
역임) 어린이집 교사, 유치원 교사, 원감, 원장

■ **이주영**
대구대학교 유아특수교육학 학사
덕성여자대학교 유아교육학 석, 박사
국공립 장애통합어린이집 교사 역임

■ **김희은**
미국 University of Texas, Austin 유아특수교육 석사
서울대학교 교육학과 (특수교육) 박사
역임) 미국 텍사스주 특수학교 교사
현) 위덕대학교 특수교육학부 조교수

■ **권찬송**
대구대학교 유아특수교육학과 졸업
현) 경기도교육청 유아특수교사

■ **김소현**
경희대학교 대학원 아동가족학 박사
국공립 어린이집 교사 역임

■ **김국경**
한국교원대학교 유아교육학 박사 재학
현) 대구대학교 유아특수교육과 겸임교수
IB 후보학교 한별유치원 원장

■ **조혜진**
대구대학교 재활과학대학원 재활과학과
장애전담 요한바오로2세 어린이집 작업치료사 역임
어바웃차일드 아동청소년 발달상담센터 원장

■ **정현석**
경북대학교 임상심리학 전공 석사, 박사
영남대학교 정신건강의학과 정신보건임상심리사 역임
현) 가람심리상담센터 대표

■ **박정우**
대구대학교 언어치료학 전공
어바웃차일드 아동청소년 발달상담센터 소장

■ **곽혜민**
미국 San Francisco State University, 특수교육 석사
에이트리ABA 행동연구소 대표

■ **김대군**
대구교대 유아 및 아동교육전공 석사(재학)
장애전담 어린이집 특수교사 역임
대학부설 유치원 교사 역임
사람이니까 성교육 대표

장애영유아 교수방법론

|공저자| 백상수 · 한민경 · 이주영 · 김희은 · 권찬송 · 김소현
김국경 · 조혜진 · 정현석 · 박정우 · 곽혜민 · 김대군

|1판 1쇄| 발행 2025년 12월 30일

|발행인| 김 동 훈
|발행처| 공 동 체

|주소| 경기도 고양시 일산동구 호수로 358-39, 동문타워 I 905호(백석동)
|전화| 031) 814-3000(대표)
|팩스| 031) 814-3100
|홈페이지| http://www.compub.co.kr
|전자우편| compub@naver.com
|출판등록| 2005년 10월 6일
|등록번호| 제396-2005-36호

|ISBN| 979－11－7554－043－9
정가 23,000원